Das Mafia-Syndrom

Organisierte Kriminalität:
Geschichte – Verbrechen – Bekämpfung

von
Konrad Freiberg
und
Berndt Georg Thamm
unter Mitarbeit von
Wolfgang Sielaff

VERLAG DEUTSCHE POLIZEILITERATUR
GMBH

Die Deutsche Bibliothek – CIP-Einheitsaufnahme

Freiberg, Konrad:
Das Mafia-Syndrom : organisierte Kriminalität: Geschichte – Verbrechen – Bekämpfung / von Konrad Freiberg und Berndt Georg Thamm. Unter Mitarb. von Wolfgang Sielaff. – Hilden/Rhld. : Verl. Dt. Polizeiliteratur, 1992
ISBN 3-8011-0269-6
NE: Thamm, Berndt Georg:

Der Inhalt dieses Werkes
wurde auf chlor- und säurefreiem
Papier gedruckt.

Titelfoto: Hermann Wesseling, Köln
Satz: Foto-Satz-Studio FRANZ RÖHRIG GMBH, Düsseldorf
Druck und Bindung: Theissen Druck, Monheim
Printed in Germany
ISBN 3-8011-0269-6

Giovanni Falcone zum Gedenken

Die Ermordung des 53jährigen sizilianischen Richters Giovanni Falcone, seiner Frau und drei seiner Leibwächter am 23. Mai 1992 bei Palermo hat uns Autoren tief betroffen gemacht. Sein Leben hatte er mutig der Bekämpfung der Mafia gewidmet. Sein Tod ist zur Verpflichtung geworden, die Bekämpfung des Organisierten Verbrechens unerschrocken fortzusetzen.

Vorwort

Verbrechersyndikate, Mafia-Methoden, Organisierte Kriminalität, Korruption. Über lange Zeit waren das Phänomene, die wir mit Italien, den USA, Lateinamerika oder dem Fernen Osten verbanden. Im Gefolge der sprunghaft angestiegenen Rauschgiftkriminalität befindet sich das Organisierte Verbrechen jedoch auch in der Bundesrepublik Deutschland auf dem Vormarsch. Organisierte Straftätergruppierungen sind im Begriff, immer weitere Bereiche der Kriminalität, die großen Profit versprechen, zu kontrollieren. Neben dem Rauschgifthandel zählen qualifizierte Eigentumsdelikte zu den bevorzugten Kriminalitätsbereichen.

Das Ausmaß der Organisierten Kriminalität in der Bundesrepublik Deutschland ist zwar noch nicht vergleichbar mit Formen in Italien oder in den USA, doch die Lageinformationen aus Bund und Ländern sind beunruhigend. Parallel zur gesellschaftlichen, wirtschaftlichen und technischen Entwicklung werden sich neue Formen der Verbrechensbegehung herausbilden und zugleich perfektionieren. Internationale Währungsverflechtungen, weltweite Finanztransaktionen, länderübergreifender Güter- und Warenaustausch sowie die Freizügigkeit im Reiseverkehr begünstigen eine noch stärkere Internationalisierung und Professionalisierung der Organisierten Kriminalität.

Der vorliegende Band beläßt es nicht bei einer Beschreibung der aktuellen Lage in Deutschland, einer Analyse des Gefährdungspotentials und einer Darstellung von Bekämpfungskonzepten. Die Verfasser holen weiter aus, steigen tiefer in das Phänomen ein. Sie blättern zurück in der Geschichte des Organisierten Verbrechens und werfen einen Blick über den Zaun. Es wird deutlich, wie unterschiedlich die Phänomene Organisierter Kriminalität – trotz vorhandener Gemeinsamkeiten – in den einzelnen Kulturkreisen sind. In jedem Staat, in jeder Gesellschaft trägt das Erscheinungsbild andere Züge, zugleich ein Beleg für die ausgeprägte Anpassungsfähigkeit des Organisierten Verbrechens.

Gleichzeitig beschränkt sich der Aktionsradius krimineller Gruppen nicht länger auf das jeweilige Ursprungsland. Nordamerika und Westeuropa sind zu den bevorzugten Regionen geworden, in denen sich die Operationen nicht nur der vielfältigen Formen der Mafia, sondern auch fernöstlicher und lateinamerikanischer sowie neuerdings osteuropäischer Verbrecher-Kartelle abspielen. Dieses weltumspannende Netz der Organisierten Kriminalität wird von den Verfassern deutlich herausgearbeitet.

Vor diesem Hintergrund muß der Bekämpfung der Organisierten Kriminalität in Deutschland höchste Priorität eingeräumt werden. Nur so lassen sich Entwicklungen verhindern, die unsere Gesellschaft aufs Stärkste gefährden. Hier ist insbesondere die Politik gefordert. Polizei und Justiz müssen über geeignete gesetzliche Grundlagen und den notwendigen politischen Rückhalt verfügen, um eine weitere Ausbreitung des Organisierten Verbrechens verhindern zu können. Die vorliegende Schrift trägt durch sachgerechte Information dazu bei, das Problembewußtsein zu schärfen und den dringenden Handlungsbedarf zu verdeutlichen.

Hans-Ludwig Zachert

Präsident des Bundeskriminalamtes

Inhaltsverzeichnis

2. Teil
Die Organisierte Kriminalität heute: Das Organisierte Verbrechen in der letzten Dekade des 20. Jahrhunderts

3. Teil
Die Bekämpfung der Organisierten Kriminalität

Abkürzungsverzeichnis

ADU/EDU	Anti-Drug-Unit/European Anti-Drug-Unit
AG	Arbeitsgemeinschaft/Arbeitsgruppe
AFP	Agence France-Press
APOK	Arbeitsdatei PIOS Organisierte Kriminalität
ASL	Anti-Saloon-Liga
BDK	Bund Deutscher Kriminalbeamter
BfV	Bundesamt für Verfassungsschutz
BKA	Bundeskriminalamt
BMI	Bundesminister des Inneren
BND	Bundesnachrichtendienst
BR	Bundesrat
BSP	Bruttosozialprodukt
BT	Bundestag
BTM/Btm	Betäubungsmittel
BtMG	Betäubungsmittelgesetz
CDU	Christdemokratische Union
CSU	Christlich-Soziale Union
DEA	Drug Enforcement Administration
Drs.	Drucksache
EC	Eurocheck
EDV	Elektronische Datenverarbeitung
EFTA	European Free Trade Association
EG	Europäische Gemeinschaft
EIS	European Information System
EKA	Europäisches Kriminalamt
EP	Europäisches Parlament
EPU	Europäische Politische Union
Europol	Europapolizei/Europäische Polizei
EWG	Europäische Wirtschafts-Gemeinschaft
EWR	Europäischer Wirtschaftsraum
EWWU	Europäische Wirtschafts- und Währungsunion
FBI	Federal Bureau of Investigation
FDP	Freie Demokratische Partei
FKL	Falsifikat-Klasse
FNL	Fünf Neue Länder
GdP	Gewerkschaft der Polizei
Gestapo	Geheime Staatspolizei
GewAufspG	Gewinnaufspürungsgesetz

GG	Grundgesetz
GUS	Gemeinschaft Unabhängiger Staaten
GVG	Gerichtsverfassungsgesetz
HB	Haftbefehl
hcl	Hydrochlorid
IKPO	Internationale Kriminalpolizeiliche Organisation (Interpol)
IMK	Innenministerkonferenz
IOK	Italienische Organisierte Kriminalität
KDC	Komitet Darschawa Sigurnost
Kfz	Kraftfahrzeug
KMT	Kuomintang
KPMD	Kriminalpolizeilicher Meldedienst
LDC	Least Developed Countries
LDP	Liberal-Demokratische Partei
LKA	Landeskriminalamt
Mio.	Million(en)
Mrd.	Milliarde(n)
NPA	National Police Agency
NSC bzw. SCU	Nuova Sacra Corona bzw. Sacra Corona Unita
NRW	Nordrhein-Westfalen
OK	Organisierte Kriminalität
OrgKG	Gesetz zur Bekämpfung des illegalen Rauschgifthandels und anderer Erscheinungsformen der Organisierten Kriminalität
OV	Organisiertes Verbrechen
PAG	Polizeiaufgabengesetz
PKK	Partiva Karkarem Kurdistan
PKS	Polizeiliche Kriminalstatistik
Pkw	Personenkraftwagen
PIOS	Personen-Institutionen-Objekte-Sachen (INPOL)
PolG	Polizeigesetz(e)
PP	Polizeipräsident/präsidium
RAF	Rote Armee Fraktion
RG	Rauschgift
SAR	Special Administrative Region
SCU bzw. NSC	Sacra Corona Unita bzw. Nuova Sacra Corona
SDEC	Service de Documentation Extérieure et de Contre-Espionage
SEK	Sonder(Spezial)-Einsatz-Kommando
SIS	Schengener Informations System

SOG	Sicherheits- und Ordnungsgesetz
SOKO	Sonderkommission
SPUDOK	Spurendokumentationssystem(e)
SPD	Sozialdemokratische Partei Deutschlands
StA	Staatsanwaltschaft
StGB	Strafgesetzbuch
StPO	Strafprozeßordnung
SUA	Shan Unit Army
SYDRO	Synthetische Drogen
TREVI	Terrorisme, Radicalisme, Extremisme, Violence International
TÜ	Telefonische Überwachung
UCA	Under Cover Agent
UN	United Nations
US	United States
USMS	United States Marshals Service
VBS	Vereinigung Berliner Staatsanwälte
VE	Verdeckte(r) Ermittler
VP	Vertrauensperson
VR	Volksrepublik
WaffG	Waffengesetz

Einleitung

Hollywood nahm sich des berüchtigten und 1947 ermordeten Mafioso Benjamin Hymie Siegel, genannt „Bugsy", an. Die Verfilmung des Verbrecherlebens, den Glamour-Gangster spielte der Schauspieler Warren Beatty, wurde 1992 ein Kassenschlager. „Bugsy" wurde für zehn Oskars nominiert. Im selben Jahr wurde in New York den Nachfahren der Gangsterkollegen Siegels der Prozeß gemacht. Im Juni wurde der 51jährige Cosa Nostra Boß John Gotti, „Pate" der Gambino-Familie, wegen fünffachen Mordes und anderer Verbrechen zu lebenslanger Haft verurteilt. Wenig später wurde der „Pate" der Lucchese-Familie, der 58jährige Cosa Nostra Boß Vittorio Amuso, wegen Mordes und Beteiligung an organisierten Verbrechen ebenfalls in New York für schuldig befunden. Die Paten gehören in der Stadt zu „den großen Fünf" (The Big Five). Als „Syndikat" arbeitete die italo-amerikanische Cosa Nostra einst mit korsischen Verbrecher-Clans in der sogenannten French Connection zusammen. Das sich organisierende Verbrechen in der westlichen Hemisphäre profitierte vom Verbot des Alkohols in den USA (1919 bis 1933) und in der Folge von weltweiten Drogenverboten bis zum heutigen Tage. Von allen Kriminalitätsbereichen der organisierten Berufsverbrecher ist das verbotene Drogengeschäft das profitabelste und sichert mittlerweile im Schnitt die Hälfte aller illegalen Geschäftsumsätze.

Das gilt auch für Italien, wo das organisierte Verbrechen – im Süden des Landes beheimatet – Milliarden bewegt und Konkurrenten, Störer, aber auch Strafverfolger und selbst Politiker brutal beseitigt. Allein zwischen Januar 1990 und Juni 1991 wurden hier 1.634 Morde, drei Tote pro Tag, registriert. Neben vielen Namenlosen wurden auf Mafiosi-Anordnungen 1992 am 12. März der italienische Europa-Abgeordnete und Ex-Bürgermeister Palermos Salvatore Lima (62) in der Nähe der Hauptstadt Siziliens, am 23. Mai der sizilianische Richter Giovanni Falcone (53) vor Palermo und am 15. Juni der mutmaßliche Mafia-Boß Giovanni Zichittella (69) in der sizilianischen Stadt Marsala ermordet. Ende Juni kündigte Italiens neuer Ministerpräsident Guiliano Amato in seiner Regierungserklärung in Rom an, rigoros gegen die Korruption im Lande und insbesondere gegen die Mafia vorzugehen.

Nun, die Cosa Nostra ist in den USA und die Mafia ist in Italien. In Deutschland ist das ganz anders. Hier ist, so ein Berliner Professor für Kriminologie, die Organisierte Kriminalität nicht in der Gesellschaft verwurzelt.

Doch ist die Organisierte Kriminalität – Polizeikürzel „OK" – wie keine andere Kriminalitätsart durch internationale Bezüge gekennzeichnet. Und diese hat, insbesondere seit dem wirtschaftspolitischen Zusammenbruch Osteuropas und der Sowjetunion, Europa ins Fadenkreuz genommen. In den 90er Jahren entwickelt sich vor allen Augen in West- und Osteuropa ein riesiger „kriminalgeographischer Großraum", der gewaltbereite OK-Gruppen aus Polen, den GUS-Staaten, Rumänien und Bulgarien von Ost nach West, und finanzstarke OK-Gruppen aus Südamerika und Südeuropa von West nach Ost agieren läßt. Dem vereinigten Deutschland kommt dabei eine nicht nur geographisch zentrale Rolle zu.

Deutschland ist zunehmend zum Tatort unterschiedlichster Verbrechergruppen geworden. So haben sich kolumbianische Kokainhändler schon länger – vornehmlich im Großraum Frankfurt/Main – etabliert und arbeiten hier mit Italienern und Deutschen zusammen. Nach Erkenntnissen des Bayerischen Landeskriminalamtes im Oktober 1991, werden die meisten China-Restaurants in Deutschland von chinesischen Unterweltorganisationen (Triaden) erpreßt. Im April 1992 konnte ein Sonderkommando des LKA in Düsseldorf vier jugoslawische Erpresserbanden zerschlagen. Die Banden hatten nach Polizeiangaben seit 1989 versucht, im Rhein- und Ruhrgebiet agierende „Hütchenspieler"-Banden mit Gewalt unter ihre Kontrolle zu bringen. Nach Angaben des Bundeskriminalamtes (BKA) ist Deutschland längst zum Tummelplatz mafiaähnlich organisierter Autoschieberbanden geworden, die in mehreren Großstädten „Residenten" haben, die von ihren „Paten", den Bossen in Polen, Bestellungen empfangen und hier für den Abtransport der Autos durch „Kuriere" sorgen.

Mit der Entscheidung für Berlin als Sitz von Regierung und Parlament ist, so der BKA-Präsident Hans-Ludwig Zachert, ein „Ballungsraum für Großkriminalität" entstanden. Es haben in der Hauptstadt bereits Exil-Russen, insbesondere aus der nordkaukasischen Tschetschenen-Republik, ein Netz krimineller Aktivitäten aufgebaut, das vom Ikonenschmuggel über Prostitution bis zur Schutzgelderpressung wohlhabender Landsleute reicht. Was den letzteren Bereich betrifft, machte erst im Mai 1992 eine Bande unter dem Namen „Moscow Tschetschen Community" von sich reden. Im selben Monat konnte eine von acht Landsleuten entführte 18jährige Bulgarin von der Polizei aus ihrer Gefangenschaft im Bezirk Wedding befreit werden. Hintergrund der Entführung waren wahrscheinlich von bulgarischen Banden organisierte Prostitution, Menschenhandel und Menschenschmuggel.

Doch nicht nur Berlin, ganz Ostdeutschland – Amtskürzel „FNL" (für Fünf Neue Länder) – ist zum Ziel verschiedenster organisierter Verbrechergruppen geworden. Es mehrt sich der Verdacht, so fachkundige Einschätzungen, daß

Führungspersonen der OK Stützpunkte zwischen Elbe und Oder auf- und ausbauen. Dazu beispielhaft drei Agenturmeldungen im Juni '92:

- In Halle wurden 30 Jugoslawen und ein Deutscher als Mitglieder einer mafiaähnlichen Vereinigung in einer großangelegten Aktion gegen das organisierte Verbrechen von rund 300 Polizisten vorläufig festgenommen. Sie wurden der Vergewaltigung, der Schutzgelderpressung, des Drogenhandels und schwerer Einbrüche verdächtigt.
- Nach Berichten des italienischen Geheimdienstes „Sismi" soll das organisierte Verbrechen Süditaliens in zahlreichen Städten der früheren DDR Immobilien in großer Zahl erworben haben.
- Last not least stand in Frankfurt/Oder ein 36jähriger Japaner wegen Verstoßes gegen das Waffengesetz vor Gericht. Die Staatsanwaltschaft vermutete, daß der Mann zu einer organisierten Bande gehört, die mit Waffen handelt. Der Japaner wurde zu einer Geldstrafe verurteilt.

Eine Zunahme der Waffen- und Sprengstoffkriminalität vermutete denn auch der Kanzleramtsminister Friedrich Bohl (CDU), nach dessen Einschätzung im April 1992 die Organisierte Kriminalität in den 90er Jahren zu einer Geißel in Deutschland zu werden droht. Einen Monat zuvor warnte Bundesinnenminister Rudolf Seiters (CDU) in seinem Bericht zur Inneren Sicherheit 1991 vor dem „Vormarsch der OK". Er machte darauf aufmerksam, daß immer mehr ausländische Tätergruppen ihr Aktionsfeld nach Deutschland verlagerten. Schon Mitte März hatte der Bund der Deutschen Zollbeamten darauf hingewiesen, daß sich Deutschlands östlicher Nachbar Polen und andere osteuropäische Länder, vor allen die Nachfolgestaaten – GUS – der ehemaligen Sowjetunion, zu Operationsbasen und Rückzugsgebiete des organisierten Verbrechens entwickelt hätten.

Es scheint so, daß sich die 900 Kilometer lange Grenze zu Polen und der CSFR, gestern die „Friedensgrenze" der DDR und morgen die östliche Außengrenze des Binnenmarktes der Europäischen Gemeinschaft, zum „Schlupfloch Europas" für Armutsflüchtlinge aus dem wirtschaftlich zusammengebrochenen Osteuropa entwickelt. An dem langen Übergang von arm zu reich wurden 1992 allein in den ersten 5½ Monaten 11.000 Menschen festgenommen. Diese „Armutswanderung" nutzen auch organisierte Kriminelle aus Rumänien, Bulgarien und insbesondere aus den GUS-Ländern. Hier, in der Gemeinschaft Unabhängiger Staaten (GUS), steigen nach einem Bericht des UN-Drogenkontrollprogramms (UNIPD) im Juni 1992, die Produktion, der Handel und der Mißbrauch von Drogen in alarmierender Weise. Nach Angaben des Leiters des Moskauer Büros für den Kampf gegen das Narkotikageschäft, Valentin Roschtschin, vollzieht Rußland – was die Erweiterung des Drogenmarktes betrifft – in wenigen Jahren eine Entwicklung, die in den USA und Europa Jahrzehnte gedauert habe. Nach seiner Schätzung hat allein die Zahl der Drogenabhängigen auf dem Territorium der ehemaligen UdSSR von 1,5 Millionen Anfang 1991 auf 5,5 bis 7,5 Millionen Mitte 1992 zugenommen. Insbesondere in den mittelasiatischen Staaten bildet sich so etwas wie ein „einheitlicher Verbrechensraum". Wie nirgends sonst in der früheren Sowjetunion ist in Mittelasien „das System der Beteiligung der Regierenden an Geschäftsgewinnen welcher Natur auch immer" im Laufe vieler Generationen herangereift. Kein Wunder, daß selbst in Moskau, der 12-Millionen-Metropole der Russischen Föderativen Republik, rund vier Fünftel der Drogenhändler aus Mittelasien oder Aserbaidschan stammen.

Längst haben die organisierten Verbrechensgruppen („Russen-Mafia", „Rote Mafia") auch das Ausland erreicht. In Osteuropa haben sich Drogenhändler aus Rußland, der Ukraine und Usbekistan in der Hauptstadt der CSFR niedergelassen und „lehren der Prager Unterwelt das Fürchten". Aus Polen wurde im Mai 1992 berichtet, daß es in Warschau zu einem blutigen Gefecht zwischen polnischen Polizisten und russischen Waffenschiebern kam. Selbst aus der polnischen Regierung war die Vermutung zu hören, daß die im Land stationierten russischen Streitkräfte für eine zunehmende Brutalität der kriminellen Szene verantwortlich seien. Sogenannte Brückenköpfe hat die „GUS-Mafia" aber auch schon mit Deutschland in Westeuropa, mit Israel im Nahen Osten und nicht zuletzt auch in den USA. Hier haben sowohl die Bundespolizei FBI als auch örtliche Polizeien in New York, Boston, Chicago und anderen Großstädten bereits Erfahrungen mit organisierten Gangstern aus der ehemaligen Sowjetunion („Glasnost-Mafia") gemacht. Die zweitgrößte russische Emigrantengruppe in den USA lebt in Los Angeles. Erst im Mai 1992 wurde bekannt, daß in Kalifornien eine russische OK-Gruppe namens „Organizatija" ein Netz für ihre kriminellen Aktivitäten gesponnen hat. Nach Polizeierkenntnissen ist die „Glasnost-Mafia" in den USA im Drogenhandel, Steuerbetrug und im Goldschmuggel tätig.

Während in den 80er Jahren weltweit im Kokaingeschäft kolumbianische organisierte Verbrecher dominierten, scheinen die 90er Jahre den ebenfalls weltweiten kriminellen Aktivitäten den russischen und mittelasiatischen organisierten Verbrechern zu gehören. Unter Berücksichtigung dieser Entwicklungen zeichnen mittlerweile selbst Nachrichtendienste bedrohliche Lagebilder zu Aktivitäten und Einfluß der Organisierten Kriminalität. In Deutschland ist es der Bundesnachrichtendienst (BND), dessen Vizepräsident Paul Münstermann Anfang Februar 1992 warnte: „Drogenhandel und Geldwäsche mit Umsätzen höher als der Wert der gesamten Welterdölproduktion … verfestigen die kriminellen Strukturen der internationalen Syndikate und durchdringen Wirtschaft und Politik." Des gleichen warnte der Präsident des Bundesamtes für Verfassungsschutz (BfV) Eckhardt Werthebach im Mai 1992: Globale wirtschaftliche und technische Verflechtungen ziehen neue Kriminalitätsformen nach sich, die „künftig größere Gefahren für den freiheitlichen Rechtsstaat und seine Sicherheit bewirken als die herkömmlichen Verfassungsfeinde". In diesem Zusammenhang kommt „der organisierten Kriminalität … eine besondere Bedeutung zu".

In den letzten Jahrzehnten haben diverse organisierte Verbrechensgruppen – vornehmlich in Ostasien, Europa und Amerika – Billionen Dollar umgesetzt. Ihr Kapital hat Türen in Wirtschaft und Politik geöffnet, ist – staats- und demokratiebedrohlich – zur „Waffe der Korruption" instrumentalisiert worden. Eine effektive Bekämpfung der Organisierten Kriminalität ist wie nie zuvor in diesem Jahrhundert in der letzten Dekade dringend geboten – und das weltweit. Dementsprechend wurde im November 1991 in Spanien bekannt, daß die sozialistische Regierung in Madrid ein scharfes, nach dem Innenminister „Corcuera" benanntes Gesetz plant. In Japan trat am 1. März 1992 das sogenannte Anti-Banden-Gesetz in Kraft und nicht zuletzt in Deutschland wurde am 4. Juni 1992 vom Bundestag das OK-Bekämpfungsgesetz verabschiedet. Die Bekämpfung der Organisierten Kriminalität wird vornehmlich in die Hände der Strafverfolgungsbehörden gelegt. Doch können Polizei und Justiz das Problem der OK nicht „lösen". In einem demokratischen Rechtsstaat ist auch die polizeiliche Bekämpfung des organisierten Verbrechens durch gesetzliche Vorgaben geregelt. Diese Regeln umfassen auch die Ermittlungsinstrumente der Strafverfolger. Von deren Einsatz hängt letztendlich der Erfolg in der Bekämpfung organisierter krimineller Gruppen ab. Mit anderen Worten: Die politischen Vorgaben des Rechtsstaates bestimmen die Handlungskompetenz – und damit die Effektivität – demokratischer Polizeien in der Verbrechensbekämpfung.

Wenn der Polizei schon in der Bekämpfung organisierter krimineller Gruppen „rechtsstaatliche Grenzen" gesetzt werden, ist die Bekämpfung „mafiosen Denkens" nahezu unmöglich. Dennoch gilt auch hier, daß das „erfolgreichste Einsatzmittel immer noch der Kopf ist", so der ehemalige Polizeipräsident Berlins, Georg Scherz.

Wir Autoren sind nicht der Meinung, daß das sogenannte Mafia-Problem aus sicherheitspolitischen Erwägungen „aufgeblasen" wird und die Organisierte

Kriminalität ohnehin für Deutschland auch künftig keine Bedrohung darstellen wird, weil deren Verwurzelung in unserer Gesellschaft fehlt. Wir sind vielmehr der Meinung, daß die Saat der Organisierten Kriminalität, die Anfang dieses Jahrhunderts gesetzt wurde, wie nie zuvor zum Ende dieses Jahrhunderts bedrohlich aufgegangen ist. Wachstumsfördernd ist der in nicht wenigen Ländern zu beobachtende Vertrauensverlust der Bürger in den Staat und seine Organe, nicht zuletzt durch die immer öfter öffentlich werdende Korruption.

Die Gefahren, die durch die Organisierte Kriminalität mittlerweile auch demokratischen Rechtsstaaten in Europa drohen, werden in ihren tatsächlichen Dimensionen von vielen noch gar nicht klar erkannt. Das trifft nicht nur auf sonst mündige Bürger, sondern auch auf politische Verantwortliche zu.

Es ist sehr schwer, Organisierte Kriminalität in unserer Gesellschaft zu erkennen, denn erkennbare Organisierte Kriminalität ist schlecht Organisierte Kriminalität. Doch nur erkannte Organisierte Kriminalität kann überhaupt bekämpft werden. Es sind manchmal nur Kleinigkeiten, für einzelne Polizisten alltägliche Begebenheiten, die für OK-Ermittler von herausragender Bedeutung sein können. Alle Polizeibeamten sollten daher über den Kriminalitätsbereich des organisierten Verbrechens Bescheid wissen. Grundkenntnisse darüber zu vermitteln – von der Historie organisierter Verbrechergruppen über die Aktivitäten der Organisierten Kriminalität bis zu polizeilich-justitiellen Bekämpfungskonzepten – ist Anliegen dieses Sachbuches, das sich nicht nur an Polizei- und Zollbedienstete, sondern an alle wendet, die daran interessiert sind, daß kriminelle Organisationen nicht weiterhin den Rechtsstaat unterwandern und durch ihren Einfluß gar die Demokratie bedrohen. Diese Bedrohung können sich jede Leserin und jeder Leser vergegenwärtigen, wenn sie sich vor Augen halten, daß die organisierten Verbrecher dieser Welt in jeder Minute mit ihren meist kriminellen Geschäften schätzungsweise zwei Millionen Dollar (!) umsetzen.

Konrad Freiberg und
Berndt Georg Thamm — im Juli 1992

1. Teil

Entstehungsgeschichte des Berufsverbrechertums:

Vom geheimen Männerbund im 17. Jahrhundert zur Organisierten Kriminalität im 20. Jahrhundert

1. Kapitel

Mit dem Bluteid in die Bruderschaft

Das 17. Jahrhundert war ein bewegtes Jahrhundert. In Japan fing nach jahrelangem Bürgerkrieg eine durch Aufbau gekennzeichnete Friedenszeit an. In Mitteleuropa hingegen tobte der Dreißigjährige Krieg. Im Kaiserreich China löste die Ching-Dynastie der fremden Mandschus die Ming-Dynastie der alten Han-Chinesen ab. Und im Süden Europas, in Italien, lösten sich die fremden Herren aus Spanien und Frankreich in ihrer Herrschaft ab. Gravierende soziale Ungerechtigkeiten, wirtschaftliche Nöte und politische Fremdherrschaften führten über Jahrhunderte zum Widerstand einzelner, zur Bildung von Gruppen, die zwar unterschiedliche Ziele, aber Gemeinsamkeiten in ihrer Struktur hatten.

Sie waren als geheime Bünde (Geheimgesellschaften) organisiert. Entweder schlossen sich Familien zu Großfamilien (Clans) zusammen, durch Blutsbande familiär verbunden. Oder es schlossen sich Menschen, die nicht miteinander verwandt waren, zu Bünden zusammen, die wie eine Großfamilie organisiert waren. Ihre Mitglieder leisteten auf die neue „Familie" und das Familienoberhaupt einen Bluteid. Ob Bund oder Clan, sie waren hierarchisch aufgebaut, durch innere Abschottung für Außenstehende nicht zugänglich. Die Bünde arbeiteten aus dem Verborgenen heraus, entwickelten die Konspiration zur Meisterschaft. Die Bünde, das waren kleine Gesellschaften in großen Gesellschaften; mit eigenen Statuten, mit Sanktionssystemen gegen Regelverstöße bis hin zur eigenen Gerichtsbarkeit. Hohe Mitgliedszahlen in den Bünden machten Erkennungszeichen notwendig, die von Nichteingeweihten nicht bemerkt werden durften. Dementsprechend entwickelten sich Geheimkommunikationen, sowohl verbaler (Geheimsprache) als auch nonverbaler Natur (Geheimzeichen). Viele Gruppen hatten bis in das 19. Jahrhundert hinein als Ziele die Herstellung sozialer Gerechtigkeiten oder – weitergehend – die Beendigung politischer Fremdherrschaft im eigenen Lande. Nur wenige Gruppen waren von Anfang an reguläre Verbrecherzusammenschlüsse mit kriminellen Zielen. In der Zeit von Mitte des 19. Jahrhunderts bis zum Ersten Weltkrieg entfielen weltweit durch politische Änderungen nach und nach die originären Ziele vieler Bünde.

Nicht wenige sahen nun in der eigenen Kapital- und Machtmehrung durch organisierte Straftaten neue Ziele. Für die Arbeit im kriminellen Untergrund brachten die Bünde ihren ganzen Erfahrungsschatz ein, den sie über lange Zeiten als konspirativ wirkende geheime Gesellschaften erworben hatten. In der Wandlung vom Polit-Bund zum Verbrechens-Bund konnten die alten

Organisationsstrukturen, Regelsysteme und eigene Gesetzgebung, Geheimsprache und Erkennungszeichen quasi komplett übernommen werden. Der Nährboden für eine sich immer perfekter organisierende Kriminalität hätte nicht besser sein können.

1 Triaden – Verbrechensmultis der Chinesen

Die wohl weltweit längste Tradition an geheimen Gesellschaften (Secret Societies) hat China. Die Anfänge reichen bis in die Zeit der Han-Dynastie (206 v. Chr. bis 220 n. Chr.) zurück. Da gegen die konfuzianische Oberschicht und ihre Staatsbeamten niemand legal opponieren konnte, jede Abweichung kriminell war, konnten Unzufriedene, Geknechtete und Ausgebeutete nur vom Untergrund aus wirken. Diese Illegalität prägte von Anfang an Programme und Arbeitsweisen der Geheimgesellschaften. Für soziale Gerechtigkeit, gegen Willkür und Korruption und aus anderen hehren Gründen kämpften geheime Bünde, deren Mitglieder zwei großen Gruppen zuzuordnen waren. Zum einen waren es arme Bauern, zum anderen sozial geächtete, deklassierte ländliche und städtische Schichten, beispielsweise Lastenträger, Kulis, Vagabunden, Geschichtenerzähler, wandernde Handwerker, Schiffer, Schmuggler, Wunderheiler, Wandermönche, Kräuter- und Zaubertrankhändler.

Die vorletzte chinesische Dynastie der Ming (1368 bis 1644) war aus einem Bauernaufstand gegen die Mongolen hervorgegangen, an dem auch schon die Geheimgesellschaft „Weißer Lotus“ beteiligt war. 1644 kam mit den Mandschus, einem tungusischen Nachbarvolk der Chinesen, wieder eine nichtchinesische Dynastie an die Macht, die Dynastie der Ching (1644 bis 1911). Die Han-Chinesen betrachteten die Mandschus als barbarische, „unter ihnen stehende“, fremde Rasse. Ab dem 17. Jahrhundert wurde die Verjagung der Mandschus und die Wiedereinsetzung der Ming zum erklärten Ziel vieler geheimer Bünde.

Triad Symbol

Das System der Triade

Im Kampf gegen die „fremden Teufel“ wurde insbesondere die „Gesellschaft der Drei in Einem“ (San-he-Hui) bekannt, die auch „Dreibund“ oder „Triade“ genannt wurde. Das Emblem der Geheimgesellschaft, ein Dreieck, symbolisierte die Basiskräfte des chinesischen Kosmos: Tin Tei Wui – Himmel, Erde und Mensch.

Im China des 19. Jahrhunderts gab es zwei große Systeme von Geheimgesellschaften. Das nördliche System des „Weißen Lotos", zu dem die Bünde der „Acht Diagramme", die „Sekte des Himmlischen Prinzips", die „Sekte für die Beachtung der Prinzipien", die „Fäuste der Gerechtigkeit und Eintracht" (ob ihrer Kampfkünste auch „Boxer" genannt) gehörten, und das südliche System der „Triade". Zu ihm gehörte der „Dreibund" (Sanhe-Hui) mit verschiedenen Zweigen, die „Gilde der Ching" (später „Grüne Gilde"), die „Gilde der Hong" (später „Rote Gilde") und die „Gesellschaft der Flüsse und Seen" (später „Gesellschaft der Älteren Brüder"). Das Triadensystem bestand, geteilt nach Provinzen in Ost, Südost, West, Süden und Mitte, aus fünf Logen.

Die wichtigsten vier waren:

Loge	Greifzeichen und Bannersymbol	Zuständig für
1	 Drachen	Fukien
2	 Tiger	Kwangtung und Kwangsi
3	 Schildkröte	Yünnan und Szechuan
4	 Schlange	Hunnan und Hupeh

1.1 Die „Familien“ der „Großen Brüder“

Die Geheimgesellschaft verstand sich als „Familie“, ähnlich den „Familien“ japanischer Yakuza. Absolute Familienoberhäupter waren die „Großen Brüder“ (Daih-Lo). Familiären Charakter hatte dementsprechend die ritualisierte Aufnahme in die Bruderschaft. In der „Dolchgesellschaft“, auch „Bund der Hung“ genannt, mußten die Neulinge, wenn sie den „Familiennamen“ Hung annehmen wollten, versichern, sich „wie Brüder umeinander zu kümmern, gegenseitig zu helfen, einander zu schützen und mit ganzer Kraft und festen Willen bis zum letzten zu unterstützen, wie leibliche Brüder es tun würden“. Die Fürsorge bezog sich später auch auf Familienangehörige der neuen „Brüder“. Bei der Aufnahme in den Hungbund wurde dem Kandidaten ein Eid abgenommen, den er durch Trinken einiger, dem Schwurfinger entnommenen Tropfen Blut zu bekräftigen hatte. Im Anschluß hieran schlug er einem weißen Hahn den Kopf vom Rumpf zum Zeichen dafür, daß er ein ähnliches Schicksal für den Fall der Untreue und des Verrats erleiden würde. Der „Große Bruder“ erwartete von den neuen Brüdern bedingungslosen Gehorsam und absolute Loyalität. Die „Familie“ stellte eine unauflösliche Lebensgemeinschaft dar, die den Mitgliedern Schutz und Fürsorge bis zum Lebensende gewährte. Die Regeln des Gemeinschaftslebens wurden mit den geleisteten 36 Bluteiden anerkannt:

1. Nachdem ich das Hung-Tor (synonym für Aufnahmeritual) durchschritten habe, muß ich die Eltern und Verwandten meiner Schwurbrüder wie mein eigen Fleisch und Blut behandeln.

2. Ich soll meine Schwurbrüder bei der Bestattung ihrer Eltern und Brüder finanziell und körperlich unterstützen.

3. Wenn Hung-Brüder (Hung für Logenmitglieder) Gast in meinem Haus sind, soll ich ihnen Kost und Logis geben.

4. Ich werde mich meiner Hung-Brüder stets annehmen, wenn sie sich zu erkennen geben.

5. Ich darf nicht die Geheimnisse der Hung-Familie enthüllen, nicht mal meinen Eltern, Brüdern oder meiner Ehefrau. Ich darf die Geheimnisse niemals gegen Geld aufdecken.

6. Ich darf niemals meine Schwurbrüder verraten. Falls ich, durch ein Mißverständnis, eines Bruders Haft verschulde, muß ich ihn sofort herausholen.

7. Ich werde Schwurbrüdern, die in Schwierigkeiten sind, mit Geld zur Ausreise verhelfen.

8. Ich darf meinen Schwurbrüdern oder dem Zeremonienmeister niemals Schaden oder Ärger zufügen.

9. Ich darf mich den Frauen, Schwestern oder Töchtern meiner Schwurbrüder niemals unsittlich nähern.

10. Ich soll niemals Geld oder Eigentum meiner Schwurbrüder veruntreuen.

11. Ich werde für die Frauen und Kinder meiner Schwurbrüder verläßlich sorgen.

12. Wenn ich zum Zweck meiner Aufnahme in die Hung-Familie falsches Zeugnis über mich abgelegt habe, soll ich getötet werden.

13. Wenn ich meinen Sinn ändere und meine Mitgliedschaft in der Hung-Familie leugne, soll ich getötet werden.

14. Wenn ich einen Schwurbruder beraube oder einem Außenseiter dabei helfe, soll ich getötet werden.

15. Wenn ich einen Schwurbruder übervorteile oder zu einem unfairen Geschäft zwinge, soll ich getötet werden.

16. Wenn ich wissentlich meines Schwurbruders Geld oder Eigentum unterschlage, soll ich getötet werden.

17. Wenn ich unrechtmäßig eines Schwurbruders Geld oder Beute während eines Raubs genommen habe, muß ich es zurückgeben.

18. Wenn ich nach einer Straftat verhaftet werde, soll ich meine Strafe auf mich nehmen und nicht die Schuld auf einen Schwurbruder schieben.

19. Wenn einer meiner Schwurbrüder getötet oder inhaftiert wird oder den Ort wechseln muß, werde ich seine Frau und seine Kinder unterstützen.

20. Wenn einer meiner Schwurbrüder bedroht oder beschuldigt wird, muß ich ihm helfen. wenn er recht hat, oder ihm raten einzulenken, wenn er unrecht hat. Wenn er wiederholt belästigt wird, soll ich meine anderen Brüder informieren, damit sie ihm helfen.

21. Wenn ich erfahre, daß die Behörde einen meiner Schwurbrüder sucht, der aus Übersee oder einer anderen Provinz kommt, soll ich ihn sofort unterrichten, damit er fliehen kann.

22. Ich darf nicht mit Außenseitern konspirieren, um meine Schwurbrüder beim Glücksspiel zu betrügen.

23. Ich soll durch falsche Darstellung keine Zwietracht unter meinen Schwurbrüdern säen.

24. Ich soll mich nicht unautorisiert zum Zeremonienmeister machen. Wer drei Jahre lang nach dem Passieren des Hung-Tors loyal und zuverlässig war, mag durch den Meister und mit Hilfe der Brüder befördert werden.

25. Wenn meine leiblichen Brüder in einen Streit mit meinen Schwurbrüdern verwickelt sind, darf ich keiner Partei helfen, sondern soll den Fall freundschaftlich zu regeln suchen.

26. Nach dem Passieren des Hung-Tors muß ich jeden Groll, den ich gegen meine Schwurbrüder vorher hegte, vergessen.

27. Ich darf das Gebiet meiner Schwurbrüder nicht unbefugt betreten.

28. Ich darf den Besitz oder das Geld meiner Schwurbrüder weder begehren noch Beteiligung daran suchen.

29. Ich darf weder die Adresse, wo meine Schwurbrüder ihren Besitz haben, verraten, noch darf ich von meinem Wissen unrechten Gebrauch machen.

30. Ich darf keinen Außenseiter unterstützen, falls sich dies gegen die Interessen eines meiner Schwurbrüder richtet.

31. Ich darf die Hung-Bruderschaft nicht mißbrauchen, um gewaltsam oder unvernünftig von anderen Vorteil zu erpressen. Ich soll bescheiden und ehrlich sein.

32. Ich soll getötet werden, wenn ich mich unsittlich gegenüber den kleinen Kindern in den Familien meiner Schwurbrüder verhalte.

33. Wenn einer meiner Schwurbrüder eine schwere Straftat begangen hat, darf ich ihn nicht anzeigen, um an die Belohnung zu kommen.

34. Ich darf weder die Frauen oder Konkubinen meiner Schwurbrüder zu mir nehmen noch Ehebruch mit ihnen treiben.

35. Ich darf nie Hung-Geheimnisse oder -zeichen fahrlässig im Gespräch mit Außenseitern verraten.

36. Nachdem ich durch das Hung-Tor geschritten bin, soll ich loyal und zuverlässig sein und mich anstrengen, die Mandschu-Dynastie zu vernichten und die Ming-Dynastie wiedereinzusetzen, indem ich mich gemeinsam mit meinen Brüdern bemühe, auch wenn sie nicht denselben Beruf haben.

Zitiert nach: Bökemeier, Rolf: Hongkong unter der Hand, GEO Nr. 2/Februar 1989, S. 108

Die Regeln sahen vor, daß bei Eidbruch die Strafe des Todes durch „fünf Blitzschläge" oder „Myriaden von Schwertern" drohte. Heute verwarnen Bünde Verräter mit Schnittwunden (Schlachtermesser) im „ersten Grad" Beim nächsten Mal kostet es ein paar Finger/Extremitäten, danach den Kopf.

1.2 Triaden – Erkennungszeichen

Bei den hohen Mitgliedszahlen, Zehntausende bei einigen Bünden, war es notwendig, zum Erkennen und Verständigen eigenständige Kommunikationsformen zu entwickeln, die für Nichteingeweihte unverständlich blieben. Dementsprechend hatte die Bruderschaft eine Geheimschrift. Sie stellte Schriftzeichen zusammen, die es in der normalen Schrift nicht gab. Verbreiteter war die Geheimsprache, insbesondere ihr nonverbaler Teil in Form von Greifzeichen und Erkennungszeichen:

Wie man eine Pfeife anbietet:

Es gibt eine bestimmte Weise, wie die Pfeife angeboten werden muß: Ich halte die Pfeife zwischen meinen beiden Daumen und Zeigefingern; die beiden Daumen müssen nach oben zeigen. Du nimmst sie in derselben Art, aber Du preßt deine Daumen gegen meine, und wenn Du zur Gesellschaft gehörst, dem Blumengarten, dann wirst Du die Pfeife vor dem Anzünden mit den Zähnen berühren.

Wie man Tee anbietet:

Stelle duftenden Tee auf den Tisch und wenn Du ihn anbietest, halte die Tasse am oberen Rand zwischen Daumen und Zeigefinger; der Mittelfinger berührt den Boden der Tasse.

Wie man ein Mitglied bei einem Gastmahl erkennt:

Man bietet Schnaps genauso an wie den Tee; wenn der Gast zu unserer Gesellschaft gehört, wird auch er die Tasse mit drei Fingern anbieten.

Wie man Reis anbietet:

Strecke Deine Finger aus und lege die Eßstäbchen quer darüber; biete sie so dem Fremden an, der seinen Napf wegschieben wird, wenn er ein Mitglied ist.

Zeichen, die man im Kampf und beim Streit macht:

Wenn sich zwei Leute treffen und ein Wort das andere gibt, wird ein Mitglied eine Faust machen und den Arm heben; der Daumen soll dabei nach oben zeigen. Der andere wird sich freuen und sich sofort entschuldigen, wenn er ein Mitglied ist.

Wie man den anderen bedeutet, den Kampf wieder aufzunehmen:

Wenn Mitglieder bei einem Streit nicht zufriedengestellt werden und weiterkämpfen wollen, muß man zwei- oder dreimal in die Hände klatschen, und die Mitglieder werden kommen und ohne Pause weiterkämpfen.

Wie man sich Genugtuung für Beleidigungen verschafft:

Wenn ein Mitglied beleidigt wurde und Genugtuung verlangt, wendet es sich an seinen Mitbruder, wobei es die Finger an die Nase hält; jener wird sodann zu dem Beleidigten kommen und fragen, worum es geht; seine eigenen Angelegenheiten läßt er im Stich.

Wie man Verstärkung herbeiruft:

Wenn Du einen Bruder triffst, dann halte Deine Hände über den Kopf und klatsche. Fragt man nach dem Grund für Dein Kommen, wirst Du sagen: „Seong und Pek brauchen Hilfe“.

Wie man in den Kampf geht, und wie man sich zurückzieht:

Wir brauchen keine Zeichen zu geben, wenn wir uns mit unseren Kämpfern treffen; man binde sich nur etwas um den Kopf. Sollen sie sich zurückziehen, sagst Du „soo laing“ (fertig); willst Du die Kämpfer ermutigen, sagst Du „tan koh“ (vorwärts).

Wie man sich im Dunklen trifft und berührt:

Wenn Ihr Euch in tiefer Nacht trefft und einer den anderen an sich zieht, sprichst Du in zwei verschiedenen

Stimmlagen. Wenn Du ihn an Dich ziehst, in der einen, wenn Du ihn losläßt, in der anderen. Merke genau auf die Stimmen.

Wie man entkommt, wenn man einen Mord begangen hat:

Hat einer einen Mord begangen, wird er sich verstecken, ein wenig Haar abschneiden und um den rechten Arm binden. Wenn er dann Zuflucht bei seinen Brüdern sucht, wird er sich das linke Auge reiben, und die Bruderschaft wird ihm Geld geben und ihm eine Möglichkeit zur Flucht verschaffen.

Wie man sich an den Handbewegungen erkennt:

Halte die Finger Deiner rechten Hand über die Augenbrauen, als ob Du sie zurechtstreichen wolltest; das wird Freude hervorrufen. Tong (Sommer), Qing (grün), Xiong (Casuarineen) und Pek (Arum) sind unsere Leute. Lege Deinen Zeigefinger zwischen die Lippen und schließe sie leicht.

Zitiert nach: Bökemeier, Rolf: Hongkong unter der Hand, GEO Nr. 2/Februar 1989, S. 108

Die Triade „14 K" entwickelte beispielsweise eine regelrecht durchnumerierte Fingersprache, die den Rang und Funktion, Zuständigkeiten und Verantwortlichkeiten „codierte". Beispiele:

Nr. Rang	Bezeichnung	Verantwortlichkeit, Zuständigkeit
49		Gewöhnlicher Logenbruder
415	Weißer Papierfächer <Pak Tsz Sin>	Verwaltung und innere Organisation
426	Roter Pfahl <Hung Kwan>	„Starker Arm" für interne und externe Bestrafungsaktionen sowie für die Führung von Bandenkriegen
432	Grassandale <Cho Hai>	Verbindungsoffizier und Geschäftsträger seiner Gesellschaft
489		Ritualmeister für die Aufnahmezeremonien (Bluteidleistung)

Nach: Ian Seabourn, Superintendent, Royal Hong Kong Police, in: Böckemeier, R. (1989), a. a. O. S. 98, S. 100

Darüber hinaus wurden diverse Tätigkeiten und Vorkommnisse in verschiedenen Deliktbereichen mit Finger-Codes versehen.

Finger-Codes

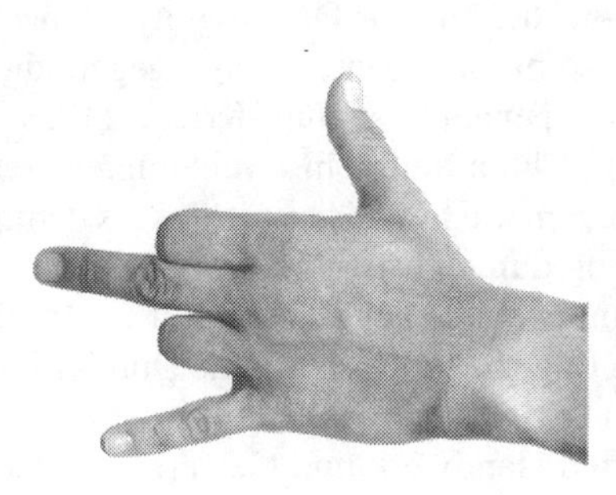
Dieses Handzeichen weist den Triaden Chef aus

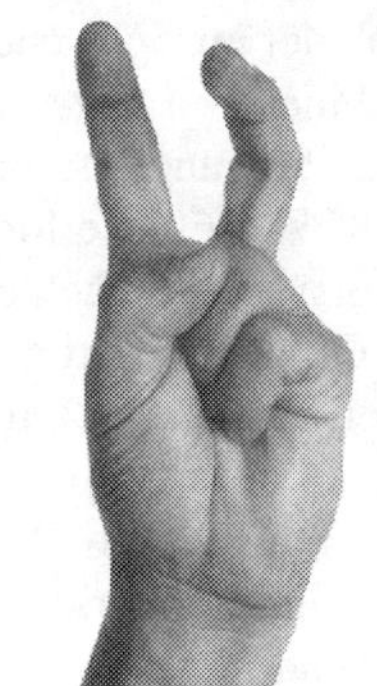
Angehöriger der Schlangen-Triade

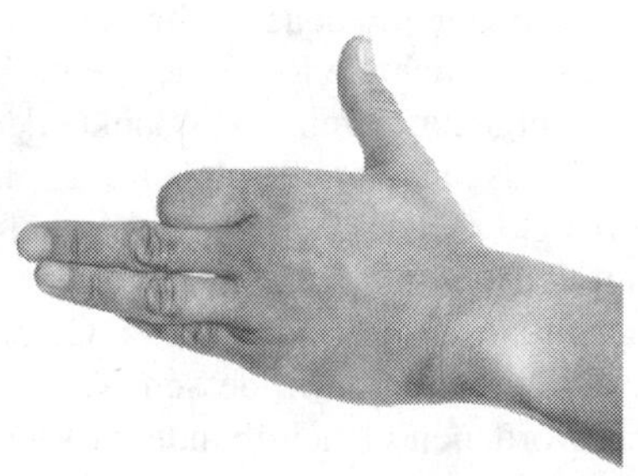
Geste eines „erfolgreichen“ Offiziers

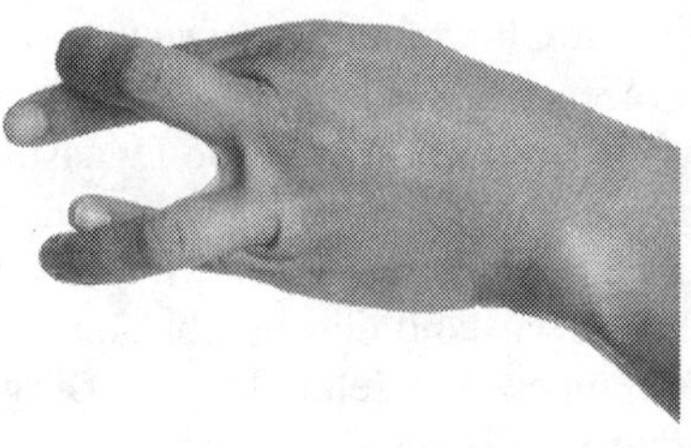
Zeichen für: „Schutzgeld“ korrekt bezahlt

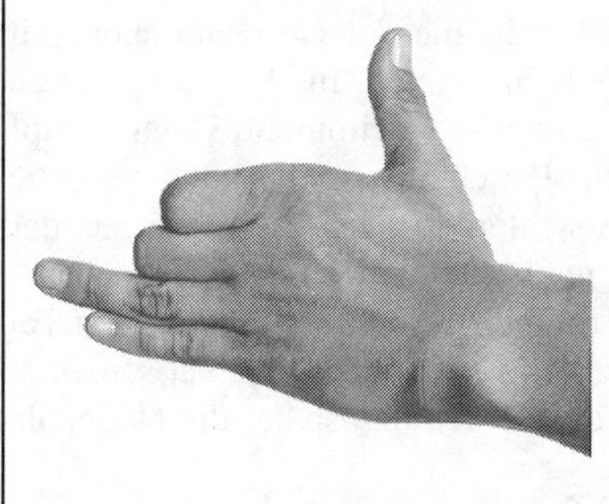
Handzeichen eines Cho Hai, eines Boten

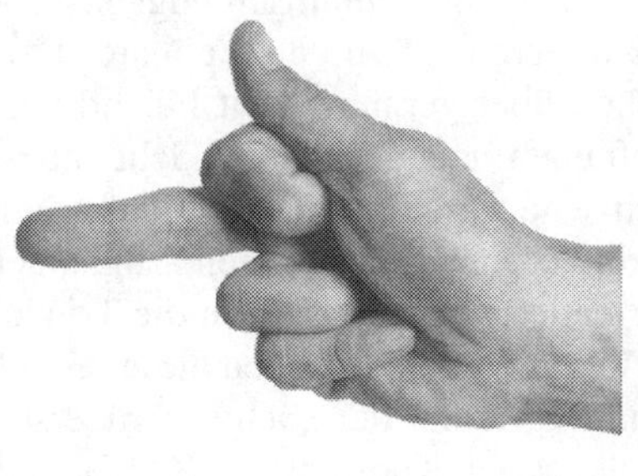
Angehöriger der Vereinigungs-Triade

1.3 Vom Politbund zur kriminellen Vereinigung

Die „fremden Teufel" (Gwei-Lo) zu bekämpfen, war Ziel der Bünde. Im 19. Jahrhundert traf dies nicht nur auf die Mandschus, sondern auch auf die „Langnasen" der europäischen Kolonialmächte zu. Zur Demütigung Chinas, von Nichtchinesen regiert zu werden, kam die Demütigung, gegen die Europäer (Briten und Franzosen) zwei sogenannte Opium-Kriege (1839–1842 und 1856–1860) verloren zu haben. China mußte in zwei „ungleichen Verträgen" den Siegermächten unter anderem die Legalisierung des bis dahin verbotenen Opiums und die Missionierung durch christliche Geistliche (von den Chinesen zu „Jesus Opium" zusammengefaßt) zugestehen und die Insel Hongkong „auf ewig" abtreten. Die dann folgende wirtschaftliche Durchdringung des Landes durch die „Weißen Teufel" ließ das Reich der Mitte zerfallen. Billige Industriewaren zerstörten Handwerk und Gewerbe; in den wachsenden Hafenstädten bildete sich ein immer größer werdendes Proletariat; und ungezählte Millionen verfielen dem Opium. Der Haß gegen die Fremden entlud sich 1900 im sogenannten Boxer-Aufstand, der eine Strafexpedition unter deutschem Kommando nach sich zog und neue „Sühneleistungen" für China festlegte. Danach konnte das entmachtete Reich der „Politik der offenen Tür" der Invasoren nichts mehr entgegensetzen. 1911 dankte der letzte Kaiser und damit die Dynastie der Mandschus ab. Gleichzeitig damit starb das wichtigste, über Jahrhunderte verfolgte Ziel der Geheimgesellschaften, den han-chinesischen Ming wieder auf den Thron zu helfen. Der zutiefst desolate Zustand eines mehr oder weniger in Nord und Süd geteilten China hatte einen jahrzehntelangen Bürgerkrieg zur Folge. In dessen Wirren verkamen die politisch orientierungslos gewordenen Geheimbünde zu Räuber- und Piratenbanden. Die berüchtigten „Gangs von Shanghai" waren beispielsweise im Sklavenhandel, Entführung, Erpressung, Glücksspiel, Waffenhandel und Schutzgelderpressung tätig. In den 20er Jahren übernahmen sie auch den Opiumschmuggel, arbeiteten in diesem Geschäft auch mit „Ringvereinen" in der Weimarer Republik zusammen. In Hongkong hatten schon über geraume Zeit Flüchtlinge, Spione und Kriminelle Unterschlupf gefunden und Köpfe von Geheimbanden sich etabliert. Alle trachteten, die britische Ordnung zu unterlaufen und machten so nach und nach aus der Kronkolonie die von den Engländern gefürchtete „Höhle des Drachen". Orientierungslos war auch die Triade „Himmel-Erde-Gesellschaft" (Tin Tei Wui) geworden. Mitglied dieser Gesellschaft war auch Dr. Sun Yat-sen, Arzt und Begründer der „Schwurbrüderschaft", aus der sich später die Nationale Volkspartei, Kuomintang (KMT), bildete.

1.4 14 K – Heroinspezialist unter den Triaden

Während des zweiten Bürgerkrieges (1945 bis 1949) wurde 1947 Sun Yat-sen's Logenbruder, der KMT-General Kot Siu Wong beauftragt, die zersplitterten Fraktionen der Zweiten Loge in der Provinz Kwangtung zu reorganisieren und als quasi letztes Bataillon in den Kampf gegen Mao Tsetungs Kommunisten (die „Roten" als fremde Teufel) zu führen. Der General formierte 36 Gruppen und unterstellte sie seinem Hauptquartier in der Provinzkapitale Kanton, Po-Wah-Straße 14. Von dieser Adresse bezog die Dachgesellschaft ihren Decknamen „Sap Sze Ho, Nr. 14". Der Einigungserfolg des Generals im nationalbewußten Südchina war groß. Logenbrüder wurden KMT-Soldaten und KMT-Soldaten Logenbrüder. 1949 siegten Maos Kommunisten. Die KMT zog sich in ihr Exil Formosa (Taiwan) zurück. General Kot Siu Wong entkam mit Tausenden Mitgliedern seiner Gesellschaft über den Perlfluß nach Hongkong. In diesem neuen Hauptquartier legte sich die „Nr. 14" noch das Initial „K" für Karat (= Gold und Härte) zu. Hongkong war kein „triaden-freier" Raum. Hier operierten mächtige Geheimbünde, die sich noch aus der für Kwangtung zuständigen Zweiten Loge, der südlichen der ehemals fünf Provinzlogen, entwickelt hatten. Ex-General Wong baute 18 der ursprünglich 36 „Nr.-14-Gruppen" wieder auf, mit dem Ziel, Maos „rotes Reich" aus dem Exil weiter zu bekämpfen, wobei das dafür benötigte Geld durch organisiertes Verbrechen aufgebracht werden sollte. Der Tod Wongs 1953 stürzte die „14 K" mit den anderen lokalen Triaden in den härtesten Bandenkrieg der Geschichte Hongkongs. Aus diesem ging die 14 K als dritter Sieger (mit heute 20.000 Mitgliedern) hervor. Mit den ersten beiden Siegern, den Triaden „Sun Yee On" (heute 30.000 Mitglieder) und „Wo Sing Wo" (25.000) teilte sich die 14 K die Deliktbereiche Schutzgelderpressung, illegales Glücksspiel und daraus resultierend das Kredithai-Geschäft (Loan sharking), die Prostitution und die Kontrolle über den Rauschgifthandel. Im Laufe der Jahre spezialisierte sich die 14 K auf Drogen, insbesondere auf Heroin. Sie hat heute Zugriff auf die Schlafmohnanbaugebiete des südostasiatischen „Goldenen Dreiecks" und ist aggressiv in den Heroinabsatz außerhalb Asiens eingestiegen. In den USA beherrscht nach DEA-Angaben die 14 K den Heroinhandel in New York. In Westeuropa kontrolliert die 14 K in Großbritannien weitgehend Soho in London, und engagiert sich in den Niederlanden in Amsterdams „China Town". Hauptquartier der weltweit operierenden Triade ist bis heute Hongkong.

Chinesische Heroin-Warenzeichen (Heroin Labels) Heroin-„Sorten“, die nach dem 2. Weltkrieg in die USA eingeschmuggelt wurden

Quelle: James A. Inciardi: The war on drugs, Mayfield Pub. Comp., Palo Alto, Cal. 1986

Chinesische Heroin-Warenzeichen (Heroin Labels) Heroin-„Sorten“, die nach dem 2. Weltkrieg in die USA eingeschmuggelt wurden

Quelle: James A. Inciardi: The war on drugs, Mayfield Pub. Comp., Palo Alto, Cal. 1986

Chinesische Syndikate / „Triaden“ (organisiertes Verbrechen) um 1985

Name	Heimat Standort	Gruppen (gangs)	Mitglieder	Operationsgebiete
14 K	Hongkong	23	24 000	Südostasien, Nordamerika, Westeuropa
WO Gruppe	Hongkong	10	29 000	Südostasien und Übersee
Chiu Chao (Chao Zhou)	Hongkong	6	16 000	Südostasien und Übersee
United Bamboo gang (Chu Lien Pang)	Taiwan	?	10 000-15 000	Ostasien, Nordamerika, Saudi Arabien
Luen Gruppe	Hongkong	4	5 000	Südostasien und Übersee
Tung Gruppe	Hongkong	2	3 000	Südostasien und Übersee
Andere Gruppen	Hongkong	9	4 000	Südostasien und Übersee
Four Seas (Shi Hai)	Taiwan	?	mehrere Tausend	Ostasien und Übersee
Niu-Pu Gruppe	Taiwan	?	1 000	Taiwan

Quelle: Law enforcement reports, 1980; miscellaneous press reports, 1984-1985 Zitiert nach: Kaplan/Dubro, Yakuza, New York 1986, S.214

1.5 Hongkong – größte Verbrechensmetropole der Welt

Hongkong, seit 1843 britische Kronkolonie, wuchs nach dem Zerfall des Kaiserreiches China in wenigen Jahrzehnten zur Millionenmetropole. Die letzte Immigrationswelle führte von 1949 (Gründung der VR China) bis 1962 auch ungezählte KMT- und Triaden-Mitglieder, Geschäftsleute, selbst Kommunisten „hinter den Bambusvorhang". In den dreißig Jahren danach wuchs Hongkong auf heute 5,7 Millionen Einwohner, davon 98 Prozent Chinesen, wurde zum Hauptsitz von bis zu 50 Triaden mit insgesamt 80.000 bis 100.000 (andere Schätzungen gehen auf bis zu 300.000) Mitgliedern einerseits und andererseits zu einem der wichtigsten Finanzplätze der Welt. So wird allein die Anzahl der Millionäre auf 30.000 bis 100.000 (zum Vergleich: in der VR China gab es 1991 – auf der Basis der Landeswährung Yuan – 490 Millionäre) geschätzt, darunter ungezählte Triaden-Führer und hochstehende Mitglieder. Längst haben die Triaden die Grenzen ihrer klassischen Deliktbereiche überschritten. So kontrollieren sie heute unter anderen die Gefängnisse, beherrschen Teile der Geschäftswelt und des sozialen Wohnungsbaus und betätigen sich nicht zuletzt mit großem Erfolg in der Hochfinanz. Nach dem chinesisch-britischen Vertrag von 1898 wird die Kronkolonie 1997 an die VR China zurückfallen. Hongkong soll danach den Status einer „besonderen Verwaltungsregion" (Special Administrative Region – SAR) erhalten. Dieser sieht vor, daß Hongkongs kapitalistisches System und seine „bisherige Lebensart" für weitere 50 Jahre erhalten bleibt, räumt aber der VR China ein, dort Militär und Polizei zu stationieren.

Neben Hongkong wird 1999 auch die portugiesische Uberseebesitzung Macao (0,45 Mio. Einwohner, davon 97 Prozent Chinesen) wieder an die VR China fallen. Und in der Republik Taiwan (20,2 Mio. Einwohner, davon 17,9 Mio. Chinesen), ebenfalls Hauptsitz mehrerer Triaden mit geschätzten 15.000 bis 20.000 Mitgliedern, hatte sich erst im Februar 1991 das Nationale Komitee dafür ausgesprochen, die Wiedervereinigung mit der VR China in mehreren Etappen herbeizuführen. Diese Hin- beziehungsweise Rückführungen in den noch sozialistisch-kommunistischen Einfluß- und damit Machtbereich veranlaßte und veranlaßt in den 90er Jahren Hunderttausende Chinesen auszuwandern, darunter natürlich ungezählte Triaden-Mitglieder.

1.6 Auswanderung der Chinesen und ihrer Geheimbünde

Hungersnöte, bürgerkriegsähnliche Aufstände und der Einfall der europäischen Kolonialmächte führten ab Mitte des 19. Jahrhunderts zu einer ersten Auswanderungswelle. Zwischen 1850 und 1900 verließen Hunderttausende

Chinesen das Reich der Mitte, emigrierten insbesondere nach Indochina, Indonesien und Malaysia, aber auch nach Nordamerika, Westeuropa und Australien. In den Überseekolonien der Auslandschinesen entstanden zahlreiche, vom südchinesischen Triaden-System abgeleitete Logen. Die geographisch starke Ausbreitung führte dazu, daß der innere Zusammenhalt der Triaden verlorenging. Die chinesischen Emigranten schlossen sich – nach Dialekten und Provinzen – zu einer Unzahl rivalisierender, einander heftig bekämpfender Fraktionen zusammen. Diese Fraktionierung trug sehr zur Degeneration der eigentlichen Triade bei. Zunehmend wurde sie ihres patriotischen, religiösen und sozialrevolutionären Charakters beraubt und entwickelte sich zur schlichten, aber hochorganisierten Gangsterbande. Die Erste Loge der Triade führte einst als Bannersymbol den Drachen (Dragon). Vielleicht leiteten sich über die Zeit davon die heutigen Bezeichnungen „Drachenhaupt" (Dragon Head) für einen Triaden-Führer, „Drachen" (Dragons) für Triaden-Mitglieder und „Drachenstadt" für den Triaden-Sitz in einer Metropole ab. Kenner der Fernost-OK sind der Meinung, daß von den Auslandschinesen rund ein Prozent in Bünden organisiert sind. Insbesondere in der zweiten Hälfte des 20. Jahrhunderts wuchs die Anzahl der Chinesen, die außerhalb der VR China lebten: Anfang der 50er Jahre waren es schätzungsweise fast 12 Millionen; Anfang der 70er Jahre fast 22 Millionen und Anfang der 90er Jahre 30 bis 35 Millionen. Der überwiegende Teil lebt heute in Taiwan, Hongkong und Macao. Fünf bis zehn Millionen leben in Asien: Südkorea, Japan, Philippinen, Burma, Laos, Thailand, Kambodscha, Vietnam, Malaysia, Singapur, Indonesien, Brunei, Mongolei, Sowjetunion, Vorder- und Südasien, Australien, Afrika, Europa und Amerika. In der westlichen Hemisphäre entstanden ab Mitte des 19. Jahrhunderts größere Chinesenkolonien, so in den

Vereinigten Staaten von Amerika: Hier ließen sich Chinesen in den wachsenden Hafenstädten der Ost- und insbesondere Westküste nieder. Im Bundesstaat Kalifornien beispielsweise lebten Ende der 80er Jahre rund 400.000 US-Bürger chinesischer Abstammung; gut 100 chinesische Firmen ließen sich hier nieder. Zur „Drachenstadt" wurde San Francisco, dessen China Town auf heute 75.000 bis über 100.000 Einwohner wuchs. Schon 1851 lebten hier rund 12.000 Bewohner der chinesischen Provinz Kwangtung (die seinerzeit von der Zweiten Loge der Triade beherrscht wurde). Bereits Ende des 19. Jahrhunderts regierten San Franciscos China Town die „Tongs", kontrollierten Glücksspiel und Prostitution. Mitte der 1980er Jahre war der Geheimbund der „sechs Gesellschaften" gefürchtet. An der Ostküste entstand insbesondere in New York eine große China Town, in der Anfang der 80er

Jahre schon über 80.000 Menschen lebten. Hier rekrutierten die Bünde ihren Nachwuchs nicht selten aus den Jugendgangs, die 1981 beispielsweise als „Flying Dragons“, „Ghost Shadows“, „Grandpa's Boys“ oder „White Tigers“ das New Yorker Chinesenviertel in profitable Erpressungszonen aufteilten. Nicht wenige Bandenmitglieder kamen aus Hongkong und brachten als 12- bis 30jährige schon Gang-Erfahrungen mit.

Fast 100 Jahre zuvor, 1889, hatte der US-Kongreß den sogenannten Chinese Exclusion Act verabschiedet. Bis zu diesem Zeitraum waren bereits 100.000 Chinesen in die USA eingewandert. Dieses Gesetz schob nun der legalen Einwanderung einen Riegel vor.

Kanada: Dementsprechend wanderten nun viele Chinesen illegal über Kanada ein, ließen sich aber auch immer stärker am südlichen Küstenstrich von British Columbia nieder. Zur „Drachenstadt“ wurde Vancouver. Heute sind rund 300.000 Einwohner der Stadt chinesischen Ursprungs.

Nicht nur in Nordamerika, auch in Westeuropa waren Chinesenviertel entstanden.

Vereinigtes Königreich: Mitten im Herzen Londons entstand in Soho ein Chinesenviertel. Bereits in den 30er Jahren zog es die Triade „Wo On Lok“ von Hongkong nach London. Einen großen Teil ihres Einflusses verlor sie gegen die später ins Land gekommene Triade „Wo Sing Wo“, die heute als mächtigste Triade im Vereinigten Königreich gilt und ihren Sitz in der „Drachenstadt“ Manchester hat. Sie ist verbunden mit der „14 K“, die vom Londoner China Town (rund 50.000 Personen) aus operiert und Anfang der 90er Jahre dort mit rund 500 „Drachen“ vertreten sein soll. Zählte man in Großbritannien in den 40er/50er Jahren etwa 15.000 Chinesen, wurde ihre Anzahl Ende der 80er Jahre schon auf rund eine Viertelmillion geschätzt. Mitte Juni 1990 verabschiedete das Unterhaus des britischen Parlaments ein Gesetz, das rund 50.000 Familien (insgesamt etwa 225.000 Menschen) aus der Kronkolonie Hongkong die volle britische Staatsbürgerschaft zuerkennt. Verbunden ist damit das Recht auf Niederlassung im Vereinigten Königreich. Eben dieses verließen vor achtzig Jahren Chinesen Richtung

Niederlande: Als Kohlentrimmer und Heizer waren sie nach einem Matrosenstreik in England 1911 arbeitslos geworden. In Rotterdam-Katendrecht gründeten sie eine Kolonie, die später mit zu den größten Europas zählen sollte. Eine zweite Einwanderungswelle kleiner Händler und Gewerbetreiben der („Kofferchinesen“ – die ihr Hab und Gut im Koffer mitbrachten) kam in

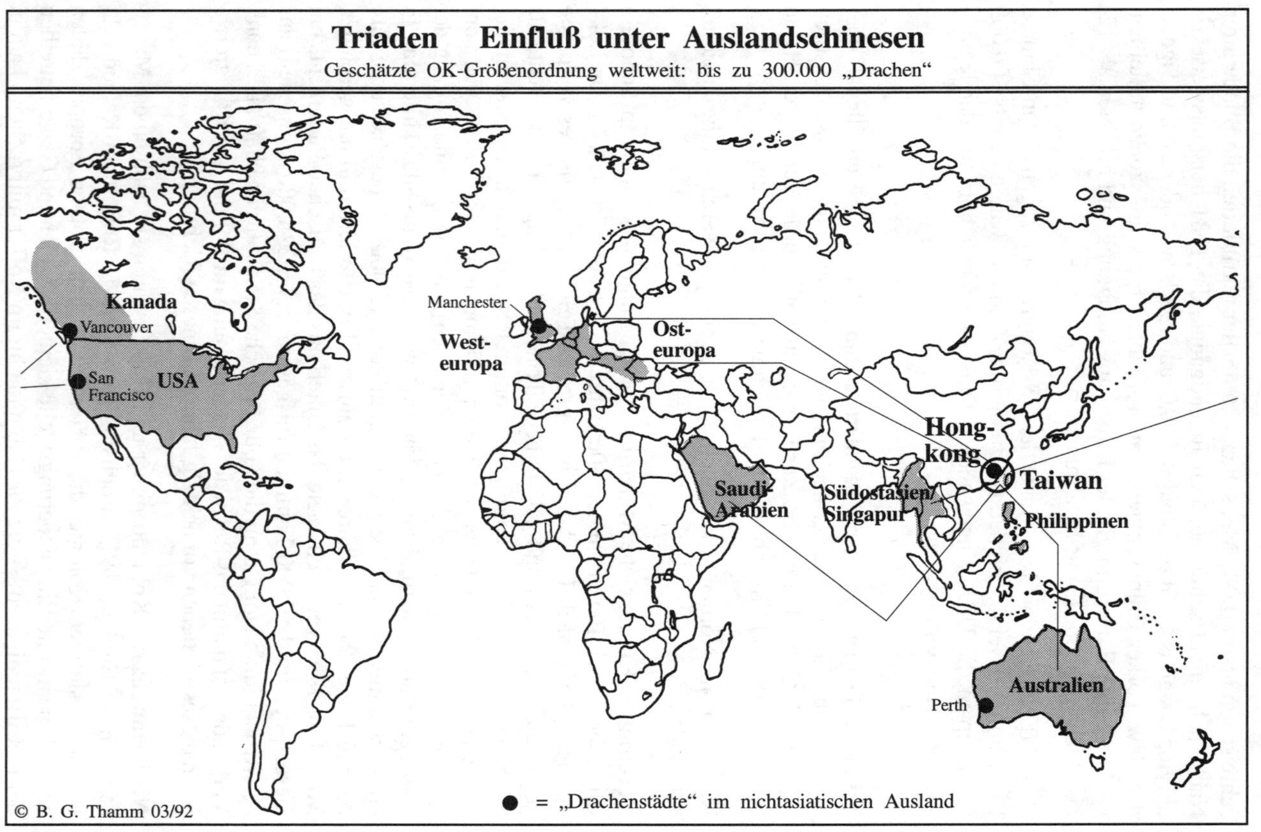
Triaden Einfluß unter Auslandschinesen
Geschätzte OK-Größenordnung weltweit: bis zu 300.000 „Drachen“
Kanada
Vancouver
San Francisco
USA
Manchester
West-
europa
Ost-
europa
Hong-
kong
Taiwan
Saudi-
Arabien
Südostasien/
Singapur
Philippinen
Australien
Perth
● = „Drachenstädte“ im nichtasiatischen Ausland
© B. G. Thamm 03/92

den 30er Jahren. In der Nachkriegszeit reisten Köche und Wirte ein. Heute gibt es in den Niederlanden rund 2.500 Chinarestaurants, von denen bis zu 98 Prozent Schutzgelder zahlen sollen. In den 60er und 70er Jahren wurde insbesondere China Town Amsterdam durch eine vierte, ganz besondere Einwanderungswelle vergrößert – den „Drachen" als Drogenhändler (Stichwort: Godfather of Amsterdam). Auch hier setzte sich im Heroingeschäft die „14 K" durch. Noch 1991 kam es in Sachen Heroin zwischen ihr und dem Singapur-Syndikat „Ah Kong" zu Auseinandersetzungen. In den nächsten Jahren werden wohl auswanderungswillige Hongkong-Chinesen die derzeitige 60.000 Kopf starke Chinesengemeinde der Niederlande vergrößern.

In **Deutschland** lebten Anfang der 90er Jahre rund 30.000 Chinesen, davon um die 6.000 in Hamburg. In der Hafenstadt gab es schon in den 20er Jahren Schmuggelkontakte zwischen dem „Grünen Zirkel", einem Bund in Shanghai mit 20.000 bis 100.000 Mitgliedern und „Ringvereinen". In Deutschland wird heute wahrscheinlich ein sehr hoher Anteil chinesischer Gastronomiebetriebe um Schutzgelder erpreßt.

Frankreich: „Chinois d'outre-mer" werden die Überseechinesen in Frankreich genannt. Die größte Kolonie gibt es wohl im 13. Arrondissement der Hauptstadt Paris, rund 80.000. Die Polizei geht von einer aktiven „Mafia jaune" aus.

Doch nicht nur Westeuropa, auch Osteuropa ist in den 90er Jahren Einwanderungsziel auswanderungswilliger Chinesen und mit ihnen der „Dunklen Gesellschaften" (Black Societies). Bis 1991 hatten sich Zehntausende von Hongkong-Bürgern um die Aufnahme in einem der osteuropäischen Reformstaaten bemüht.

Bulgarien: Nach Angaben der bulgarischen Regierung 1991 streben etwa 10.000 Hongkong-Bürger die Staatsbürgerschaft des Landes an.

Ungarn: Die Hauptstadt Budapest erlebt in den frühen 90er Jahren eine regelrechte kleine Einwanderungswelle aus Hongkong. Keimzelle des entstehenden Chinesenviertels (Little Chinatown) in Budapest ist „Kobanya", ein Arbeiterviertel im 10. Bezirk der Stadt. Im August 1991 wurde die Anzahl der Chinesen hier auf 2.000 bis 3.000 geschätzt. Ende Januar 1992 vermutete man bis zu 8.000, von denen allerdings nur 300 eine Aufenthaltsgenehmigung haben sollen. Ungarns Hauptstadt hat zu Beginn dieses letzten Jahrzehnts auch eine wichtige Rolle für die illegale Einreise ungezählter Chinesen von Ost- nach Westeuropa übernommen. Beispiel:
Im Dezember 1990 zerschlug die Wiener Polizei eine international tätige Schlepperorganisation. Fünf Chinesen wurden festgenommen, sieben illegal

eingereiste Chinesen wurden in ihre Heimat abgeschoben. Die Schlepper hatten von ihren Landsleuten umgerechnet jeweils DM 1.400,– kassiert. Dafür wurden sie zum Teil mit in Italien und Frankreich gestohlenen japanischen Reisepässen ausgestattet und in Budapest abgeholt.

Zu den nichtasiatischen Einwanderungsländern gehört neben Nordamerika und West- und Osteuropa auch

Australien: Mit der ersten Auswanderungswelle bildeten sich in Sydney und Melbourne bereits in den 1840er und 1850er Jahren die ersten Chinatowns. Zur „Drachenstadt" des Fünften Kontinents wurde Perth. Australien hatte in der Zeit von 1945 bis 1989 rund 450.000 Flüchtlinge, darunter 18.000 Libanesen und 14.000 Chinesen aufgenommen. Die jährliche Immigrationsquote ist von der Regierung auf 140.000, davon sieben Prozent Hongkong-Chinesen festgesetzt worden. 1989 wurde überlegt, ob für die Hongkong-Chinesen eine Sonderregelung zu schaffen sei, die dann 20.000 bis 40.000 jährlich ins Land bringen könnte. Im selben Jahr hatte die australische Bundespolizei im Mai eine 15köpfige asiatische Heroinschmugglerbande verhaftet, der enge Beziehungen zu der gewalttätigen Triade „Big Circle Gang" in Hongkong nachgesagt wurden.

Die Namen sind vielfältig: Triade, Triad, Secret Society, Black Society, Geheimbund, Dreibund, Gelbe Mafia und ähnliches – wie kaum eine andere Gruppierung des organisierten Verbrechens hat die „Chinese Connection"

- eine uralte Tradition in Geheimgesellschaften und damit im hierarchischen Aufbau, in der inneren Abschottung, im konspirativen und arbeitsteiligen Vorgehen, in verbalen und nonverbalen Geheimkommunikationen;
- eine lange Tradition im Drogenschmuggel (Opium);
- einen direkten geographischen Zugriff auf ein großes Schlafmohnanbaugebiet, das südostasiatische sogenannte Goldene Dreieck;
- weltweite, internationale Verbindungen durch diverse Dependancen in den Chinatowns großer Städte in Asien, Australien, Nordamerika, Westeuropa und – im Aufbau befindlich – auch Osteuropa.

Nicht auszuschließen ist, daß mit politischen Änderungen in der sozialistischen Volksrepublik China hin zur Demokratie auch wieder alte Geheimbundkontakte belebt werden. Die insbesondere im 20. Jahrhundert entwickelte Größenordnung der chinesischen Organisierten Kriminalität ist weltweit einzigartig. Im asiatischen Raum kann sich lediglich in Annäherungen nur eine OK-Gruppe vergleichen, die „Yakuza" in Japan.

2 Yakuza – Verbrechensmonopol in Japan

Nach langandauernden Bürgerkriegen herrschte Anfang des 17. Jahrhunderts endlich Friede. Die alten Werte der Kriegerelite der Samurai – Ritterlichkeit und Fechtkunst (kyokyaku) – verloren für die herrschende Klasse an Bedeutung. Doch viele konnten sich an die Änderungen im Lande nicht gewöhnen. Sie wurden Banditen, plünderten Dörfer und Städte in einer Zeit, die wie nie zuvor durch Stadtgründungen und Straßenbau gekennzeichnet war. Gegen die Banditen brauchte man Schutz und wandte sich dementsprechend an herrenlose Samurai, Handwerker, Händler, Arbeiter und Obdachlose, von denen viele geschickte Spieler (bakuto) waren. Als verteidigende Stadtdiener (machi-yakko) wurden sie rasch zu den „Robin Hoods von Japan". Der Ursprung der yakuza ist hier zu suchen. Die früheste legendäre yakuza-Figur ist der Spielhöllenbesitzer Banzuin no Chobei, der im 17. Jahrhundert der Führer der machi-yakko in Edo, dem heutigen Tokio war. Die bakuto jener Zeit entwickelten eine Organisation mit starker Führung, ausgearbeiteter Sozialstruktur, verschiedenen Rängen, Ritualen und einem komplexen Wertesystem, das bis heute noch gültig ist. Mit der Zeit teilten die bakuto die Spielbezirke unter verschiedene Gruppen auf. Revierkämpfe führten zur Entwicklung eines paramilitärischen Systems. Die Bakuto übten Terror aus, erpreßten Geld von den einfachen Leuten und eröffneten entlang den neuen Hauptstraßen Spielhöllen. Gespielt wurde auch das Kartenspiel hanafuda. Das schlechtmöglichste Blatt dieses Spiels war die Acht (ya), neun (ku) und drei (za). Ya-ku-za hießen dementsprechend die Verlierer. Später wurde das Wort auf die Spieler selber angewendet.

Die Tokugawa-Shogune hatten im Lande die Feudalstrukturen wieder eingeführt. Analog strukturierten sich die bakuto. Diese „frühen Yakuza" hatten Satzungen und Regeln entwickelt, die die Loyalität gegenüber dem Boß (oyabun), sowie Geheimhaltung und Rangordnung betrafen. Mitte des 17. Jahrhunderts durften die oyabun „einen Namen und zwei Schwerter führen", was dem Status eines Samurai entsprach. Neben den traditionellen, ortsgebundenen bakuto arbeiteten im Spielgeschäft auch herumziehende Spieler und Straßenhändler, die tekiya. Über diverse Treffen beider Gruppen entwickelte sich über die Zeiten ein Begrüßungsritual (jingi), das von den yakuza bis heute praktiziert wird. Im frühen 18. Jahrhundert änderte sich das „Robin-Hood-Image" der yakuza. Zunehmend verbündeten sie sich mit korrupten lokalen Bürokraten, um das einfache Volk auszubeuten. Regierungsbeamte und Feudalherren arbeiteten mit den Spielhöllenbetreibern zusammen, da diese zugleich wichtige Vermittler von Arbeitskräften waren, die der Shogun dringend insbesondere für Bauarbeiten brauchte.

2.1 Das Oyabun-Kobun-Prinzip

Die leibliche Familie spielte bei den yakuza nie eine Rolle, dennoch waren und sind die yakuza-Gruppen wie Familien organisiert. Familienoberhaupt ist der oyabun (Vater und Herrscher zugleich), der von seiner komplexen Familienorganisation, vom Unterchef über reguläre Mitglieder bis zum Lehrling, unbedingte Loyalität erwartet. Novizen wurden während der gesamten Lehrzeit kontrolliert. Hielt man sie für vertrauenswürdig, wurden sie als fiktive Söhne (kobun) angenommen. Vor dem Shinto-Schrein leistete der neue kobun seinem oyabun einen Bluteid: „Ich folge dir, Vater, durch Feuer und Blut, auch wenn meine leiblichen Eltern verhungern oder es mein eigenes Leben kostet". Der kobun durfte nun mit dem Wohlwollen (ninjo) des oyabun rechnen. Dieser hingegen erwartete nun bedingungslosen Gehorsam, absolute Loyalität und bei Bedarf Selbstopferung, die alte Samurai-Ideale wie Verpflichtung (giri) und Ritterlichkeit (ninkyo) trafen. Die oyabun-kobun-Hierarchie stellte eine unauflösliche Lebensgemeinschaft dar, die den Gemeinschaftsmitgliedern Schutz und Fürsorge bis zum Lebensende gewährte. Regeln bestimmten das Gemeinschaftsleben: 1. Keine Frau eines anderen Mitgliedes anrühren. 2. Die Geheimnisse der Organisation nicht an die Polizei verraten. 3. Äußerste Loyalität gegenüber der Organisation und der oyabun-kobun-Verbindung wahren. Variationen des dritten Gebots waren und sind beispielsweise: 1. Verschweige deinem oyabun nicht dein Einkommen oder 2. Du sollst nicht stehlen (nicht nur vom oyabun, sondern auch von gewöhnlichen Bürgern). Regelverstöße wurden und werden von den yakuza streng geahndet. Die schwerste und selten praktizierte Strafe ist der Tod. Ein zeitlich begrenzter oder gar dauernder Ausschluß kommt einer Ächtung nach, da alle yakuza-Organisationen im Lande von dieser „Schande" benachrichtigt werden und selbst konkurrierende yakuza-Gruppen den so Geächteten nicht aufnehmen. Für geringfügigere Verstöße wurde und wird, vom Betroffenen meist freiwillig, das Fingergliedabschneiden (yubitsume) durchgeführt. In alten Zeiten hatte dies den praktischen Sinn, daß mit jedem verlorenen Fingerglied das lebenswichtige Schwert schlechter in der Hand lag. Diese Art der Verstümmelung, beginnend mit dem oberen Glied des kleinen Fingers, gilt bis heute als Zeichen der Reue und Entschuldigung für Gesetzesübertretungen oder eine ungerechte Tat gegenüber dem oyabun beziehungsweise einer anderen yakuza-Gruppe.

2.2 Yakuza – Erkennungszeichen

Zu den Erkennungszeichen der yakuza gehört nicht nur das von den fahrenden Banditen in der Edo-Zeit (1603–1867) entwickelte Begrüßungsritual jingi. Charakteristisch ist auch die Ganzkörpertätowierung, die im

17. Jahrhundert schon unter den frühen yakuza und Bauarbeitern Mode war. Bis zum heutigen Tage werden die Tätowierungen mit spitzen Holzstäbchen durchgeführt. Nicht selten tragen die yakuza-„Kinder“ den Namen ihrer „Familie“ auf der Brust.

Yakuza entwickelten analog zu den chinesischen „Drachen“ auch eine Geheimsprache, „ingo“ genannt, die sich je nach Zeit und Ort veränderte. Im verbalen Teil werden von den yakuza Wortteile umgedreht, abgekürzt oder chinesisch ausgesprochen. Es werden aber auch Wörter völlig neu erfunden oder koreanische Wörter (es gibt mittlerweile eine ganze Anzahl koreanischer yakuza-Mitglieder) benutzt. Die nonverbale Geheimsprache besteht wie bei den Chinesen aus einer Anzahl von bestimmten Körperteilhaltungen.

2.3 Yakuza in der Nachkriegszeit

Vom Anfang des 17. bis zum Ende des 20. Jahrhunderts waren die yakuza kaisertreu und vom Selbstbild her Tugendwächter konservativer Werte, quasi die „Erben der Samurai“. Von jeher war ihre stramm rechte Ideologie auch ihren Geschäften förderlich. Über Jahrhunderte hatte die yakuza nie das herrschende System in Frage gestellt, sondern im Gegenteil direkt und indirekt gestützt. Mit dem Ende des zweiten Weltkrieges 1945 (Kapitulation Japans am 14. August) stieß die von General Douglas MacArthur befehligte US-Besatzung auf das Phänomen der engen Verbindung der yakuza und dem japanisch-faschistischen Untergrund. Japans Armee war aufgelöst, die Polizei war entwaffnet und demoralisiert, und der Kaiser sollte – für die yakuza unvorstellbar – als Kriegsverbrecher zusammen mit vielen anderen Hauptkriegsverbrechern vor Gericht gestellt werden. Offizielle US-Politik war es nach 1945, in Japan Bedingungen für eine soziale Demokratie zu schaffen. Die Besatzungsbehörden unterstützten dementsprechend den Aufbau unabhängiger Gewerkschaften und liberaler wie linker Parteien. Als Störfaktor für Washingtons radikale Demokratie-Entwürfe Japans wurden die yakuza mit ihrem politischen Apparat ausgemacht. Dementsprechend wurden die militärischen US-Geheimdienste G 2 und CIC mit der Bekämpfung der yakuza beauftragt. Diese hatten inzwischen die Nachkriegsnot des Landes genutzt; sie beherrschten und terrorisierten die Armenviertel, betrieben eigene „Gewerkschaften“ und „vermieteten“ Arbeiter. Der US-Besatzung wurde rasch bewußt, daß Japan nicht gegen die yakuza zu regieren war. Darüber hinaus erwiesen sich die yakuza glaubhaft als extreme Antikommunisten. In der Folge wurden von der US-Besatzung ab 1948 alle wichtigen Akteure der japanischen Rechten, die zuvor als Kriegsverbrecher eingesperrt worden waren, aus den Gefängnissen entlassen. Die yakuza traten militant gegen wachsende Gewerkschaftsbewegungen und die Anfänge des Sozialismus auf, kämpften linke Demonstranten nieder und waren von der Industrie geschätzte Streikbrecher. Ganz im Interesse der US-Besatzung schuf eine Allianz von Kriegsverbrechern, Rechtsradikalen und yakuza ein kommunistenfeindliches Japan. Yakuza-Gelder machten jene konservative Macht stark, die seither Japan regiert. Yakuza unterstützten die, aus zwei kleineren Gruppierungen zusammengeschlossene, 1955 gegründete Liberal-Demokratische Partei (LDP), indem sie beispielsweise dafür sorgten, daß Oppositionsparteien nie zu einer ernsthaften politischen Gefahr für die regierenden Konservativen wurden. Von Kriegsende bis 1990 waren beispielsweise 27 Politiker Ziel von Anschlägen der Rechtsextremisten. Heute sind die japanische Rechte und die yakuza praktisch kaum auseinanderzuhalten. Nach Polizeiangaben agierten 1990 in Japan 850 Rechtsgruppen mit 120.000 Mitgliedern. Sehr viele von ihnen sind als yakuza bekannt. In der Nachkriegsgeschichte Japans entwikkelten sich die yakuza auch zu „Kämpfern für die Wertegemeinschaft der freien, marktwirtschaftlich orientierten Welt“.

Yakuza – Familien-Logos

Kyokuto Sekiguchi Ikka

Zen Nihon Rengo-Kai

Sumiyoshi Rengo

Toa Yuai Jigyo Kumiai

Quelle: Badey, James R.: Dragons and Tigers, Palmer Enterprises, Loomis Cal. 1988

Yakuza – Familien-Logos

Quelle: Kaplan, David E. und Dubro, Alec: Yakuza, Collier Books, Mac Millan Pub. Comp. New York 1987

2.4 Deliktbereiche der Verbrechensmonopolisten

In den frühen 60er Jahren waren rund 180.000 yakuza in mehreren tausend Gangs organisiert. Bis Anfang der 80er Jahre unterhielten über 4.000 Gangs eine lose Mitgliedschaft in einem der großen Syndikate. Ende 1989 zählte das Dezernat zur Bekämpfung der OK bei der Nationalen Polizei in Tokio 86.553 Yakuza in fast 3.200 Gangs. Zu den mit Abstand größten Syndikaten gehören die „Sumiyoshi-Rengo“ (Tokio), die „Inagawa-Kai“ (Tokio) und die bald siebzig Jahre alte „Yamaguchi-Gumi“ (Kobe - Osaka). Letztere hat 20.000 oder mehr Mitglieder und ist in den 47 Präfekturen Japans mit 37 Repräsentanzen vertreten. Über Jahrzehnte haben die yakuza ein Verbrechensmonopol aufgebaut, das eine Unzahl von Deliktbereichen betrifft. Dazu gehören traditionelle „Branchen“ wie das Glücksspiel, Mädchenhandel und Prostitution, Waffenhandel und der höchst profitable Drogen-, genauer Amphetaminhandel. Während des Zweiten Weltkrieges hatte die japanische Regierung 1940 Amphetamin (shabu) insbesondere als „Fliegerdroge“ für die Luftwaffe herstellen lassen. In den ersten Nachkriegsjahren vertrieben die yakuza nicht aufgebrauchte Armeebestände, ab 1949 illegal. Mit zunehmend strengerer Kontrolle des Chemikalienverkaufs für die Arzneimittelherstellung wurde die

Die wichtigsten Yakuza-Familien / „Syndikate“ (organisiertes Verbrechen in Japan) um 1981/84

Syndikat	Gründ. jahr	Hauptsitz	Einflußbe-bereiche	Familien-gruppen	Gruppen-mitglieder	Syndikats-Boss
Yamaguchi-Gumi	1915	Kobe/Osaka	29	400	10 400	Kazuo Nakanishi
Sumiyoshi-Rengo	1958	Tokyo	20	113	6 723	Masao Hori
Motokyokuto Aioh Rengo-Kai	1930	Tokyo	22	105	4 416	Haruo Tanaka
Inagawa-Kai	1945	Yokohama	12	119	4 347	Kakuji Inagawa
Ichiwa-Kai	1984	Kobe/Osaka	30	140	2 800	Hiroshi Yamamoto
Matsuba-Kai	1953	Tokyo	12	41	2 147	Eisuke Sato
Nippon Kokusui-Kai	1958	Tokyo	10	22	943	Kyo Koo-soo/ Seikichi Kimura
Dai Nippon Heiwa-Kai	1965	Kobe/Osaka	13	51	914	Katsuyoshi Hirata
Toa Yuai Jigyo Kumiai	1966	Tokyo	?	–	796	Chong Gwon Yong/ Hisayuki Machii

Quelle: National Police Agency and Press reports, 1981-1984, Japan   Zitiert nach: Kaplan / Dubro, Yakuza, New York 1986, S.139f.

Amphetaminherstellung im Inland immer schwieriger. Dementsprechend verlagerten die Yakuza die shabu-Produktion ins Ausland. Shabu-Hersteller sind heute Taiwan (80%), Südkorea (15%) und Thailand (5%). Ein Kilo shabu kostete beim Produzenten etwa 800.000 Yen. Nach Japan von den yakuza eingeschmuggelt brachte diese Kilo in Tokio dann einen Erlös von 40 Mio. Yen. Neben diesen klassischen OK-Deliktbereichen kontrollieren die yakuza die Unterhaltungsindustrie, den Profisport mit Wettgeschäften,

Das illegale Einkommen der Yakuza 1982 (in US-Dollar)

Quelle: National Police Agency, 1983

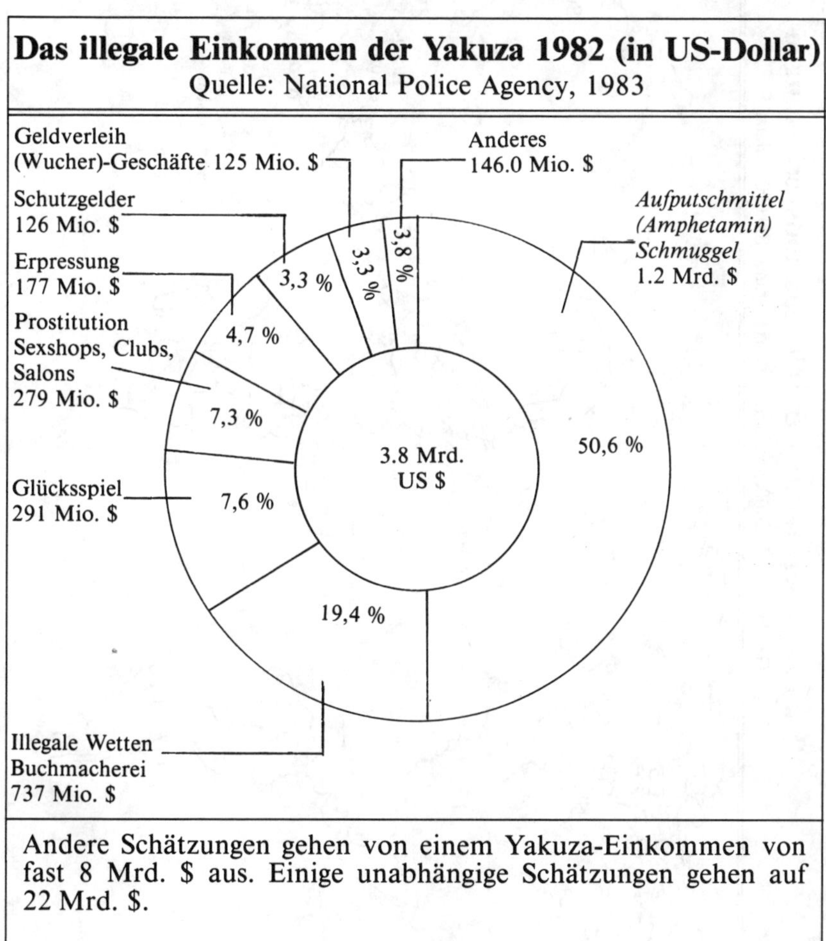

Andere Schätzungen gehen von einem Yakuza-Einkommen von fast 8 Mrd. $ aus. Einige unabhängige Schätzungen gehen auf 22 Mrd. $.

Zitiert nach: Kaplan & Dubro, Yakuza, New York 1986, S. 184

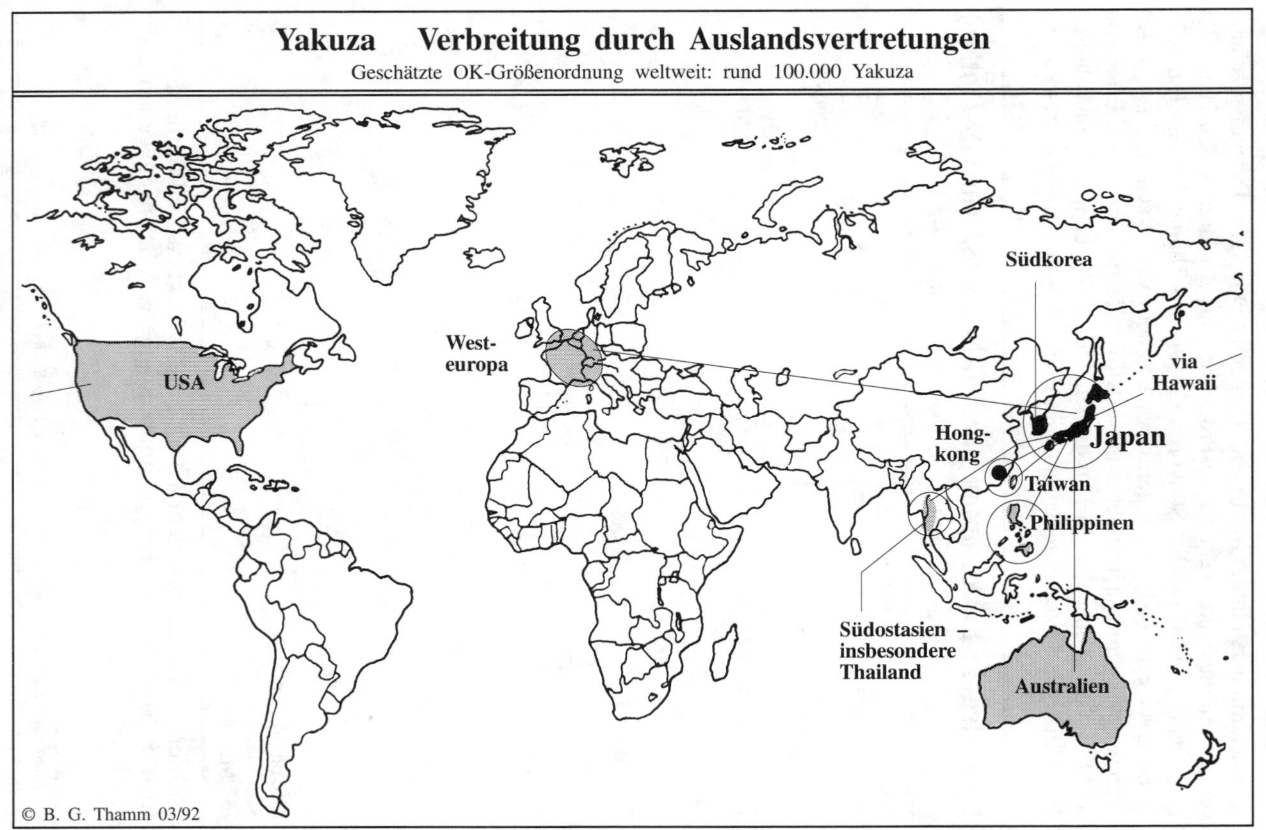
Yakuza Verbreitung durch Auslandsvertretungen
Geschätzte OK-Größenordnung weltweit: rund 100.000 Yakuza
USA
West-europa
Südkorea
via Hawaii
Hong-kong
Japan
Taiwan
Philippinen
Südostasien – insbesondere Thailand
Australien
© B. G. Thamm 03/92

nicht unerheblich auch die Filmproduktion. Sie engagieren sich in der Finanzwirtschaft, wo sie massiv Aktien- und Kapitalmärkte beeinflussen; im Immobiliengeschäft, wo sie 50 Prozent des Marktes beherrschen sollen; mittlerweile auch in der Industrieproduktion. In jüngerer Zeit zeigten Yakuza Interesse am Kunstmarkt und stiegen in das lukrative Börsengeschäft ein. Alles zusammen brachte schon in den Endachtzigern einen Jahresumsatz, der auf 1,5 Billionen Yen (16 Mrd. DM) bis 7,5 Billionen Yen (80 Mrd. DM) geschätzt wurde. Und wie viele japanische Unternehmen mit milliardenschweren Jahresumsätzen ließen und lassen die yakuza auch nach neuen Märkten und neuen Anlagemöglichkeiten Ausschau halten, natürlich auch außerhalb Japans. In Relation zu den Chinesen leben verhältnismäßig wenig Japaner im Ausland, 1987 etwas über 500.000. Die yakuza haben sich heute in fast allen Ländern Südostasiens etabliert, sind in Südkorea, auf den Philippinen, Taiwan, selbst in Hongkong (Querkontakte zu Triaden) vertreten. Vertretungen gibt es in Australien, Westeuropa (auch der Bundesrepublik Deutschland) und insbesondere über Hawaii in den USA. Die Internationalisierung schreitet in den 90er Jahren weiter voran. Bis zum heutigen Tage ist das Markenzeichen der yakuza-Familien die Feudalstruktur. Das yakuza-Prinzip der unbedingten Loyalität des Untergebenen gegenüber dem Vorgesetzten, ist Spiegelbild des Landes, prägt dieses Prinzip doch die japanische Gesellschaft bis heute. Modernisierung und wirkliche Demokratisierung der japanischen Gesellschaft werden zur Auflösung der Feudalstrukturen führen. Und eine künftige yakuza-Generation wird sich vielleicht nicht mehr als „Tugendwächter konservativer Werte“ sehen, ihr kriminelles Handeln deutlicher in den Untergrund verlegen und möglicherweise sich in neuen, von yakuza der alten Generation abgelehnten Deliktbereichen betätigen. Was bleibt ist ein einzigartiges Verbrechensmonopol in Ostasien.

3 Geheimbünde in Italien

Im 15. Jahrhundert bestand zwischen den größten Städten Italiens, Mailand, Venedig, Florenz, dem Kirchenstaat und Neapel-Sizilien, ein ausgewogenes Verhältnis, das zur wirtschaftlichen Blüte führte. Die Städte wurden zu Zentren des damaligen Welthandels und Geldverkehrs. Die Invasion der Franzosen 1494 zerbrach Italiens Gleichgewicht und führte zum Kampf um die Vorherrschaft im Lande zwischen Frankreich und dem Hause Habsburg (Spanien und Kaisertum). Der Welthandel verlagerte sich aus dem Mittelmeerraum nach Übersee und führte zum allmählichen Niedergang des italienischen Fernhandels. Die neuen fremden Mächte drängten Italien an den „Rand des Kontinents“. Im 16. Jahrhundert wurde der Süden in die spanische

Monarchie eingegliedert. Fortan stellte Spanien seine italienischen Regionen in den Dienst der Interessen seines Weltreiches. Unteritalien, Sizilien und Sardinien wurden zu Bollwerken gegen die Türken degradiert. In Neapel, Palermo und Cagliari regierten spanische Vizekönige, deren Verwaltungen Unsummen an Geld benötigten. Um es zu bekommen, wurde die Landwirtschaft bis zur Erschöpfung der Böden betrieben und die riesigen Wälder abgeholzt. Dieser Raubbau führte zur Zerstörung des ökologischen Gleichgewichts. Der vormals reiche Süden verarmte. Und die nun so verarmte Region interessierte bald nur noch als Reservoir billiger Saisonarbeiter. Zeitlich parallel hatte sich in Rom, Neapel und Palermo eine adelige Oberschicht konzentriert, auf deren Grundbesitz (Latifundien) die Wirtschaft der Region beruhte. Den Steuerdruck wälzte der Adel auf die unteren Schichten ab. Dementsprechend lebten die Städte einschließlich ihrer Unterschichten auf Kosten des Landes, legten damit das dauerhafte Fundament für den sozialen Gegensatz zwischen Nord und Süd. Am Wohl stand partizipierte nur eine Minderheit der Bürger, meist Landkaufleute und Gutsverwalter. Da die Verwalter auch staatliche Macht und Gerichtsbarkeit ausübten, wurde die Abhängigkeit der Landarbeiter immer größer. So entwickelte sich bis in das 19. Jahrhundert hinein eine Verfilzung von Staat, Adel, Grundherren und hohem Klerus einerseits und eine unterprivilegierte, entpolitisierte ländliche Gesellschaft andererseits. Über Jahrhunderte wuchs das Mißtrauen dieser Untertanen gegenüber dem Staat. Von diesem alleingelassen und ausgebeutet, behalf man sich selbst. Insbesondere die unzufriedenen Landarbeiter organisierten sich zu den „Briganten“. Mit bewaffneten Aufständen wehrten sie sich gegen die Zustände. Gegen diese und insbesondere gegen die fremden Herren entstanden ab dem 17. Jahrhundert geheime Männerbünde.

3.1 Geheime Männerbünde im 19. Jahrhundert

Unter französisch-napoleonischer Herrschaft (1796 bis 1814) hatte sich mittlerweile aus der Bürgerelite und reformistischen Adeligen ein dritter Stand entwickelt, der das Regierungs- und Wirtschaftssystem liberalisieren wollte. Doch wieder profitierte nur die Oberschicht von dieser Entwicklung, erweiterte erheblich ihren Besitz, über den sie frei verfügte. Kein Wunder, daß sich insbesondere gegen die französische Herrschaft geheime Bünde bildeten, beispielsweise der

Köhlerbund (Carbonaria)

Anfang des 19. Jahrhunderts. Wahrscheinlich wurde der Bund von dem bereits 1747 gegründeten „Orden der Holzhacker“ (L'Ordre des Fendeurs) ins Leben gerufen. Zu diesem politischen Geheimbund gehörten auch viele unzufriedene Mitglieder des Klerus. In den 1820er Jahren soll der Bund mehrere hunderttausend Mitglieder gehabt haben. Innerhalb des Bundes unterschieden sich die Mitglieder durch eine Hierarchie, die von Grad 1 bis Grad 7 reichte. Über die wirklichen Ziele des Bundes waren nur Mitglieder des 3. Grad als „Große Auserwählte" eingeweiht. Unter diesen „Auserwählten" hatte der sogenannte Großmeister den 4. Grad. Arbeit und Einfluß der „Carbonaria" ließen Mitte des 19. Jahrhunderts nach.

Camorra

Im Altneapolitanischen bedeutet „Camorra" eine Bluse. Comorristen waren „Blusenträger", und mit denen meinte man schlicht das Proletariat. Nicht wenige einfache Arbeiter waren in der Hafenstadt wegen unterschiedlicher Taten und Anschuldigungen in Gefängnissen, und dort häufig den Brutalitäten der Aufseher ausgesetzt. Um sich dagegen zu schützen, organisierten neapolitanische Strafgefangene um 1820 den Bund der „Camorra". Seinerzeit hieß es: Jeder ankommende neue Häftling wurde sogleich für die Genossenschaft in Anspruch genommen und ihr tributpflichtig gemacht. Weigerte er sich, „für die Lampe der Madonna" zu entrichten, lief er Gefahr, zu Tode gemartert zu werden. Andernfalls fand er Schutz und Schirm.

In den 1830er Jahren bildeten entlassene Gefangene die „Straßen-Camorra". Sie wurde anfänglich, ähnlich der „Carbonaria", aus politischen Gründen geduldet. Der Bund nutzte diese Zeit und hatte bald Mitglieder in allen Ständen, selbst im Heer und in der Beamtenschaft. Wer Camorrist werden wollte, mußte zunächst in die Klasse der Novizen („picciotto di sgarro") eingeweiht werden und ein drei- bis sechsjähriges Noviziat unter Anleitung eines „Bruders" hinter sich bringen. Nach seiner „Lehrzeit" und einem „Lehrstück" – zu dem auch Meuchelmord gehören konnte – erfolgte die Aufnahme des Picciotto in den Camorristen-Grad durch ein

Aufnahmeritual: „Hierzu versammelten sich die „Brüder" an einem entlegenen Ort und setzten sich an einen Tisch, auf dem die unheimlichen Wahrzeichen des Bundes: Dolch, Pistole, ein Glas mit vergiftetem Wein und eine Lanzette sich befanden. Vor diesem Tisch erschien der Picciotto in Begleitung des „Barbiers", der ihm eine Ader öffnete. Der Kandidat benetzte seine Rechte mit dem hervorquellenden Blute, hob sie empor und schwor, des Bundes Geheimnisse unverbrüchlich zu bewahren, seinen Gesetzen sich unbedingt zu unterwerfen, seine Befehle getreulich zu erfüllen. Und indem er darauf die Mordwerkzeuge ergriff, sie gegen seinen Körper richtete und das Glas an die Lippen setzte, deutete er an, daß er bereit sei, im Dienste der Gesellschaft sein Leben zu lassen. Darauf hieß ihn der Meister niederknien, legte die Rechte auf das Haupt des Kandidaten, feuerte die Pistole ab, zerschmetterte das Glas, überreichte ihm den Dolch, der in seiner besonderen Form als Erkennungszeichen diente, zog dann den neuen Bruder empor und umarmte ihn, ein Beispiel, dem die Anwesenden folgten. Nun war der Picciotto gleichberechtigtes Mitglied, ein Bruder des Bundes."

Regeln: Die Statuten des Bundes wurden mündlich überliefert. Nach ihnen durfte kein Polizist als Mitglied aufgenommen werden. Doch war es Camorristen gestattet, als Polizeispione zu arbeiten, um so von etwaigen Maßregeln der Behörden gegen den Bund Kunde zu erhalten. Camorristen, die zu Verrätern wurden oder die Sicherheit des Bundes gefährdeten, waren dem Tode verfallen. Camorristen, die im „Dienst" Verletzungen erlitten oder mehr als 60 Lebensjahre zählten, hatten Anspruch auf dauernde Unterstützung.

Strukturen: Ein Camorra-Bund bestand aus zahlreichen Zentren, jedes Zentrum aus mehreren Abteilungen. An der Spitze des Bundes stand der „Vicario". Ihm standen als beratende Gehilfen die „Meister der Zentren" zur Seite. Jedes Zentrum hatte seinen Rechnungsführer, Schatz- und Proviantmeister, seinen Schriftführer und seinen Rufer, der den Mitgliedern Ort und Stelle der Versammlung ansagte. Camorristen waren in Diebstahl, Raub, Plünderung, Falschspielerei und Erpressungen aller Art „ausgebildet" worden. In den Spielhöllen Neapels jener Zeit kassierten sie Schutzgeldgebühren und zwangen im Hafen die Schmuggler zur Hergabe eines Teils der Gewinne. Für begüterte Kaufleute und Grundbesitzer waren sie im „Objektschutz" tätig. Und weiter heißt es: „Hohe Regierungsbeamte, vom Bunde bestochen, ließen ihm Schutz angedeihen, und nicht selten standen die Meister gegen ein ansehnliches Monatsgehalt im Dienste der Behörden, um das übrige zahlreiche Gesindel, das ihrer Gesellschaft nicht angehörte, in Schranken zu halten". Die meist in Gruppen arbeitenden Camorristen entwickelten auch eine verbale und nonverbale Geheimsprache.

Nach der politischen Einigung Italiens ging die Regierung gegen die Camorra vor und verhaftete viele Mitglieder in den Jahren 1862, 1877, 1885 und später. Nach vorübergehender Schwächung Ende des 19. Jahrhunderts erstarkte die Camorra wieder und gehört Ende des 20. Jahrhunderts zu den machtvollsten Gruppen der organisierten Kriminalität Süditaliens.

Mafia

Jahrhunderte war Sizilien praktisch Kolonialland. Die Zentralregierung und damit die Staatsmacht war fern. Die eigentlichen Herren auf der Insel waren die landbesitzenden Barone. Auf ihren Gütern regierten sie unbeschränkt, unterstützt von ihren bewaffneten Feldwächtern. Ende des 18. Jahrhunderts zog es die Barone in die Städte. Ihre ländlichen Güter verpachteten sie an

Großpächter. Und diese verpachteten das Land in kleinen Stücken weiter. Anfang des 19. Jahrhunderts traten die Großpächter das Erbe der Feudalherren an. Sie mehrten ihren Besitz durch Güterkauf, insbesondere nach der Einigung Italiens 1860. Auf den Feudal- und Kirchengütern hatten zuvor die Bauern Weide- und Sammelrechte. Mit deren Wegnahme wurde die Lage der Bauern noch schlechter. In der Folge wurde auch das bis dahin nur sporadisch aufgetretene Banditentum chronisch. Gegen die unruhigen Kleinpächter und Landarbeiter, verarmte Bauern und Banditen schützten sich die Grundherren durch schwerbewaffnete und für ihre Gewalttätigkeit bald berühmt-berüchtigte private Feldhüter. Schon früh zwangen diese die Bauern, ihnen einen Teil der Ernte als Schutzgebühr zu zahlen. In einem zeitgenössischen Bericht heißt es: „Allmählich gewöhnte sich die sizilianische Bevölkerung an diesen barbarischen Zustand und betrachtete ihn als ein notwendiges Übel. Sie fügte sich den Forderungen der wilden Burschen mit guter Manier, indem sie ihnen einen regelmäßigen Tribut zahlte, ihren Hauptleuten bei Gelegenheit Geschenke darbrachte und einzelne Mitglieder des Korps zu Hütern des eigenen Besitztums bestellte, vor allem aber gegenüber den Behörden in allen Dingen, die sich auf die Banditen bezogen, absolutes Stillschweigen beachtete. Wurde dies gelegentlich gebrochen, so folgte die blutige Vendetta auf dem Fuße. Schrecken und Furcht gingen den staatlich privilegierten Räubern voran, die sich Mafiusi, Malandrini, gelegentlich auch Camorristi nannten; und das niedere Volk gewöhnte sich, sie als Mitglieder einer Genossenschaft zu betrachten, die stärker und mächtiger als die Regierung selbst sei. Bald sah man es als eine Ehre an, Mitglied dieser Verbindung zu werden".

In der zweiten Hälfte des 19. Jahrhunderts erweiterten die „ehrenhaften Jünglinge" (giovanni d'onore), wie sie sich seinerzeit nannten, ihren Einfluß beträchtlich. Sie „regierten" bald das Landgut, die kleinen, isoliert gelegenen Dörfer im Landesinnern. Sie strebten nach Latifundien, erwarben zwischen 1860 und 1900 schon 400.000 Hektar Land. Sie „schützten gegen Gebühr" Weide-, Sammel-, Wasser- und Brunnenrechte; sie beeinflußten über „kleine Gefälligkeiten" und kleine Aufträge öffentliche Ämter. Sie wußten Hunderttausende Stimmen armer Bauern hinter sich und entwickelten sich, nach den Feudalherren und der bürgerlichen Besitzergesellschaft, zunehmend zur wirtschaftspolitischen Macht Siziliens.

Wortherkunft: Über die Herkunft des Wortes „Mafia" gibt es viele etymologische Spekulationen. Bis zur Revolution durch den Freikorpsführer Giuseppe Garibaldi und seinen „Rothemden" 1860 war der italienische Süden Teil des bourbonischen Königreichs. Unter den fremden Herren entwickelte das Volk kein Staatsbewußtsein, im Gegenteil. National gesinnte

Männer handelten nach dem Wahlspruch: **M**orte **a**lla **F**rancia, **I**talia **a**nela (MaFIa), was soviel wie „Frankreich den Tod, keucht Italien" bedeutet. Im Palermitaner Dialekt bedeutete Mafia soviel wie Stolz, Selbstbewußtsein, sicheres, aber auch anmaßendes Auftreten. In der offiziellen Amtssprache tauchte das Wort zum ersten Mal 1838 auf. Um die Mitte des 19. Jahrhunderts bekam die Bezeichnung Mafia den Beigeschmack des Kriminellen. Ab 1865 wurde das Wort von den Behörden für einen bestimmten Verbrechertypus benutzt.

Aufnahmeritual: Um Mitglied der „Ehrenwerten Gesellschaft" (Onorata Società) zu werden, um zu den „Freunden der Freunde" (amici degli amici) zu gehören oder geheimnisvoller, um „einer von jenen" (uno di quelli) zu werden, bedurfte es einer ritualisierten Aufnahme:

Diese fand erst statt, nachdem die Hauptleute das Vorleben des Novizen geprüft, dessen Unerschrockenheit im Zweikampf erprobt und festgestellt hatten, daß er sich keiner feigen Handlung schuldig gemacht hatte. Taschendiebe und solche, deren Handlungen mehr von Gewandtheit und Raffiniertheit als von Mut und Entschlossenheit zeugten, durften nicht mit einer Zulassung rechnen. Dagegen konnte ein Mord, der aus „Rache für widerfahrene Beleidigung" begangen wurde, zum Anrecht auf Mitgliedschaft werden.

Familienbewußtsein: Der eigentliche Zweck der Mafia war schon im letzten Drittel des 19. Jahrhunderts nicht der gemeine Raub und Diebstahl, sondern die Herrschaft in kontrollierten Regionen, gepaart mit der Unabhängigkeit von den staatlichen Behörden und einer Stellung, die neben, besser noch über den Gesetzen des Landes stand. Wie nirgend sonst in Italien war im Süden des Landes, insbesondere auf Sizilien das Staatsbewußtsein durch das Familienbewußtsein ersetzt worden. Wichtig und schutzgebend war die Familie, die Großfamilie, der Clan. Die Zusammenarbeit mit staatlichen Instanzen war nicht nur verpönt, sie verbot sich von selbst. Das Gebot, zu schweigen (omertà), war nicht nur familiäre Pflicht, sondern berührte auch die Ehre (Ehrenschweigepflicht) der Familie. Die „Omertà" war eine Art „Gesetzbuch der Mafia", der es unverbrüchlich nachzuleben galt.

Schweigepflicht (Omertà): Dieser Ehrenkodex bestimmte, daß jedes Mitglied „Abhilfe bei ihm widerfahrener Unbill mit eigener Hand zu suchen" habe; daß keiner vor dem Richter Zeugnis ablegen durfte, „selbst wenn er der Geschädigte oder Zuschauer bei einem Verbrechen gewesen" war. Mörder und andere Verbrecher vor der Verfolgung staatlicher Organe zu schützen, galt als edle Handlung, denn „nicht die Gerechtigkeit, sondern der Lebende sollte den Toten rächen".

Fürsorgepflicht: In einer zeitgenössischen Darstellung hieß es: „Die Mafia hat ungezählte Angehörige in den Städten wie auf dem Lande; sie verfügt über Losungen, Paßwörter und Erkennungszeichen für Mitglieder und Schützlinge. Ihr Einfluß durchdringt alle Verhältnisse der Insel, und die wohlhabende Bevölkerung hat in der Erkenntnis, daß es unmöglich sei, gegen deren Macht erfolgreich anzukämpfen, sich mit ihr auf guten Fuß gestellt. Sie zahlt ihr auch noch heute (1905, Anm. d. Verf.) gern den geforderten, sich in mäßigen Grenzen haltenden Tribut, auf Grund dessen ihre Besitzungen gegen Plünderung und Raub gesichert sind. Die Häupter der Mafia auf dem Land sind kleine Pächter und Grundbesitzer, in den Städten meist Handwerker und Arbeiter. In ihrer Art sind sie gewöhnlich ehrliche Leute, die allen kleinen Räubereien nach Kräften wehren und unter ihresgleichen viel Gutes wirken. Durch ihre Spione, ihre Polizei, ihre Gerichtsbarkeit halten sie Ordnung in den Reihen der weitverzweigten Verbindung".

Mala Vita

Der in den 1880er Jahren gegründete Geheimbund „Mala Vita", der seinen Namen aus dem seinerzeit bekannten und vielgelesenen Roman von Degia Como entlehnte, war wahrscheinlich ein Ableger der neapolitanischen Camorra. Die Öffentlichkeit jedenfalls nahm ihn erst 1891 und 1892 wahr, als in Bari mehrere hundert Mitglieder der Mala Vita abgeurteilt wurden.

Struktur: Der Bund bestand aus drei Klassen (1. bis 3. Grad). Doch nur die Mitglieder der dritten Klasse durften sich „Onkel" nennen, die von einem „Weisen Meister" angeführt wurden. Spezialisiert hatte sich der Bund auf Raub, Plünderung, selbst Brandschatzung der wohlhabenden Bevölkerung. Die Gewinne aus diesen Verbrechen flossen in eine gemeinsame Kasse. Aus ihr erhielten die Mitglieder der unteren Kassen einen bestimmten Anteil, der Rest fiel der dritten Klasse zu.

Erkennungszeichen: Die Mitglieder erkannten an bestimmten Tätowierungen auf Brust und Armen einander, beispielsweise Schlangen, Engel und Teufel, den Löwen von S. Marco und den Freiheitshelden Garibaldi.

Aufnahmeritual: Nicht jeder konnte Mitglied werden, das galt insbesondere für Polizisten und Zollbeamte. Mehrere Mitglieder mußten den Aufnahmewilligen im Sinne einer Bürgschaft empfehlen. Doch erst nach Feststellung der „Würdigkeit" des Kandidaten entschied eine Versammlung der Mala Vita über dessen Aufnahme. Wurde sie beschlossen, mußte der Neuling seine Zugehörigkeit beeiden: „Mit einem Fuß angekettet, mit dem anderen in einem offenen Grab stehend, mußte er schwören, Vater und Mutter, Frau und

Kinder, alles was ihm lieb und teuer auf Erden war, zu verlassen und sich gänzlich dem Bund und seinen Zielen widmen". Der Bruch dieses Eides zog drakonische Strafen nach sich. Ein „Verdammungsurteil" wurde von einer allgemeinen Versammlung gefällt und der Vollstrecker durch das Los bestimmt.

Die Mala Vita, deren Mitglieder nicht durch familiäre Blutsbande zusammengefunden hatten, war eine Art Vorläufer des sich entwickelnden Großstadtbanditentums.

Andere Geheimbünde

Neben den erwähnten Bünden existierten in Italien noch zahlreiche andere geheime Verbände, deren Bestrebungen in der ersten Hälfte des 19. Jahrhunderts oft politischer, aber auch schon krimineller Natur waren. Zu ihnen gehörten beispielsweise:

- der 1820 in Messina gegründete Bund der „Patriotischen Reformer".
- Gefürchtet war der 1823 in Palermo entstandene Orden der „Italienischen Literaten", der das Ziel der Befreiung des Volkes vom Druck der Kirche verfolgte.
- Mehr kriminell, aber nicht weniger gefährlich war der Anfang des 19. Jahrhunderts gegründete Bund der „Entschiedenen" (Decisi), der über viele Jahre in ganz Süditalien unter seinem Großmeister Ciro Annichiaro als ausgesprochener Räuberbund in Angst und Schrecken versetzte.
- In Neapel arbeiteten um 1822 „Die Gespenster in der Gruft" auf die Vertreibung der Bourbonen hin.
- Und in Mittel- und Oberitalien versuchte in den 1820er Jahren der Bund der „Guelphen" eine allgemeine Erhebung des Landes gegen seine Despoten zu initiieren.

Neben den antibourbonischen Bünden gab es ungezählte französischfreundliche, dem Bonapartismus zugeneigte Bünde, so die „Amerikanischen Jäger", die „Freunde der Pflicht", die „Söhne des Mars", die „Sonnenritter", den „Bund der schwarzen Nadeln" und die „Gesellschaft der allgemeinen Wiedergeburt".

Gegen die antiklerikalen Bünde und für die Sache des Papsttums und dessen weltliche Rechte stritten und kämpften ebenfalls geheime Bünde und Orden, beispielsweise die „Sanfedisten" (Heilige Union) und die „Consistorialen".

Ihrer politischen Ziele beraubt sahen sich viele geheime Bünde, als Garibaldi mit seinem Heer die Bourbonen schlug und ein sich einigendes Italien 1861 Königreich wurde. Der Staat war frei aber schwach, und konnte es nicht verhindern, daß sich bis zum Ende des 19. Jahrhunderts im Süden des Landes drei voneinander unabhängige Zentren krimineller Energie entwickelten, die in ihren Regionen erheblichen politischen Einfluß, aber auch wirtschaftliche Macht hatten:

- verschiedene Clans auf Sizilien waren zur hierarchisch strukturierten Mafia geworden.
- In Kalabrien mit seinem unzugänglichen Gebirgszügen des Aspromonte wurden die autonomen Clans 'Ndrangheta genannt.
- Über den Zeitraum dreier Generationen war der Großraum Neapel unter verschiedenen Clans der Camorra aufgeteilt.

Ob Mafia-, 'Ndrangheta- oder Camorra-Clans, alle hatten zur Jahrhundertwende den Grundstein für ihre organisierte Kriminalität gelegt, deren Ausbau sich wie ein roter Faden durch das ganze 20. Jahrhundert ziehen sollte.

3.2 Die „Südfrage“ – Nährboden des organisierten Verbrechens

Die Entwicklung des Königreichs Italien arbeitete um die Jahrhundertwende dem „südlichen Bandenwesen“ zu, das immer weiter die Staatsautorität untergrub. Die 1887 praktizierte Schutzzollpolitik der Regierung förderte, mit Hilfe ausländischen Kapitals, die Industrialisierung im Norden. Im Süden hingegen führte diese Politik zu Wirtschafts- und Finanzkrisen, Bank- und Korruptionsskandalen. Der Handelskrieg mit Frankreich (1888 bis 1898) verschärfte die Lage, führte zu Teuerung und Not der Landarbeiter. Geringe Löhne, lange Arbeitszeiten und Kinderarbeit waren die Folge. Die Masse der Bevölkerung hatte bisher recht und schlecht von der Getreideproduktion gelebt. Doch nun, in den 1880er Jahren, war die süditalienische Landwirtschaft in eine ausweglose Krise geraten, weil sie der Konkurrenz des billigen amerikanischen Getreides, das damals zum ersten Mal auf die europäischen Märkte strömte, nicht gewachsen war. Mit dieser Agrarkrise vergrößerte sich der Abstand des Südens zum übrigen Italien. Diese „Südfrage“ (questtione meridionale) ist letztlich bis heute nicht beantwortet. So gab es für viele Süditaliener bei dem anhaltenden wirtschaftlichen Niedergang nur den Ausweg der Auswanderung. Bis zum Ersten Weltkrieg gingen 3,6 Millionen in die Emigration, darunter allein zwei Millionen aus Kalabrien. Sizilianer, aber auch Neapolitaner zog es vornehmlich in die USA; Kalabreser darüber hinaus auch nach Kanada und Australien. Mit diesen Auswanderern faßten auch Mafia, Camorra und 'Ndrangheta in Übersee Fuß.

Nach dem Ersten Weltkrieg wurden unter Benito Mussolini (1883 bis 1945) die Faschisten (ab 1921 Partita Nazionale Fascista) politisch immer einflußreicher. Das faschistische System des „Duce del Fascismo" wandte sich über zwei Jahrzehnte (1922 bis 1943) auch gegen das Organisierte Verbrechen im Süden; brachte es fast zum Untergang, indem der Staat energisch sein Monopol der physischen Gewalt behauptete. Damit zog er die Schutzfunktionen an sich, die zuvor die Mafiosi für sich in Anspruch nahmen. Die Faschisten bauten das subkulturelle Normensystem der „Omertà", eben das Gesetz des Schweigens ab und versuchten, die Bevölkerung im Sinne der Staatsmoral zu sozialisieren. Durch diese Vorgehensweisen war die Staatsmacht größer als die der „ehrenwerten Gesellschaft" geworden. Diese dokumentierte insbesondere der mit Sondervollmachten ausgestattete Präfekt von Palermo, Mori, der auf Sizilien alle polizeilichen und administrativen Maßnahmen gegen das Banditen- und Mafiositum koordinierte. Mori nahm eingestellte Prozesse wieder auf, ließ Tausende verhaften, initiierte Schauprozesse, stellte immer weniger Waffenlizenzen aus, bekämpfte die Kriminalität. Vor diesem „eisernen Zugriff" zog sich die kalabresische 'Ndrangheta tief in das unzugängliche Aspromonte-Gebirge zurück. Neapolitanische Camorra-Mitglieder und sizilianische Mafia-Mitglieder flohen ins Ausland, insbesondere in die USA zur dort ansässigen Verwandtschaft, der „Cosa Nostra". Mit dem Niedergang des Faschismus kehrten sie – quasi als Antifaschisten – zusammen mit US-Truppen ab 1943 zurück nach Sizilien und weiteren Regionen Süditaliens. Nach zwei Jahren Bürgerkrieg ging der Faschismus 1945 mit dem Tode Mussolinis zu Ende. Mit der Gründung der Republik Italien 1946 breitete sich der Einfluß der organisierten Verbrechen in der Nachkriegszeit wieder rasch aus. Wie zuvor das Königreich Italien, konnte nun die Republik Italien keine befriedigende Antwort auf die „Südfrage" geben. Dementsprechend blieb der Süden des Landes der beste Nährboden für das beängstigend wachsende organisierte Verbrechen.

3.3 Der Drogenhandel als Generationenfrage

In den 50er und 60er Jahren wurde der durch den Zweiten Weltkrieg unterbrochene internationale Heroinhandel reanimiert. Wie zuvor arbeiteten Cosa Nostra-Familien mit in Südfrankreich ansässigen Korsen-Clans als „French Connection" zusammen. Sizilien war seinerzeit noch kein großer Geschäftspartner im Drogengeschäft, vielmehr diente es als sichere Operationsbasis für die Cosa Nostra. Das änderte sich in der Zeit des zweiten Indochina-Krieges, in dem die USA in Vietnam kämpften. Die Cosa Nostra hatte, der Marktsituation entsprechend, ihre Morphinquellen zunehmend nach Südost- und Ostasien verlagert, in chinesischen Bünden neue Ansprechpartner gefunden und damit von den korsischen Geschäftspartnern getrennt. Mit der endgültigen Zerschlagung der „French Connection“ 1971/72 wurde Sizilien, vorher nur Operationsbasis, auf breiter Ebene in das Drogengeschäft einbezogen. Diese gut zehnjährige Blütezeit der „Sicilian Connection“ dauerte von Anfang der 70er bis Anfang der 80er Jahre. Die Drogengelder jener Zeit ließen die „Sicilian Connection“ zu einem gigantischen Großkonzern wachsen, mit autonomen Wirtschaftsstrukturen und eigenem politischen Machtapparat. Das Wachstum war den Drogengeschäften zu verdanken. Anfang der 80er Jahre vermutete die US-Rauschgiftabwehr DEA (Drug Enforcement Administration), daß ein Drittel der 60 Tonnen Heroin, die seinerzeit schätzungsweise per anno in den illegalen Welthandel gingen, in Sizilien verpackt, verschickt und verteilt wurden. Dem Organisierten Verbrechen des Südens soll der Heroinhandel jährlich umgerechnet schon Milliarden DM gebracht haben:

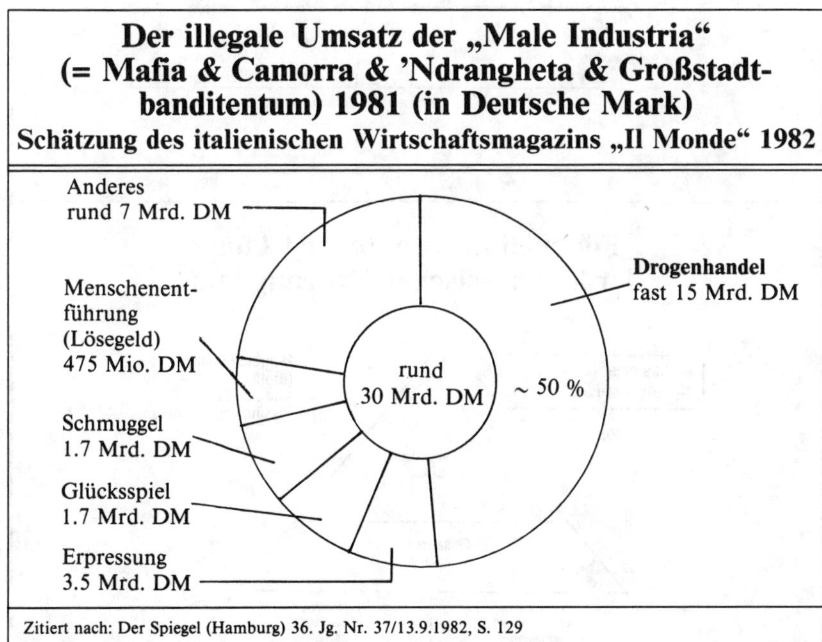

Nach Schätzungen des italienischen Wirtschaftsmagazins „Il Monde“ entsprach 1981 der Jahresumsatz der Verbrechensindustrie des Südens rund vier Prozent des gesamten Bruttosozialprodukts des Landes.

Zentralistische Gesamtstruktur der sizilianischen Mafia

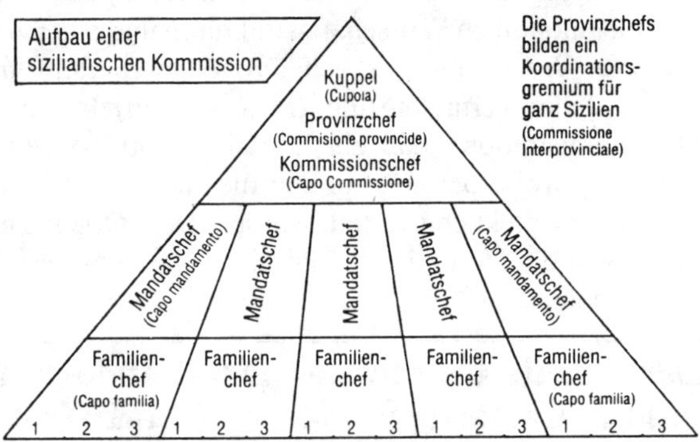

Föderation autonomer Clans der kalabresischen 'Ndrangheta

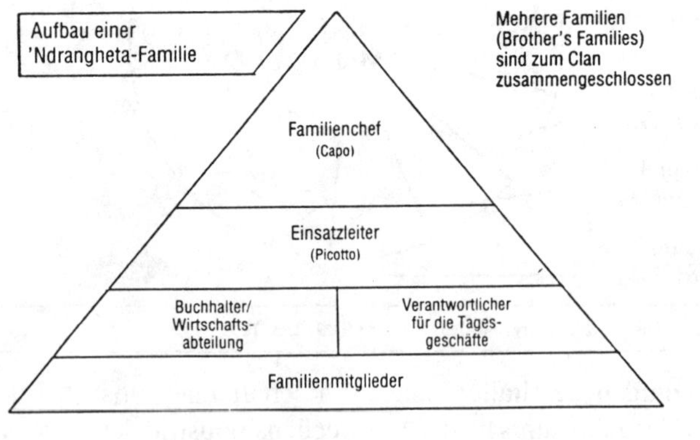

© B. G. Thamm 10/88

Die illegalen Gelder wurden nach der sogenannten Wäsche in Hotels und Feriensiedlungen, Gaststätten und Restaurant-Ketten, Industrieanlagen und Bergwerke, Weingüter und Obstplantagen, in Kunst und in Baugeschäfte investiert. Wer das Milliardengeschäft ernsthaft störte, wurde demonstrativ beseitigt. In früheren Zeiten waren Außenstehende, erst recht Repräsentanten des Staates, tabu. Das mittlerweile erreichte Milliarden-Umsatz-Niveau der Verbrecher-Clans führte nun zum Bruch dieses Tabus. Ab Ende der 70er Jahre erschreckten „erlauchte Leichen" die Öffentlichkeit des Landes. Getötet wurden beispielsweise Boris Giuliano, Palermos Kripochef (21. 7. 79); Cesare Terranova, Richter und Abgeordneter der Kommunistischen Partei Italiens (25. 7. 79); Pier Santi Matterella, christdemokratischer Ministerpräsident Siziliens (6. 1. 80) und Gaetano Costa, Generalstaatsanwalt (6. 8. 80).

Das große Geschäft lag in den Händen der „alten" Familien. Dazu ein Beispiel:

Die sizilianische Mafiafamilie Cuntrera-Carunana aus einem Dorf nahe Agrigento hatte in einem Zeitraum von elf Jahren weltweit mit mindestens 700 Kilo Heroin und 70 Tonnen Haschisch gehandelt und damit fast 100 Millionen Dollar verdient. Dies ging aus einem gemeinsamen Fahndungsbericht der Kriminalpolizeien Siziliens, Kanadas, der Bundesrepublik, Thailands, der Schweiz und Belgiens hervor, der Mitte Dezember 1989 in Palermo veröffentlicht wurde. Die internationalen Ermittlungen gegen die Familie, deren Mitglieder sich seit Jahren hauptsächlich in Venezuela und Kanada aufhalten, waren bereits 1983 aufgenommen worden. 1988 waren unter anderen in Baden-Baden zwei Mitglieder der sizilianischen Drogenhändler festgenommen worden, bei denen Unterlagen über Banknoten in der Schweiz, Thailand, Singapur und Hongkong gefunden wurden. Die Polizeiermittler hatten seinerzeit international 21 Rechtshilfeersuchen gestellt.

Doch über die Jahre entfachte die Drogen-Dollar-Schwemme den Neid „neuer" Familien. Mit der Ermordung des Mafioso Salvatore Inzerillo im April 1981, einem Neffen des alten „Paten" Rosario Di Maggio (ein Boß der Bosse auf Sizilien), fing ein tödlicher Verteilungskampf an, der zugleich auch einen Generationenwechsel innerhalb der Mafia darstellte. Die „jungen" Mafiosi wollten in den internationalen Drogenhandel professionell einsteigen. „Alte" Einstellungen, wie der Ehrenkodex, waren im skrupellosen Riesengeschäft dabei hinderlich. Für die „alten" Mafiosi bedeutete der professionelle Einstieg in dieses weltweite Geschäft eine existentielle Strukturänderung. Allein 1982 kosteten die Auseinandersetzungen auf Sizilien 200 Tote. An diese sizilianische Front schickte Rom den Carabinieri-General

Wie aus der unten stehenden Übersicht zu entnehmen ist, ist der überwiegende Teil der organisierten Verbrechensgruppen im Süden des Landes, den Polizeien Italiens namentlich bekannt:

MAFIA	
Clan Cariolo	Francesco Carbuscia, Marcello Idotta.
Clan Alleruzzo	Salvatore Pellegriti, Salvatore Santangelo.
Clan Costa	Antonino e Salvatore Trovato, G. Battista Smedile, Nuzio Amante, Giuseppe Leo, Giovanni Morgante, Antonino Genovese, Stellario Carticiano, Antonio Cundari, Giovanni Carrolo.
Clan Ingemi	Luigi Caputo.
Clan Minore	Mariano Minore.
Clan Pillera	Vittorio Salvatore, Pietro Privitera, Giuseppe Laudani, Paolo Di Mauro.
Clan Santapaola	Emilio Montauro.
Cosa Nostra	Antonino Gargano, Giuseppe, Francesco e Antonino Madonia, Maurizio Puleo, Antonino Fascella, Gerlando Alberti jr.
Capo Clan	Angelo A. Pipitone.
Altri	Tomasello Placido.
CAMORRA	
Nuova Famiglia	Patrizio Bosti, Giuseppe Russo, Giuseppe Diana, Antonio Trocchia, Filippo Savino, Francesco Vollaro, Pasquale Bevilacqua, Raimondo Carbone, Vittorio Boccolato, Aniello Grasso, Ciro Giuliano, Paolo Capone, Giuseppe Balestrieri, Vincenzo Amendola, Vincenzo Mascolo, Salvatore Migliorino, Giovanni e Giuseppe Magliuolo, Raffaele Setoia, Domenico Pagnozzi, Mario Pisaniello, Antonio Laurenza.
N. Camorra Org.	Roberto Cutolo, Mauro Laezza, Santo Flagiello, Fernando Rossano, Michele Ruggiero, Antonio Russo, Paolino Manganiello.
'NDRANGHETA	
Cosca Avignone	Vincenzo Nanchi.
Cosca Barbaro	Pasquale Morando.
Cosca Cataldo	Giuseppe Cataldo.
Cosca Chimenti	Carmelo Salv. Giacubbo.
Cosca Facchineri	Giuseppe Facchineri, Giuseppe Lombardo.
Cosca Farao	Salvatore Benavento, Franc. Russo.
Cosca Gioffré	Rocco Gioffré.
Cosca Iamonte	Giuseppe Iamonte.
Cosca Imerti	Giovanni e Bruno Trapani, Salvatore Saraceno.
Cosca Macri	Francesco Carrozza.
Cosca Mollica	Saverio Mollica.
Cosca Morabito	Pasquale Latella.
Cosca Muto	Luigi Muto, Leopoldo Pagano, Serafino Avolio.
Cosca Nirta	Francesco Strangio.
Cosca Parrello	Rocco Romola.
Cosca Speranza	Santo Palamara.

Quelle: Jahresbericht der Karabinieri 1987 (Attivita operatisa dell'Arma dei Carabinieri 1987.)

Carlo Alberto Dalla Chiesa, der am 1. Mai 1982 sein Amt als neuer Präfekt von Palermo antrat. Nur vier Monate später wurden er und seine Frau am 3. September erschossen. Diese Gewalttat forderte das Gewaltmonopol des Staates heraus. Der Nachfolger des Generals, der Chef des Geheimdienstes SISDE Emmanuele De Francesco, wurde mit Sondervollmachten ausgestattet, die seinem Vorgänger noch verweigert worden waren. Die Ermittlungen des neuen Präfekten verfolgte der Untersuchungsrichter Giovanni Falcone weiter.

Wenige Tage später, am 13. September 1982, trat – nach 1956 und 1965 – das nun dritte „Anti-Mafia-Gesetz" in Kraft, das nach dem sizilianischen KP-Regionalchef und Mafia-Gegner Pio La Torre benannt wurde, der einige Monate zuvor am 30. April 1982 in Palermo erschossen worden war. Das „La Torre

Mafia-Familie („famiglie" mafiose)
in den wichtigsten Provinzstädten der Region Sizilien

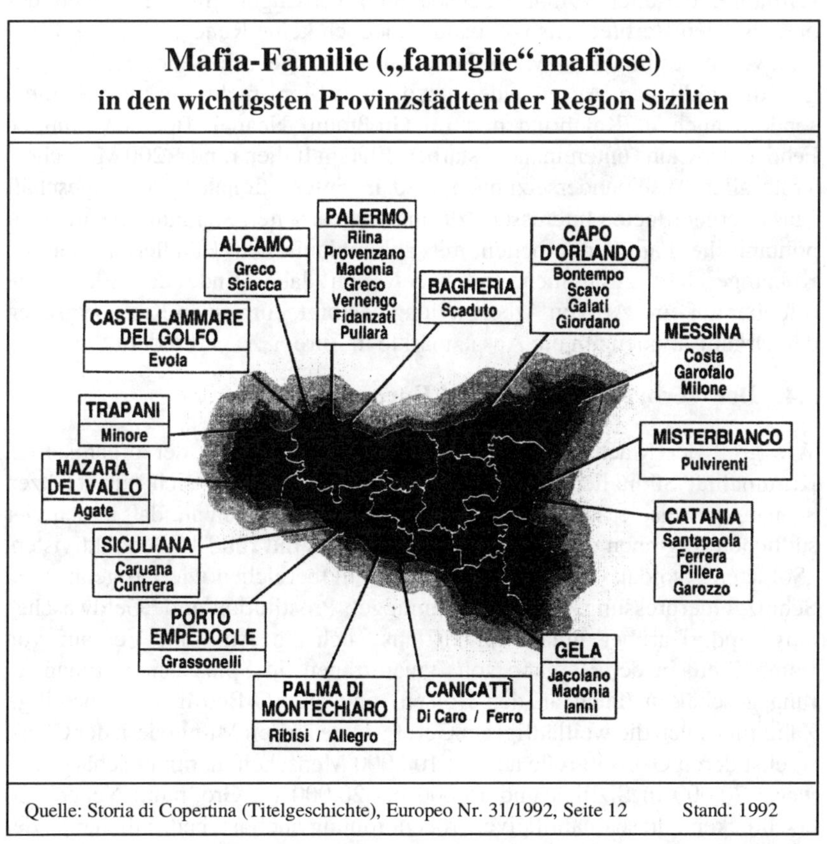

Quelle: Storia di Copertina (Titelgeschichte), Europeo Nr. 31/1992, Seite 12 Stand: 1992

Gesetz", über dessen Einhaltung eine neue „Anti-Mafia-Kommission" – die dritte nach denen von 1875 und 1962–76 – wacht, ermöglichte Polizei und Justiz nun insbesondere den „Weißkragen" (colletti bianchi) an die illegal erworbenen Vermögen zu gehen.

Die Eskalation der Mafiafamilien-Kriege führte dazu, daß zum ersten Mal ein sehr hoher „Drogen-Capo", der „ehrenwerte" Tommaso Buscetta, 1983 in Brasilien verhaftet, 1984 das „Schweigen" brach und ein umfassendes Geständnis ablegte. Dieser Bruch der „Omertà" führte in der Folge zum größten Mafia-Prozeß der Nachkriegsgeschichte Italiens, dem „massimo processo", den Richter Falcone in Palermo vom Frühjahr 1986 bis Mitte Dezember 1987 führte. Am 16. Dezember 1987 wurden von 456 angeklagten Mafiosi 114 freigesprochen. Gegen den Rest wurden insgesamt 2.655 Haftjahre, darunter 19mal lebenslänglich verhangen. In die Reihen des organisierten Verbrechens war dadurch jedoch keine Ruhe gekommen. Zum Leidwesen der im „Anti-Mafia-Pool" zusammengeschlossenen Richter gingen die tödlichen Auseinandersetzungen weiter, nicht nur auf Sizilien, sondern auch in Kalabrien und im Großraum Neapel. Bei den blutigen Fehden der Clans untereinander starben 1990 in Italien rund 1.200 Menschen. Trotz aller Auseinandersetzungen wird im internationalen Drogengeschäft „aus übergeordneten Interessen" zusammengearbeitet. Sizilianische und neapolitanische Familien arbeiten mit kolumbianischen Händlerfamilien im Kokaingeschäft zusammen und haben sich dabei Ende der 80er Jahre offenbar auf eine Art von Arbeitsteilung geeinigt, „um einen Krieg zwischen den Organisationen um die Absatzmärkte in Europa zu verhindern".

3.4 Der Verbrechensmulti und Europa

Wie groß der Machtapparat und vor allem der Einfluß der organisierten Kriminalität Süditaliens Anfang der 90er Jahre ist, läßt sich nur schätzen beziehungsweise erahnen. Die Polizeien Italiens nehmen an, daß in den vier südlichen Regionen des Landes rund 450 Clans mit rund 15.000 Aktivisten, „Soldaten" (soldati) in den klassischen Deliktbereichen wie Drogenhandel, Schutzgelderpressung, Wucher, Schmuggel, Prostitution und „Geldwäsche" tätig sind. Darüber hinaus sind Clans auch im An- und Verkauf von Immobilien, in der Vergabe von Bauaufträgen, in Spielcasinos, Finanzierungsgeschäften (auch an den Börsen) und an EG-Betrügereien beteiligt. Zählt man auch die weitläufigsten Gefolgsleute zu den Mitgliedern der Clans, wächst deren Gesamtgröße auf gut 100.000 Menschen, darunter schätzungsweise 70.000 in Sizilien und 15.000 bis 20.000 im Großraum Neapel. So erschreckend diese quantitative Größenordnung auch ist, bedrohlicher ist der qualitative Einfluß des organisierten Verbrechens heute, der sich schon lange nicht mehr auf die Südregionen des Landes beschränkt. Ende Juli 1990 veröffentlichte die italienische Kriminalpolizei eine Untersuchung, aus der hervorging, daß von den zwanzig Regionen des Landes bereits fünfzehn unter Einfluß der organisierten Verbrechen stehen. Zu den noch „verbrechensfreien" Regionen zählten das Aosta-Tal, Trentin-Südtirol, Friaul, Umbrien und Abruzzen. Wie nie zuvor hat heute die organisierte Kriminalität Politik und Wirtschaft durchdrungen. Mehr durch Zufall fiel zu Beginn des „massimo processo" im Frühjahr 1986 den Ermittlungsbehörden in Sachen Drogengeschäft ein Papier in die Hände, die eine Querverbindung zwischen Mafiosi und der nicht-geheimen Loge „Universale Freimaurerei des alten und anerkannten schottischen Ritus" belegte. In den Räumen der Loge im Zentrum von Palermo wurde eine bald 2.000 Namen umfassende Mitgliederliste der Freimaurerloge gefunden. Auf ihr fanden sich auch die Namen gesuchter Mafiosi, von Drogenhändlern, renommierten Rechtsanwälten, Geschäftsleuten, Industriellen, Journalisten, selbst von drei Richtern. Nach Sichtung des Materials war sich der Ermittlungsrichter sicher, daß es zwischen Mafia und Freimaurer enge Verbindungen gebe.

Schon viele, zuletzt die dritte staatliche Anti-Mafia-Kommission (1982–1988), mühten sich darum, die vermutete Komplizenschaft zwischen Mafiosi, Wirtschaftsunternehmen, Behörden und Politikern aufzudecken. Mitte der 80er Jahre setzte man insbesondere auf das umfangreiche Geständnis des Mafioso Buscetta, von dem sich die Ermittler Aufklärung, oder doch zumindest Einsicht in den „Dritten Grad der Mafia" erhofften. Sie wurden enttäuscht. Ein halbes Jahrzehnt später gab Italiens Ministerpräsident Andreotti Mitte Oktober 1990 in einem Bericht an das Parlament an, daß das Organisierte Verbrechen in seinen Einflußbereichen Wahlen manipuliert. Die Mafiosi würden Entscheidungen des Staates „durch Mord, Einschüchterung und insgesamt Steuerung des Wahlverhaltens der Wählerschaft" beeinflussen. Ein halbes Jahr später berichtete Mitte Mai 1991 die Presse (La Stampa) über erschreckende Angaben des Hochkommissars für den Kampf gegen die organisierte Kriminalität, Domenico Sica. Danach wurde gegen rund 17.000 von insgesamt 124.000 Bürgermeistern, Gemeinderäten sowie anderen gewählten Funktionären auf kommunaler und regionaler Ebene richterlich ermittelt; gegen eine nicht unerhebliche Anzahl wegen Korruptionsverdachts und oder Nähe zur organisierten Kriminalität.

Neben der Politik ist die Wirtschaft im Lande betroffen. Seit Jahr und Tag werden von kleinen Kaufleuten aber auch größeren Firmen Schutzgelder abverlangt. Schon im November 1984 gab der italienische Einzelhandelverband auf einer Tagung in Rom bekannt, daß mehr als 100.000 Einzelhandelsgeschäfte und Tourismus-Betriebe – fast zehn Prozent der Branche – von Schutzgeldzahlungen bedroht werden. Nach einer im April 1991 veröffentlichten Schätzung der Industrie- und Handelskammer Italiens, genauer des Einzelhändler-Verbandes „Confesercenti", erpressen die organisierten Verbrechen von Tausenden Wirtschaftsunternehmen jährlich Schutzgelder in einer Größenordnung von rund 30 Billionen Lire, umgerechnet etwa 40 Milliarden DM. Gezahlt wird nicht nur im Süden des Landes, mittlerweile auch im Norden. So ergab erst kürzlich eine anonyme Erhebung des Mailänder Handelsverbandes, daß von 14.000 befragten Firmen 1.600 (11,8 Prozent) mit Schutzgelderpressung bedroht wurden. Die Hälfte der Bedrohten zahlte.

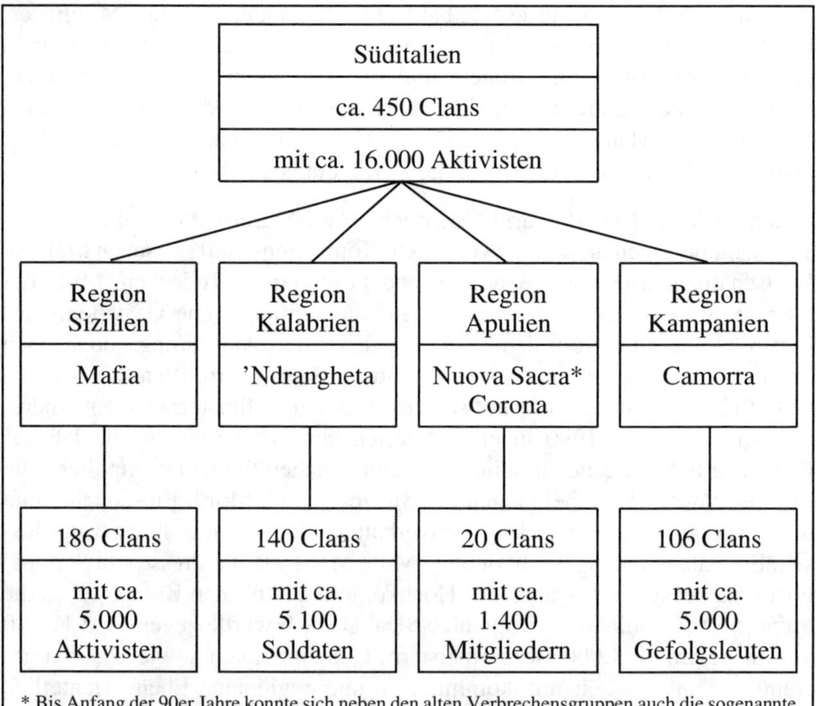

* Bis Anfang der 90er Jahre konnte sich neben den alten Verbrechensgruppen auch die sogenannte apulische Mafia, die „Nuova Sacra Corona" auf den Märkten der internationalen Kriminalität fest etablieren. In der Region Apulien hat diese mafiose Gruppierung ihre Zentren insbesondere in Brindisi, Lecce und Taranto. Zur Nuova Sacra Corona zählen die Familien der Tarantiner, der Monopolitaner, der Andrianer, der La Rosa und der Rizzi-Moretti.

Quelle: Angaben des italienischen Innenministers, Stand 1990/91

Zählt man Schutzgelderpressung, Drogenhandel und alle anderen Deliktbereiche zusammen, erzielt die organisierte Kriminalität einen Jahresumsatz, der den der chemischen Industrie oder den der Landwirtschaft des ganzen Landes übersteigt. Für 1987 betrug er nach Angaben des Statistischen Amtes CENSIS in Rom umgerechnet über 130 Milliarden DM. Entsprach der OK-Jahresumsatz 1981 rund vier Prozent des Bruttosozialprodukt (BSP) Italiens, machte er nach neuesten Untersuchungen 1990 bereits zwölf Prozent aus. Nach einer CENSIS-Studie betrug der Nettoerlös der organisierten Verbrechen umgerechnet rund 25 Milliarden DM. An diese Gewinne kommen selbst Italiens größte Privatunternehmen – beispielsweise Fiat – nicht annähernd heran. Längst greifen die Arme der OK Italiens über die Alpen in den großen künftigen Europäischen Wirtschaftsraum, insbesondere den EG-Binnenmarkt. Wurden die „Regionen im Norden“ bislang mehr als Ruheraum für Mafiosi genutzt, entdecken diese ihn zunehmend als lukratives Operationsgebiet. Während der Einfluß der Mafiosi in den 90er Jahren zunimmt, geht er scheinbar im selben Zeitraum in den USA zurück. Über rund einhundert Jahre wirkten hier eingewanderte sizilianische Mafiosi und neapolitanische Camorristí, die Verbrechensgeschichte schrieben.

2. Kapitel

Die „Goldenen Zwanziger“ – Geburtsjahre der „Crime Syndicats“

Die Entwicklung zu dem, was heute als „organized crime“ bezeichnet wird, läßt sich vom Zeitablauf grob in zwei Phasen einteilen. Die erste reichte von der Jahrhundertwende bis zum Ersten Weltkrieg, die zweite hatte ihre hohe Zeit zwischen den beiden Weltkriegen. Das „Zeitalter der Nationalstaaten“ Europas war bis 1914 auch von Massenauswanderungen gekennzeichnet. Ungezählte Korsen verließen ihre arme Insel und suchten ihre Zukunft in Südfrankreich. Agrarkrisen in Süditalien ließen ab den 1880er Jahren über dreieinhalb Millionen Sizilianer, Neapolitaner und Kalabreser vornehmlich in die USA auswandern. Im selben Zeitraum waren der Antisemitismus in Osteuropa, insbesondere die Pogrome im zaristischen Rußland, für über drei Millionen meist polnischer und russischer Juden Grund genug, ebenfalls in die USA auszuwandern. Wirtschaftlich katastrophale Zustände ließen viele Schweden und Iren ihre Heimat verlassen. Auch sie zog es insbesondere in das „Land der unbegrenzten Möglichkeiten“. Mit einigen eingewanderten Süditalienern faßte in den wachsenden Großstädten des US-Ostens auch das mafiose Prinzip, „schwarze Hand“ genannt, Fuß. In den Armenvierteln New Yorks und Chicagos nahmen kriminelle Einwanderer „ihre Sache“ (Cosa Nostra = unsere Sache) in ihre „schwarzen Hände“.

In den 20er Jahren, den „Roaring Twenties“, schuf das totale Alkoholverbot (Prohibition) in den USA Voraussetzungen, die eine Entwicklung von der „Italo Gang“ zum „National Crime Syndicate“ regelrecht begünstigte. Im Nachkriegseuropa sprach man von den „Goldenen Zwanzigern“. Es waren „tolle Jahre“ für Berufsverbrecher, die sich zu größeren Organisationen zusammenschlossen. In der deutschen Weimarer Republik operierten, mit Schwerpunkt Berlin, die „Ringvereine“, die mit Beginn der Herrschaft der Nationalsozialisten aufgelöst wurden. Im südlichen Frankreich operierten, mit Schwerpunkt Marseille, Korsen-Clans, die ab Anfang der 30er Jahre mit der italo-amerikanischen Cosa Nostra den ersten illegalen Heroinhandel als „French Connection“ bis Ende der 30er Jahre organisierten.

Nach dem Zweiten Weltkrieg wurden unterbrochene Verbrecher Connections reanimiert. Weltweit erstarkte das organisierte Verbrechen in den 50er und 60er Jahren. In den 70er und 80er Jahren wurde der Rauschgifthandel ob seiner Profitabilität zum dominierenden Deliktbereich. Über Jahrzehnte mehrten im Drogengeschäft sowohl alte Gruppen der organisierten Kriminalität (Japanische „Yakuza“, chinesische „Triaden“, italienische „Mafia“ und „Camorra“, US-amerikanische „Cosa Nostra“), als auch neue Gruppen (Turkish Connection, Lebanon Connection, Columbian Connection, Indian Connection) Kapital. Mit ihrem Gewalt- und Korruptionspotential haben sie mittlerweile eine Machtfülle erreicht, die in der letzten Dekade des 20. Jahrhunderts nicht nur für einzelne Staaten, sondern letztlich für die Demokratie bedrohlich geworden ist.

1 USA – Von der „Schwarzen Hand“ zum „Nationalen Kriminalitäts-Syndikat“ – die „Cosa Nostra“ der Sizilianer

Gravierende wirtschaftliche und politische Gründe ließen zwischen den 1880er Jahren und dem Ersten Weltkrieg Millionen Menschen ihre Heimat verlassen und in die USA einwandern. Bitterste Armut auf ihrer Insel ließ die Iren auswandern. Antisemitismus in Osteuropa und Pogrome im zaristischen Rußland führten in diesem Zeitraum über drei Millionen Juden in das neue Amerika. Und Agrarkrisen im schwedischen Norden und italienischen Süden Europas bewirkten regelrechte Massenauswanderungen. Bis 1914 hatten allein 3,6 Millionen Süditaliener ihr Land verlassen. Einige waren nach Australien gegangen, wenige nach Kanada. Die überwiegende Mehrheit zog es jedoch in die USA, an die Ostküste, insbesondere nach New York und Chicago. In den Armenvierteln der wachsenden Großstädte hatten sich die Neueinwanderer der jeweiligen Heimat nachempfundene deutsche, jüdische, irische, polnische und italienische Gemeinwesen geschaffen. Hunderttausende lebten in „Little Italy“. So siedelten sich in Brooklyn sizilianische Familien wie die Bonannos, Magaddinos und Maranzanos an; ferner ließen sich neapolitanische Familien wie die Lucianas, Capones und Torrios an der Lower East Side nieder. Alle brachten ihre Sitten und Gebräuche mit; die Süditaliener auch das mafiose Erfahrungswissen der neapolitanischen Straßen-Camorra und sizilianischer Verbrecherbünde. Neben der obligaten Schutzgelderpressung der eigenen Landsleute, versprachen sich die Mafiosi im Glücksspiel, der Prostitution und anderer Deliktbereiche lukrative Geschäfte.

1.1 Von der „Schwarzen Hand“ zur „Unione Siciliana“

Auf Sizilien sprach man nicht von der Mafia; meinte man sie, beziehungsweise das mafiose Prinzip, dann sprach man von der „Schwarzen Hand“. Und eben „The Black Handers“ wanderten zusammen mit den Einwandererströmen der Süditaliener in den letzten 20 Jahren des vergangenen Jahrhunderts in die USA ein. Die Schwarze-Hand-Aktivitäten krimineller Sizilianer,

Neapolitaner und Kalabreser führten dazu, daß die New Yorker Polizei bereits um die Jahrhundertwende eine „Italian Squad" gegen das wachsende Verbrechen der eingewanderten Süditaliener gründete. Die immer härter werdende bewaffnete Straßenkriminalität führte 1909 zur Verabschiedung des sogenannten Sullivan Gesetzes, das legales Waffentragen nur mit Lizenz erlaubte. Doch die Anwendung des Gesetzes griff nicht. 1912 wurde für New York zum „Jahr der Kriminalität". In der Folge kam es 1914 zu einem neuen, strikteren Einwanderungsgesetz, das die legale Einreise der Süditaliener erschweren und damit auch verlangsamen wollte – und der illegalen Einreise Vorschub leistete.

Black Handers, dies waren vornehmlich Sizilianer. Und sie suchten Eingang und Einfluß in der Gesellschaft, wollten eine Plattform für Beziehungen schaffen. So gründeten sie die geheimbundähnlich-strukturierten Gesellschaften der „Weißen Hand" 1907 in Chicago und die „Unione Siciliano" 1908 in New York. Letztere bildete im Laufe der Jahre Zweigstellen in verschiedenen Großstädten, beispielsweise Chicago. Hier unterhielt die Unione Siciliano 1917 38 sogenannter Union Lodges mit insgesamt 40.000 Mitgliedern. Zu den Mitgliedern der Union gehörten auch Bankiers, Staatsbeamte, Zuhälter und Berufsmörder. Bis in die Mittzwanziger Jahre hinein war die Union, deren Präsidenten Sizilianer waren, beziehungsweise aus sizilianischen Familien stammten, eine mächtige Verbindung eingewanderter Süditaliener. Zu ihrer Macht trug auch ein großer „Black Hand Boss" bei, der 1878 im süditalienischen Kalabrien im Städtchen Cosenza geboren wurde. Als 17jähriger wanderte James Colosimo 1895 in die USA ein, wo er in Chicago das Bordellwesen aufbaute und organisierte. Nach der Jahrhundertwende war „Big Jim" der ungekrönte Herrscher über Dirnen und Zuhälter. Er gründete einen Klub für seine Freunde: vom Zeitungsjungen bis zum Taschendieb, vom Zuhälter bis zum Berufsmörder hatte alles, was Rang und Namen hatte, Zutritt. Er interessierte sich für Politik, betätigte sich aktiv als Wahlkämpfer, was seinen Bordellgeschäften sehr gut zustatten kam. Mit seinen Bordellgeldern bestach er Polizisten und städtische Beamte, die dafür seine Geschäfte in Ruhe ließen. Dennoch war dieses ein hartes und für nicht wenige ein tödliches Geschäft. So wurden der Schwarzen Hand in Chicago 1910 25 Morde, 1911 40 Morde und 1912 31 Morde zugeschrieben. Zwischen 1910 und 1914 ermittelte die „Chicago Vice Commission" gegen die Black Handers, konnte in dieser Zeit allein 77 Fälle von „weißer Sklaverei" aufdecken. Vor dem Ersten Weltkrieg waren in der Metropole rund 5.000 Prostituierte in den 1.020 Bordellen der Stadt tätig. Und die Black Handers kontrollierten den Rotlichtbezirk Chicagos.

Für Colosimo wurden die Bordellgeschäfte so umfangreich, daß er bereits 1909 seinen Neffen, den Neapolitaner John Torrio (1882–1957) aus New York nach Chicago holte und ihn zum Geschäftsführer seiner Bordellbetriebe machte. Vielleicht war dessen späterer „Leutnant“ Al Capone (1899–1947) der Auftraggeber für den Mord an Colosimo, der am 11. Mai 1920, dem ersten Jahr der Alkoholprohibition, wahrscheinlich von dem sizilianischen Berufsmörder Frankie Yale erschossen wurde. Dem Sarg des „Black Hand Boss Big Jim“ folgten seinerzeit 5.000 Menschen, darunter neun Ratsherren, drei Richter, zwei Kongreßabgeordnete und ein Senator. Sein Erbe hatte schon längst sein Neffe Torrio angetreten. Dieser hatte seine Verbrecherlaufbahn wie andere große Gangster jener Zeit auch, in einer New Yorker Straßengang begonnen.

1.2 New Yorks „Five-Points Gang“ – Kaderschmiede neapolitanischer Berufsverbrecher

Schon ab den 1870er Jahren verbreitete im wachsenden New York die kriminelle Gang „Whyos“ ob ihrer Gewaltbereitschaft und Gewaltanwendung Angst und Schrecken. Der Kern der Gang duldete nur Mitglieder, die einen Mord nachweisen konnten. Die bezahlte Gewaltausübung: „Blaue Augen kosteten 4 Dollar, ein gebrochener Kiefer 10, ein Schuß in den Oberschenkel 19 und ein Mord schließlich 100 Dollar“ wurde zur Dienstleistung perfektioniert. Von den „Whyos“ trennten sich Mitglieder, die sich zu einer neuen Gang, der nach einer Straßenkreuzung benannten „Five-Points Gang“ formierten. Die „Five-Pointers“ rekrutierten ihren Nachwuchs in den armen Vierteln an der Lower East Side, wo insbesondere eingewanderte Neapolitaner und ihre Kinder wohnten. Um die Jahrhundertwende gehörte John Torrio, später Gangsterboß in Chicago, zur Five-Points Gang. 1913 war Paolo Antonini Vaccarelli, amerikanisch „Paul Kelly“, Boß der Gang, die seinerzeit auf 1.500 Mitglieder geschätzt wurde. Junge Gangmitglieder bewunderten Kelly, arbeiteten doch für diesen über 100 Dirnen, und war er doch Inhaber mehrerer Tanzlokale und darüber hinaus Präsident der Straßenreinigergewerkschaft und Vizepräsident der Schauerleutegewerkschaft. Seine Position und die damit verbundene Macht wurde zum Vorbild für einen gerade den Kinderschuhen entwachsenen Jugendlichen, der 1899 als Sohn neapolitanischer Einwanderer in New York zur Welt gekommen war. Vierzehnjährig war Alphonse Caponie, den man verkürzt „Al Capone“ rief, in die Five-Points Gang 1913 eingetreten. Als Five-Pointer lernte der junge Capone den „Beerdigungsunternehmer“ Frank Yale, damals Chef der „Unione Siciliana“ New Yorks und später mutmaßlicher Mörder des Chicagoer Gangsterbosses Colosimo, kennen. Dieser entdeckte Capones „Talente“ und verschaffte 1916 dem damals 17jährigen einen Job als Barkeeper und Rausschmeißer im „Harvard-Inn“. Bei einem Rausschmiß eines rabiaten Gastes wurde Capone mit einem Messer an der Wange verletzt und bekam danach den Spitznamen „Narbengesicht“ (Scarface). Drei Jahre später holte der Ex-Five-Pointer Torrio den 17 Jahre jüngeren Ex-Five-Pointer Capone in Colosimos Gang nach Chicago.

In New York hingegen blieb ein junger Mann, der wie Capone Verbrechensgeschichte schrieb. 1898 war er als Salvatore Luciana in Neapel zur Welt gekommen. 1908 wanderte die Familie Luciana in die USA ein, wo der 10jährige in den Slums von Manhattan rasch Bekanntschaft mit den Five-Pointers machte. In der Gang soll er es bis zum „Leutnant“ gebracht haben.

Bis 1919 waren die Gangs der Sizilianer und Süditaliener, der Iren, Juden, Polen und Deutschen vornehmlich in Glücksspiel-, Wett-, Bordell- und Geldverleih-(Wucher)-Geschäften tätig. Während die Italo-Gangs das Bordellgeschäft beherrschten, dominierten die Irish & Jewish & Polish Gangs die Glücksspiel- und Geldverleihszene. Zu erwähnen wäre hier insbesondere Arnold Rothstein (1883–1928), der in New York schon um die Jahrhundertwende das Glücksspiel- und Kredithai-(loan-shark-)Geschäft ausbaufähig aufbaute. Rothstein sollte zum Mentor eines der berühmtesten Berufsverbrechern der US-Crime-Geschichte werden. Als Sohn eines jüdischen Schneiders kam Mei'or Suchowljansky im russischen Grodno 1902 zur Welt. Knapp zehnjährig wanderte er mit seinen Eltern 1911 in die USA ein, wo sich die Familie Suchowljansky an der Lower East Side von Manhattan niederließ. Hier betrieb nicht nur Rothstein seine als Kneipe getarnte Spielhölle, hier begegnete der junge „Meyer Lansky“, so verkürzten die Amerikaner den russisch-jüdischen Namen, auch Mitgliedern verschiedener Gangs. Hier lernte er einen Italo Gang Leader namens „Lucky“ Luciano und einen aus Deutschland eingewanderten späteren Berufsmörder namens „Bugsi“ Siegel (der das Spielerparadies „Las Vegas“ schuf und 1940 zum Boß der „Mord-Gesellschaft m.b.H.“ in Kalifornien wurde) kennen. Mit beiden zusammen stieg er – wie ungezählte Gangster in ganz Amerika auch – ab 1920 in das verbotene und höchst profitable Alkoholgeschäft ein, das wie kein anderes zur Organisation der Kriminalität führen sollte.

1.3 Die Prohibition und der organisierte Alkoholschmuggel

Zu den sittlichen Idealen der im 17. Jahrhundert in Amerika eingewanderten Puritaner gehörte auch die „Zügelung des Genusses“. Das betraf auch die „Genußdroge“ Alkohol. Auf das Alkoholverbot wurde über 130 Jahre quasi hingearbeitet, insbesondere im 19. Jahrhundert: 1826 wurde in Boston die

„Amerikanische Gesellschaft zur Förderung der Enthaltsamkeit" gegründet; 1845 wurde im Staat New York der öffentliche Verkauf von Alkohol gesetzlich für zwei Jahre verboten; 1869 wurde die „Prohibitionspartei" gegründet; Alkohol wird so hoch besteuert, daß diese zwischen 1870 und 1915 die Hälfte bis zwei Drittel des gesamten Steueraufkommens der USA ausmacht. 1914 befürworten Kongreßabgeordnete eine Prohibitionsnovelle zur US-Verfassung. 1917 tritt der Präsident der American Medical Association für eine landesweite Prohibition ein. 1918 bezeichnet die einflußreiche Anti-Saloon-Liga (ASL) den „Schnapshandel als unamerikanisch, deutschfreundlich, verbrechenhervorrufend, nahrungsmittelvergeudend, jugendverderbend, familienzerstörend und hochverräterisch". 1919 schließlich wurde der 18. Verfassungszusatz rechtskräftig, der zusammen mit dem im Oktober verabschiedeten „Volstead Act" die „Herstellung, den Transport und den Verkauf aller Getränke mit mehr als 0,5 Prozent Alkohol" verbot. Diese landesweite, mehr oder weniger totale Alkoholprohibition (1919 bis 1933) führte jedoch nicht zur Einschränkung des Alkoholkonsums der Bürger, sondern verlagerte ihn in den Untergrund. Die illegale Alkoholszene wird einerseits von dem dazu gegründeten „Prohibitionsbüro" (aus dem zehn Jahre später das „Bundesamt für Narkotika" hervorgeht) bekämpft, andererseits zunehmend professionell und organisiert von verschiedensten Gangstergruppen, insbesondere Iren und Italienern, mit der verbotenen Droge versorgt.

1.3.1 Die Prohibition und Chicagos Unterwelt

1919 hatte John Torrio, Geschäftsführer des Bordellimperiums „Big Jim" Colosimos, den damals 20jährigen Al Capone nach Chicago geholt. In der Gang arbeitete dieser zunächst als Fahrer, Leibwächter und Schlepper. Als Capone im Januar 1920 seinen 21sten Geburtstag feierte, war das „Nationale Prohibitionsgesetz" schon in Kraft. In der Millionenmetropole Chicago wollte sich Capone selbständig machen. „Big Jim" war im Mai 1920 erschossen worden. Boß der Gang war nun Torrio, der Capone an seinen Bordellgeschäften mit 25 Prozent beteiligte. Mit diesem Startkapital gründete Capone in der Wabash-Avenue ein eigenes Geschäft. Sein „Antiquitätenladen" war ein Tarnladen für die illegalen Alkoholgeschäfte. Das Millionengeschäft teilten sich 1923 drei italienische und zwei irische Gangstergruppen:

- Die Gangs der Neapolitaner John Torrio und Al Capone hatten das Biergeschäft übernommen;
- Die Gang der sechs sizilianischen Brüder Genna stellten mit „Heimdestillierapparaten" Cognac, Gin und Fuselwhisky her. Angela Genna nutzte auch seine Funktion als Präsident der Chicagoer „Unione Siciliana".

- Die irische Gang unter Dion O'Banions kontrollierte den Norden Chicagos und hatte sich darauf spezialisiert, Whisky aus Kanada in die USA einzuschmuggeln.
- Und die irische Gang des 1923 aus der Haft entlassenen Spike O'Donnel, die Dünnbier, sogenanntes Nadelbier braute.

Mit dieser Aufteilung der Alkoholherstellung und Versorgung der Stadt schlossen die Gangs von Torrio, Capone und O'Banions einen Pakt. Die irische Gang O'Donnels hingegen wurde als Seiteneinsteiger schon frühzeitig mit rabiaten Methoden – Biertransportüberfälle und Tötung von Gangmitgliedern – aus dem Alkoholgeschäft verdrängt. Ein Jahr später gab es den Anlaß, der zum blutigen Gangsterkrieg der Stadt führte.

Während die Iren unter O'Banions, und mit ihnen auch „German & Polish & Jewish mobsters“, den Norden der Stadt beherrschten, kontrollierten die Süditaliener den Süden Chicagos. Das Geschäft O'Banions war als Blumengeschäft getarnt und dort wurde er am 10. November 1924 erschossen. 10.000 Menschen sollen an seiner Beerdigung teilgenommen haben. Die 50 Kopf starke Irish Gang wurde nun von O'Banions Leutnant, Earl („Hymie“) Weiss, dem irischen Schmuggler George („Bugs“) Moran und O'Banions „Gunman“ Louis („Two-Gun“) Alterie geführt. Insbesondere „Bugs“ Moran hatte Capone und seinen Leuten Rache geschworen. In der Folge überfielen die Iren Capones Bierlaster. Es kam zum offenen Krieg, der 1926 64 Tote forderte. Höhepunkt dieser Eskalation war das „St. Valentine's Day massacre“. Am 14. Februar 1929, am Valentinstag, ließ Capone sieben Mitglieder der Bugs-Moran-Gang hinrichten. Weil er sich verspätete, kam Moran mit dem Leben davon.

In den 20er Jahren hatte sich Capone vom Leutnant Torrios zum mächtigen Gangsterboß „hochgearbeitet“:

- Schon 1923 war mit der Irish Gang O'Donnels die schwächste Konkurrenz im Alkoholgeschäft liquidiert worden;
- 1925 überlebte Capones Mentor Torrio ein Mordattentat. Nach seiner Genesung trat er, im Gefängsnis einsitzend, die Macht an Capone ab;
- im selben Jahr brach Capone die Macht der konkurrierenden Sizilianer. Drei der sechs Genna-Brüder wurden umgebracht. Als unter Capones Patronage der 1906 in die USA eingewanderte Antonio („Tony“) Lombardi 1927 Präsident der Chicagoer „Unione Siciliana“ wurde, avancierte der Neapolitaner Capone zum indirekten Führer der Sizilianer.
- Ein Jahr zuvor, 1926, war mit „Hymie“ Weiss der letzte Führer der alten Irish Gang O'Banions erschossen worden, die nun als „Bugs-Moran-Gang“ firmierte.

1929 war der 30jährige Capone nicht nur der mächtigste Gangsterboß Chicagos, sondern mehr oder weniger unangefochten der Herrscher der Unterwelt Amerikas. Sein Alkohol-, Glücksspiel- und Bordellimperium in Chicago erzielte Jahresumsätze von 60 und mehr Millionen Dollar. Legt man die lebenslange Verbrecherlaufbahn Capones zugrunde, soll der Gesamtumsatz rund eine Milliarde Dollar betragen haben. Capone, der 1931 wegen Steuerhinterziehung angeklagt und zu elf Jahren Gefängnis verurteilt wurde, starb 1947 an den Folgen einer Syphiliserkrankung in Miami. Mit seinem Namen wird immer die Entstehung der Organisierten Kriminalität verbunden sein, die er mit Gleichgesinnten in den Endzwanzigern auf den Weg brachte.

1.3.2 Die Prohibition und New Yorks Unterwelt

Zum Jahreswechsel 1918/19 gab es in New York rund 15.000 Bars mit legalem Alkoholausschank. Mit der Prohibition 1919/20 wurden sie alle geschlossen. An ihre Stelle traten illegale Bars, sogenannte speakeasies. Davon zählte man in New York 1920 um die 23.000. Wie in Chicago operierten auch in New York im lukrativen Alkoholgeschäft unterschiedlichste Gangs. Von 1919 bis 1925 zählte man in den Gang-Kriegen rund 500 Opfer. Bis zu den Mitzwanzigern war New Yorks Unterwelt noch nicht vernetzt, wohl aber kooperierten verschiedene Gangs, schlossen sich Alkoholgangster unterschiedlicher Herkunft aus „übergeordneten Interessen" im Alkoholgeschäft zusammen:

- Beispielsweise war der deutsch-stämmige Arthur Flegenheimer (1902–1935) nach dem Ersten Weltkrieg nach New York gekommen, wo er als „Dutch Schultz" einen umfangreichen Bierschmuggel errichtete. Und nicht nur das: Schutzgelderpressungen brachten ihm jährlich mehr als zwei Millionen Dollar. Als ihm ein Prozeß wegen Steuerhinterziehung drohte, floh er 1933. Seine Geschäfte wurden von Louis („Lepke") Buchhalter, Alkoholschmuggler, Schutzgelderpresser und Mitglied der „Murder, Inc" – den FBI-Chef Edgar Hoover 1939 als „the most dangerous criminal in America" bezeichnete – und Charles („Lucky") Luciano übernommen.
- Luciano, Ex-Five-Pointer, hatte schon eine höchst bemerkenswerte Kriminalitätskarriere hinter sich. Mit Beginn der Prohibition wurde er 1920 als 22jähriger Fahrer und Leibwächter des gefürchteten New Yorker Cosa-Nostra-Bosses Joseph („Joe the Boss") Masseria engagiert, einem gebürtigen Sizilianer, der bereits 1907 mit seiner Kriminalitätskarriere angefangen hatte. Im April 1931 wurde Masseria während eines Essens in einem Restaurant in New York erschossen. Seine Stelle nahm „Lucky" Luciano ein. Mit Alkoholschmuggel, nach der Prohibition auch Heroinschmuggel

und Bordellgeschäften verdiente „Lucky“ Millionen. Wegen Zuhälterei wurde er 1937 zu einer 35jährigen Gefängnisstrafe verurteilt. 1946 wurde er vorzeitig aus der Haft entlassen und nach Italien abgeschoben, wo er Anfang 1962 in seiner Geburtsstadt Neapel 64jährig verstarb.

– Bereits als Jugendlicher hatte Luciano Kontakte zum benachbarten Jewish Crime in Manhattan. Insbesondere mit dem Jewish Criminal Meyer Lansky pflegte er Kontakte im Alkoholgeschäft, das die beiden während der Prohibitionszeit verband. Lansky war in allen seinen Geschäften – was die finanziellen Gepflogenheiten betraf – korrekt und ehrlich, was zu seinem Spitznamen „Honest Meyer“ führte. Er kam aus dem Glücksspielmilieu, dem er aus strategischen Gründen treu blieb. Während der Prohibition erlangte Lansky eine ganze Reihe von Teilhaberschaften im Glücksspiel, die er später zu einem regelrechten Kasino-Imperium ausbaute, das von New York bis nach New Orleans reichte. Auch nach der Prohibition blieb Lansky beim Glücksspiel, lehnte Bordell- aber auch Heroingeschäfte wohlweislich ab: Beide Deliktbereiche fielen in den Zuständigkeitsbereich des landesweit operierenden FBI; Glücksspiel hingegen war Sache der örtlichen Polizeibehörden. Lansky wußte, daß die US-Steuerbehörden auch Einkommen aus illegalen Quellen als steuerpflichtig ansahen. Und Steuerhinterziehung fiel wiederum in den Zuständigkeitsbereich des FBI – Capone in Chicago war davon 1931, Dutch Schultz in New York 1933 betroffen. Dementsprechend korrekt fielen Lanskys jährlichen Steuererklärungen aus. In den 50er Jahren betrieb der „ehrliche Meyer“ bereits 32 Spielkasinos, an denen über 300 einflußreiche Berufsverbrecher quer durch die organisierte Unterwelt beteiligt waren. Lansky war als Finanzberater und Vermögensverwalter bei allen hochgeschätzt. Er, Kind russischer Juden, war das „einzige nicht-sizilianische Mitglied der Cosa Nostra“, gewissermaßen eine Ehrung für den „Vater der Geldwäsche“. Dieser investierte mittlerweile auch in Kuba. Im Regime Battista war auf der Insel das Glücksspiel – in Relation zu den USA – legal. 1957 eröffnete Lansky hier sein 15-Millionen-Dollar-Hotel „Riviera“. Kuba war auch für die Cosa Nostra seinerzeit ein Paradies. Gewinne aus Drogen- und Waffengeschäften wurden während der 50er Jahre hier anonymisiert, um dann „gewaschen“, vornehmlich in die USA aber auch nach Venezuela und Brasilien, selbst in die Schweiz zu gehen. Der Sturz Battistas nach einem mehrjährigen Guerillakrieg (1956 bis 1959) Fidel Castros kostete die Cosa Nostra wahrscheinlich Milliarden. Das Organisierte Verbrechen lernte daraus, dezentralisierte sein Finanzimperium und verlagerte es in den karibischen Raum, der in der Folge bald von einem dichten Netz sogenannter off-shore-Banken überzogen wurde. Lansky, in der Unterwelt geschätzt und als Finanzgenie hochgeachtet, verstarb im hohen Alter von 81 Jahren am 15. Januar 1983. Rund 300 Millionen Dollar hatte er mit Alkoholschmuggel und illegalem Glücksspiel in seinem langen Leben verdient. Die Mehrheit seiner Gangsterkollegen wurde weder so alt noch starben sie eines natürlichen Todes.

– Das traf beispielsweise auf den sizilianischen Mafia-Boß Salvatore Maranzano zu, einem der Führer im sogenannten Castellammarese-Krieg in New York, der mitten in der Prohibitionszeit von 1928 bis 1931 einige hundert Tote forderte. Mit seinem Cosa-Nostra-Kollegen „Lucky" Luciano war sich Maranzano darin einig, und darin unterstützten sie auch den Neapolitaner Capone in Chicago, das Geschäft der Süditaliener zu organisieren und damit zu monopolisieren und dementsprechend zu perfektionieren. Der Weg zur wirklichen „organized crime" brauchte die Jahre von 1928 bis 1934.

1.4 Von der „Italo-Gang" zum „National Crime Syndicate"

Die Prohibition garantierte jährlich Millionenumsätze; sizilianische und andere süditalienische Gangs konkurrierten mit Irisch-Jüdischen Gruppen. Blutige Gangster-Kriege in Chicago und New York bestimmten bis in die Endzwanziger die illegale Alkoholszene. Doch das sollte sich ändern. Die sizilianisch-italienische Unterwelt in den Großstädten des Ostens und des Mittleren Westens der USA befanden 1928, daß es nicht nur unblutiger sondern auch profitabler wäre, wenn man die Geschäfte organisieren würde.

– Vor diesem Hintergrund setzten sich am 5. Dezember 1928 im Statler Hotel in Cleveland erstmalig 23 sizilianische Vertreter von Italo-Gangs aus Chicago, New York, Detroit, Buffalo, St. Louis, Newark, Gary, Kansas City und Tampa zum „1st national organizational meeting" zusammen, um über die Organisation ihrer Geschäfte auf nationalem Niveau zu diskutieren.

– Ein zweites Treffen fand vom 13. bis 16. Mai 1929 in Atlantic City, New Jersey, statt. Rund dreißig Gang-Leader waren zum „2nd national organizational meeting" zusammengekommen, unter anderen aus Philadelphia Max Hoff, Sam Lazar und Charles Schwartz; aus New York Frank Costello, Lucky Luciano und Dutch Schultz und last not least aus Chicago Al Capone. Auf diesem Treffen beschlossen die Sizilianer, auch mit einigen nicht-sizilianischen Partnern zu kooperieren. Die Gang-Leader einigten sich darauf, daß territoriale Zwistigkeiten und Streitfälle zwischen den Gangs künftig von einer neun-köpfigen nationalen „Commission" geregelt werden sollten.

– Am 15. September 1931 schlug, insbesondere vor dem blutigen Hintergrund des langen „Castellammarese Krieges“ in New York, Lucky Luciano seinen Gangsterkollegen vor, New York unter fünf gleichberechtigten Gangs aufzuteilen. Einen „Boß der Bosse“ brauche die Stadt nicht. Die gesamten USA sollten von 24 ebenfalls gleichberechtigten Gangs kontrolliert werden. Den Gedanken der alten „Commission“ aufgreifend, sollten neun der vierundzwanzig Gang-Leader die Nationale Kommission bilden, die bei Gangdisputen und Streitigkeiten regelnd eingreifen sollte.
– 1934, ein Jahr nach der Prohibition, kam es zu zwei weiteren Treffen, die die Begründung des „national crime syndicates“ zur Folge hatten. Das erste Treffen dieses Jahres fand in New York statt. Vertreter von 24 Gangs aus dem ganzen Land nahmen daran teil. Diesem folgte das wichtigere Treffen in Kansas City. An diesem Meeting nahmen Vertreter der Capone-Gang aus Chicago, der „Purple Gang“ aus Detroit, der „Mayfield Gang“ aus Cleveland und Gangs aus New Orleans, Kansas City, St. Louis und St. Paul teil. Organisatoren waren die New Yorker „Lucky“ Luciano und Francesco Castiglia, Frank Costello genannt, Boß der Luciano-Familie – und Capones Mentor, der erfahrene Torrio. Nach diesem Treffen war das „national crime syndicate“, eben das „Syndikat“ begründet.

1.5 Von „The Big Five“ zur „Pizza Connection“

In New York operierten eine ganze Reihe von Gangs sizilianischer Familien. Die größte Sicilian Gang war die von Joe („The Boss“) Masseria, der sich als „Capo di tutti Capi“, als Boß der Bosse sah. In dieser Stellung forderte er die sogenannten Castellammarese-Sizilianer und damit auch deren Boß Salvatore Maranzano auf, die Geschäfte profitabler zu gestalten. Der Konflikt der Sizilianer und die gegenseitige Tötung von Gang-Leutnants führte zum „Castellammarese Krieg“, in dessen Verlauf auch andere Italo-Gangs und Nichtitaliener, auch anderer Städte, parteilich direkt und indirekt (Capone unterstützte von Chicago aus mit Geldmitteln) eingriffen. Der Vorschlag eines der an diesem Krieg Beteiligten, „Lucky“ Luciano, Chef der Genovese Familie, wollte die blutigen Zeiten beenden. 1931 schlug er den Chefs der wichtigsten im Krieg verwickelten Familien-Gangs vor, sich nicht weiter dezimierend zu befehden, sondern den großen Distrikt New York unter fünf gleichberechtigten Familien aufzuteilen. Neben sich selbst und seiner Genoveser Familie meinte er damit Joseph („Joe Bananas“) Bonanno und dessen Familie, Thomas Gaetano („Three-Finger Brown“) Lucchese mit Familie, Carlo Gambino und Josef Colombo mit ihren Familien. Der Vorschlag wurde akzeptiert, und es begann in den letzten Prohibitionsjahren die Regentschaft der „Fünf Großen“ (The Big Five).

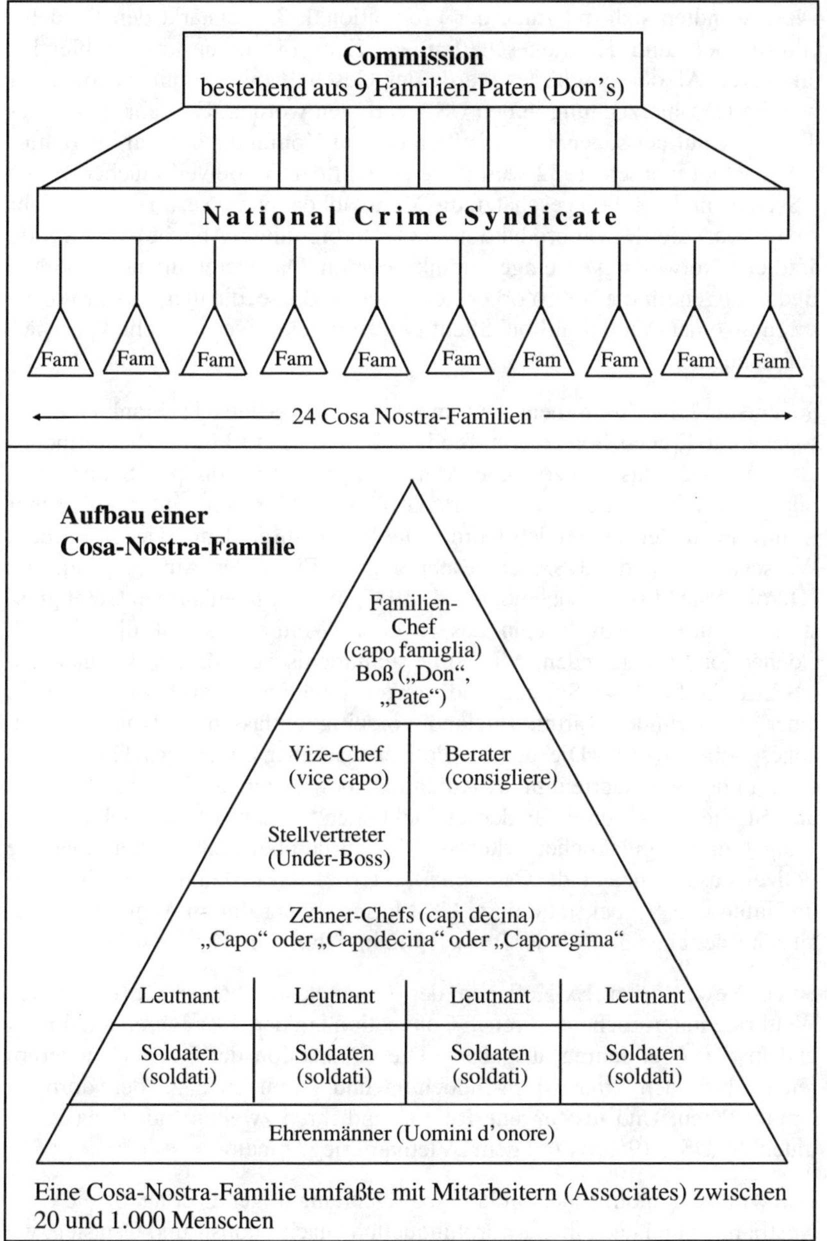

Eine Cosa-Nostra-Familie umfaßte mit Mitarbeitern (Associates) zwischen 20 und 1.000 Menschen

Diese wandten sich mit Ende der Prohibition 1933 verstärkt den Bordell-, Glücksspiel- und Kasinogeschäften zu. Zum Ersatz des nun fehlenden lukrativen Alkoholgeschäftes wurde das Geschäft mit Heroin. Schon 1924 war die Heroinerzeugung in den USA verboten worden. Ein Jahr später war die Droge auf der sogenannten Dritten Opium-Konferenz in Genf international geächtet worden. 1932 wurde die Anzahl der Heroinverbraucher in den USA auf rund 250.000 geschätzt, die Mehrzahl davon in New York. Ein Jahr zuvor war die Heroinproduktion und Verbreitung (Abgabe) auf strikte ärztliche Notwendigkeit eingeschränkt worden. Das waren die notwendigen Bedingungen für die New Yorker Cosa-Nostra-Bosse, die illegale Heroinversorgung einer Viertelmillion Süchtiger zum lukrativen Anschlußgeschäft aufzubauen.

So entstand in Zusammenarbeit mit korsischen Clans in Frankreich die sogenannte French Connection: Sie ließ Opium aus türkischen Schlafmohnkulturen über das französische Mandat Syrien/Libanon per Schiff nach Südfrankreich bringen, wo es im Großraum Marseille unter korsischer Kontrolle zu Heroin veredelt wurde. Die Ware wurde dann, wieder auf dem Wasserwege, in die USA eingeschmuggelt. Einer der Auftraggeber, der „Heroin-Pate“ Lucky Luciano, wurde 1937 zu einer langjährigen Gefängnisstrafe verurteilt. Mit Beginn des Zweiten Weltkrieges war die „French Connection“ unterbunden. Mit Hilfe süditalienischer Mafiosi konnten die US-Streitkräfte 1943 Sizilien und von dort Süditalien erobern. Vielleicht einer der Gründe, warum Luciano vorzeitig entlassen und nach Italien abgeschoben wurde. Die dortige Polizei war über dessen Rückkehr nicht erfreut und verweigerte ihm die Aufenthaltsbewilligungen für Rom, Mailand und Sizilien. So wurde für den „Glücklichen“ (Lucky) seine Geburtsstadt Neapel zum unglücklichen Alterssitz. Er wurde überwacht, hatten doch die Polizei, das Finanzamt, die Carabinieri, Interpol, das FBI und last not least die im Hafen von Neapel stationierte US-Marineabwehr ihn im Auge. Entmachtet starb der einstige Boß der Bosse 1962 im Alter von 64 Jahren.

Seine New Yorker Ex-Kollegen der Cosa Nostra hatten die durch den Weltkrieg unterbrochene „French Connection“ in den 50er Jahren reanimiert und in den 60er Jahren ausgebaut. Die Connection der Korsen wiederum reichte bis nach Französisch-Indochina und damit auch zu den dortigen Opium-Paten. Und just in jene Region und ihren zweiten Indochina-Krieg traten die USA 1963/64 mit dem „Vietnamkrieg“ hinein.

Den wirtschaftspolitischen Situationen Rechnung tragend verlagerte die Cosa Nostra nach und nach ihre „Morphinquellen“ nach Südost- und Ostasien, wo sie in dort operierenden chinesischen Bünden neue Ansprechpartner fand. In der Folge wurden die Korsen ab 1968 aus dem Heroingeschäft gedrängt. Drei Jahre später war die „French Connection“ tot, von der französischen Polizei in Zusammenarbeit mit US-Rauschgiftfahndern zerschlagen. Welchen Anteil an dieser Ausschaltung die „Big Five“ der New Yorker Cosa Nostra hatten, wird sich wohl nie genau klären lassen.

Doch mit dem Ende der „French Connection“ 1971/72 wurde nun Sizilien, vorher nur als Operationsbasis genutzt, von der Cosa Nostra auf breiter Ebene in das Heroingeschäft einbezogen. Opium aus den mittelöstlichen Schlafmohnkulturen des sogenannten Goldenen Halbmondes wurde in ungezählten kleinen Laboren – vornehmlich auf der Insel – zu Heroin raffiniert und war dann, oft schon 48 Stunden später, auf dem New Yorker Times Square am Markt. Über zehn Jahre dauerte die Blütezeit dieser Zusammenarbeit. Die nach dem Vietnamkrieg 1973 gegründete US-Rauschgiftabwehr Drug Enforcement Administration (DEA) vermutete, daß Anfang der 80er Jahre ein Drittel der 60 oder mehr Tonnen Heroin, die jährlich in den Welthandel gingen und umgerechnet rund 39 Milliarden DM einbrachten, in Sizilien verpackt, verschickt und verteilt wurden. Die „Ehrenwerten“ Siziliens kauften im Libanon ein Kilo Morphinbase für 1.000 Dollar ein, und verkauften das Kilo – zu Heroin veredelt – an die Cosa-Nostra-Partner für 22.000 Dollar. Diese verschnitt die Ware und erzielte schließlich auf dem US-Markt einen Kiloendpreis von 225.000 Dollar. Das Drogengeschäft entwickelte sich zum Milliardengeschäft und lag fest in den Händen der New Yorker „Big Five“ und ihrer sizilianischen Verwandtschaft, von Neidern spöttisch als „Pizza Connection“ bezeichnet. Die Monopolisierung der höchst profitablen Heroingeschäfte durch wenige Sizilianer-Familien forderte ab Anfang der 80er Jahre die Konkurrenz heraus – sowohl in Sizilien als auch in den USA, wo die nachgewachsene US-Mafiosi-Generation in Miami, Houston und Los Angeles gegen die alten New Yorker Paten und ihre „Sicilian Connection“ vorging. Doch nicht nur die Konkurrenz, auch die Strafverfolger waren den New Yorker Bossen auf den Fersen. Zu mächtig war die Cosa Nostra geworden. Nach einer 1960 veröffentlichten FBI-Statistik war der Cosa-Nostra-Jahresumsatz mit 50 Milliarden Dollar schon größer als die Gewinne der acht größten US-Industrieunternehmen. Ein knappes Vierteljahrhundert später schätzte die von Präsident Reagan 1984 eingesetzte Kommission zur Bekämpfung des Organisierten Verbrechens die Einnahmen der US-Mafia auf jährlich fast 170 Milliarden Dollar. Rund 110 Milliarden, so wurde geschätzt, entfielen auf Rauschgiftgeschäfte. Das polizeiliche Gegenüber war groß. Der „Kern der Cosa-Nostra-Armee“ wurde Mitte der 80er Jahre auf

1.700 bis 2.000 „eingeschworene“ (die den Bluteid auf die Familie und Familien-Capo geleistet hatten) Mitglieder geschätzt. Auf jedes Mitglied kamen nochmals zehn Mitarbeiter, sogenannte Associates, landesweit rund 20.000 Menschen.

1.6 Vom Niedergang der „Sizilianer“ und Aufstieg der „Asiaten“

Wie nie zuvor in der amerikanischen Verbrechensbekämpfung, wurde in der Regierungszeit des republikanischen Präsidenten Ronald Reagan (1981 bis 1989) das Organisierte Verbrechen (The Mob), insbesondere die italo-amerikanische Cosa Nostra bekämpft. Ab 1983 fingen die Strafverfolgungsbehörden an, intensiv Beweismaterial gegen die New Yorker Unterwelt und ihre Paten zu sammeln. 1984 setzte Präsident Reagan eine Kommission gegen das organized crime ein. 1985 schließlich reichten die zusammengetragenen Beweise zur Anklageerhebung aus, basierend auf die 19monatige Untersuchung der bundesstaatlichen „Task Force on Organized Crime“, deren Mitarbeiter die Recherchen, Überwachungs- und Abhörergebnisse von über 100 FBI-Agenten, Kriminalbeamten und Polizisten der Stadt und des Bundesstaates New York auswerteten. Die mehrere tausend Stunden umfassenden Gesprächsmitschnitte und die Zeugenaussagen von 30 Cosa-Nostra-Mobstern, die den Schweigekodex gebrochen hatten, verschafften den Ermittlern genaue Einblicke in die Struktur der Cosa Nostra. In der Anklageschrift gegen neun Cosa-Nostra-Mitglieder im Februar 1985 trug man den historischen Dimensionen sehr wohl Rechnung. Den Angeklagten wurde vorgeworfen: „… seit oder etwa seit 1931 (von New York City aus) in den Vereinigten Staaten von Amerika und im Ausland eine Vielzahl von Verbrechen geplant und ausgeführt zu haben, beziehungsweise diese noch laufend zu begehen.“

Zum ersten Mal in der US-Justizgeschichte konnten insgesamt 19 Cosa-Nostra-Führer, darunter fast alle Bosse der New Yorker „Big Five“, angeklagt werden. Der Prozeß fing am 30. September 1985 an und fand mit der Strafenverkündung Mitte Januar 1987 sein Ende.

Die Cosa-Nostra-Führer und -Unterführer sollten, so die Anklage, gemeinsam oder nach gegenseitiger Absprache (beziehungsweise in ihrem Auftrag) Geschäftsinhaber erpreßt, mit Rauschgift gehandelt, Gewerkschaftsführer unter Druck gesetzt und wenigstens sechs Morde angeordnet haben, darunter die Exekution des abtrünnigen Bosses Carmine Galante. Der Schuldspruch des Geschworenengerichtes in Manhattan am 19. November 1986 traf 18 Angeklagte, darunter drei Paten der New Yorker „Big Five“.

Infiltration der New Yorker „Big Five“ (Cosa-Nostra-Familien) in die US-amerikanische Gesellschaft

Nach internationalem FBI-Report, zitiert in Newsweek, January 6, 1986: A Godfather's Fall, page 50

Familie / Geschäfte	Bonanno	Colombo	Gambino	Genovese	Lucchese
Legale Geschäfte Legitimate Businesses	Einkleidung (Textilien) Nahrungsmittel Nahrungsmittel-zubereitung Spirituosen Gastronomie (Restaurants)	Bank- u. Finanzwesen Käse- u. a. Nahrungs-mittelprodukte Baugewerbe Nahrungsmittel-zubereitung Warenvertrieb Spedition	Kfz-Branche Bank- u. Finanzwesen Baugewerbe Unterhaltung (Entertainment) Nahrungsmittel Nahrungsmittelzubereitung Spirituosen Unterbringung (lodging) Fabrikation Großschlächterei Medizinische Dienste Gastronomie Gesundheitswesen	Kfz-Branche Bank- u. Finanzwesen Einkleidung (Textilien) Unterhaltung (Entertainment) Nahrungsmittel Kasinos Import und Export Edelsteine/Schmuck Spirituosen Minen-Förderung Gastronomie (Restaurants) Gesundheitswesen Spedition	Einkleidung (Textilien) Unterhaltung (Entertainment) Nahrungsmittel Spirituosen Gastronomie (Restaurants)
Illegale Geschäfte Illegal Businesses	Erpressung Schußwaffen und Sprengstoffe Glücksspiel Menschenhandel Kredithai-geschäfte Geldwäsche Rauschgift	Einbruch Erpressung Glücksspiel Kredithaigeschäfte Geldwäsche Rauschgift Schmuggel	Buchmacher/Wettbüros Bestechung Geschäftsinfiltration Unterschlagung/Veruntreuung Erpressung, Glücksspiel Entführung Pferderennen (Festmachen/Manipulation) Schutzgelderpressung Kredithaigeschäfte Geldwäsche Rauschgift, Pornographie	Bankbetrug Buchmacher/Wettbüros Bestechung Geschäftsinfiltration Unterschlagung/Veruntreuung Hehlerei, Fälscherei Glücksspiel, Steuerbetrug Schutzgelderpressung Kredithaigeschäfte Geldwäsche Rauschgift	Erpressung Glücksspiel Entführung Pferderennen (Festmachen/Manipulation) Kredithai-geschäfte Rauschgift

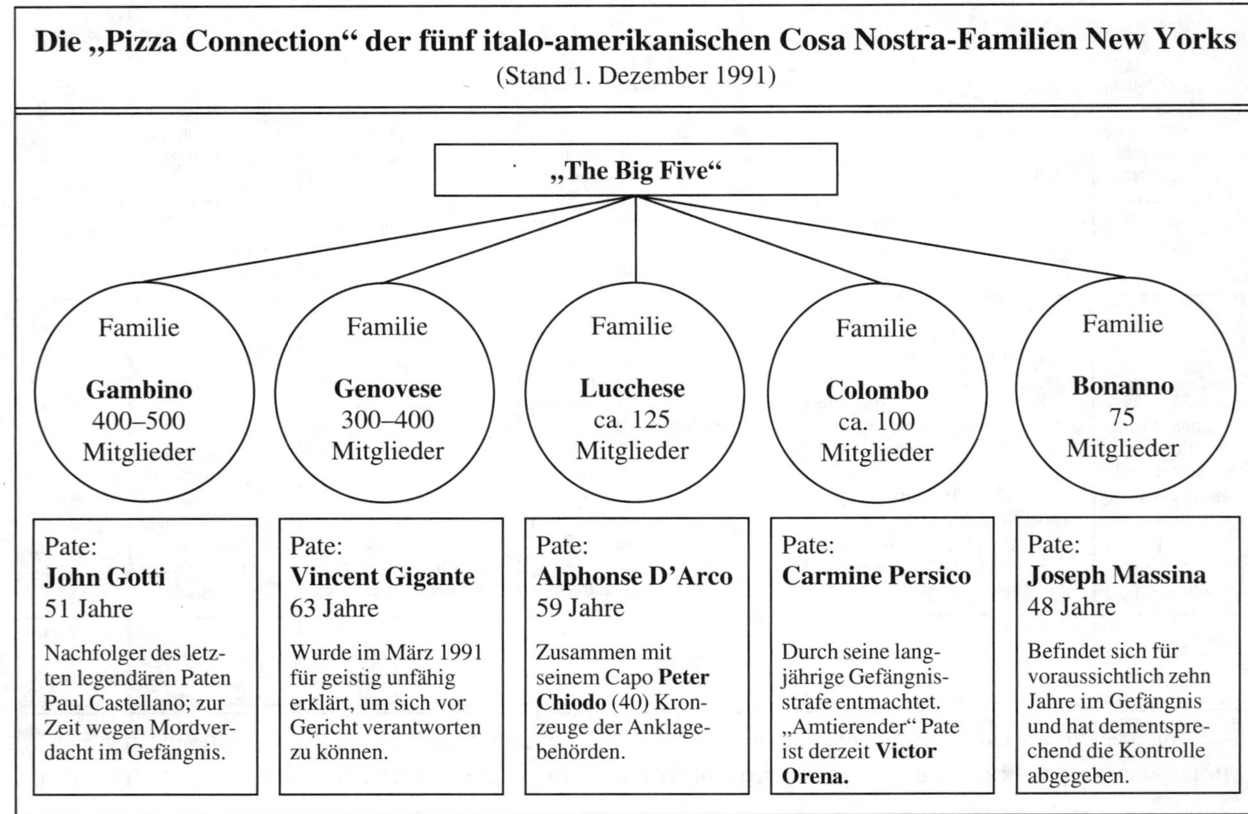
Die „Pizza Connection“ der fünf italo-amerikanischen Cosa Nostra-Familien New Yorks
(Stand 1. Dezember 1991)
„The Big Five“
Familie **Gambino** 400–500 Mitglieder
Familie **Genovese** 300–400 Mitglieder
Familie **Lucchese** ca. 125 Mitglieder
Familie **Colombo** ca. 100 Mitglieder
Familie **Bonanno** 75 Mitglieder
Pate: **John Gotti** 51 Jahre
Nachfolger des letzten legendären Paten Paul Castellano; zur Zeit wegen Mordverdacht im Gefängnis.
Pate: **Vincent Gigante** 63 Jahre
Wurde im März 1991 für geistig unfähig erklärt, um sich vor Gericht verantworten zu können.
Pate: **Alphonse D'Arco** 59 Jahre
Zusammen mit seinem Capo **Peter Chiodo** (40) Kronzeuge der Anklagebehörden.
Pate: **Carmine Persico**
Durch seine langjährige Gefängnisstrafe entmachtet. „Amtierender“ Pate ist derzeit **Victor Orena.**
Pate: **Joseph Massina** 48 Jahre
Befindet sich für voraussichtlich zehn Jahre im Gefängnis und hat dementsprechend die Kontrolle abgegeben.

Schon viele Jahre zuvor war, um italienische Einwanderer nicht zu diskreditieren, aufgrund einer Anordnung des Generalstaatsanwaltes (Attorney General) der Begriff „Mafia“ im offiziellen Sprachgebrauch verboten worden.

Doch in diesem Prozeß wurde von einem Verteidiger erstmals die Existenz der Mafia eingeräumt – aber bestritten, daß diese mit verbrecherischen Methoden arbeitete. Die zwölf Juroren, deren Identität aus Sicherheitsgründen geheim gehalten wurde, waren der Auffassung der Staatsanwaltschaft gefolgt, daß die Angeklagten Mitglieder der „Commission“ der Cosa Nostra waren, die als eine Art Direktorium des organisierten italo-amerikanischen Verbrechens über ein halbes Jahrhundert (!) die US-Unterwelt kontrolliert hatte.

Unter den Schuldiggesprochenen waren der Chef der Genovese-Familie Anthony Salerno (75), alias „Fat Tony“; der Chef der Colombo-Familie Carmine Persico (53), „The snake“ genannt, und der Chef der Lucchese-Familie Anthony Coralla (73), alias „Tony Ducks“.

Gegen sie wurden Mitte Januar 1987 Haftstrafen von jeweils 100 Jahren, gegen fünf Unterführer Haftstrafen von 15 bis zu 100 Jahren verkündet. In späteren Verfahren mußten sich die Chefs der Bonanno-Familie, Philip Rastelli, alias „Rusty“, und der Gambino-Familie, John Gotti verantworten. Letzterer wurde erst im März 1992 von seinem Stellvertreter und engen Vertrauten, Salvatore Gravano, der als Kronzeuge in einem Strafprozeß in New York aussagte, schwerer Verbrechen bezichtigt.

Nach über fünfzig Jahren war die Cosa Nostra, zu deren 24 Familien Anfang der 70er Jahre noch über 5.000 Mitglieder gehörten, spürbar entmachtet worden. Die Entmachtung traf darüber hinaus die italo-american-connection insgesamt. Durch die Aussagen der Hauptbeteiligten in diesem entscheidenden Cosa-Nostra-Prozeß konnte auch die italienische Polizei Haftbefehle gegen weitere 366 Drogenhändler ausstellen.

Einen noch härteren Schlag mußte die „Pizza Connection“ Ende 1988 einstecken. In einer gemeinsamen Fahndungsaktion unter der Leitung des sizilianischen Untersuchungsrichters Giovanni Falcone und seines New Yorker Kollegen Rudolph Giordani wurden in der Polizeioperation (Codename „Iron Tower“) in den USA mindestens 52 und in verschiedenen Städten Italiens über 33 zur Cosa Nostra beziehungsweise zur Mafia gerechnete Personen verhaftet.

Nach jahrelangen Ermittlungen konnte der Schlag vor allem gegen die mächtigen Clans der Inzerillo, Gambino und Spatola geführt werden, die im Heroinhandel zwischen Sizilien und den USA involviert waren.

Wie weit die Entmachtung der Cosa Nostra gegangen war, berichtete im April 1988 der FBI-Direktor Sessions. Seit 1981 waren über 1.000 Mitarbeiter und Mitglieder der Cosa Nostra ins Gefängnis gebracht worden. Spitzenleute waren neben New York in Boston, Cleveland, Denver, Kansas City, Milwaukee und St. Louis verhaftet worden. Auch in Los Angeles und Philadelphia hatte die Organisation Einbrüche hinnehmen müssen.

Dennoch, so das FBI, würde das Organisierte Verbrechen nach wie vor eine „nationale Bedrohung“ darstellen, waren doch gerade in den 80er Jahren neue Verbrecherorganisationen entstanden, verstärkt worden beziehungsweise verstärkt in den USA tätig: Einerseits sind lateinamerikanische Gruppen, insbesondere Mitglieder der konkurrierenden kolumbianischen Kokainkartelle (Medellin und Cali), andererseits asiatische Gruppen wie koreanische, vietnamesische, japanische Gangs und insbesondere chinesische Bünde (Triaden) zu erwähnen.

Allein in New Yorks China Town lebten Anfang der 80er Jahre über 80.000 Chinesen und chinesischstämmige Amerikaner. Chinesische Jugendgangs terrorisierten das Viertel wie dies weiland nach der Jahrhundertwende Italo-Jugendgangs in ihrem Viertel an der Lower East Side taten. Mit dem Zusammenbruch des Heroin-Imperiums der Cosa Nostra bot sich dieses einträgliche Geschäft für Triaden wie die „14 K“ regelrecht an. So gab ein Sprecher der New Yorker Rauschgiftfahndungsbehörde im Februar 1988 an, daß die Cosa Nostra ihre Stellung als Heroin-Hauptlieferant für die Millionenmetropole verloren hätte. In Hongkong und Bangkok beheimatete Schmugglerringe hätten schätzungsweise 70 Prozent des Marktes übernommen und würden New York mit Heroin beliefern, das überwiegend aus dem von ihnen kontrollierten „Goldenen Dreieck“ in Burma, Laos und Thailand stammte. Der Marktanteil der von der Cosa Nostra beherrschten Einfuhren aus dem „Goldenen Halbmond“ (Iran, Afghanistan und Pakistan) wäre in den Jahren 1983 bis 1988 von 96 Prozent auf 30 Prozent gesunken. Bereits ein Jahr später wurde im Februar 1989 vom FBI ein Schmugglerring zerschlagen, der im großen Stil Heroin aus Südostasien in die USA einführte. Im New Yorker Stadtteil Queens machte die Polizei mit 0,36 Tonnen die bis dahin größte Heroinsicherstellung im Land. Als Boß der Organisation wurde ein seit langen im New Yorker China Town ansässiger Geschäftsmann bezeichnet. Im Zusammenhang mit dieser Razzia wurde Strafanzeige gegen insgesamt 31 Personen in New York, Los Angeles, Detroit, San Francisco, Hongkong, Singapur und den kanadischen Städten Toronto, Calgary und Vancouver erstattet. Bundesanwalt Maloney erklärte, im Heroingeschäft hätten asiatisch-chinesische Ringe die alten Cosa-Nostra-Familien endgültig abgelöst.

2 Deutschland – Vom „Halunkenzusammenschluß“ zum „Ringverein“

In bezug auf Verbrechen und die Verbrecher sowie ihre Bekämpfung in Berlin schrieb die erste gründliche und umfassende kriminalistische Schrift ein Polizeipraktiker. Seine Erfahrungen „zur Belehrung für Polizeibeamte und zur Warnung für das Publikum“ faßte der Kriminalkommissar und königlich preußische Kammergerichtsreferendar Carl Wilhelm Zimmermann in seinem Buch „Die Diebe von Berlin – oder Darstellung ihres Entstehens, ihrer Organisation, ihrer Verbindungen, ihrer Taktik, ihrer Gewohnheiten und ihrer Sprache“ zusammen. In dem 1847 erschienenen Buch berichtete Zimmermann über die ersten Verbrecherzusammenschlüsse: „Jene verbrecherische Individuen erscheinen in Collektivform“. In der Großstadt Berlin konnte man zu Beginn des Kaiserreichs ab den 1870er Jahren bereits von einer Unterwelt sprechen. Den ersten wirklichen Zusammenschluß von Halunken soll es bereits 1890 gegeben haben. Dieser erste Verein wurde in der „Schnurrbart-Diele“, einem Lokal am Schlesischen Bahnhof, gegründet. Sein Ziel war es, die Muskelkraft seiner Mitglieder zu erhalten und zu stärken. Dabei wurde das damals von der bürgerlichen Gesellschaft als barbarisch verschriene Ringen gepflegt, was zum Namen „Ringverein“ führte. Zum Ende des 19. Jahrhunderts gab es davon mehrere. Seinerzeit sollen Berliner Unterweltler sogar lose Kontakte zu Berufsverbrecher in der USA, den „Associations“ unterhalten haben.

2.1 Aufbau und Struktur der „Ringvereine“

Bis zum Ende des Ersten Weltkrieges und damit auch des Kaiserreichs gab es in der Reichshauptstadt Berlin nur fünf Ringvereine. Mit Beginn der Weimarer Republik wuchs ihre Zahl ständig. 1929 waren es schließlich 62, deren Mitgliederzahl rund 1.600 betrug. Die Ringvereine Berlins formierten sich zum „Ring Groß-Berlin“, der sich später einfach „Großer Ring“ nannte. Als sich in den 1920er Jahren auch in anderen deutschen Großstädten, beispielsweise Braunschweig, Hannover, Nürnberg und Hamburg, die Ganoven in Vereinen zusammenschlossen, wuchs die Organisation. Die Mittel- und Westdeutschen verbündeten sich zum „Mitteldeutschen Ring“, die Norddeutschen zum „Norddeutschen Ring“ – und die Gesamtorganisation nannte sich schließlich „Deutscher Ring“. Jedes Jahr gab es eine „gesamtdeutsche“ Delegiertenversammlung. Zu solcher „Reichsveranstaltung“ entsandten alle Vereine einige Mitglieder.

Polizeilich waren die Ringvereine als „Geselligkeitsvereine“, „Vergnügungsvereine“, „Sparvereine“, „Männergesangvereine“, „Lotterievereine“ oder

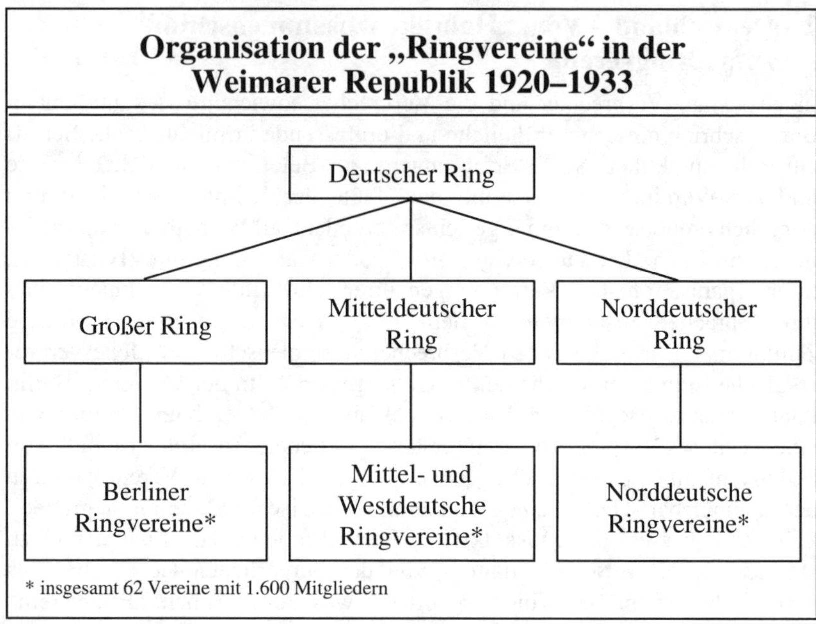

„Sportclubs“ gemeldet, dementsprechend unverfänglich auch die Namen der Ringvereine, beispielsweise „Immertreu“, „Berolina“, „Rolandseiche“, „Glaube & Liebe & Hoffnung“, „Nordpiraten“, „Fidele Brüder“, „Apachenblut“, „Felsenfest“, „Alt-Berlin“, „Deutsche Kraft“, „Südost“, „Concordia“, „Hand in Hand“, „Weiße Rose“, „Vergißmeinnicht“, „Herzblatt“, „Rosenthaler Vorstadt“, „Friedrichstadt“ und „Unter uns“.

Der „Ring“ sollte ein Staat im Staate werden. Strukturiert wie eine Geheimloge, orientiert nach Statuten, die nichts mit „denen dort oben“ zu tun hatten. Die so organisierte Unterwelt – mit leicht mafiosem Einschlag – war, ähnlich der Yakuza in Japan, vaterlandsliebend. Politisch waren die Vereine eher desinteressiert.

Aufnahme in die Ringvereine

Nicht jeder konnte Mitglied in einem Ringverein werden. Der Kandidat mußte männlich und volljährig, mindestens 21 Jahre alt sein. Er sollte einschlägige Erfahrungen, wenigstens zwei Jahre „Knast geschoben“ haben. Von der Mitgliedschaft ausgeschlossen waren Sittlichkeitsverbrecher. Für den zukünftigen „Bruder“ mußten zwei „einwandfreie“ (= vorbestrafte) Männer, in der Regel Vereinsbrüder bürgen. Über deren Fürsprache hinaus versuchte der Verein, die Bonität des Kandidaten durch „Einsicht in Kripoakten" zu überprüfen. Fiel diese nach einigen Wochen positiv aus, entschied der Vereinsvorstand die Aufnahme und feierte diese bei einer „Felicitas", so der Eigenname der Aufnahmefeier. Dem neuen Bruder war zuvor ein Eid abgenommen worden, niemals etwas zu verraten, sich zum Stillschweigen bindend zu verpflichten. Den Anordnungen des Vereins-Chefs (Vorsitzende) und seines „inneren Kreises" (Vorstand) mußte Gehorsam geleistet werden. Dann bekam das neue Mitglied Einsicht in die Geheimstatuten, die das wichtigste regelten. Zum Zeichen der Aufnahme erhielt der neue Bruder die Vereinsnadel, das Mitgliedbuch und den Ring.

2.2 Regeln, Statuten, Verstöße, Sanktionen

Die mehr oder weniger geheimen Statuten des Vereins regelten für die Vereinsmitglieder fast alles, von der eigenen Gerichtsbarkeit bis zur Höhenordnung der Abgaben nach gelungenem Raub. Unter den Ringvereinen herrschten strenge Moral- und Ehrbegriffe („Ganovenehre"), die eindrucksvoll in dem Milieu-Film von Fritz Lang „M – Eine Stadt sucht einen Mörder" (Premiere in Berlin am 11. Mai 1931) dargestellt wurden.

Wenn es der Vereinsvorstand anordnete, mußte schon mal ein Bruder für einen anderen ins Gefängnis gehen. Wurde ein Bruder verhaftet, sorgte der Verein für ihn und seine Familie. Er wurde im Gefängnis besucht und bekam Pakete. Die Familie des Häftlings bekam Haushaltsgeld, die Miete wurde übernommen, selbst für Taschengeld wurde gesorgt. Die Frau des inhaftierten Bruders, ob Ehefrau, Freundin oder Braut, war tabu. Kein Bruder durfte sie belästigen. Sein Ausstoß wäre unverzüglich erfolgt. Ging die Frau indes mit einem anderen Mann, verlor sie für den Verein ihre Ehre und in der Folge damit alle Unterstützungen. Für den einsitzenden Bruder wurden auch Justizbeamte bestochen, vor allen aber stellte der Verein für die anstehende Verhandlung gute Anwälte, wenn es sein mußte, die besten der Branche. Dazu das klassische Beispiel:

Am 7. Januar 1929 verbot Berlins Polizeipräsident Zörgiebel die Ringvereine „Immertreu" und „Nordpiraten" nach § 2 des Reichsvereinsgesetzes, „weil die Zwecke dieser Vereine den Strafgesetzen zuwider liefen". Mitglieder beider Ringvereine waren zuvor in schwere, straßenschlachtähnliche Auseinandersetzungen verwickelt gewesen. Zu ihrer Verteidigung engagierten die Vereine die seinerzeit berühmtesten Juristen Berlins, Prof. Dr. Ahlsberg und Dr. Dr. Erich Frey. Beide waren zugleich „Ehrenmitglieder" der so angeklagten Vereine. Bereits am 4. Februar 1929 kam es zu dem aufsehenerregenden sogenannten Immertreu-Prozeß. Nach Verhandlung hieß es: „Nach Eindruck des Gerichtes bilden die Immertreu-Leute und die ihnen verwandten Vereine zwar einen Lebenskreis für sich, mit eigener Moral und eigenem Ehrenkodex, eigenen Sitten und Gebräuchen, der über große Geldmittel aus nicht ersichtlichen Quellen verfügt“. Es sei aber nicht festgestellt worden, daß die Verübung von Verbrechen und die Verhütung der Verurteilung einzige Ziele der Vereine gewesen sei. Der Polizeipräsident mußte das Verbot dieser Ringvereine wieder rückgängig machen.

Die Fürsorge der Vereine für ihre Mitglieder griff natürlich nur, solange gegen den Kodex nicht verstoßen wurde. Kleinere Regelverstöße konnten streng mit „Ausschluß“ bestraft werden. Eidbruch zog die härteste Strafe, den „Ausstoß“ nach sich. Hier war der Tatbestand gegeben, wenn beispielsweise ein Bruder gegenüber der Polizei sein Schweigen brach, oder wenn ein Bruder vor Gericht den vom Verein gewünschten Eid nicht leistete. Im Einzelfall wurde der Eidbruch mit dem Tode bestraft. So verhängte beispielsweise ein Tribunal des Vereins „Alt-Berlin“ gegen die Brüder Wolters das Todesurteil, weil diese sich vor Gericht selbst belastet und damit unehrenhaft verhalten hatten. Auf offener Straße wurde das „Urteil“ am 10. Dezember 1929 „vollstreckt“. Die Täter wurden nie, obwohl von Polizei mit Unterstützung der Ringvereine gesucht, gefunden. Ehrenpflicht für jeden Ringverein war es, jedes verstorbene und natürlich nicht ausgestoßene Mitglied so zu beerdigen, wie es „die Ehre und Würde des Vereins“ verlangte.

Ordnung bestimmte das Vereinsleben, vom Mitgliedsbuch bis zur korrekten Buchführung. In den Vereinslokalen traf man sich regelmäßig. Wer zu spät zu einer Sitzung erschien, wurde mit einer Geldstrafe belegt. Wer angetrunken war, mußte tiefer in die Tasche greifen. Nicht wenige Lokale gehörten den Vereinen selbst; denn wenn es sich lohnte, übernahmen die Ringvereine auch gastronomische Betriebe in eigener Regie.

2.3 Einflußbereiche der „Ringvereine“

Ihren Einfluß machten die Brüder der Ringvereine in den Lokalen Kreuzbergs, Weddings und Rixdorfs geltend. Sie hatten den „Alex“ (Alexanderplatz), den Prenzlauer Berg, die Kurfürstenstraße und die Glitzerwelt der Friedrichstraße, aber auch die Armenviertel der Stadt – z. B. das sogenannte Scheunenviertel – im Griff. „Wünschen Sie einen Blick in die Unterwelt zu tun?“ hieß ein Kapitel in einem „Führer durch das lasterhafte Berlin“ aus dem Jahre 1931. Dort hieß es u. a.: „... Die Geographie der Berliner Unterwelt ist kein leichtes, kein einfaches Studium. Die Berliner Unterwelt ist sehr ausgedehnt. Sie hat verschiedene Zentren. Sie liegt auf der rechten Hälfte des Pharusplanes von Berlin. Ihre drei Mittelpunkte sind Stettiner Bahnhof, Alexanderplatz, Schlesischer Bahnhof. ... Merkwürdig, daß am Alexanderplatz, wo die Zwingburg der Gerechtigkeit, Berlins Scotland Yard sich erhebt, auch die Verbrecherwelt sich konzentriert, gleichsam unter dem Protektorat der Polizei. Auffallend ist die Unzahl der kleinen Schankstätten in dieser Gegend. Nur ein immenser Alkoholkonsum kann ihre Existenz rechtfertigen und sichern. Die Gannoven scheinen einen großen Durst zu haben, und die Mädchen scheinen fleißig abzuladen; denn Hehlergeld und Prostituiertengeld regieren die Unterwelt …“

2.4 Die „Luden“ und ihre „Schnepfen“

Schon im Berlin der Kaiserzeit gab es 1903 offiziell um die 3.000 „Kartenmädchen“, wie die Prostituierten seinerzeit hießen. Der Begriff „Dirne“ kam nach den Ersten Weltkrieg auf. Vor 1933 waren es in der Hauptstadt des Reiches rund 7.000 Dirnen; die wahrscheinlich wirkliche Zahl wurde von der Polizei auf mindestens 25.000 geschätzt. „Beschützt“ wurden diese von etwa 8.000 haupt- und nebenberuflich tätigen Zuhältern. Darunter gut 1.000 „Berufsluden“. Und diese waren fast alle Mitglieder in Ringvereinen. Die „Luden“ hatten ihren eigenen Kodex. Sie durften ihre „Schnepfen“ (Prostituierte) nicht schlagen und nicht „ausbeuten“ und natürlich nie in fremde „Reviere“ wechseln. Alles war streng reglementiert.

Deliktbereiche der Ringvereine

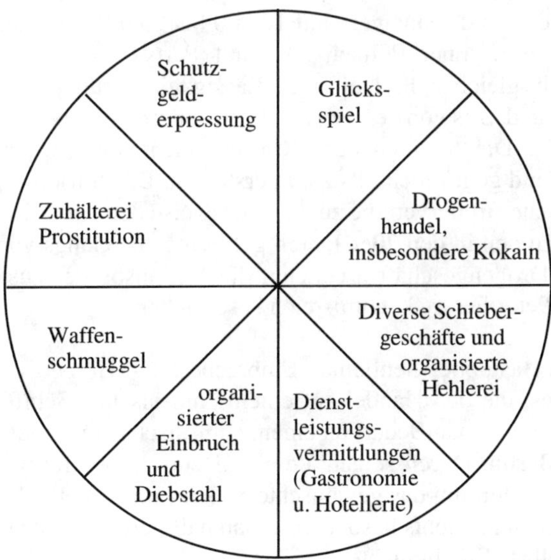

Unbestritten war Berlin in den Endzwanziger die Hochburg des Amüsements in Europa. Im Jahre 1929 wurden in der Stadt 16.000 Kneipen, 550 Kaffeehäuser und 220 Bars und Tanzlokale gezählt. Für die Heerscharen der Arbeitslosen waren diese Zeiten weniger golden. Die Kriminalität hatte beängstigend zugenommen, insbesondere auch durch das Rabaukentum und Räuberunwesen. Für viele dieser Straftäter hatten die Statuten des „Rings“ wenig Bedeutung, sie waren nicht organisiert und wurden deswegen von den Ring-Brüdern abschätzig „Ratten“ genannt. Auch viele Wirte im großstädtischen Amüsierbetrieb, beziehungsweise ihre Gäste, hatten unter „Krawallbrüdern“, Taschendieben, selbst Einbrechern zu leiden. Willkommener Anlaß für die Ringvereine, den Wirten Schutz gegen Gebühr anzubieten.

Ein noch wirksameres Mittel hatten die Vereine mit ihren Dienstleistungsvermittlungen in der Hand. Sie vermittelten Portiers, Kellner, Schuhputzer, Zettelverteiler, Toilettenfrauen, Anreißer, Bardamen und Animiermädchen. Nachdrücklich nahmen die Ringvereine die Interessen der von ihnen vermittelten Arbeitskräfte wahr. Wirte und Hoteliers, die Gebühren an die Vereine nicht entrichten wollten, konnten über kurz oder lang ihre Geschäfte mangels Personal nicht weiter tätigen.

Ein weiterer lukrativer Deliktbereich war der Rauschgifthandel, insbesondere der mit Kokain. In der 4,5 Millionenmetropole Berlin wurde die Anzahl der „Kokser“ in den Endzwanzigern auf 10.000 bis 20.000 geschätzt. Seinerzeit mißbilligte die Berliner Polizei, „daß auf Partys nach dem Theater der „Schnee“ mit gleicher Freiheit und Lässigkeit herumgereicht wird wie Zigaretten, und daß es von den meisten Einwohnern des modischen Westends benutzt wird“. Die Statuten des „Rings“ sahen vor, „Brudervereine“ zu respektieren und gegebenenfalls zu unterstützen. Das traf im Einzelfall auch auf ausländische Brudervereine zu, beispielsweise den chinesischen „Grünen Zirkel“, der zu den in den 20er Jahren gefürchteten „Gangs von Schanghai“ gehörte. Im Drogengeschäft arbeiteten die Vereinsbrüder zusammen, vom Journalisten Peter Feraru kenntnisreich beschrieben:

„… Manfred Bastubbe, Gentleman-Einbrecher, und Herbert Lexer, genannt Lux, waren es, die den Handel auf einem chinesischen Schiff in Hamburg tätigten. Dort hatte man Bedarf an einem chinesisch sprechenden Bruder und fand ihn in Berlin. Durch seinen Verein „Deutsche Kraft“ bekam Lux das Bargeld ausbezahlt, um das gewünschte Kokain für den Hamburger Bruderverein zu bezahlen. Nichts besonderes, man half gerne. Wußte man doch nie, wann man selbst Hilfe brauchte …“

Natürlich half man sich in der hochorganisierten Halb- und Unterwelt der „Diebe, Hehler, Schränker, Schnepfen und Luden“ untereinander mit Alibis, Tips und Hinweisen. Sich gegenseitig zu decken war Verpflichtung. Der „Informationsdienst“ der organisierten Kriminalität in der Weimarer Republik funktionierte hervorragend. Die Vereine kontrollierten die allgegenwärtigen Bettler, hatten aber auch hervorragende Kontakte in hohe Polizeikreise hinein. Die Beamten respektierten die Vereine, bekamen sie doch oft genug Informationen für ihre Kriminalarbeit. Hinzu kam, daß die Vereine nicht nur ihren Amüsier-Kiez fest in der Hand hatten, sondern auch dafür sorgten, daß dieser mehr oder weniger frei von Rabauken und Räubern war. Wenn die Halbwelt feierte, amüsierten sich die Bürger mit. Berühmt waren in Berlin zwei Tanzvergnügen, der „Frühlingsball“ und der „Gründungsball“, die von den Vereinen organisiert wurden. Die geselligen Treffen der Ringbrüder wurden gerne auch von Sportlern, Schauspielern, Journalisten, selbst Juristen und hohen Polizeioffizieren besucht. Einige von ihnen zählten gar zu den „Ehrenmitgliedern“ der Vereine.

2.5 Das Ende der „Ringvereine“

Das Ende der unpolitischen Verbrecher kam durch die Machtergreifung politischer Verbrecher. 1933 wurde Adolf Hitler Kanzler des Deutschen Reiches. Am 1. Januar 1934 trat das Gesetz zur Sicherungsverwahrung in Kraft, das unbegrenzte Haftzeiten ohne Urteil zuließ. In der Folge wurden 62 Ringvereine verboten, die Ringbrüder verhaftet. Alle kamen als „Schmarotzer und Berufsverbrecher“ in verschiedene Internierungsstätten. Viele starben in Konzentrationslagern.

Nach dem Zweiten Weltkrieg waren die Reste der Vereine, sofern sie überlebt hatten, zerstreut. In Anknüpfung an die Organisation der Ringvereine gründeten sich in der jungen Bundesrepublik 1952 die kleinen Ganovenvereine „Süd-Ost“ und „West“. Doch sie existierten geradeeinmal sechs Jahre. Die Polizei zerschlug sie 1958. Danach war das Thema Ringvereine polizeilich nicht mehr relevant. In der Bundesrepublik Deutschland hat es bis in die 90er Jahre hinein keine derartig hohe Organisation der Kriminalität deutscher Berufsverbrecher mehr gegeben.

3 Frankreich – Vom „Korsen-Clan“ zur „French Connection“

Die näher an Italien als an Frankreich gelegene Mittelmeerinsel gehört seit Ende des 18. Jahrhunderts zum französischen Zentralstaat. Korsika (korsisch: Corsu) ist fast 8.700 Quadratkilometer groß und hat heute eine knappe Viertelmillion Einwohner. Die Insel ist in 5 „Arrondissements“, 62 Kantone und 365 Gemeinden eingeteilt. Bis heute gibt es nationalistische korsische Organisationen, die an einer völligen Unabhängigkeit von Frankreich interessiert sind, und in einigen alteingesessenen Clans mächtige Verbündete finden.

3.1 Der jahrtausendelange Traum von der Unabhängigkeit

Analog zu Sizilien hat auch Korsika eine lange und abwechslungsreiche Geschichte. Über zweitausend Jahre hat die Insel unter Invasionen und Ausplünderungen gelitten. Im Altertum kamen die Phönizier, dann Etrusker, Vandalen und Römer ins Land. Im Mittelalter Sarazenen, Byzantiner und 1132 zum ersten Mal Italiener – Genuesen. Der italienische Stadtstaat hatte erhebliche Schwierigkeiten mit der Inselbevölkerung und suchte um Unterstützung, auch in Frankreich. Das 18. Jahrhundert war durch vierzig Jahre blutige Auseinandersetzungen gekennzeichnet. Schließlich verkaufte Genua, welches Korsika immer noch als seinen Besitz betrachtete, die Insel 1768 an Ludwig XV. von Frankreich. Über zwanzig Jahre wurde die Neuerwerbung durch Zehntausende französischer Soldaten „befriedet“. Danach wurde Korsika vom Ancien Régime vereinnahmt und nach der Revolution von 1789 schließlich 1796 vollständig in die französische Republik eingegliedert. Lediglich zwei Jahre lang, von 1794 bis 1796, erfreute sich die Insel ihrer Unabhängigkeit. Selbst der berühmteste Sohn Korsikas, Napoleon Buonaparte, der ein Jahr nach dem Korsikaaufkauf Frankreichs in Ajaccio zur Welt kam, stellte seine Heimat unter harte militärische Besatzung. Nach dem Zusammenbruch des Napoleonischen Reiches begann auf Korsika der „Traum von der Unabhängigkeit“ zu verblassen. Doch ausgeträumt wurde er bis heute nicht. Fremdherrschaft, politische Vernachlässigung und wirtschaftlicher Niedergang hatte auf Korsika, analog zu Sizilien, dazu geführt, daß das Familienbewußtsein die Stelle des fehlenden Staatsbewußtseins einnahm. Die zu Großfamilien zusammengeschlossenen „Clans“ bestimmten für die Inselbewohner mehr oder weniger das Geschehen. Unter den Clans begannen im Laufe der Zeit einige im korsischen Alltag unumgängliche Macht- und Schlüsselpositionen einzunehmen, was wiederum zum Ausgangspunkt für Machtkämpfe wurde. Von der „Vendetta“ (Blutrache) begleitet, zogen sich Kämpfe zwischen verfeindeten Clans manchmal über Generationen und waren für Überlebende nicht selten der Grund zur Auswanderung.

Korsika hatte insbesondere ab Mitte des 19. Jahrhunderts unter dem Verfall seiner Wirtschaft zu leiden. Isoliert, ohne industrielle Reserven und ohne neue landwirtschaftliche Produktionsweisen verlor die Insel zunehmend an Bevölkerung.

3.2 Einfluß durch Auswanderung

Auswanderung auf Korsika war nicht neu, vielmehr eine uralte Erscheinung. Doch ab den 1870er Jahren zog es immer mehr Korsen ins Ausland. 1900 betrug die Inselbevölkerung nur noch 320.000 Menschen. Und von der Jahrhundertwende bis 1950 reduzierte sich die Zahl der Inselkorsen weiter auf nicht einmal mehr 200.000. Die Auswanderungswilligen zog es insbesondere in die Metropolen Frankreichs, nach Paris und insbesondere in die Hafenstadt Marseille. Eine kleine Korsen-„Diaspora" entstand in den USA. Andere Korsenfamilien zog es in die Kolonien Frankreichs, so nach Französisch-Indochina und Französisch-Nordafrika. Heute, so schätzt man, ist die Anzahl der Auslandskorsen beziehungsweise Korsischstämmigen größer als die gegenwärtige Einwohnerzahl der Insel. Wie seinerzeit mit den ausgewanderten Sizilianern und Neapolitanern auch Mafia- und Camorra-Familien dabei waren, wanderte nun mit den Inselkorsen auch die „Union Corse", der Zusammenschluß der Korsen aus. Einige sind der Meinung, daß die „Union Corse" älter als der Zusammenschluß der Sizilianer, „The Union Siciliano" ist; in Relation zur Mafia und Camorra war sie kleiner und stiller, dafür konspirativer und manchmal tödlicher.

In Frankreich hatten sich ab dem letzten Quartal des 19. Jahrhunderts Corsen-Clans, die sich einst in der unzugänglichen Bergwelt der Insel in ungezählten Bergdörfern gebildet hatten, vornehmlich in der Hafenstadt Marseille niedergelassen. Dieser südfranzösische Hafen war über lange Zeiten allen Einflüssen und Einwanderungen zugänglich, was dazu führte, daß Marseille ab den 1870er Jahren zur Hochburg der Prostitution und des Schleichhandels wurde. Nicht wenige arme Korsen hatten nichts anderes als den Schleichhandel gelernt, waren als Kinder unter Schmugglern und Rebellen groß geworden. Sie kannten die verbindlichen Gesetze der großen Clans, in deren Mittelpunkt – wie woanders auch – der Schweigekodex stand. Mit dem Schmuggel, dem Bordellwesen, dem Einfluß auf die Schauerleute im Hafen begann die „Corsican Underworld" zu wachsen. Analog zur sizilianischen Cosa Nostra in den USA erwuchsen durch das „milieu" der Korsen-Clans nach der Jahrhundertwende auch in Südfrankreich Strukturen, aus denen sich die Organisierte Kriminalität bildete. Bereits vor dem Ersten Weltkrieg waren sich Sizilianer der Cosa Nostra und Mitglieder der Union

Corse in den USA begegnet. Zu einer hochorganisierten Zusammenarbeit kam es in der Zeit zwischen den beiden Weltkriegen.

3.3 Die „French Connection“ der 30er Jahre

Drei voneinander mehr oder weniger unabhängige Entwicklungen schufen die Voraussetzungen zur ersten großen Heroinhandelsroute des 20. Jahrhunderts. Zum ersten war mit Ende des Ersten Weltkrieges Frankreich 1919 vom Völkerbund das Mandat Syrien (einschließlich Libanon) zugesprochen worden. Damit reichte der Einfluß Frankreichs bis an das zerfallene Osmanische Reich, die Türkei. Geschäftstüchtige Korsen hatten damit direkten Zugang zu den großen Schlafmohnpflanzungen im türkischen Anatolien. Das Geschäft mit dem Opium und dem daraus raffinierten Heroin versprach profitabel zu werden; denn zum zweiten beschlossen die Teilnehmer der sogenannten Dritten Opium-Konferenz 1925, Heroin international zu ächten. In den USA war die Heroinerzeugung schon 1924 verboten und 1931 die Heroinabgabe auf strikte ärztliche Notwendigkeit eingeschränkt worden. Zum dritten verloren die zum National Crime Syndicate zusammengeschlossenen süditalienischen Cosa Nostra Familien in den USA 1933 durch die Aufhebung der Prohibition ihr einträgliches Alkoholgeschäft. Der illegale Heroinhandel und die Versorgung der Heroinsüchtigen bot sich als Anschlußgeschäft förmlich an. Zum Ansprechpartner der Cosa Nostra wurde die Union Corse. Die Zusammenarbeit der beiden von der Struktur ganz ähnlichen Organisationen im Heroingeschäft begründete ab den frühen 30er Jahren die sogenannte French Connection.

Die Korsen brachten Opium aus dem türkischen Anatolien via französischem Mandat Syrien/Libanon auf dem Seeweg in ihre Labore an der südfranzösischen Küste. Von dort wurde das dort hergestellte Heroin über Marseille und andere Häfen nach New York verschifft, wo das dort hergestelllte Heroin von den „Big Five“, den New Yorker Cosa Nostra-Familien, in Empfang genommen wurde. Diese erste „French Connection“ fand mit dem Zweiten Weltkrieg ihr vorläufiges Ende.

3.4 Die „Corsican Godfathers“ und „French Connection II“

Nach dem Sieg der Alliierten im Jahre 1944 erlitt die korsische autonome Bewegung auf ihrer Insel ein ähnliches Schicksal wie andere regionalistische und nationalistische Parteien in Frankreich: sie wurde pauschal der Kollaboration mit dem Freind bezichtigt. Auch in Südfrankreich hatten korsische Syndikate Machteinbußen zu verzeichnen, Folgen der Kollaboration einiger Bosse mit der Geheimen Staatspolizei (Gestapo) der Nazis in Frankreich. Dennoch, das „milieu“ der „Union Corse“ war nur angeschlagen, nicht

Die politischen Verhältnisse in Nordafrika und dem Nahen Osten nach Zerfall des Osmanischen Reiches nach dem Ersten Weltkrieg und Drogenhandel der „French (Corsic) Connection“ in den 30er Jahren bis zum Zweiten Weltkrieg

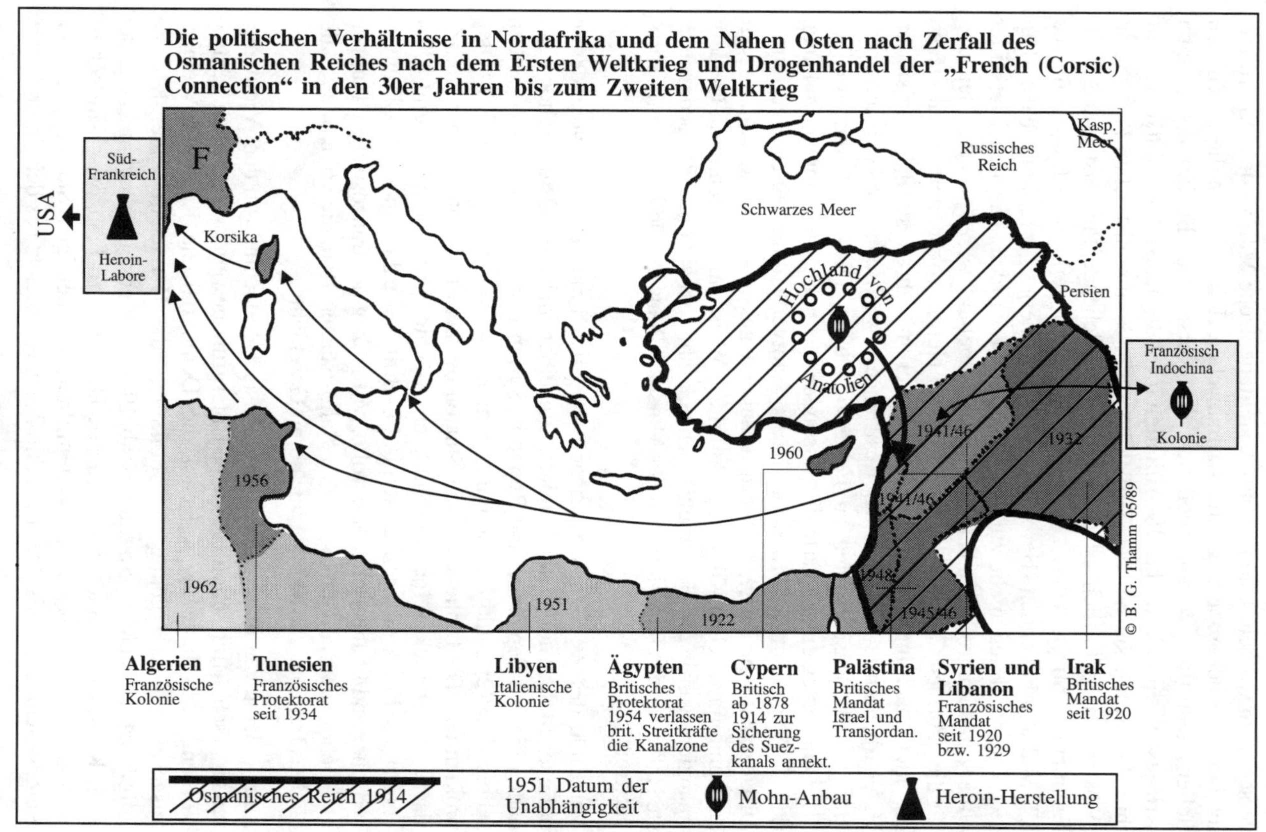

zerschlagen worden. Und wie einige süditalienische Mafiosi den US-Alliierten bei der Rückeroberung ihrer sizilianischen Heimat gegen die Faschisten Italiens behilflich waren, taten nun die Korsen mit Beginn des „kalten Krieges“ ihren Teil für die US-Alliierten im südfranzösischen Marseille. Auf ihre Art waren sie bei der Zurückdrängung kommunistischer Parteien in Westeuropa „behilflich“. Dazu der in Rom lebende Publizist und Mafia-Fachmann Rolf Uesseler: „Marseille, das einen Teil der in Europa für die US-Mafia arbeitenden Heroinfabriken beherbergte, war kurz nach dem zweiten Weltkrieg nicht zufällig ausgewählt worden. Die den Marseiller Untergrund kontrollierenden „korsischen Rebellen“ waren als Gegenleistung für die enormen Gewinne, die sie aus dem Heroin zogen, gern bereit, gegen die hier mächtige kommunistische Partei mit ihren straff organisierten Hafenarbeitern und den aus der Resistance erwachsenen Polizeibeamten in blutigen Straßenschlachten zu Felde zu ziehen. Dies nicht nur, um ihre „Heroinprivilegien“ zu verteidigen, sondern auch, um einen ihnen (und auch den USA) genehmen „Protektor“ in der Stadtverwaltung regieren zu sehen: Die sozialistische Partei, die für die erhaltene massive Wahlunterstützung auf antikommunistischen Kurs ging. Auf diese Weise mit Drogenmafia-Geldern finanziert, wurde die „kommunistische Gefahr“ gebannt und der bedeutendste Hafen für das Funktionieren des Marshall-Plans im südlichen Mitteleuropa „frei“ …

Mit Ende des Zweiten Weltkrieges war auch Frankreich mit veränderten politischen Situationen konfrontiert. Zum einen im Nahen Osten. Schon 1941 hatten hier im September die Republik Syrien und im November desselben Jahres die Republik Libanon ihre Unabhängigkeit als souveräne Staaten proklamiert. Doch blieben beide Staaten de facto für weitere Jahre französisch. Auf Druck seiner verbündeten Mächte Großbritannien und USA unterstellte Frankreich schließlich 1944 schrittweise die Landesverwaltungen syrischer und libanesischer Kontrolle. Mit Abzug der französischen Truppen und Behörden erlangten die beiden Nahoststaaten 1946 die volle Souveränität. Das französische Mandat war somit Geschichte.

Zum anderen war in der Kolonie Französisch-Indochina von dem Vietnamesen Ho Tschi Minh schon 1931 eine Untergrundbewegung ins Leben gerufen worden. 1945 hatte er in Hanoi die Demokratische Republik Vietnam ausgerufen. Grund genug für Frankreich, die Herrschaft seiner Kolonie militärisch zu sichern. So kam es ab 1946 zum ersten Indochinakrieg, der auch Korsen nach Südostasien führte. Das 1887 zu Französisch-Indochina zusammengefaßte Kolonialgebiet umfaßte die heutigen Staaten Vietnam, Kambodscha und Laos. Der Indochinakrieg ermöglichte es der Union Corse, ab 1948 ein Drogennetzwerk in Südostasien aufzubauen. In der vietnamesischen Stadt Saigon und in der laotischen Stadt Vientiane etablierte sich mit Ablegern korsischer Syndikate das „milieu“, eben die korsische Unterwelt. Diese stand in Verbindung zur Union Corse in Frankreich. Und für diese wurden die 50er Jahre zu einer Zeit des Machtausbaus und der Machtsicherung. Marseille erlebte eine „goldene Zeit“.

Die „Goldene Zeit von Marseille“ der Korsen in den 50er Jahren

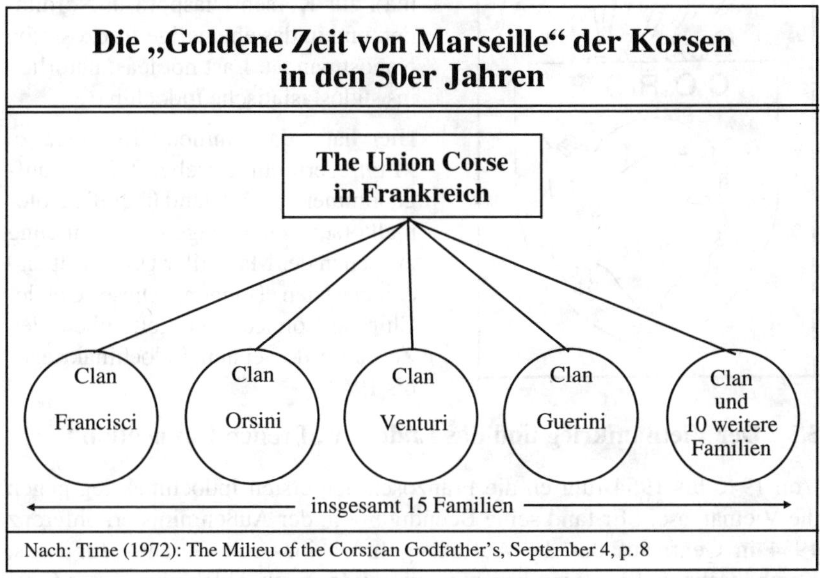

Nach: Time (1972): The Milieu of the Corsican Godfather's, September 4, p. 8

Dominierten in den USA 24 Cosa Nostra-Familien, bestimmten in Frankreich nach Erkenntnissen von US-Fahndern 15 Korsen-Familien das Heroingeschäft. Sie suchten, Macht und Einfluß durch Infiltration staatlicher Behörden – wie der Polizei, dem Militär, dem Zoll und dem Geheimdienst „Service de Documentation Extérieure et de Contre-Espionage (SDEC) – zu mehren. Die korsischen „Godfathers“ finanzierten und organisierten den Heroinhandel, überließen den Schmuggel und die Herstellung aber meist außenstehenden Spezialisten, die bezahlt wurden. Durch dieses Prinzip der Abschottung wurden sie quasi zu „Unberührbaren“ im „milieu“ erkennbar. Der Träger eines Goldmedaillons – „un vrai Monsieur“ – war dadurch für Eingeweihte als Führer eines Syndikats identifizierbar.

Im Marseiller Lokaldialekt hießen die „kleinen Gefälligkeiten“, die korsische Paten und ihre Clanmitglieder gewährten, „la gâche“. Und natürlich forderten sie kleine Gefälligkeiten, wenn es notwendig war, zurück. Der Arm der

Union Corse war lang. Er reichte von Südfrankreich/Korsika ins nordafrikanische Tanger, in die Korsen-Diaspora in den USA, zu den Exilkorsen in Lateinamerika (Mexiko, Brasilien, Venezuela, Paraguay, Bolivien und Panama), zur Korsen-Diaspora in Norditalien und in das ehemalige französische Nahostmandat. Last not least natürlich ins südostasiatische Indochina.

Hier hatte das „milieu“ Kontakte zu Mitgliedern chinesischer Triaden aufgenommen. So entstand über die Kolonialkorsen eine engere Verbindung zwischen der Marseiller Unterwelt und chinesischen Bünden. Diese Corsic-Chinese-Connection hielt über den Zeitraum des ersten Indochinakrieges bis 1954.

3.5 Der Vietnamkrieg und das Ende der „French Connection“

Von 1946 bis 1954 führten die Franzosen den ersten Indochinakrieg gegen die Vietnamesen. Er fand seine Beendigung in der Außenministerkonferenz 1954 in Genf, auf der die Auflösung Indochinas mit Garantie für Laos, Kambodscha und Vietnam beschlossen wurde. Nach Ablehnung der in Genf beschlossenen Volksabstimmung durch den Südvietnamesen Ngo Dinh Diem begann der zweite Indochinakrieg (1957 bis 1975), in den die USA 1963/64 eingriffen. Bis zu diesem Zeitpunkt hatten korsische Kriegsveteranen und Mitglieder des „milieus“ ein Drogenschmuggelnetz aufgebaut, zu dem auch kleinere Fluglinien wie die „Air Opium“ von Gérald Labenskis und die „Babal Air Force“ von Réne „Babal“ Enjabal gehörten. Sie flogen die Drogen von Laos, wo Ableger korsischer Clans verschiedenen Gruppen Schützenhilfe im Bürgerkrieg leisteten, nach Südvietnam, meist Saigon.

Mit dem Eingreifen der USA ging es ab Mitte der 60er Jahre im Vietnamkrieg insbesondere um die Abwehr des Kommunismus. Der „heiße Krieg im kalten Krieg“ war Sache der Amerikaner, nicht der Franzosen. Dementsprechend mußte die korsische Unterwelt in Saigon, aber auch in Vientiane, nach der Repatriierung des französischen Expeditionskorps schwere Schläge erleiden. Dennoch entschlossen sich nicht wenige Mitglieder des „milieus“ dafür, die ehemalige Kolonie nicht zu verlassen. So blieb es nach Abzug der französischen Verwaltung aus Indochina bei vereinzelten korsisch-chinesischen Unterweltkontakten, doch zwischen den Chinese Gangs und der Marseiller Unterwelt riß die einstige Verbindung mehr und mehr.

Bis in die zweite Hälfte der 60er Jahre hinein hatten die korsischen Geschäftspartner aus der Cosa Nostra auch Zugang zu den Schlafmohnanbaugebieten. In Südostasien fanden mit zunehmend geringerem Einfluß der Korsen die chinesischen Bünde nun einen neuen Ansprechpartner, die Cosa Nostra. Sie „kümmerte“ sich zusammen mit chinesischen Profis zunehmend um die Heroinversorgung süchtiger Soldaten in Vietnam. Die Heroinabhängigen in den USA selbst wurden immer noch durch die French Connection der Union Corse und Unione Siciliana versorgt. Noch 1969 wurde geschätzt, daß 80 Prozent des in den USA konsumierten Heroins aus Frankreich und der Türkei kamen, 15 Prozent aus Mexiko und lediglich fünf Prozent aus Südostasien. Das sollte nicht so bleiben. Mit politischem Druck und finanzieller Unterstützung wurde 1971 die Türkei dazu bewogen, den unkontrollierten Mohnanbau zu unterbinden. In der Folge verlor die Union Corse den Zugriff auf die anatolischen Schlafmohnpflanzungen. Doch nicht nur die türkische, auch die französische Regierung wurde von den USA angemahnt, intensiver die korsischen Paten und ihre Heroin-Labore zu bekämpfen. Noch im August 1971 bezichtigte der Leiter der Europa-Abteilung des amerikanischen „Bureau of narcotics“ in Paris, John Cusack, in Interviews die französische Polizei der Passivität im Anti-Drogen-Kampf und behauptete, daß das „Rauschgifthandelszentrum“ Marseille Duldung und Schutz durch hohe Günstlinge genieße. Cusack über die südfranzösische Hafenstadt: „Dort und in unmittelbarer Nähe befinden sich die Laboratorien für die Verarbeitung der angelieferten Grundstoffe. Und in Marseille sitzen die Scheichs, die in direkter Verbindung mit der amerikanischen Mafia und den Nachfolgern Al Capones stehen.“

Nach Angaben des US-Bureau of Narcotic gab es Anfang der 70er Jahre in Marseille „… drei oder vier Große Köpfe des Rauschgifthandels, die sich auf ihre Banknoten, auf ihre Beziehungen, auf ihre ‚Ehrbarkeit‘ stützten und sich in völliger Sicherheit fühlten. Sie führten, so Crusack, ein völlig ruhiges Leben, weil sie Angst einjagen oder weil die Leute nicht an ihre Schuld glauben“. Der Marseiller Bürgermeister jener Zeit, Defferre, der gegen die Korruption in der eigenen Partei vehement vorgegangen war, wußte aus eigener Erfahrung, „daß Rauschgifthändler von Politikern geschützt würden, was in Parlamentarierkreisen eine erzbekannte Sache wäre“. Und die von den US-Fahndern angegriffene französische Polizei, seinerzeit mit wahrlich kümmerlichen Finanzmitteln in der Drogenbekämpfung ausgestattet, wußte, „... daß zwischen den Marseiller ‚caïds‘ alter Zeit und den ‚eisigen Generaldirektoren des Rauschgiftverbrechens‘ Welten lagen“. Die Rauschgiftmischer, so die Polizei, waren nach dem bewährten System der „Résistance“ organisiert. Wenn es galt, die „Köpfe“ zu treffen, reichte ihr Arm nicht aus. Es war wohl einerseits die Frage nach der inneren Sicherheit und andererseits die amerikanische „Bevormundung“ in Fragen der Rauschgiftbekämpfung, die Frankreichs Staatspräsident Pompidou Anfang August 1971 dazu bewogen, in persönlichen Briefen an die Regierungschefs der Bundesrepublik, Italiens, der Niederlande, Belgiens und Luxemburgs den Vorschlag zu machen, den Kampf der EWG-Länder gegen die Rauschgiftsucht in einer breiten und wirksamen Form miteinander zu koordinieren. Nach dieser drogenpolitischen Weichenstellung kam es in der Folge zu konzertierten Aktionen der französischen Polizei in Zusammenarbeit mit dem US-Rauschgiftdezernat gegen das „milieu“. So wurde am 9. Oktober 1971 André Labays, Boß eines Korsen-Rings, im Pariser Vorort Marly-le-Roi gestellt und über zwei Zentner reinstes Heroin beschlagnahmt. Am 10. Januar 1972 wurden in Marseille und Paris weitere Mitglieder des korsischen Heroin-Rings festgenommen. Danach waren über zwanzig Mitglieder der „French Connection“ in Frankreich beziehungsweise in den USA inhaftiert. Damit war die erste und bis dahin größte Heroin-Connection dieses Jahrhunderts mehr oder weniger zerschlagen.

Von diesem Machtverlust der Union Corse war die italo-amerikanische Cosa Nostra jedoch nicht betroffen. Rechtzeitig hatte sie sich von den alten Geschäftspartnern getrennt und in Südostasien neue gewonnen. Als die Amerikaner 1973 Vietnam verließen, erschloß die Cosa Nostra im sogenannten Goldenen Halbmond des Mittleren Ostens neue Mohnquellen. Zum neuen Partner wurden nun sizilianische Clans. Quasi übergangslos löste Palermo die Hafenmetropole Marseille ab.

3.6 Das „milieu“ und die Neue „French Connection“

Die Zerschlagung der „French Connection“ bedeutete nicht gleichzeitig auch die Zerschlagung des „milieus“ der Korsen. Bereits ein gutes halbes Jahrzehnt später konnte die französische Polizei bei einer Razzia Anfang Februar 1978 in einer Villa in der Hafenstadt La Ciotai bei Marseille hochwertiges Heroin im Wert von umgerechnet 20 Millionen D-Mark sicherstellen. Im Januar 1980 mutmaßte die Polizei, daß die Union Corse ihre Kontakte zur Cosa Nostra wiederhergestellt hatte. Mit Hilfe türkischer und italienischer

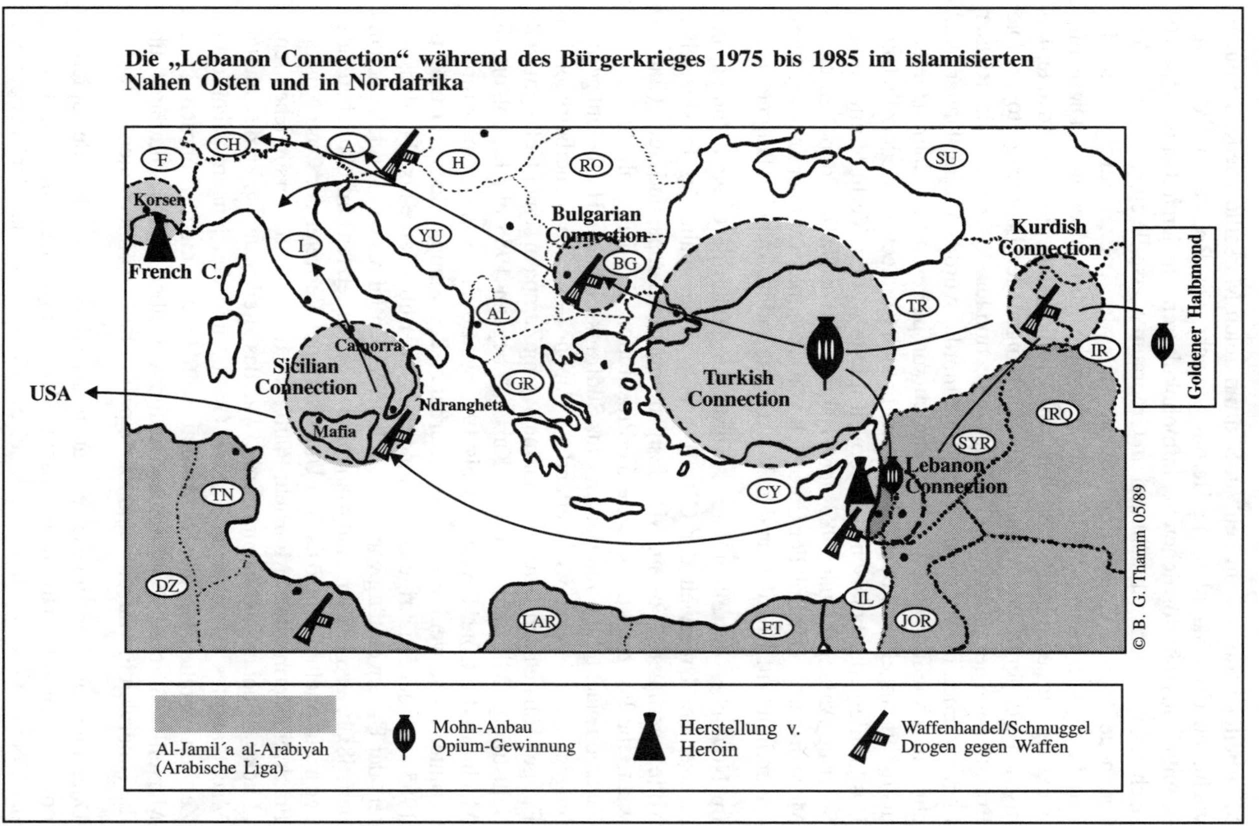
Die „Lebanon Connection“ während des Bürgerkrieges 1975 bis 1985 im islamisierten Nahen Osten und in Nordafrika
F
CH
A
H
RO
SU
Korsen
French C.
I
YU
Bulgarian Connection
BG
Kurdish Connection
Goldener Halbmond
AL
TR
IR
Camorra
Sicilian Connection
USA
Ndrangheta
Mafia
GR
Turkish Connection
IRQ
SYR
Lebanon Connection
CY
TN
DZ
IL
LAR
ET
JOR
© B. G. Thamm 05/89
Al-Jamil´a al-Arabiyah
(Arabische Liga)
Mohn-Anbau
Opium-Gewinnung
Herstellung v.
Heroin
Waffenhandel/Schmuggel
Drogen gegen Waffen

Mitarbeiter hatte das „milieu" in Südfrankreich Marseille wieder zu einem wichtigen Umschlagplatz für Heroin gemacht. Die Rohware wurde – vornehmlich aus mittelöstlichen Schlafmohnkulturen – in den italienisch-französischen Grenzraum gebracht und im Großraum Marseille zu Heroin veredelt. Die neue French Connection befaßte sich, der Polizei zufolge, mit der Errichtung von Heroin-Laboren im gesamten Mittelmeerraum. Diese Entwicklung wurde im März 1980 von französischen, italienischen und amerikanischen Drogenfahndern durch das Aufbringen der Labore gestoppt. Die Ermittlungen gegen die neue French Connection leitete seinerzeit der Richter Pierre Michel, der später in Marseille ermordet wurde. Anfang Januar 1982 ahndete schließlich ein Marseiller Gericht mit insgesamt 143 Jahren Gefängnis für elf Angeklagte den Versuch, die French Connection wiederzubeleben. Das „milieu" der korsischen Unterwelt mußte weitere Verluste hinnehmen. So erlag Anfang Januar 1983 der 41jährige Korse Gavin Coppolani einem Mordanschlag. Der Boß der Unterwelt von Grenoble war über zwanzig Jahre im „milieu" auf Korsika, an der Côte d'Azur und in Grenoble tätig gewesen.

Im November desselben Jahres wurde der 50jährige Gaetan Zampa, der „Kaiser der Unterwelt der Côte d'Azur", in der Nähe des französischen Mittelmeerhafens Fos-sur-Mer festgenommen. Zampa und sein Clan, so wußte die Polizei, kontrollierte die Prostitution, den Drogenhandel und ein Netz von Nachtclubs und Bars in ganz Südfrankreich. Mit Haftbefehl gesucht hingegen wurde er – wie weiland Al Capone – wegen Steuerbetrügereien. Einige Monate nach seiner Festnahme beging Zampa in seiner Gefängniszelle Selbstmord. Mit dem Tod des „Kaisers" begann 1983 ein Kampf um die Macht an der Côte d'Azur, der bis 1985 weit über zwanzig Opfer forderte, darunter nicht wenige einstige Mitarbeiter des Zampa-Clans. So im April 1985 auch der 59jährige Dominique Poggi, der über Jahre als „Friedensrichter" der Unterwelt tätig war. Ende Juli desselben Jahres wurde schließlich mit dem 68jährigen Korsen Paul Mandolini einer der letzten einflußreichen Paten der traditionellen französischen Unterwelt und Vertreter der Cosa Nostra in Frankreich, ermordet. „Monsieur Paul", wie der Pate und persönliche Freund „Lucky" Lucianos genannt wurde, war das dreißigste Opfer des blutigen Machtkampfes zwischen der „alten Garde" und den jungen Nachrückern. Zeitlich parallel zu dieser Mordtat wurde bei einem Einbruch in das Marseiller Büro der Nachrichtenagentur AFP über 15.000 Unterlagen über die Unterwelt in Marseille und lokale politische Persönlichkeiten gestohlen.

Doch nicht nur Drogengeschäfte, auch das Millionengeschäft der Spielkasinos war Gegenstand tödlicher Auseinandersetzungen rivalisierender Clans an der Côte d'Azur. So liefern sich beispielsweise seit Ende der 50er Jahre in

Nizza zwei Clans einen mörderischen Konkurrenzkampf. Der „Kasino-Mafia“ wurden Attentate, Tote und für immer Verschwundene in dieser Auseinandersetzung nachgesagt, die in den 70er Jahren derart eskalierte, daß Paris Nizza schließlich die Kasino-Lizenz strich. Danach floh der letzte große „Kasino-König“, der Korse Jean-Dominique Frantoni, in die Schweiz. Erst zehn Jahre später, 1987, hielt die Regierung in Paris die Zeit dafür gekommen, die Kasino-Sperre für Nizza wieder aufzuheben. Noch bevor das erste internationale Spielkasino wieder eröffnet wurde, kam es mit Bombenattentaten zur Fortsetzung dieses „30jährigen Krieges“.

Anfang der 90er Jahre dominieren im lukrativeren Drogengeschäft andere Gruppen. Dennoch sind die jahrzehntelangen Erfahrungen und die weltweiten Kontakte der Union Corse zu amerikanischen, italienischen, türkischen aber auch chinesischen Berufsverbrechern nicht zu unterschätzen. Das „milieu“ ist nach wie vor in vielen Deliktbereichen aktiv und eine Wiederbelebung der French Connection ist vielleicht wieder nur eine Frage der Zeit.

Literatur- und Quellennachweise zum I. Teil Entstehungsgeschichte des Berufsverbrechertums

1. Kapitel: Mit dem Bluteid in die Bruderschaft Triaden – Verbrechensmultis der Chinesen

Badey, James R. (1988): Dragons and Tigers, Palmer Enterprises, Loomis, Cal.

Berliner Zeitung (1991): Millionäre in China, 19. Juni, S. 31

Berliner Zeitung (1991): Immer mehr Chinesen zieht es nach Ungarn, 26. Juli, S. 24

Berliner Zeitung (1991): Budapest könnte bald ein China-Town haben, 15. August, S. 32

Berliner Zeitung (1992): Jugendbanden und Prostitution in China, 6. Februar, S. 39

Böckemeier, Rolf (1989): Hongkong unter der Hand, GEO Nr. 2 (Februar), S. 86–108

Cebulka, Doris (1989): Stadt ohne Gesetz, ZEIT magazin Nr. 38/15. September, S. 38–47

Chesneaux, Jean (1976): Weißer Lotus, Rote Bärte – Geheimgesellschaften in China, Klaus Wagenbach, Berlin

Felder, Karl (1991): Neues Geld aus Asien, Rheinischer Merkur Nr. 42/18. Oktober, S. 14

Follath, Erich (1990): Wenn der rote Drache die Perle schluckt, STERN Nr. 29, 12. Juli, S. 36–47

Hegyi, Hannelore (1992): Little China-Town wächst in Ungarns Hauptstadt, Berliner Zeitung, 25. Januar, S. 7

Jochimsen, Luc (1991): Die Drachen von Soho, Reportage aus Londons Chinatown, ARD, 1. Programm, 25. November, 23.00–23.30 Uhr

Johansen, Anatol (1988): Selbst die weißen Ameisen hat Lee unter Kontrolle, Die Welt Nr. 82, 8. April, S. 3

Kremb, Jürgen (1990): Manchmal geht es zu wie im Krieg, Tagesspiegel, 16. Dezember, S. 33

Kuhfus, Peter M. (1990): Rot und Schwarz – Einige Beobachtungen zu Männerbund-Aspekten der Geheimgesellschaften Chinas, in: Völger, G., und Welck, K. (1990): Männerbande – Männerbünde, a. a. O. S. 135–142

Majendie, Paul (1977): Hongkong wurde zur Finanzzentrale des Drogenhandels, Die Welt, 26. September, S. 16

McCoy, Alfred W. (1972): The Politics of Heroin in Southeast Asia, Harper & Row, New York

Müller, Rudolf (1984): Gelbe Erpresser, STERN Nr. 50, 6. Dezember, S. 16–22, 235

O'Callaghan, Sean (1978): The Triads – The Illustrated Inside Story of the Chinese Mafia, Universal Book, London

Posner, Gerald (1991): Die chinesische Mafia – Die Triaden – das gefährlichste Heroin-Kartell der Welt, Bastei-Lübbe, Bergisch Gladbach

Schuster, Georg (1905): Geheime Gesellschaften, Verbindungen und Orden (2 Bände), Reprint im Fourier Verlag, Wiesbaden o. J.

Seidlitz, Peter (1986): Kriminelle mit Lizenz, ZEIT Nr. 37/5. September

Spiegel (1991): Grassandalen beim Zahlesel – SPIEGEL Report über die kriminellen Gesellschaften der chinesischen Mafia in Deutschland, Nr. 44/28. Oktober, S. 111–126

Stewart, Gerald (1989): Einwanderer aus Asien nach Australien, Tagesspiegel, 9. Juli, S. 31

Tagesspiegel (1983): Jugendbanden verbreiten Angst und Schrecken in „Chinatown", 30. Januar, S. 32

Tagesspiegel (1984): US-Justiz besorgt über Zunahme asiatischer Verbrecherbanden, 25. Oktober, S. 26

Tagesspiegel (1989): Triaden terrorisieren die Chinesen in Großbritannien, 26. Februar, S. 32

Tagesspiegel (1990): Unterhaus will Führungsschicht Hongkongs britischen Paß geben, 21. April, S. 9

Tagesspiegel (1990): Unterhaus in London stimmt Hongkong-Gesetz zu, 15. Juni, S. 8

Tagesspiegel (1991): Bulgarische Pässe in Hongkong begehrt, 25. Juni, S. 5

Tagesspiegel (1991): Deutsche China-Restaurants von chinesischer Unterwelt erpreßt, 25. Oktober, S. 31

Thamm, Berndt Georg (1983): Opium und Soldaten – Die 200jährige Drogenvergiftung Chinas – SuchtReport Serie, SR Heft 1, S. 28–33, Heft 2, S. 38–43 und Heft 3, S. 26–34

Thamm, Berndt Georg (1991): Die Bedrohung der Europäischen Gemeinschaft (EG) durch die Organisierte Kriminalität (OK) aus Fernost & Ost in den 90er Jahren – Istzustand – Trends – Maßnahmeempfehlungen, unveröffent-

	lichter Bericht für die Sozialistische Fraktion Europäisches Parlament (EP), Brüssel/Berlin, 2. Dezember
Times (1991):	Triads poised to grow with Hongkong influx, June 21
Völger, Gisela, und Welck, Karin, Hrsg. (1990):	Männerbande – Männerbünde – Zur Rolle des Mannes im Kulturvergleich, Materialiensammlung, 2 Bände, Rautenstrauch-Joest-Museum, Köln
Yaeger, Carl H. (1991):	Asian Criminal Organizations, Tactical Response Vol. 3, No. 1, March–April, p. 8–10

Yakuza – Verbrechensmonopol in Japan

Bizer, Peter (1981):	Ein Finger für den Boß – Eine Reportage über Kriminalität in Japan, STERN Nr. 40/24. September, S. 30–36
Ellers, Meinolf (1991):	Japan fragt nach der Moral seiner Bosse, Tagesspiegel, 25. Juli, S. 22
Follath, Erich (1991):	Ende eines Saubermanns, STERN Nr. 44/24. Oktober, S. 338–340
Hermann, Kai, und Venzago, Alberto (1990):	Yakuza – Portrait einer kriminellen Vereinigung, Rasch & Röhring, Hamburg
Köhler, Angela (1991):	Japans Politik – Ein Markt der Gefälligkeiten, Berliner Zeitung, 10. Juli, S. 8
Karmiol, Edwin (1991):	Noch zählen die Yakuza zu den Gewinnern, Die Welt, 13. März
Neff, Robert (1991):	Hidden Japan – The Scandals start to Reveal – How the system really works, International Business Week, August 26, p. 14–22
Powell, Bill, und Takayama, Hideko, und Shakriar, Hassan (1989):	Japans Illegale Tide, Newsweek, September 11, p. 26–35
Kaplan, David E., und Dubro, Alec (1987):	Yakuza – The Explosive Account of Japan's Criminal Underworld, MacMillan Publishing Company, New York
Raz, Jacob (1990):	Yakuza – die kriminelle Geheimgesellschaft Japans, in: Völger, G. und Welck, K. (1990): Männerbande – Männerbünde, a. a. O. S. 113–120
Rheinischer Merkur (1991):	Nur schmieren bringt Gewinn – Ohne Bestechung läuft in Japan kein Geschäft, RM-Beilage, 4. Okt., S. 1

Spiegel (1985): Ehrbare Menschen, Nr. 51/16. Dezember, S. 136–138

Spiegel (1990): Japans Mafia im Aufwind, Nr. 1/31. Dezember, S. 101

Tagesspiegel (1990): Sinkende Börsenkurse machen den japanischen Verbrechern zu schaffen, 22. April, S. 32

Tagesspiegel (1991): Die Yakuza kennt keinen Personalmangel, 13. Oktober, S. 44

Terzani, Tiziano (1988): Das ist Vergnügen, wirkliches Vergnügen – Über die organisierte Lust- und Freizeitindustrie in Japan, SPIEGEL (Titel) Heft 36/5. September, S. 160–177

Terzani, Tiziano (1990): Wir sind die Erben der Samurai, SPIEGEL-Serie über Japans Yakuza, die größten Gangstersyndikate der Welt, Nr. 26/25. Juni, S. 108–121 und Nr. 27/2. Juli, S. 100–116

Geheimbünde in Italien

Anonymus (1989): Mein Leben für die Mafia – Der Lebensbericht eines ehrbaren anonymen Sizilianers, Rowohlt, Reinbek b. Hamburg

Arlacchi, Pino (1986): Mafia Business – The Mafia Ethic & The Spirit of Capitalism, Verso, London

Badische Neueste Nachrichten (1989): Unternehmer leben auf Sizilien gefährlich, 10. Januar

Becker, Kertin (1990): Die Mafia-Banden greifen brutal in die Politik ein, Berliner Morgenpost, 21. Oktober, S. 13

Berliner Zeitung (1992): Mafia-Gewinn jährlich 25 Milliarden Mark, 9. Januar, S. 32

Boyes, Roger (1988): Mafia „soldiers“ battle to control Sicily, Times, 30. September

Blok, Anton (1981): Die Mafia in einem sizilianischen Dorf 1860–1960, Suhrkamp, Frankfurt/Main

Campbell, Rodney (1977): Unternehmen Luciano – Die Rolle der Mafia im Zweiten Weltkrieg, Europaverlag, Wien–München–Zürich

Chotjewitz, Peter O. (1971): Italiens Mafia zog vom Land in die Städte, Tagesspiegel, 29. August, S. 3

David, Wolfgang (1988): Polit-Ketten für die Mafiajäger, Rheinischer Merkur, Nr. 33, 12. August, S. 23

De Zuleta, Tana (1984): Der Heroin-Krieg der Mafia, Das Beste, Nr. 6, S. 15–28

Dohnany, Johannes von (1986): Der Krake kämpft weiter, Rheinischer Merkur, Nr. 8, 15. Februar, S. 23

Englisch, Andreas (1989): Die Mafia stützt die Lira, Hamburger Abendblatt, 10. Juli

Europeo (1987): I Soldi Della Mafia (Titel), Nr. 48, 28. November, S. 30–37

Fiedler, Teja (1988): Kalabrien – Wer redet ist schon tot, STERN Nr. 47, 17. November, S. 124–136

Hess, Henner (1986): Mafia – Zentrale Herrschaft und lokale Gegenmacht, J. C. B. Mohr, Tübingen

Hess, Henner (1990): Die sizilianische Mafia – ein Beispiel der Männerwelt des organisierten Verbrechens, in: Völger, G. und Welck, K. (1990): Männerbande – Männerbünde, a. a. O. S. 113–120

Kienzle, Birgit, und Galluzzo, Maria-Teresa (1990): Frauen gegen die Mafia – Das Gesetz des Schweigens brechen, Rowohlt, Reinbek b. Hamburg

Lerner, Gad (1988): La Legge Del Veleno, L'Espresso, 25. September, S. 6–11

L'Espresso (1984): I Milliardi Della Mafia (Dossier), Nr. 31, 5. Agosto

Lewis, Norman (1984): The Honoured Society, Eland, London

Lutterbeck, Claus (1982): Die Machtergreifung der Mafia (Titel), STERN Nr. 38, 16. September, S. 20–29

Maclean, Don (1974): Pictorial History of The Mafia, Pyramid, New York

Meichsner, Friedrich (1986): Palermos Loge nach dem „alten Ritus", Die Welt, 10. März, S. 18

Meichsner, Friedrich (1989): Mafia lehrt Italien den Kampf gegen Drogengeld, Die Welt, 13. September

Müller, Peter (1990): Die Mafia in der Politik, C. H. Beck, München

N 3 (1992): Mafia GmbH und CoKG – Reportage über den Einzug der ehrbaren Gesellschaft in die feine Geschäfts- und Finanzwelt, 3. Programm, 4. März, 21.30–22.00 Uhr

Neue Zürcher Zeitung (1990): Absprache im Kokainmarkt, 23. Dezember

Neue Zürcher Zeitung (1991): Die „Schutzgelder" der Mafia, 27. April

Neue Zürcher Zeitung (1991): Italienische Anti-Mafia-Dekrete, 2. Juni

Neue Zürcher Zeitung (1991): Überbordende Kriminalität in Italien – Verbrechersyndikate verdrängen Einzeltäter, 10. August

Peduto, Christa (1988): Überforderte Justiz in Italiens Mafia-Hochburg Kalabrien, Tagesspiegel, 28. Februar, S. 3

Peduto, Christa (1989): Die Ohnmacht des Staates im Kampf gegen das Verbrechen – Die Ndrangheta hat das kalabresische Reggio fest im Griff, Tagesspiegel, 31. August, S. 3

Rafalski, Frank (1985): Mafia im Krieg gegen den Staat, Tagesspiegel, 25. August, S. 3

Raith, Werner (1983): Die ehrenwerte Firma – Der Weg der italienischen Mafia vom „Paten" zur Industrie, Wagenbach, Berlin

Raith, Werner (1989): Mafia – Ziel Deutschland – Vom Verfall der politischen Kultur zur Organisierten Kriminalität, Kösler, Köln

Raith, Werner (1989): Vom Hochofen zur Camorra, Tageszeitung (taz), 8. Juli, S. 9

Raith, Werner (1990): Jeder gegen jeden im Kampf gegen die Mafia, Tageszeitung (taz), 13. Juni, S. 13

Raith, Werner (1990): Die „Kuppel" gibt's gar nicht ..., Tageszeitung (taz), 12. Dezember, S. 9

Raith, Werner (1991): Die Hauptsache ist, daß man einen Stempel hat – Italiens ganz normale Wirtschaftskriminalität, Tageszeitung (taz), 12. März, S. 11

Spiegel (1964): Mafia (Titel), Nr. 51

Spiegel (1982): Mafia – Großkonzern in Italiens Untergrund (Titel), Nr. 37, 13. September, S. 126–134

Spiegel (1988): Italiens Ganoven immer reicher, Nr. 29, 18. Juli

Stern (1986): Mafia – Der letzte Kampf der Paten, STERN Serie von Nr. 44 (23. Oktober) bis Nr. 50 (4. Dezember)

Schuster, Georg (1905): Geheime Gesellschaften, Verbindungen und Orden (2 Bände), Reprint im Fourier Verlag, Wiesbaden o. J.

Scherer, Peter (1991): Eine neue mafiose Organisation hat sich etabliert, Die Welt, 13. September

Tagesspiegel (1983): Neapels Händler und Kaufleute streiken gegen die Mafia, 27. Januar, S. 26

Tagesspiegel (1983): Eine Bresche in Neapels Ortsmafia, 6. Juli, S. 3

Tagesspiegel (1984): „Dritter Grad der Mafia" gibt der Öffentlichkeit Rätsel auf, 3. Oktober, S. 20

Tagesspiegel (1984): Italiens Einzelhändler von Mafia-Banden bedroht, 20. November, S. 26

Tagesspiegel (1988): Hochkommissar – Die Mafia hat in einigen Regionen den Staat besiegt, 20. November, S. 32

Tagesspiegel (1989): Beim Kampf um die Bauaufträge mischen die Killer mit, 8. Januar, S. 30

Tagesspiegel (1989): Camorra-Banden verhängten „Ausgehverbot" in einem Armenviertel, 26. Januar, S. 26

Tagesspiegel (1989): Unter den Camorraclans ist ein Kampf um Neapel entbrannt, 7. Mai, S. 30

Tagesspiegel (1989): Struktur und Arbeitsweise einer Mafiafamilie aufgedeckt, 16. Dezember, S. 24

Tagesspiegel (1990): Vorwürfe gegen Justiz wegen Zurückhaltung bei Mafiabekämpfung, 8. Juni, S. 24

Tagesspiegel (1991): Gegen 17.000 italienische Politiker wird ermittelt, 15. Mai, S. 6

Tagesspiegel (1991): Mafiaverdächtige Gemeinderäte dürfen aufgelöst werden, 23. Juni, S. 40

Tagesspiegel (1991): Die meisten Kaufleute in Italien zahlen Schutzgelder, 7. November, S. 36

Thamm, Berndt Georg (1989): Die verlorene Ehre – Drogen und organisiertes Verbrechen in Süditalien, SuchtReport (Titel), Heft 1, S. 2–17

Trankovits, Laszlo (1991): Die Krake Mafia hat den Süden Italiens im Griff, Berliner Morgenpost, 4. Juli

Uesseler, Rolf (1987): Mafia – Mythos, Macht, Moral, J. H. W. Dietz Nachf., Berlin–Bonn

Zimmermann, Friedrich, und Wirth, Fritz (1986): Mafia, WELT-Serie, Die Welt Nr. 254 (31. Oktober) bis Nr. 258 (5. November)

2. Kapitel: Die „Goldenen Zwanziger" – Geburtsjahre der „Crime Syndicats"

USA – Von der „Schwarzen Hand" zum „National Crime Syndicate" – die „Cosa Nostra" der Sizilianer

Alpern, David M. et al (1986): A Godfather's Fall, Newsweek, January 6, p. 49–50

Blumenthal, Ralph (1988): Last Days of the Sicilians – At war with the Mafia – The FBI Assault on the Pizza Connection, Bloomsburry, London

Burroughs, William S. (1975): Die letzten Worte von Dutch Schultz, Ullstein, Berlin

Campbell, Rodney (1977): Unternehmen Luciano – Die Rolle der Mafia im Zweiten Weltkrieg, Europaverlag, Wien–München–Zürich

Davis, John H. (1989): Mafia – Schattengeschichte der USA, Schweizer Verlagshaus, Zürich

Die Welt (1987): Schuldsprüche im Prozeß gegen die Pizza-Connection, 4. März, S. 24

Kelley, Kitty (1986): Wir sind auf dem Wege ins Weiße Haus, SPIEGEL Serie über Frank Sinatra, die Mafia und Amerikas Präsidenten, Spiegel Nr. 37 (8. September, S. 193–218), Nr. 38 (S. 211–226), Nr. 39 (S. 184–204) und Nr. 40 (S. 215–228)

Lindlau, Dagobert (1987): Der Mob – Recherchen zum organisierten Verbrechen, Hoffmann und Campe, Hamburg

Maclean, Don (1974): Pictorial History of the Mafia, Pyramid Books, New York

Neue Zürcher Zeitung (1988): Schlag gegen Cosa Nostra, 4./5. Dezember

Lacey, Robert (1991): Little Man – Meyer Lansky and the Gangster Life, Little, Brown & Company, Boston–Toronto–London

Sautter, Udo (1986): Geschichte der Vereinigten Staaten von Amerika, Kröner Verlag, Stuttgart

Silver, Gary (1979): The Dope Chronicles 1850–1950, Harper & Row Pub., New York–Hagerstow–San Francisco–London

Sinn, Dieter (1984): Das große Verbrecher-Lexikon – Die spektakulärsten Kriminalfälle des 19. und 20. Jahrhunderts, Manfred Pawlak, Herrsching

Spiegel (1985): Amerikas Mafia (Titel), Nr. 52, 23. Dezember, S. 80–96

Sterling, Claire (1990): Die Mafia – Der Griff nach der Macht, Scherz Verlag, Bern–München–Wien

Tagesspiegel (1983): Reagan sagt der Mafia den Kampf an, 8. Dezember, S. 28

Tagesspiegel (1980): Mafia auf Platz zwei, 18. September, S. 26

Tagesspiegel (1985): Mafiosi-Prozesse in New York, 2. Oktober, S. 30

Tagesspiegel (1986): Die mächtigsten Mafiabosse von New York schuldig gesprochen, 21. November, S. 30

Tagesspiegel (1988): Organisiertes Verbrechen in den USA nach wie vor „nationale Bedrohung", 12. April, S. 22

Tagesspiegel (1988): Schlag gegen das organisierte Verbrechen auf Sizilien und den USA, 3. Dezember, S. 26

Tagesspiegel (1988): Mafia verlor Vormachtstellung auf New Yorker Heroinmarkt, 27. Februar, S. 24

Tagesspiegel (1990): FBI zerschlug Unterweltorganisation – Verhaftete schilderten Aufnahmeritual der Cosa Nostra, 28. März, S. 30

Tagesspiegel (1991): Die Mafia in New York hat ihre besten Zeiten hinter sich, 2. Dezember, S. 18

Tagesspiegel (1992): Kronzeuge bezichtigt Mafia-Boß Gotti, 4. März, S. 32

Thamm, Berndt Georg (1989): Gespräche mit Ralph Salerno, Head of Central Intelligence Unit des New York Police Department i. R. in Rom Ende März, unveröffentlichte Aufzeichnungen, Berlin

Deutschland – „Vom Halunkenzusammenschluß" zum „Ringverein"

Feraru, Peter (1987): Ganoven von gestern. Die Geschichte der Berliner Ringvereine, ZITTY-Serie Nr. 12 (4. Juni, S. 62–72 u. 172–176) und Nr. 13, 18. Juni, S. 60–66

Moreck, Curt (1931): Führer durch das „lasterhafte" Berlin, Verlag moderner Stadtführer, Leipzig

Ruland, Bernd (1985): Das war Berlin – Die goldenen Jahre 1918–1933, Hestia Verlag, Bayreuth

Schwerk, Ekkehard (1984): Die Meisterdiebe von Berlin – Die „goldenen Zwanziger" der Gebrüder Sass, Nishen-Verlag in Kreuzberg (Kreuzberger Hefte V), Berlin

Spiess, Volker, Hrsg. (1988): Gauner, Künstler, Originale – Die 20er Jahre in Berlin, Haude & Spencer Verlag, Berlin

Zimmermann, Carl Wilhelm (1847): Die Diebe in Berlin, Verlag von Ferdinand Reichardt u. Co., Berlin

Frankreich – Vom „Korsen-Clan" zur „French Connection"

Albert, Marvin H. (1982): Der Korse, Hestia Verlag, Bayreuth

Boeer, Kersten (1980): French Connection wieder auf Vormarsch, Die Welt Nr. 21, 25. Januar, S. 28

Brau, Jean-Louis (1968): L'Historie de la drogue, Claude Tchou, éditeur, Paris

Hefferman, William (1985): Der Opium Pate (The Corsican), Diana Verlag, Zürich

Lamberti, Michel u. Lamour, Catherine (1973): Die Opium-Mafia, Suhrkamp Verlag, Frankfurt/Main

Leibel, Jochen (1987): An der Côte d'Azur geht der „30jährige Krieg" weiter, Die Welt Nr. 79, 3. April, S. 20

McCoy, Alfred W. (1972): The Politics of Heroin in Southeast Asia, Harper & Row, New York

Petersen, Uwe Karsten (1980): Die neue „French Connection", Tagesspiegel, 20. Dezember, S. 3

Petersen, Uwe Karsten (1987): Terroristen im Bunde mit gewöhnlichen Verbrechern, Tagesspiegel, 28. Januar, S. 3

Petersen, Uwe Karsten (1991): Auf der Insel der Schönheit regiert die Unterwelt, Tagesspiegel, 3. Januar, S. 3

Puhlmann, Karl (1971): Späte Mobilmachung gegen das Rauschgift, Tagesspiegel, 5. September, S. 3

Schäfer, Herbert, Hrsg. (1972): Rauschgift und Rauschgiftkriminalität (Grundlagen der Kriminalistik Band 9), Steintor, Hamburg

Stephens, Meic (1979): Minderheiten in Westeuropa, Matthiesen Verlag, Husum

Tagesspiegel (1980): Drehscheibe des Drogenhandels – In Marseille entstehen immer neue Rauschgift-Lobors, 3. Februar, S. 51

Tagesspiegel (1982): Haftstrafen für Nachfolger der „French Connection", 6. Januar, S. 14

Tagesspiegel (1983): Boß der Unterwelt von Grenoble erschossen, 7. Januar, S. 20

Tagesspiegel (1983): Bandenchef festgenommen, 29. November, S. 24

Tagesspiegel (1985): Bandenkrieg in Marseiller Unterwelt, 31. Juli, S. 14

Thamm, Berndt Georg (1988): DrogenReport, Gustav Lübbe, Bergisch Gladbach

Thamm, Berndt Georg (1989): Libanon Connection – Drogen, Bürgerkrieg und schmutziges Geld, SuchtReport Heft 5, S. 26–37

Time (1972): The Global War on Heroin (Cover), September 4, p. 6–15

Time (1972): The Milieu of the Corsican Godfathers, September 4, p. 9–9

Wiedemann, Erich (1990): Ruch von Mord und Bouillabaisse, SPIEGEL-Report über den Kampf der Stadt Marseille gegen ihren Ruf als Verbrechensmetropole, Spiegel Nr. 9/26. Februar, S. 180–189

Uesseler, Rolf (1987): Mafia – Mythos, Macht, Moral, Verlag J. H. W. Dietz Nachf., Berlin–Bonn

2. Teil

Die Organisierte Kriminalität heute

Das Organisierte Verbrechen in der letzten Dekade
des 20. Jahrhunderts

1. Kapitel
Phänomenologie der Organisierten Kriminalität

Das, was im angloamerikanischen Sprachgebrauch als „organized crime" und im deutschen Sprachgebrauch als „Organisierte Kriminalität" bezeichnet wird, ist als Phänomen nicht neu. Die Geschichte belegt, daß organisiertes Verbrechen schon vor über hundert Jahren bekannt war: Angefangen von unpolitischen Geheimbünden im Kaiserreich China und den „Yakuza" im Kaiserreich Japan, über die „Mafia" und „Camorra" im Königreich Italien und den ersten „Ringvereinen" im Kaiserreich Deutschland, bis zu den „Black Handers" in den Vereinigten Staaten von Amerika. Die Verbrechen dieser **organisierten Tätergruppen** beziehungsweise **kriminellen Organisationen** ziehen sich wie ein roter Faden durch das 20. Jahrhundert. Das organisierte Verbrechen in dieser quasi **personifizierten Form** zu beschreiben war und ist ohne große Schwierigkeiten möglich. Schwierig ist es hingegen, das **organisierte Verbrechen,** die **organisierte Kriminalität** als nichtpersonifizierte Erscheinung, als Verhaltensform und -norm zu beschreiben.

1 Von der Schwierigkeit, ein Phänomen zu definieren

Mit dem Begriff „Organisiertes Verbrechen" wurden und werden in der Regel historisch gewachsene, kriminelle Männerbünde, wie chinesische Triaden, sizilianische Mafia und US-amerikanische Cosa Nostra, verbunden. Dementsprechend stellte und stellt der angloamerikanische Begriff **organized crime** auf eine „mafiaähnliche Parallelgesellschaft" ab. Doch mit dem Begriff „Organisierte Kriminalität", der sich im amtsdeutschen Sprachgebrauch eingebürgert hat, ist „organized crime" schlecht beziehungsweise unzureichend übersetzt.

Von den „Ringvereinen" in der Weimarer Republik einmal abgesehen, hatte Deutschland – in Relation zu Italien und den USA beispielsweise – keine Tradition im Bestehen und Wirken derartiger krimineller Organisationen. Dementsprechend war in der Nachkriegszeit in der Bundesrepublik Deutschland über den Zeitraum eines Vierteljahrhunderts die organisierte Kriminalität mehr oder weniger kein Thema. In den 70er Jahren dann fing zunächst in polizeilichen Fachkreisen die Diskussion um die organisierte Kriminalität an. Zu den ersten Diskutanten jener Zeit gehörte auch der Berliner Landeskriminaldirektor Otto Boettcher, der bereits 1974 schrieb: „... *Parallel zum gesamten Leistungsbereich in unserer Gesellschaft, die zu Rationalisierungen und Industrialisierungen gezwungen ist, verhält sich die Verbrechens-*

welt. Die Einzeltat ist nicht mehr lukrativ genug; sie wird den Markterfordernissen ebensowenig gerecht wie dem Bedürfnis nach risikogeringer, beständiger und profitbringender Sicherheit. Was liegt also näher, als Verbrechen in aller Konsequenz zu organisieren? Daß dies geschieht, bekamen wir alle doch schon mehr oder weniger zu spüren. Offenkundig auf Marktbedürfnisse abgestimmte Diebstähle hochwertiger Waren – so z. B. Kraftfahrzeuge, Rauchwaren, elektrische Geräte – und der fast reibungslose Absatz in In- und Ausland, florierender Handel mit Rauschgiften und Wirtschaftsverbrechen aller Schattierungen lassen den Verdacht zur Gewißheit werden … In Gemeinschaft agierende Rechtsbrecher haben … der Wirtschaft über die Schulter gesehen und sich dem zugewendet, was dort Marketing genannt wird. In verschiedenen Gruppen zusammenwirkende Spezialisten … sind ebenso Realität wie langfristige Gruppierungen von Generalisten und zweckrational zusammengestellte schlagkräftige Tätergruppierungen mit einem gemeinsamen Bezugssystem unter gegenseitiger Respektierung …"

Boettcher und andere polizeilichen Fachleute wußten bereits von

„… kriminellen Gruppen, deren gemeinsame Kennzeichnung im hierarchischen Aufbau, einer inneren Abschottung, im konspirativen und arbeitsteiligen Vorgehen, dem Prinzip des Schweigens und der Strategie der Einschüchterung bestand."

Neben den Strafverfolgern reagierte auch das deutsche Strafrecht auf die organisierten Straftäter, in dem es die Kategorien „Bande" und „Kriminelle Vereinigung" einführte.

Banden, so die damaligen Vorstellungen, können sich in allen organisierten Verbrechensbereichen betätigen, doch beschränkte das Strafrecht die „Bandentätigkeit" seinerzeit auf Raub- und Diebesdelikte. Die miteinander ausgeführten Straftaten beschränkten sich überwiegend auf einen räumlichen Bezirk oder in zeitlicher und sachlicher Beziehung.

Die nächsthöhere Stufe der Organisation war und ist die **kriminelle Vereinigung.** Sie ist ein auf Dauer geplanter Zusammenschluß von Straftätergruppen, Kriminellen und Nichtkriminellen mit einer Kollektiv-Identität, die sich einer gemeinsamen Willensordnung unterwerfen, um gemeinsam – einzeln oder zusammen – Straftaten zu begehen. Dennoch können sich die kriminellen Vereinigungen in ihrer Organisationsform, in ihren Mitteln und Methoden, vor allem aber in ihren Absichten deutlich unterscheiden. Dementsprechend differenzierte die Polizei die Organisationsform der kriminellen Vereinigung in drei Hauptgruppen: Die „ideologie-bestimmte" kriminelle Vereinigung, die „wirtschaftskriminelle" Vereinigung und die (all)„gemeine" kriminelle Vereinigung. Doch, das wußte man auch, deckten die Begriffe „Bande" und „Kriminelle Vereinigung" nicht die „Organisierte Kriminalität" als quasi nächsthöhere Organisationsform ab. Doch eine Definition der „Organisierten Kriminalität" im Sinne eines – für deren Bekämpfung wichtigen – einheitlichen Sprachgebrauchs tat not. Der praktische Nutzwert einer Definition lag auf der Hand: Ein einheitlicher Sprachgebrauch war und ist nützlich für

- die Schaffung von Rechtsgrundlagen/Gesetze;
- die Zuständigkeitsregelungen in Polizei und Justiz;
- die Zusammenarbeit zwischen verschiedenen Polizeidienststellen untereinander und der Polizei mit der Staatsanwaltschaft;
- die Informationssammlung, -speicherung und -verwertung bei der Polizei
- und last not least die internationale Zusammenarbeit.

Unbestritten war die zunehmende Notwendigkeit einer Klärung der Begriffe. Strittig hingegen war die Diskussion um verbindliche Begrifflichkeiten; denn die Schwierigkeit, organisierte Kriminalität/organisiertes Verbrechen definieren zu wollen, lag und liegt immer noch darin, ein Phänomen beschreiben zu wollen. **Organisierte Kriminalität als Phänomen, das als Erscheinung nicht nur strafrechtliche sondern auch sozialpsychologische und politische Aspekte beinhaltet.** Was das ganze noch schwieriger macht, bringt der Leiter der kriminalistisch-kriminologischen Forschergruppe im Bundeskriminalamt, Erich Rebscher, auf den Punkt: Es gibt keinen Straftatsbestand „Organisierte Kriminalität". Unter diesen Voraussetzungen mußte eine Definition der „OK" zunächst recht allgemein ausfallen.

In der Bundesrepublik Deutschland schuf der Arbeitskreis „Öffentliche Sicherheit und Ordnung" der Innenministerkonferenz (IMK) im Januar 1983 eine erste allgemeine Definition:

> *„Unter ‚Organisierter Kriminalität' (OK) ist nicht nur eine mafiaähnliche Parallelgesellschaft im Sinne des ‚organized crime' zu verstehen, sondern ein arbeitsteiliges, bewußtes und gewolltes, auf Dauer angelegtes Zusammenwirken mehrerer Personen zur Begehung strafbarer Handlungen – häufig unter Ausnutzung moderner Infrastrukturen – mit dem Ziel, möglichst schnell hohe finanzielle Gewinne zu erreichen."*

In Deutschland erschien diese Definition nicht wenigen OK-Ermittlern zu allgemein gehalten. Dementsprechend definierten einige aus ihrer polizeilichen Praxis heraus deutlicher ihr zu bekämpfendes „Gegenüber". So beschrieb der frühere Direktor des Landeskriminalamtes Nordrhein-Westfalen, Hans-Werner Hamacher, die von ihm so genannte **Kriminelle Organisation** – Synonym für die organisierte Kriminalität – 1986 wie folgt:

> *„Die hochentwickelte* ***Kriminelle Organisation*** *ist ein auf Dauer angelegter Zusammenschluß von Personen mit einem vom Straftatenziel unabhängigen Bezugssystem und festgelegter Kommando- und Verantwortungsstruktur, kanalisiertem Informationsfluß und im Schottenprinzip abgesichert. Die Mitglieder begehen Straftaten nach zweckrationaler und strategischer Planung, arbeitsteilig oder unter Einsatz von Spezialisten,* ***bei Beachtung wirtschaftlicher Gesichtspunkte, so zum Beispiel der Bedarfsforschung und der Absatzplanung.*** *Sie sichern sich durch ein System der Einschüchterung und des Terrors gegen Beteiligte und Unbeteiligte, Korruption und Bestechung, eigene ‚Gesetzgebung', ‚Rechtsprechung' und Exekutivorgane, planvoll betriebene Öffentlichkeitsarbeit, soziale Abdeckung mit einem Scheinberuf und Scheineinkommen, gute Rechtsberatung und Rechtsbetreuung, Betreuung von Inhaftierten und deren Familien,* ***Bindung an die Oberwelt und Aufbau von legalen Positionen im Wirtschaftsleben."***

Daß diese Modellvorstellung einer Verbrechensgemeinschaft von Hamacher mehr als nur ein Modell ist, belegt beispielsweise die Situation in Ostasien, genauer in Hongkong. Wie in keinem anderen Stadtstaat der Welt ist in der (noch bis 1997) britischen Kronkolonie die organisierte Kriminalität konzentriert. Wie keine andere Polizei der Welt wird die Königliche Polizei Hongkongs seit rund einhundert Jahren mit dem chinesischen organisierten Verbrechen (Triaden) konfrontiert. Dennoch kennt selbst hier das Gesetz keine Definition des organisierten Verbrechens. Wohl aber weiß die Royal Hongkong Police ihr Gegenüber zu beschreiben. Geprägt durch seine Arbeit in der 1. Anti Triad Squad definierte es Chief Inspector Robin J. C. Jolly Ende der 80er Jahre:

> *„Organisiertes Verbrechen ist ein Produkt fortgesetzter und sich stets selbsterneuernder krimineller Verschwörung mit dem Ziel, unserer Gesellschaft maßlose Profite abzupressen – auf jede erdenkliche Weise, sauber oder unsauber, legal oder illegal. Es lebt von Furcht und Korruption. Auf die eine oder andere Art nutzt es in hohem Maße den*

Schutz des Gesetzes. Als eine besondere Daseinsform übt es strikte Disziplin auf die unteren Glieder aus, damit diese die schmutzige Arbeit tun und die Spitzenleute des organisierten Verbrechens sich so von der kriminellen Tat fernhalten und der Strafverfolgung entziehen können.“

Zurück nach Deutschland.

Hier hat sich die Innenministerkonferenz 1990 nach Vorarbeiten der Arbeitsgruppe Justiz/Polizei des Bundeskriminalamtes auf eine Definition geeinigt, die – zwar immer noch allgemein gehalten – neben strafrechtlichen auch sozialpsychologische und politische Aspekte berücksichtigt:

„Organisierte Kriminalität ist

*die von **Gewinn- oder Machtstreben** bestimmte*

*planmäßige **Begehung von Straftaten,** die einzeln oder in ihrer Gesamtheit von erheblicher Bedeutung sind,*

*wenn **mehr als zwei Beteiligte***

*auf **längere oder unbestimmte Dauer***

arbeitsteilig

*a) unter Verwendung **gewerblicher oder geschäftsähnlicher Strukturen,***

*b) unter **Anwendung von Gewalt** oder anderer zur Einschüchterung geeigneter Mittel,*

*c) unter **Einflußnahme** auf Politik, Medien, Öffentliche Verwaltung, Justiz oder Wirtschaft*

zusammenwirken.“

Die Anwendung dieser Definition ist in den Fällen völlig unproblematisch, die von den Strafverfolgungsbehörden bereits völlig „durchermittelt“ worden sind. Doch wie wird die Anwendungspraxis bei den Fällen aussehen, die der Polizei gerade bekannt geworden sind? Zum einen hat nicht jede Straftat einen sogenannten OK-Hintergrund. Und zum anderen wird dieser, wenn vorhanden, durch die Straftat nicht sofort sichtbar. So kann beispielsweise die Straftat Raub mit dem „tatbestandlichen Verhalten“ Gewaltanwendung ein spezielles Merkmal für organisierte Kriminalität sein – wohlgemerkt: kann, muß aber nicht. Es bedarf weitergehender Feststellungen, die Tat faktisch der OK zuordnen zu können. Schwieriger wird es noch bei wirtschaftskriminellem Verhalten, das nicht selten das „tatbestandliche Verhalten“ der Nutzung geschäftsähnlicher Strukturen aufweist. Noch weit schwieriger sind Straftaten, bei denen es für die Polizei keine deutlichen Hinweise auf OK-Hintergründe gibt beziehungsweise diese in frühen Ermittlungsstadien nicht erkennbar sind. Als Beispiele sollen hier Taten aus dem Diebstahlsbereich erwähnt sein. Für sich allein kann ein Diebstahlsdelikt eine schlichte sogenannte Beschaffungstat ohne jeglichen Bezug zur OK sein. Werden die durch Diebstahl erlangten Güter aber beispielsweise einer „organisierten Verwertung“ zugeführt, können die Diebstahldelikte für einen „OK-Hintergrund“ sprechen.

Was bedeutet nun die Definition der organisierten Kriminalität? Was verstehen die Strafverfolger, insbesondere die Polizei unter dieser Definition?

2 OK – Definition – Begriffserklärungen

Die OK-Definition der IMK 1990 beinhaltet sowohl allgemeine als auch spezielle Begrifflichkeiten (Merkmale).

Organisierte Kriminalität ist ...	
die von Gewinn- oder Machtstreben bestimmte planmäßige Begehung von Straftaten, die einzeln oder in ihrer Gesamtheit von erheblicher Bedeutung sind, wenn mehr als zwei Beteiligte auf längere oder unbestimmte Dauer arbeitsteilig ...	
A	unter Verwendung gewerblicher oder geschäftsähnlicher Strukturen
B	unter Anwendung von Gewalt oder andere zur Einschüchterung geeignete Mittel
C	unter Anwendung von Einflußnahme auf Politik, Medien, öffentliche Verwaltung, Justiz oder Wirtschaft
... zusammenwirken	

Um eine Straftat als OK zu qualifizieren, müssen auf sie die allgemeinen Begriffe und zumindest eines unter A B C aufgeführten Merkmale zutreffen.

Doch was bedeuten Begriffe wie „Gewinn- und Machtstreben", „Arbeitsteiligkeit" oder „planmäßige Begehung"? Was versteht die Polizei darunter?

Generelle Merkmale

- **Straftaten, die einzeln oder in ihrer Gesamtheit von erheblicher Bedeutung sind**

  Unter dem Begriff der Straftat mit erheblicher Bedeutung sind solche Straftaten zu verstehen, die den Rechtsfrieden empfindlich stören und geeignet sind, das Gefühl der Rechtssicherheit der Bevölkerung zu beeinträchtigen.

- **Gewinn- und Machtstreben**

  Gewinnstreben ist das planvolle Verhalten zur Erlangung wesentlicher wirtschaftlicher Vorteile. Machtstreben im umfänglichen Sinne (wirtschaftlich und sozial) setzt Aktivitäten voraus, die die Erlangung von Einflußpositionen gegenüber Dritten oder eigenen Gefolgsleuten (u. a. Monopolisierungsbestrebungen) zum Ziel haben.

Zu diesem Zweck werden u. a. auch Straftaten begangen, die keine direkten finanziellen Vorteile erbringen. Weiterhin werden Anstrengungen unternommen, gesellschaftliche Anerkennung und Einfluß zu erlangen. Diese Motivlage ist besonders deutlich im Bereich der Milieukriminalität der Großstädte.

- **Auf längere oder unbestimmte Dauer**

  Dieses zeitliche Merkmal schließt diejenigen Verhaltensweisen aus, bei denen die Beteiligten nur im Einzelfall oder für einen kurzen Zeitraum zusammenwirken.

  Es ist vielmehr erfüllt, wenn Serientaten, Tatzusammenhänge, verfestigte Informations- oder Kommunikationsstrukturen, Abrechnungsmodalitäten (Beuteverteilung) o. ä. festgestellt werden und Tatsachen die Annahme begründen, daß dieses durch die Absichten der Beteiligten getragen ist.

- **Die Arbeitsteiligkeit**

  Die Arbeitsteiligkeit und somit die Planmäßigkeit des Vorgehens ist hinsichtlich der Straftatenbegehung festzustellen.

- **Zusammenwirken von mehr als zwei Beteiligten**

  Voraussetzung ist das freiwillige Zusammenwirken von mindestens drei Personen, die aus einer gemeinsamen Zielsetzung heraus handeln. Zusammenwirken ist das koordinierte Entfalten von Tätigkeiten (auch in Form der Unterlassung), die das Tatvorhaben und die Ziele und Zwecke der Organisation fördern.

  Die Grundlagen ergeben sich aus einem gemeinschaftlichen Tatplan, der die tatbestandlichen Elemente der Tatbegehung umfaßt.

- **Planmäßige Begehung**

  Die planmäßige Begehung umfaßt alle Tatphasen.
  Dieses Merkmal zielt auf die Perfektionierung und Professionalisierung der Begehungsweisen ab und dient somit den Gewinnmaximierungs- und Risikominimierungszielen der Organisation.

Spezielle Merkmale der Alternativen A bis C

A unter Verwendung gewerblicher oder geschäftsähnlicher Strukturen

Wegen der Verflechtung illegaler mit legalen Strukturen stellt die Nutzung vorhandener, überwiegend legaler gewerblicher Strukturen einen zentralen Aspekt der OK dar.

Durch dieses Verhalten werden (auch ohne weitere strafrechtlich relevante Handlung) Situationen geschaffen, die die Aufklärung des Sachverhaltes erheblich beeinträchtigen. Insbesondere führt es zu gravierenden Vertrauensverlusten in die auf Treu und Glauben basierenden Wirtschaftsabläufe.

Dabei kommt es nicht darauf an, ob der Täter diese Strukturen eigens hierzu geschaffen hat oder sich nur solcher bedient. Soweit tatbestandliche Verhaltensweisen zugrunde liegender Straftaten der Wirtschaftskriminalität mit speziellen Merkmalen der Alternative A übereinstimmen, können diese allein nicht für die Qualifizierung als OK herangezogen werden. Hierzu sind darüber hinausgehende Feststellungen erforderlich, um die OK-kennzeichnenden Verhaltensweisen zu begründen.

B unter Anwendung von Gewalt oder anderer zur Einschüchterung geeigneter Mittel

Hier ist sowohl die interne (innerhalb der Organisationsstruktur) als auch die externe (gegenüber Dritten) Anwendung von Gewalt oder anderer zur Einschüchterung geeigneter Mittel zu subsumieren. Wenn die Gewaltanwendung Tatbestandsmerkmal einer Straftat ist, z. B. bei Angriffen gegen Leib und Leben, die persönliche Freiheit oder die Freiheit der Willensentschließung, ist diese konstitutives Merkmal und schließt, für sich allein betrachtet, die qualifizierende Alternative B aus.

Der Gewaltbegriff ist jedoch weitergehend zu prüfen, wenn unabhängig von der Gewaltanwendung bei der Verwirklichung des Straftatbestandes dieses zugleich oder als selbständiges Teilziel

- in ihrer Wirkung auf die Allgemeinheit
- mit bestimmbarer Auswirkung auf weitere potentielle Opfer oder
- auf die Aufrechterhaltung der inneren Ordnung der Organisation gerichtet

ist.

Bei der Untersuchung sind sowohl die Tätervorstellung und -absicht zugrunde zu legen wie auch die objektiv feststellbare Wirkung auf die Betroffenen. Die Verhaltensweisen gemäß Alternative B – gleichgültig in welcher Form angewendet – müssen aus der Sicht der Betroffenen als Zwang verstanden werden.

Einschüchterung und Gewalt sind zur Durchsetzung und Sicherung der Machtansprüche gängige Mittel, wenngleich sich mit zunehmendem Organisationsgrad die Anwendung immer subtilerer Machtmittel beobachten läßt.

Fehlende tatsächliche Gewaltanwendung ist deshalb kein Hinweis auf das Nichtvorhandensein von OK. Vielmehr ist davon auszugehen, daß bei ausgereiften, in ihrer Struktur verfestigten Organisationen Gewalt nur selten offenkundig wird, da subtilere Formen von Pression'en ausreichen. Allein das Wissen um die im Extremfall unausweichliche, konsequente und in aller Härte durchgeführte Gewaltanwendung reicht aus, um Organisationsmitglieder, Opfer und Zeugen gefügig zu machen.

C Einflußnahme auf Politik, Medien, öffentliche Verwaltung, Justiz oder Wirtschaft

Die Führungspersonen der OK sind bestrebt, innerhalb ihres Herrschaftsbereiches und auch in der Gesellschaft Anerkennung zu finden. Soziale Integration bietet nach außen hin die beste Gewähr, Geschäfte ungestört und – bei Bedarf – mit Unterstützung der so gewonnenen „Freunde" erfolgreich abzuwickeln. Zu diesem Zweck sucht der Kriminelle gesellschaftliche Anlässe (oder schafft sie selber), bei denen Kontakte zu Personen aus den genannten Bereichen hergestellt werden können. Ob und wie diese Beziehungen einmal für die illegalen Zwecke genutzt werden können, ob durch wie auch immer geartete Formen der Bestechung, der Erpressung oder sonstiger Beeinflussung der Betroffenen zur Mithilfe „bewegt" werden können, steht zunächst nicht im Vordergrund.

Einflußnahme ist das Einwirken auf Entscheidungsprozesse in den genannten Bereichen. Diese können sich in begünstigenden Handlungen oder Unterlassungen darstellen, die insgesamt im Interesse der Straftäter liegen. Der Eintritt solchen Erfolges ist jedoch nicht notwendig. Zur Abgrenzung der verfassungsrechtlich erwünschten bzw. der legitimen Formen der Beeinflussung von Entscheidungsträgern ist es zusätzlich erforderlich, daß der verwerfliche Charakter der Einflußnahme – entweder in den Mitteln oder der Zielsetzungen – festgestellt wird.

Die Einflußnahme organisierter Verbrechergruppen auf Teilbereiche des Gemeinwesens Staat, die bei Erfolg nicht nur Macht sichert sondern auch mehrt, ist wohl der für demokratische Rechtsstaaten bedrohlichste Aspekt der organisierten Kriminalität. Wie in keinem anderen Bereich ist in der Einflußnahme der Übergang von einer personifizierbaren organisierten Kriminalität zum Phänomen OK fließend. Das Phänomen jedoch, den eigentlichen Umfang, das Ausmaß der organisierten Kriminalität bestimmend, ist nicht Gegenstand der Polizeilichen Kriminalstatistik (PKS). Auf Grund der dargestellten definitorischen Schwierigkeiten konnte die OK bisher auch nicht gesondert in der PKS erfaßt werden. Doch auch wenn die organisierte Kriminalität sich bis heute nicht statistisch erfassen läßt, so ist sie doch so beschreibbar, daß ihr vermutetes Ausmaß erkennbar wird.

3 Ausmaß der OK – Einschätzungen

Ein komplettes Lagebild zur Organisierten Kriminalität gibt es nicht – nirgends auf der Welt und natürlich auch nicht für Deutschland. Bis Anfang der 90er Jahre trugen die Strafverfolgungsbehörden, insbesondere die Länderpolizeien und das Bundeskriminalamt, ihre Ermittlungsergebnisse zusammen, um in Sachen OK ein Lagebild zu erstellen. Mittlerweile bringt zur mühsamen Komplettierung eines erkennbaren Gesamtbildes auch der Bundesnachrichtendienst (BND) eigene Beobachtungen und Einschätzungen ein. Dazu der frühere Staatsminister im Kanzleramt Lutz Stavenhagen über die Reform des BND in einem Interview im Mai 1991: „... Zweck eines solchen Dienstes ist immer noch die frühzeitige Informationsbeschaffung für die Beratung der Politik ... Es gibt neue Gefahren ... und neue Herausforderungen wie den Drogenhandel ... Im gigantischen Drogengeschäft geht es darum, die strategischen Konzepte zur Markterschließung aufzudecken, ein Frühwarnsystem aufzubauen ...“ Dennoch bleibt – insbesondere für die Polizei – eine große Schwierigkeit: eben das Erkennen der Organisierten Kriminalität. Zwar registrieren die Strafverfolger eine Unzahl von Einzeltaten, deren Bandbreite vom Diebstahl bis zum Mord reicht. Doch ob es sich dabei um Straftaten handelt, die von organisierten Verbrechern begangen wurden, ist selten so eindeutig, daß das Erkennen kein Problem darstellt. Es kommt noch hinzu, daß die meisten Straftaten der Polizei überhaupt nicht bekannt werden (sogenanntes Dunkelfeld), und von den bekanntgewordenen Straftaten nur ein Teil aufgeklärt werden kann. Wird all dies berücksichtigt, muß man feststellen, daß das uns bekannte Lagebild zur Organisierten Kriminalität bestenfalls die „Spitze eines Eisberges“, wahrscheinlich sogar nur ein „Bruchstück“ ist. So bleibt der Polizei nur die Möglichkeit, das „Lagebild OK“ fortschreibend zu aktualisieren und durch Informationsgewinnung zu verbessern (sogenannte OK-Statistik). Realistisch gesehen muß jedoch gesagt werden, daß die bis dato zusammengetragenen „statistischen“ Daten über die Organisierte Kriminalität in Deutschland unzureichend sind und keine Aussagen über die tatsächliche Bedrohung von Staat und Gesellschaft durch die Organisierte Kriminalität zulassen.

Auch wenn die „Qualität“ der OK nicht faßbar ist, so ist es doch das Wirken organisierter Verbrecher in Deutschland.

Hier sind zum einen „Straftäterverflechtungen“ im Sinne krimineller Netzwerke festzustellen – insbesondere in großstädtischen Ballungszentren – und zum anderen feste, selbständige Gruppierungen zu beobachten. Ohne jeglichen diskriminierenden Beigeschmack muß nüchtern festgestellt werden, daß bei diesen Gruppierungen ausländische Staatsbürger einen nicht geringen Anteil haben. Die Polizei weiß, daß diese Tätergruppen einerseits nicht selten Beziehungen zu kriminellen Organisationen in ihren Heimatländern unterhalten, und andererseits sich oft dem polizeilichen Zugriff durch Untertauchen in landsmannschaftlichen, kleinen Gemeinwesen entziehen.

Im vereinigten Deutschland lebten im Juli 1991 rund fünf Millionen Ausländer, darunter 1,7 Millionen Türken, 610.000 Jugoslawen, 520.000 Italiener, 200.000 Polen, 80.000 Iraner, 65.000 Marokkaner, 60.000 Rumänen und über 50.000 Russen – um nur einige zu nennen. Diese großen und größer werdenden Gemeinden nutzend, agieren Mitglieder krimineller Organisationen. Dazu drei Beispiele:

- Mit weit über einer halben Million stellen die Italiener die drittstärkste Ausländergruppe in Deutschland. Unter ihnen einige wenige Mitglieder sizilianischer Mafia-Clans, neapolitanischer Camorra-Clans und kalabresischer 'Ndrangheta-Clans.
  So wurde erst im April 1992 das Bayerische Landeskriminalamt (LKA) in der OK-Bekämpfung erfolgreich tätig. Ein in Sizilien beheimateter Mafia-Clan hatte im bayerischen Allgäu einen Stützpunkt errichtet. Seit 1989 liefen die internationalen Ermittlungen gegen die mutmaßlichen Mafiosi. Im November 1991 hatten deutsche Ermittler den wahrscheinlichen Chef dieses Clans, einen in Memmingen lebenden 36jährigen Pizzabäcker in Ulm verhaftet. Seine Verhaftung führte zur Festnahme von zwei Dutzend Italienern, in der Mehrzahl Sizilianer. Die mutmaßlichen Täter wurden verdächtigt, insgesamt über 200 Straftaten – von Schutzgelderpressung über Drogenhandel bis Mordversuch – verübt zu haben. Insgesamt wurden 99 Tatverdächtige ermittelt.
  Am 30. April 1992 konnte auf einer Pressekonferenz Polizei und Staatsanwaltschaft den Tatbestand krimineller Handlungen sizilianischer Mafiosi im Raum Kempten darstellen.

- Mit weit über 600.000 Menschen stellten 1991 die Jugoslawen die zweistärkste Ausländergruppe in Deutschland. Einige wenige sind als sogenannte Hütchenspieler in großstädtischen Ballungszentren, insbesondere Berlin und Frankfurt/Main, tätig. Im April 1992 gelang es einer Sonderkommission des LKA in Düsseldorf, vier jugoslawische Erpresserbanden zu zerschlagen. Neun Jugoslawen wurden verhaftet, nach sechs der insgesamt 15 Beschuldigten wird mit internationalem Haftbefehl gefahndet. Polizeiangaben zufolge haben die Banden seit 1989 versucht, im Rhein- und Ruhrgebiet agierende Hütchenspielergruppen unter ihre

Kontrolle zu bekommen und waren dabei mit äußerster Brutalität vorgegangen. Die Hütchenspieler mußten sich verpflichten, pro Person und Tag 500 DM „Schutzgebühr“ zu bezahlen.

- Rund 130.000 Spanier leben in Deutschland. Und wie in Spanien selbst bewegen sich unter ihnen spanisch-stämmige Südamerikaner, vornehmlich Kolumbianer. Unter diesen wirken mittlerweile auch Mitglieder sogenannter Kokain-Kartelle. So konnten erst im März 1992 Berliner Drogenfahnder eine „Filiale“ des kolumbianischen Cali-Kartells ausheben. Als „Statthalter“ wurde ein in Lima geborener 30jähriger Deutsch-Peruaner verhaftet, dem die Polizei „absolute Professionalität“ und konspiratives Arbeiten bescheinigte. Offenbar, so der für OK-Bekämpfung zuständige Oberstaatsanwalt, wurde der Mann vor seinem Einsatz in Deutschland vom Drogenkartell so geschult, daß er zunächst die auf ihn angesetzten Observationsspezialisten abschütteln konnte. Erst nach dem Geständnis eines Schiffskochs eines Stückgutfrachters, der Kokain aus der westkolumbianischen Hafenstadt Buenaventura nach Bremerhafen eingeschmuggelt hatte – vornehmlich für den „Statthalter“ in Berlin – konnte der verdächtige Cali-Resident verhaftet werden.

Mit Beginn der 90er Jahre mehren sich die Beispiele, daß im Ausland bestehende Verbrechensgruppen beziehungsweise Organisationen Deutschland durch „Stützpunkte“ oder „Filialen“, als Operationsgebiet oder Ruhequartier nutzend – zum Tatort machen. In zunehmendem Maße gilt dies insbesondere für die sogenannte Geldwäsche und wohl auch die Anlage illegal erwirtschafteter Vermögen.

Ob deutsche oder ausländische Täterorganisationen, allen gemein ist das **Ziel die Profitmaximierung.** Alle Mittel, auch zutiefst menschenverachtende Mittel, die im Gewinnstreben hilfreich sind, werden eingesetzt. Natürlich leben in demokratischen Ländern die freien Wettbewerbswirtschaften vom Gewinnstreben. Doch werden dafür kriminelle Mittel eingesetzt, ist dieser „Wirtschaftsbeitrag“ – vom Strafrecht einmal abgesehen – der Demokratie nicht nur nicht zuträglich, sondern durch sein Korrumpierungspotential höchst gefährlich. Die wie auch immer erwirtschafteten Profite sichern Einfluß und damit Macht. Die Machterhaltung und erst recht die Machtmehrung sichert wiederum weiteren Einfluß, der zur Maximierung der Profite gebraucht wird. Je stabiler, verfestigter, „etablierter“ eine kriminelle Organisation ist, um so weniger sichtbare Gewalt wird sie anwenden. Je verzahnter die Organisierte Kriminalität mit legalen Wirtschaftsbereichen ist, desto schwerer wird die Strafverfolgung.

Um den hohen Stellenwert dieser „legalen“ Fassade weiß auch BKA-Präsident Hans-Ludwig Zachert, der die Gründe dieser gewollten gesellschaftlichen Verflechtungen der OK skizziert:

Enge Verflechtung zwischen legalen und illegalen Strukturen, Ausnutzung von legalen Unternehmen für eigene Zwecke, sei es als Tarnung oder Tatmittel, oder zur Legalisierung der Taterträge (Geldwäsche).

Hinter der „legalen“ Fassade knüpfen die organisierten Verbrecher in der Regel die Kontakte, die mittel- bis langfristig die Basis für weitere profitträchtige Aktivitäten bilden. Man sucht quasi als „Unternehmer“ Beziehungen zu Entscheidungsträgern aus Politik, Wirtschaft, Verwaltung, selbst den Medien. Im Laufe der Zeit greift das bereits im 19. Jahrhundert funktionierende „mafiose Prinzip der kleinen Gefälligkeiten“, aus dem schließlich die den eigenen Geschäften nützliche „notwendige Verbundenheit“ erwächst. Bei Bedarf werden dann die Verbindungen gezielt genutzt. Sei es in der Form, die beiden Seiten wechselseitige Vorteile verschafft, oder in der Form, die auf Bestechung/Korruption oder Erpressung baut – „ein Angebot, das nicht abgeschlagen werden kann“. Sich aus diesem Beziehungsgeflecht herauszuwinden, ist sowohl für die Mitglieder der Verbrechensorganisation als auch für die „Partner und Geschäftsfreunde“ der organisierten Verbrecher kaum möglich. Das gilt auch für einzelne Polizisten und Staatsanwälte, wenn sie als Strafverfolger in diesem Beziehungsgeflecht eingebunden sind.

Organisierte Kriminalität findet mitten unter uns statt. Doch wie wird sie erkannt?

4 OK-Erkennung – Indikatoren

In den „Gemeinsamen Richtlinien der Justizminister und Justizsenatoren und der Innenminister und Innensenatoren der Länder über die Zusammenarbeit bei der Verfolgung der Organisierten Kriminalität“ wurde der Frage, wie „OK-relevante“ Sachverhalte zu erkennen sind, durch eine Zusammenstellung von allgemeinen Merkmalen (generellen Indikatoren) Rechnung getragen. Dazu gehören:

- **Tatvorbereitung/-planung**
  - präzise Planung
  - Anpassung an Markterfordernisse durch Ausnützen von Marktlücken, Erkundungen von Bedürfnissen u. ä – Arbeit auf Bestellung
  - hohe Investitionen, z. B. durch Vorfinanzierung aus nicht erkennbaren Quellen

- **Tatausführung**
  - professionelle, präzise und qualifizierte Tatdurchführung
  - Verwendung verhältnismäßig teurer, unbekannter oder schwierig einzusetzender wissenschaftlicher Mittel und Erkenntnisse
  - Tätigwerden von Spezialisten (auch aus dem Ausland)
  - arbeitsteiliges Zusammenwirken
- **Beuteverwertung**
  - hochgradig pofitorientiert
  - Rückfluß in den legalen Wirtschaftskreislauf
  - Veräußerung im Rahmen eigener (legaler) Wirtschaftstätigkeiten
  - Maßnahmen der Geldwäsche
- **Konspiratives Täterverhalten**
  - Gegenobservation
  - Abschottung
  - Decknamen
  - Codierung in Sprache und Schrift
- **Täterverbindungen/Tatzusammenhänge**
  - überregional
  - national
  - international
- **Gruppenstruktur**
  - hierarchischer Aufbau
  - ein nicht ohne weiteres erklärbares Abhängigkeits- und Autoritätsverhältnis zwischen mehreren Tatverdächtigen
  - internes Sanktionssystem
- **Hilfe für Gruppenmitglieder**
  - Fluchtunterstützung
  - Auswahl bestimmter Anwälte und Aufwendung größerer Barmittel zur Verteidigung
  - Mitführen von vorbereiteten Vertretungsvollmachten für Rechtsanwälte
  - hohe Kautionsangebote
  - Bedrohung und Einschüchterung von Prozeßbeteiligten
  - Unauffindbarkeit von Zeugen
  - typisches ängstliches Schweigen von Betroffenen
  - Auftreten von Entlastungszeugen
  - Betreuung in der Untersuchungshaft/Strafhaft
  - Versorgung von Angehörigen
  - Wiederaufnahme nach der Haftentlassung

- **Korrumpierung**
  - Einbeziehung in das luxuriöse Ambiente der Täter
  - Herbeiführen von Abhängigkeiten (z. B. durch Sex, verbotenes Glücksspiel, Zins- und Kreditwucher)
  - Zahlung von Bestechungsgeldern, Überlassung von Ferienwohnungen, Luxusfahrzeugen usw.

- **Monopolisierungsbestrebungen**
  - „Übernahme" von Geschäftsbetrieben und Teilhaberschaften
  - Führung von Geschäftsbetrieben durch Strohleute
  - Kontrolle bestimmter Geschäftszweige (Casinos, Bordelle)
  - „Schutzgewährung" gegen Entgelt

- Öffentlichkeitsarbeit
  - gesteuerte, tendenziöse oder von einem bestimmten Tatverdacht ablenkende Medienveröffentlichungen
  - Mäzenatentum u. a. bei Sportveranstaltungen
  - Kontaktpflege mit Personen des öffentlichen Lebens

Diese Aufstellung „Genereller Indikatoren zur Erkennung OK-relevanter Sachverhalte" macht deutlich, welche Verzahnungsmöglichkeiten für hochorganisierte kriminelle Verbrecher in Staat und Gesellschaft gegeben sind und welche dominierende Rolle dabei die Wirtschaft beziehungsweise wirtschaftliches Denken spielt.

Organisierte Verbrecher zu bekämpfen ist Aufgabe der Polizei. Das Phänomen „Organisiertes Verbrechen" beziehungsweise „Organisierte Kriminalität" zu bekämpfen erfordert mehr. Der Wirtschaftspublizist und Italienkorrespondent Dr. Werner Raith schrieb dazu in seinem Buch: Mafia – Ziel Deutschland 1989: „… Etwas ganz anderes ist es, gegen Mafia als Verhaltensform und -norm anzugehen. Versteht man Mafia als Ausprägung eines bestimmten Typs von Verfilzung zwischen Kriminellen auf der einen und Beamten und Polizisten, Politikern und Finanzgrößen, Geheimbündlern und Geheimdienstlern auf der anderen Seite, wird sie zu einer politisch und sozialpsychologisch keineswegs auf Sizilien beschränkten und beschränkbaren Erscheinung. Denn Mafia so verstanden stützt sich auf Denk- und Handlungsgewohnheiten, die uns keineswegs derart fremd sind, wie die geographische Fixierung mafioser Händel auf den Süden zu suggerieren scheint. Anders als „die" Mafia **ist „Mafia" ein Problem, das uns selbst unmittelbar angeht …"**

2. Kapitel
Organisierte Kriminalität in Deutschland

„Organisierte Kriminalität ist ein Faktum!" – so die deutlichen Worte des Präsidenten des Bundeskriminalamtes Hans-Ludwig Zachert auf einer Arbeitstagung im November 1990. Auch Deutschland ist über Jahre in vielfältigster Hinsicht zum „Tatort Organisierter Kriminalität" geworden, auch wenn sich deren Umfang im Lande bis zum heutigen Tage kriminalstatistisch nicht erfassen läßt. Auch wenn die tatsächlichen quantitativen Ausmaße den Sicherheitsbehörden nicht bekannt sind, so ergeben doch die bisher ermittelten Fälle ein Lagebild, das zwar bruchstückhaft ist, aber dennoch die bedrohlichen Dimensionen deutlich macht. Wie groß diese Bedrohung Anfang der 90er Jahre ist, belegen Einschätzungen und erste Untersuchungen einiger Bundesländer.

1 OK-Lagebilder – Beispiele aus den Bundesländern

Orientiert an der Definition der Organisierten Kriminalität (AG Justiz/Polizei 1990) wurden beispielsweise im

- Bundesland Baden-Württemberg 1990 insgesamt 116 OK-Verfahren bearbeitet. Als „kriminalgeographische Brennpunkte" des Bundeslandes wurden der Großraum Stuttgart, die Grenzregion Frankreich und Schweiz und das Rhein-Neckar-Gebiet ausgemacht. Im Zusammenhang mit der Bekämpfung der Organisierten Kriminalität wurden 1990 541 Personen (1989: 329) festgenommen. Der im Zusammenhang mit den ermittelten OK-Straftaten festgestellte Gesamtschaden belief sich 1990 auf rund 327 Millionen (1989: 178 Mio.) D-Mark.
- Das Innenministerium des Bundeslandes Nordrhein-Westfalen legte im Oktober 1991 eine „Untersuchung zum Umfang und zur Bedrohung durch die Organisierte Kriminalität" vor. Nach ihr wurden 1990 in Nordrhein-Westfalen 95 OK-Verfahren bearbeitet. Überführt wurden 2.631 Tatverdächtige, die insgesamt über 24.000 Straftaten begangen haben. Der statistisch nachweisbare Schaden betrug rund eine halbe Milliarde D-Mark. Der tatsächliche Schaden dürfte in Milliardenhöhe gelegen haben. Obwohl es sich nur um insgesamt 95 Verfahren handelte, umfaßten die festgestellten Straftaten:

  14.200 Vermögensdelikte, 3.300 Eigentumsdelikte, 2.900 Betäubungsmitteldelikte, 650 Gewaltdelikte, darunter zwölf Tötungsdelikte (einschließlich drei Tötungsversuche) sowie 3.100 sonstige Delikte wie Glücksspiel, Hehlerei und andere Vergehen gegen „strafrechtliche Nebengesetze".

Während in der normalen Polizeilichen Kriminalstatistik Täter im Alter von 21 bis 30 Jahren dominieren, traten im untersuchten OK-Bereich ältere Tatverdächtige – deren Alter zwischen 30 und 40 Jahren schwankte – deutlich hervor. Der Anteil der Tatverdächtigen mit ausländischen Staatszugehörigkeiten lag bei rund 42 Prozent. Besonders stark vertreten waren hier jugoslawische, italienische, türkische und polnische OK-Gruppen, deren Mitgliedsstärke im Einzelfall bis zu 240 Personen lagen.

Daß ein so genaues OK-Lagebild gezeichnet werden konnte, ist – so belegt es die Untersuchung – zu fast der Hälfte den eigenen Initiativen der Polizeibeamten zu verdanken, deren Ermittlungen intensiv durch polizeiliche Informantionen einerseits und den Einsätzen von sogenannten Vertrauens-(V-)Leuten und „Verdeckten Ermittlern“ andererseits unterstützt wurden.

In fast der Hälfte aller Verfahren dauerten die Ermittlungen länger als ein Jahr, ein Drittel aller OK-Fälle hatte eine Ermittlungsdauer von eineinhalb Jahren und in einem Einzelfall wurde gar über zwölf Jahre ermittelt. Die Untersuchung macht die erschreckenden Dimensionen der Organisierten Kriminalität in nur einem Bundesland deutlich. Noch erschreckender ist ein Ergebnis, das in der Anfang der 90er Jahre in Deutschland einmaligen Untersuchung zur Organisierten Kriminalität nüchtern heißt: Bei mehr als 20 Prozent der Verfahren wurden Bestechlichkeit, Verletzung von Dienstgeheimnissen und anderes festgestellt. Deutlicher formuliert heißt dies: In die untersuchten 95 Verfahren gegen die Organisierte Kriminalität in Nordrhein-Westfalen sind – so der Innenminister des Bundeslandes Herbert Schnoor Ende Oktober 1991 in Düsseldorf – mindestens 20 Beamte verstrickt, darunter Kommunalbeamte, Polizeibeamte und ein Staatsanwalt. „Entlohnt“ wurden die Amtsträger für Razzia-Tips oder den Verzicht auf Kontrollen unter anderem mit Bargeld, Urlauben in Ferienwohnungen, durch kostenlose Bewirtung oder freie Bordellbesuche. Noch drastischer formulierten die Massenmedien dieses Untersuchungsergebnis, so die Meldung der Deutschen Presseagentur dpa:

In jedes fünfte Verbrechen international organisierter Banden sind Beamte verstrickt, darunter auch Polizisten. Bestechung, Bestechlichkeit und Verrat von Dienstgeheimnissen sind längst keine Einzelfälle mehr.

Erste Lagebilder zur Organisierten Kriminalität erstellen in der föderativen Bundesrepublik Deutschland nicht nur einzelne Bundesländer.

Organisierte Kriminalität und Korruption in Deutschland

Beamte kriminell verstrickt

Untersuchung über international organisierte Banden

Düsseldorf. dpa

In jedes fünfte Verbrechen international organisierter Banden sind Beamte verstrickt, darunter auch Polizisten. Bestechung, Bestechlichkeit und Verrat von Dienstgeheimnissen seien längst keine Einzelfälle mehr, bedauerte NRW-Innenminister Herbert Schnoor in Düsseldorf bei der Vorlage einer bundesweit bisher einmaligen Untersuchung zur organisierten Kriminalität. Entlohnt würden die Amtsträger für Razzia-Tips oder den Verzicht auf Kontrollen unter anderem mit Bargeld, Urlauben in Ferienwohnungen, durch kostenlose Bewirtung oder freie Bordellbesuche.

In derzeit 95 Verfahren gegen organisiertes Verbrechen in Nordrhein-Westfalen sind laut Schnoor mindestens 20 Beamte verstrickt, darunter Kommunalbeamte, Polizisten und ein Staatsanwalt. Allein in NRW beziffert der Minister die Schäden durch organisierte Kriminalität auf Summen in Milliardenhöhe. Die Folgen der „besonders sozialschädlichen" Straftaten im Bereich Rauschgifthandel, illegales Glückspiel, Menschenhandel, Zuhälterei oder Prostitution seien in Zahlen nicht einmal auszudrücken.

Die von Schnoor erfaßte Palette der Straftaten umfaßt 14 200 Vermögensdelikte, 3 300 Eigentumsdelikte, 2 900 Drogenfälle, 650 Gewalttaten und 3 100 Fälle von Hehlerei oder Glücksspiel. Zwölf Todesfälle stehen ebenfalls im Zusammenhang mit organisiertem Verbrechen. Die Tatorte liegen nach den Erkenntnissen längst auch außerhalb der Ballungsräume und Großstädte.

Schnoor sprach sich für eine international bessere Zusammenarbeit der Polizei im Kampf gegen mafiaähnliche Banden aus. Verdeckten Ermittlern der Polizei Straftaten im Milieu zu gestatten, lehnte er jedoch kategorisch ab. Der Staat dürfe sich nicht mit dem Verbrechen auf eine Ebene begeben.

Immer mehr Beamte in organisierter Kriminalität

DÜSSELDORF, 31. Oktober (dpa). In jedes fünfte Verbrechen international organisierter Banden sind Beamte verstrickt, darunter auch Polizisten. Bestechung, Bestechlichkeit und Verrat von Dienstgeheimnissen seien längst keine Einzelfälle mehr, sagte NRW-Innenminister Herbert Schnoor am Donnerstag in Düsseldorf bei der Vorlage einer bundesweit bisher einmaligen Untersuchung zur organisierten Kriminalität. Entlohnt würden die Amtsträger für Razzia-Tips oder den Verzicht auf Kontrollen unter anderem mit Bargeld, Urlauben in Ferienwohnungen, durch kostenlose Bewirtung oder freie Bordellbesuche.

In derzeit 95 Verfahren gegen organisiertes Verbrechen in Nordrhein-Westfalen sind laut Schnoor mindestens 20 Beamte verstrickt, darunter Kommunalbeamte, Polizisten und ein Staatsanwalt. Alleine in NRW beziffert der Minister die entstandenen Schäden auf Summen in Milliardenhöhe. Hauptherkunftsländer der Mitglieder international organisierter Banden seien Jugoslawien, die Türkei, Italien und Polen, inzwischen aber auch die Sowjetunion.

Quelle: dpa

Straftäterverflechtungen und Korruption in Deutschland (Falldarstellung)

Im Korruptionsbereich findet man mitunter Straftäterverflechtungen, die sich überraschenderweise aus Personen eigentlich bürgerlich-seriöser Herkunft zusammensetzen.

Das Bundeskriminalamt ermittelt seit Ende 1989 gegen eine Personengruppe um einen Frankfurter Rechtsanwalt wegen des Verdachts der Bildung einer kriminellen Vereinigung im Zusammenhang mit Bestechung, Strafvereitelung, Bestechlichkeit und anderer Delikte.

Zu der Gruppierung gehörten drei Rechtsanwälte, ein Oberamtsanwalt, drei Sachbearbeiter der Führerscheinstelle und ein Polizeibeamter. Diese Personen wurden anläßlich einer Durchsuchungsaktion von 25 Objekten festgenommen. Bei dieser Aktion wurden weitere Erkenntnisse gewonnen, aufgrund derer der Leiter der Führerscheinstelle und ein weiterer Polizeibeamter festgenommen wurden. Ferner gehörten zwei Mediziner und ein Psychologe zum Kreis der Beschuldigten.

Der Oberamtsanwalt hatte dienstliche Kontakte zu einem Rechtsanwalt. Daraus entwickelte sich ein persönliches Verhältnis, in dessen Folge von ihm eine Nebentätigkeit in der Anwaltskanzlei aufgenommen wurde, bei der dann auch amtliche Vorgänge einbezogen wurden.

Im Bekanntenkreis des Rechtsanwaltes und des Oberamtsanwaltes trat dann ein „Problemfall" wegen einer Trunkenheitsfahrt auf. Dieser wurde in „gemeinsamer Arbeit", im Sinne des Betroffenen, bereinigt. In der Folgezeit wurde das Zusammenspiel optimiert und Schritt für Schritt eine Organisation aufgebaut.

Die Beschuldigten haben in wechselseitiger Beteiligung über zehn Jahre zusammengearbeitet. Sie nutzten arbeitsteilig die anwaltliche, polizeiliche und justitiellen Möglichkeiten und Gestaltungsräume, um den Verfahrensausgang von Strafverfahren zu manipulieren. Um die personelle Basis zu verbreitern, wurden im weiteren Polizeibeamte und Bedienstete der Führerscheinstelle für die Mitarbeit gewonnen.

So wurde Kraftfahrern, denen wegen Trunkenheitsfahrten die Fahrerlaubnis entzogen worden war, teils zu einer Verkürzung der Strafe und/oder teils im Verwaltungsverfahren zur Wiedererlangung der Fahrerlaubnis verholfen. Es wurden auch Sperrfristen für die Wiedererteilung der Fahrerlaubnis umgangen oder verkürzt, Akten verfälscht und Gesundheitszeugnisse unrichtig ausgestellt.

Für ihre Bemühungen erhielten die Anwälte unterschiedlich hohe Honorare, die sich häufig nach den finanziellen Möglichkeiten der zahlungskräftigen

Mandanten richteten. In einem Fall sollten für die Wiedererlangung der Fahrerlaubnis 20.000 DM gezahlt werden. Von den Anwälten wurden die Gelder anteilmäßig an die Tatbeteiligten verteilt.

Nach den Erkenntnissen des Bundeskriminalamtes ist Korruption seit ehedem keine national begrenzte Kriminalitätserscheinung: Begünstigt durch die Geschäftsgebaren multinationaler Unternehmen und Straftätergruppierungen wird sie zunehmend stärker international betrieben. Besonders in der öffentlichen Leistungsverwaltung wird nicht nur projektbezogen von Fall zu Fall korrumpiert, sondern häufiger Korruption organisiert und planmäßig betrieben.

2 OK-Lagebild der Bundesrepublik Deutschland

In Zusammenarbeit von Landeskriminalämtern und dem Bundeskriminalamt wurde erstmals – für das Jahr 1991 – ein umfassendes „Lagebild der Organisierten Kriminalität in der Bundesrepublik Deutschland" erstellt. Ausgewertet wurden entsprechende Beiträge der alten Bundesländer Baden-Württemberg, Bayern, Bremen, Hessen, Niedersachsen, Nordrhein-Westfalen, Rheinland-Pfalz und Saarland und des neuen Bundeslandes Thüringen. Die anderen vier neuen Länder hatten „Fehlanzeige" gemeldet. Mit dem Bericht des Bundeskriminalamtes zusammen konnte trotzdem ein Lagebild erstellt werden, das wesentliche Erkenntnisse über OK-Strukturen und Entwicklungstendenzen beinhaltet. Doch reichen die erhobenen Daten nicht zu Aussagen über das vermutlich große Dunkelfeld aus. Datenerhebung und Datenauswertung waren ebenfalls an der Definition der Organisierten Kriminalität der AG Justiz/Polizei 1990 orientiert; danach waren in der Bundesrepublik Deutschland 1991 insgesamt 369 OK-Ermittlungsverfahren anhängig.

In 337 OK-Ermittlungsverfahren (keine Angaben aus Hessen) wurden insgesamt 104.938 (!) Einzelstraftaten erfaßt. Die Bandbreite dieser Delikte „erstreckte sich nahezu auf den gesamten Straftatenkatalog" der Polizeilichen Kriminalstatistik. Aufgeschlüsselt nach Deliktgruppen ergab sich das Bild:

97.255 Vermögens- und Fälschungsdelikte (Betrugsdelikte), 1.735 Rauschgiftdelikte, 1.717 Diebstahlsdelikte, 329 Gewaltdelikte und 3.872 sonstige Delikte.

Bei dieser Zuordnung der Straftaten sind jedoch Besonderheiten zu berücksichtigen. Beispielsweise:

- Stellen die Betrugsdelikte zwar fast 93 Prozent aller Straftaten. Doch haben von den 337 OK-Ermittlungsverfahren nur fünf Ermittlungsverfahren einen Anteil von über 86 Prozent aller Betrugsdelikte.

- Mit 329 Straftaten fällt der Anteil der Gewaltdelikte zahlenmäßig zwar gering aus, doch sind in dieser Anzahl allein 18 Morde (!) enthalten.

Differenziert man die OK-Ermittlungsverfahren nach verschiedenen Deliktsbereichen, ergibt die Auswertung von 303 OK-Ermittlungsverfahren (ohne Bayern und Rheinland-Pfalz) die nachstehende tabellarische Übersicht der Kriminalitätsbereiche.

Kriminalitätsbereiche	Anzahl der Verfahren
Rauschgifthandel und -schmuggel	174
Waffenhandel und -schmuggel	32
Kriminalität im Zusammenhang mit dem Nachtleben (vor allem Zuhälterei, Prostitution, Menschenhandel, illegales Glücksspiel und Falschspiel)	47
Schutzgelderpressung	27
unerlaubte Arbeitsvermittlung und Beschäftigung	7
illegale Einschleusung von Ausländern	9
Warenzeichenfälschung (Markenpiraterie)	1
Goldschmuggel	1
Kapitalanlagebetrug	5
Fälschung und Mißbrauch unbarer Zahlungsmittel	8
Herstellen und Verbreiten von Falschgeld	9
Verschiebung insbesondere hochwertiger Kraftfahrzeuge und von Lkw-, Container- und Schiffsladungen	44
Betrug z. B. von Versicherungen	12
Einbruchsdiebstahl in Wohnungen mit zentraler Beuteverwertung	18
Sonstige Kriminalitätsbereiche	31

Hervorzuheben ist, daß bei weit über der Hälfte dieser Ermittlungsverfahren die Rauschgiftdelikte eine Rolle spielen.

Bezogen auf die landesgeographischen Kriminalitätsbereiche sind von 165 Verfahren 59, also fast 36 Prozent, den Länderpolizeien Hessen, Nordrhein-Westfalen, dem Saarland und dem neuen Bundesland Thüringen einerseits und dem deliktübergreifend tätig werdenden Bundeskriminalamt andererseits zuzuordnen.

Von den für Deutschland 1991 insgesamt 353 berücksichtigten OK-Ermittlungsverfahren (nicht einbezogen wurden 16 Verfahren aus Nordrhein-Westfalen), wiesen

- 174 Verfahren (= 49,3 Prozent) internationale,
- 63 Verfahren (= 17,8 Prozent) überregionale und
- 116 Verfahren (= 32,9 Prozent) regionale

Bezüge auf.

Hervorzuheben ist, daß fast die Hälfte aller OK-Ermittlungsverfahren internationale Bezüge hatte, genauer: Die Straftaten wurden in insgesamt 58 Staaten begangen. Die Tatorte außerhalb Deutschlands lagen insbesondere in den Niederlanden (49 Verfahren), der Türkei (31), Italien (28), Österreich (23) und Spanien (23). Hier ist hervorzuheben, daß der Nachbarstaat Deutschlands, das EG-Mitglied Niederlande, eine nach wie vor bedeutsame Rolle in der „Organisierten Kriminalität mit internationalen Bezügen" spielt. Der nachstehende polizeiliche Bericht belegt dies mehr als deutlich:

Mord an einer Führungsperson des niederländischen organisierten Verbrechens

Als Hintermann diverser Rauschgifttransporte (Haschischtransporte im Tonnenbereich aus Pakistan, Marokko, Libanon) in größeren Mengen haben die bundesdeutschen Sicherheitsbehörden (BKA) seit Jahren gegen eine niederländische Führungsperson des dortigen organisierten Verbrechens ermittelt. Eine beweiskräftige Überführung war jedoch nicht möglich.

Am 27. 6. 91 wurde diese Führungsperson des organisierten Verbrechens, ein 37jähriger niederländischer Staatsangehöriger, vor dem Amsterdamer Hilton Hotel durch Kopfschüsse getötet.

Diese Führungsperson des organisierten Verbrechens hatte auch einen Body-Guard. Es handelte sich um einen ehemaligen Polizisten. Dieser wurde später auch als Tatverdächtiger festgenommen.

In den Niederlanden lief seit längerem gegen diese getötete Person ein umfangreiches Ermittlungsverfahren wegen Bildung einer kriminellen Vereinigung.

Schon Mitte der 70er Jahre begann er mit seiner kriminellen Karriere im Bereich des Rauschgifthandels. Durch sein brutales Vorgehen gegen konkurrierende Banden, gelang ihm der Aufstieg an die Spitze einer kriminellen Organisation. Sein Hauptbetätigungsfeld war der Haschischhandel. Die Hauptlieferländer lagen im Nahen und Mittleren Osten. Schätzungen gehen davon aus, daß er pro Jahr zwischen 100 bis 200 Tonnen umsetzte.

Der getötete Rauschgifthändler hinterläßt, schätzungsweise, ein Vermögen von rund 100 Millionen holländischer Gulden. Die niederländischen Ermittlungsbehörden gehen davon aus, daß es sich bei der Ermordung des Rauschgifthändlers um einen Racheakt aus dem Bereich des Rauschgiftmilieus handelt. Mit gewalttätigen Auseinandersetzungen zwischen konkurrierenden kriminellen Banden/Organisationen wird gerechnet.

Bereits vor dem Mord gab es Hinweise, daß er „Schwierigkeiten" mit der Konkurrenz hatte.

Sein Einfluß machte auch nicht vor den Behörden halt. Es ergaben sich Hinweise für die Bestechung von Beamten. Auch für die Ermordung von Konkurrenten und V-Leute dürfte er der Auftraggeber gewesen sein.

Die gemeldete Schadenssumme der 1991 registrierten OK-Verfahren ergaben (nach der Polizeilichen Kriminalstatistik PKS) einen Gesamtbetrag von 3,45 Milliarden D-Mark. Allein in einem einzigen OK-Verfahren betrug der Schaden zwei Milliarden (!) D-Mark. Bei weiteren Delikten, für die nach den PKS-Richtlinien kein Schaden zu melden ist, wurde der erzielte Gewinn – aus Baden-Württemberg, Bremen und Thüringen lagen hierzu keine Angaben vor – auf eine gute 3/4 Milliarde D-Mark geschätzt.

Zu den insgesamt 369 OK-Ermittlungsverfahren gehörten 5.149 Tatverdächtige, davon knapp 50 Prozent Deutsche und gut 50 Prozent nichtdeutsche Tatverdächtige, insbesondere Türken (15,3 Prozent), Jugoslawen (8,7), Italiener (7,9) und Polen (4,4).

Fast die Hälfte aller OK-Verfahren hatte internationale Bezüge und gut die Hälfte aller Tatverdächtigen waren nichtdeutsche Staatsangehörige. Die hohe Ausländerbeteiligung gilt wohl für den OK-Bereich, aber nicht für die Kriminalität insgesamt. Hier ist mit 27,6 Prozent der Anteil nichtdeutscher Tatverdächtiger deutlich niedriger.

Die Aufteilung von 4.300 Tatverdächtigen (keine Angaben aus Baden-Württemb.) aus 58 Ländern gestaltet sich, aufgeteilt nach Nationalitäten, wie folgt:

– deutsch	2.123	– niederländisch	106
– türkisch	656	– libanesisch	53
– jugoslawisch	376	– kolumbianisch	41
– italienisch	340	– Sonstige	410
– polnisch	190		

Die ersten OK-Untersuchungen und OK-Lagebilderstellungen für Deutschland insgesamt aber auch für einzelne Bundesländer zeigen deutlich, daß zum „Wesen der Organisierten Kriminalität“ nicht nur der internationale Bezug gehört, sondern auch die große Bandbreite der Straftaten unterschiedlichster Deliktbereiche (siehe auch Grafik: Kriminalitätsbereiche der OK in Deutschland).

Den politischen Gegebenheiten Rechnung tragend stellt beispielsweise der Immobilienmarkt in den neuen Bundesländern ein aktuelles Betätigungsfeld der OK dar. Das Organisierte Verbrechen profitiert von „Unsicherheiten der dortigen Eigentumsverhältnisse“ einerseits und dem schwierigen und zeitaufwendigen Neuaufbau der Verwaltungen andererseits. Auch gibt es mittlerweile schon konkrete Hinweise darauf, daß die OK auf dem Gebiete der illegalen Entsorgung von Sonderabfällen (internationaler Giftmülltransport) tätig ist.

Deutlicher denn je weiß man heute, daß auch im Ausland bestehende Formen der Organisierten Kriminalität zunehmend nach Deutschland hinein wirken. Beispielsweise durch den Aufbau sogenannter Stützpunkte aber auch durch Investition illegaler Gewinne in diverse Geschäfte. Als Beispiel seien nachstehende Verbindungen genannt:

- Die nordamerikanische „Cosa Nostra“ ist seit Jahren durch Führungspersonen mit der deutschen Glücksspiel-, Bordell- und Zuhälterszene in Ballungszentren wie Hamburg, Berlin, Frankfurt/Main, München und dem Rhein-Ruhr-Gebiet verknüpft.
- Die mit der Verschiebung hochwertiger Kraftfahrzeuge befaßten west- und osteuropäischen OK-Gruppen sind mit Hehlerorganisationen in den Absatzmärkten – so der Nahe Osten, Nordafrika und Südamerika – verbunden.
- Im Falschgeldbereich stellen seit langem Angehörige der italienischen Organisierten Kriminalität den größten Anteil der Straftäter in für diesen Deliktbereich zentralen Funktionen.
- Im Rauschgiftgeschäft dominieren in der Produktion und im Großhandel von Heroin, Kokain und Cannabis hochorganisierte asiatische, türkische,

nahöstliche und südamerikanische Tätergruppen, die ihr Drogenhandels-Netzwerk zum Teil unter Mitwirkung in Europa ansässiger OK-Gruppen beziehungsweise in Europa agierenden anderen Übersee-OK-Gruppen aufgebaut haben.

In welchen Dimensionen ausländische hochorganisierte Verbrechergruppen in Deutschland Anfang der 90er Jahre tätig sind, belegen mehr als eindrucks-

Organisierte Kriminalität in Deutschland

Kriminalitätsbereiche

In Anlehnung an den Zwischenbericht der gemeinsamen Arbeitsgruppe Justiz/Polizei „Strafverfolgung bei Organisierter Kriminalität“ (1990)

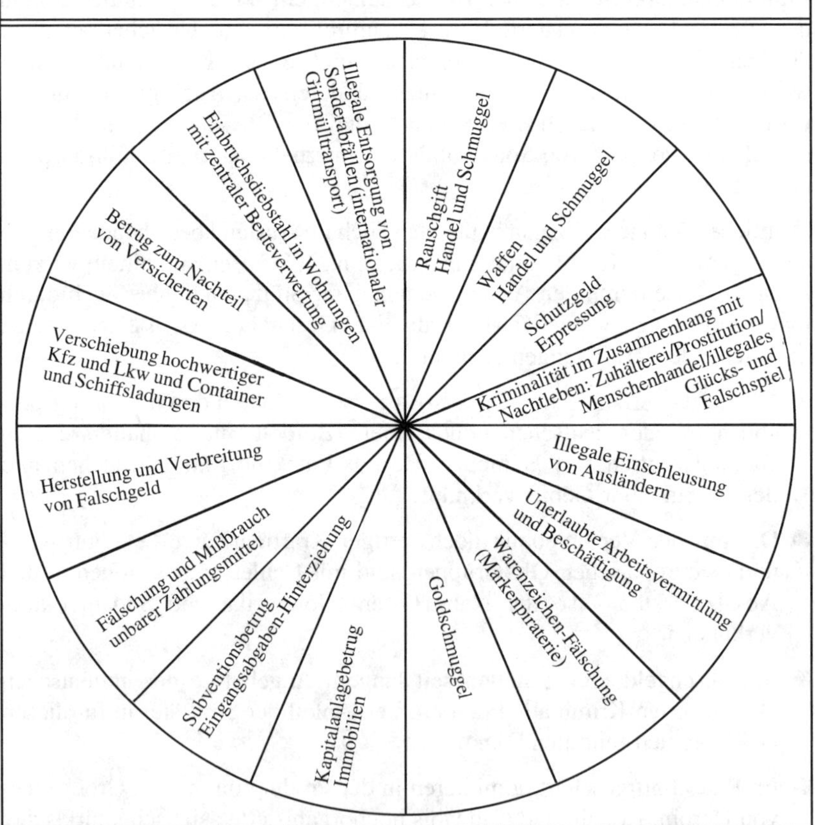

voll die ersten dazu vom Bundeskriminalamt erstellten Lagebilder. Wie kein anderes Beispiel symbolisiert diesen Tatbestand das erste „Lagebild der italienischen Organisierten Kriminalität in Deutschland", deren sizilianische Variante der Mafia schlechthin das Synonym für Organisiertes Verbrechen ist.

3 Italienische Mafiosi in Deutschland

Das italienische Innenministerium schätzt die Mitglieder des im Süden des Landes beheimateten Organisierten Verbrechens auf über 16.000 Personen. So werden der sizilianischen Mafia 186 Clans mit rund 5.000 Gefolgsleuten, der neapolitanischen Camorra 106 Familien mit insgesamt 5.000 Menschen, der kalabresischen 'Ndrangheta 144 Familien mit 5.100 Angehörigen und der apulischen Nuova „Sacra Corona Unita (SCU)" derzeit 20 Clans mit 1.000 bis 1.400 Personen zugeordnet.

Schon in den 80er Jahren nutzten einige sizilianische Mafiosi und neapolitanische Cammoristi auch Deutschland als „Rückzugsgebiet" (Zufluchtsort) beziehungsweise als sogenanntes Ruhequartier. Hier, in der Bundesrepublik Deutschland, lebten und leben über 500.000 Landsleute, darunter nicht wenige Süditaliener aus Sizilien, Kalabrien und Kampanien. Hier konnten und können Mafiosi mehr oder weniger unerkannt untertauchen, sich dem Zugriff der Strafverfolgungsbehörden über für sie wichtige Zeiträume entziehen.

Von der Öffentlichkeit kaum bemerkt, wurde aus dem Ruhequartier Deutschland über Jahre auch ein lukratives Operationsgebiet. „Mafia: Ziel Deutschland" – nannte der in Italien lebende deutsche Wirtschaftspublizist Werner Raith sein 1989 erschienenes Buch. Deutschland, Mitglied der Europäischen Gemeinschaft, steht insbesondere auch für den 1993 kommenden Binnenmarkt der EG, der der italienischen organisierten Kriminalität höchst willkommen ist. Begründungen dafür sind bei Raith aufgeführt:

„... Nach Erkenntnissen palermitanischer Fahnder, die sich auf Aussagen geständiger Mafiosi stützen, verfolgen die Clans in den EG-Ländern zwei Hauptziele: den Aufbau eines europäischen Netzes von Akquisitions- und Zulieferzentralen für teuer gehandeltes illegales Ausfuhrgut wie Chemikalien und Waffen aus der Bundesrepublik, Frankreich und England und die Einrichtung schnell und problemlos funktionierender Ausfuhrbrückenköpfe in Ländern mit wenig effizienten Behörden wie Italien, Spanien, Portugal, um mit den international besonders begehrten Waren made in Europe Zweit- und

Drittweltländer zu beliefern. Der freie Warenverkehr ab 1993 wird in Europa die bisher lästige Trennung in Länder mit guten Kauf-, aber schlechten Schmuggelmöglichkeiten und solchen mit unkontrollierter Ausfuhr, aber schlechter Warenqualität endlich aufheben …“

Lagebild Italienische OK in Deutschland

Schwerpunktmäßig liegen die Aktivitäten der italienischen Organisierten Kriminalität (IOK) in den Bereichen Schutzgelderpressung, Gewaltdelikte, Rauschgifthandel, Wirtschaftsdelikte und auf dem Gebiet der „Geldwäsche“, mittlerweile nicht nur in Italien, sondern auch in Deutschland. Entsprechende Fallschilderungen aus den Bundesländern im Zeitraum 1989 bis 1991 hat das Bundeskriminalamt – in enger Zusammenarbeit mit italienischen Sicherheitsbehörden – ausgewertet. Die insgesamt 62 Ermittlungsverfahren, die der IOK in Deutschland zugeordnet wurden, verteilten sich wie folgt auf die Bundesländer:

Bundesland	Mafia	Camorra	’Ndrangheta	SCU	nicht verifizierbar
Baden-Württemberg	8 (2)	5 (1)	3	1	3
Bayern	1 (2)	3	1	1	
Berlin	(1)	1			
Hamburg	2	1			3
Hessen	1	2 (2)	1	1	3
Nieder-sachsen	(2)	1			(1)
Nordrhein-Westfalen	4 (1)	1	1	2	2 (1)
Saarland	2				1
Summen	18 (8)	14 (3)	6	5	12 (2)

Quelle: Lagedarstellung OK, BKA, Wiesbaden 1992
Die in Klammern aufgeführten Fälle resultieren aus einer Auswertung der Arbeitsdatei PIOS Organisierte Kriminalität. Eine abschließende Bewertung der OK-Relevanz war bei Fertigstellung des Buchmanuskriptes noch nicht erfolgt.

In dem BKA-Bericht „Aktivitäten italienischer OK-Gruppen in der Bundesrepublik Deutschland“ heißt es weiter: Für die Bundesländer Bremen, Schleswig-Holstein, Rheinland-Pfalz sowie für alle neuen Bundesländer wurde Fehlanzeige gemeldet. In Einzelfällen wurden in diesen Ländern zwar Verfahren gegen italienische Straftäter geführt, die bisher jedoch keinen italienischen mafiosen Organisationen zugerechnet werden konnten und daher in der vorstehenden Tabelle nicht erscheinen.

Die Auswertung der in der Tabelle angeführten Fälle hat folgende regionale und deliktische Brennpunkte ergeben:

Bundesland	**Region**	**Delikte**
Baden-Württemberg	Stuttgart Tübingen Mannheim Karlsruhe	BtMG, WaffG, Kfz-Verschiebung, Schutzgelderpressung, Raubdelikte
Bayern	Kempten München Nürnberg	BtMG, WaffG, Kfz-Verschiebung
Hamburg	Hamburg	Betrug, BtMG
Hessen	Frankfurt Offenbach	BtMG, Kfz-Verschiebung, Raubdelikte
Niedersachsen	Hannover Braunschweig Wolfsburg	Falschgeld, Raubdelikte, BtMG, Glücksspiel
Nordrhein-Westfalen	Köln Leverkusen Wuppertal Münster	BtMG, WaffG, Falschgeld, Kfz-Verschiebung, Schutzgelderpressung, Glücksspiel
Saarland	Saarbrücken	Kfz-Verschiebung, BtMG
Quelle: Lagedarstellung OK, BKA, Wiesbaden 1992		

Wie bewertet das Bundeskriminalamt diese Lagedarstellung nun? Nüchtern wird zuerst bilanziert: Für den Zeitraum von 1989 bis 1991 wurden in Deutschland 62 Ermittlungsverfahren geführt, die eindeutig der italienischen Organisierten Kriminalität zugerechnet werden können und sich differenzieren lassen in

- 26 Mafia-Verfahren
- 17 Camorra-Verfahren
- 6 'Ndrangheta-Verfahren
- 5 SCU-Verfahren und
- 14 noch nicht eindeutig zugeordnete Verfahren.

Die geographischen Brennpunkte in Deutschland lagen 1991/92 in Baden-Württemberg (23 Ermittlungsverfahren), Nordrhein-Westfalen (12), Hessen (10) und Bayern (8). In allen Ermittlungsverfahren lagen Erkenntnisse zu verschiedenen Deliktbereichen und zu **deliktunabhängigen** Verhaltensweisen vor, wobei die Ausnutzung unterschiedlicher Profitmöglichkeiten im Vordergrund stand. In fast allen Ermittlungsverfahren wurden Straftaten aus den Bereichen Rauschgifthandel und Hehlerei festgestellt. Die herausgearbeiteten Ergebnisse belegen, daß die italienische Organisierte Kriminalität ihre Aktivitäten in Deutschland in einem weit höheren Maße entwickelt hat, als dies bisher vermutet wurde.

Die direkten Beziehungen nach Deutschland

Im November 1990 stellte auf einer Arbeitstagung des Bundeskriminalamtes zur „Organisierten Kriminalität in einem Europa durchlässiger Grenzen" BKA-Präsident Hans-Ludwig Zachert in einem Vortrag fest: „Die Mafia unterhält also direkte Beziehungen in die Bundesrepublik Deutschland!" Nicht zuletzt bezog sich diese Aussage auf ein gerade sieben Wochen zurückliegendes Kapitalverbrechen.

Am 21. September 1990 war auf Sizilien bei Agrigent der engagierte Richter Rosario Livatino auf offener Straße von einem Killerkommando erschossen, ja regelrecht hingerichtet worden. Die Täter konnten entkommen, waren jedoch von einem Tatzeugen beobachtet worden. Nach dessen Beobachtungen konnte ein Phantombild des mutmaßlichen Haupttäters gefertigt werden. Dieser Hauptverdächtige stand bereits in Verdacht, in Italien in verschiedene der Mafia zugerechnete Tötungsdelikte verwickelt zu sein. Sein Aufenthalt und der seiner Komplizen wurde in Deutschland – nach Erkenntnissen italienischer Behörden im Raum Köln/Dormagen – vermutet, wo er in direkter Zusammenarbeit der Polizeien beider Länder ausfindig gemacht werden konnte. Observationsmaßnahmen führten in Leverkusen zur Festnahme des Hauptverdächtigen, später auch seines Komplizen. Beide wurden von dem aus Italien eingeflogenen Zeugen als Täter des Mordanschlages wiedererkannt. Von italienischen Dienststellen wurde die Vermutung geäußert, daß Angehörige von „Killerkommandos“ der Mafia sich in Deutschland aufhalten, hier legalen Beschäftigungen nachgehen und nur zur Durchführung von Mordaufträgen nach Italien reisen. In diesem Fall waren die Täter aushilfsweise in einer Pizzeria beschäftigt gewesen. Schon länger in Deutschland lebende Landsleute hatten den beiden – was Unterkunft und Arbeit betraf – „Gefälligkeiten“ erwiesen.

Ein zweites Beispiel der Verbindungen Siziliens nach Deutschland. In der sizilianischen Provinz Catania bilden die kleinen Gemeinden Paterno, Adrano und Biancavilla ein Gebiet, das ob überdurchschnittlich vieler Kapitalverbrechen – allein 1989 wurden dort 110 Menschen ermordet – im Volksmund „Todesdreieck“ genannt wird. Im Frühjahr 1992 gelang mit der Festnahme von vier Männern und einer Frau im Allgäu dem Bayerischen Landeskriminalamt ein Schlag gegen Angehörige eines sizilianischen Mafia-Clans, der sich in den vergangenen Jahren in Kempten etabliert hatte. Den Verdächtigen wurden Tötungsdelikte auf Sizilien und Schutzgelderpressungen sowie Fälle illegalen Rauschgift- und Waffenhandels zur Last gelegt. Die Ermittlungen waren 1988 ins Rollen gekommen, nachdem im Allgäu immer mehr Straftaten bekannt geworden waren. Die mutmaßlichen Täter waren vornehmlich Sizilianer. Auffallend war, daß die meisten von ihnen aus der dortigen Gemeinde Adrano in der Provinz Catania stammten; eben jenem „Todesdreieck“, in welchem nach Angaben des Bayerischen Landeskriminalamtes von 1987 bis Frühjahr 1992 über 370 Menschen von Mafiosi ermordet wurden. Als zentrale Figur galt der 32jährige Obst- und Gemüsehändler Salvatore Salamone, der von der Kriminalpolizei in Catania wegen Verdachts der „Bandenbildung nach Art der Mafia“ und wegen der Beteiligung an mehreren Morden mit internationalem Haftbefehl gesucht wurde. Der Clan-Chef konnte am 5. Dezember 1989 von einer Spezialeinheit der Polizei in Kempten festgenommen werden. Bei seiner Festnahme trug er eine geladene 9-Millimeter-Pistole mit gespanntem Hahn. In seiner Kemptener Wohnung fanden Beamte des LKA eine sogenannte Lupara (abgesägte Schrotflinte), die „klassischste der Mafia-Waffen“, und ein halbautomatisches Schnellfeuergewehr. Nach Überzeugung italienischer Sicherheitsbehörden handelte es sich bei Salvatore Salamone um den Kopf der Mafia-Familie Santangelo. Er hatte die Nachfolge des im Februar 1989 in Catania verhafteten Alfio Santangelo, einem gefährlichen Mafiakiller, angetreten. Vom Landgericht Kempten wurde Salamone wegen Raubes und Körperverletzung zu zwei Jahren und drei Monaten Haft verurteilt. Im Sommer 1991 wurde er den italienischen Behörden überstellt.

Die Sizilianer hatten unter anderem die Allgäuer Drogenszene mit Heroin und Kokain im Kilobereich versorgt. Das ergaben Nachforschungen einer Sonderkommission, die durch Beamte der Kemptener Kriminalpolizei sowie einem Mafiaspezialisten aus Catania verstärkt wurde.

Doch nicht nur sizilianische Mafiosi, auch neapolitanische Comorristi nutzen Deutschland als Ruhe- und Rückzugsgebiet, aber auch als Aktionsraum. So ging beispielsweise 1990 Beamten des Spezialdezernats zur Bekämpfung der

Italienische Organisierte Kriminalität (IOK) in Deutschland

Schlag gegen die Mafia in Italien, Deutschland und Belgien

19 Verdächtige in international koordinierter Aktion festgenommen

DORTMUND, 28. Mai (dpa). Bei einem international koordinierten Polizeieinsatz gegen die sizilianische Mafia sind in Italien, Belgien und Deutschland insgesamt 19 Personen verhaftet worden. Die Staatsanwaltschaft im sizilianischen Caltagirone, die die Operation koordinierte, hatte vorher insgesamt 54 Haftbefehle ausgestellt. Nicht alle Gesuchten wurden gefaßt.

Einige der Verdächtigten konnten vor der beabsichtigten Festnahme am Mittwoch morgen entkommen. Andere sitzen bereits wegen krimineller Aktivitäten im Gefängnis. An der Aktion waren 400 Polizisten beteiligt. Die Anklage lautet in allen Fällen auf Gründung einer kriminellen Vereinigung in Verbindung mit internationalem Drogenhandel und Waffengeschäften. Den mutmaßlichen Mafiosi wird die Beteiligung an 14 Morden und sieben Mordversuchen in der Zeit zwischen 1986 und 1991 in der Umgebung von Caltagirone vorgeworfen.

Während die belgische Polizei in Lüttich drei der vier Festgenommenen wieder auf freien Fuß gesetzt hat, wurden in Dortmund fünf Italiener festgenommen. Die Festnahmen seien auf Bitten der italienischen Behörden erfolgt, sagte ein Sprecher der Generalstaatsanwalt in Hamm.

Schlag gegen Mafia in Italien und Deutschland

ROM/WIESBADEN, 6. Mai (dpa). Die italienischen und deutschen Sicherheitskräfte haben am Mittwoch nach offiziellen Angaben aus Rom bei einer abgestimmten Operation gegen die Mafia in zahlreichen Städten beider Länder mindestens 41 Personen verhaftet und mehr als 100 andere vorübergehend festgenommen. Darunter sind in Italien mehrere Lokalpolitiker sowie leitende Beamte und Angestellte bei Gerichten, Gefängnissen, Stadt- und Kommunalverwaltungen. Dies teilten die italienischen Innenbehörden mit. Die Ermittlungsbehörden werfen den Festgenommenen und Verhafteten unter anderem die Beteiligung an der organisierten Kriminalität, Korruption, Begünstigung im Amt oder Rauschgifthandel vor. Koordiniert worden sei die Operation in Italien von der Staatsanwaltschaft Palermo.

Quelle: dpa

Organisierten Kriminalität des Bayerischen Landeskriminalamtes auf dem Münchener Flughafen Riem ein 37jähriger Neapolitaner ins Netz. Der aus Atlanta mit einer Linienmaschine kommende Mann war als Kaufmann Antonio E. getarnt. Mit internationalem Haftbefehl wurde er von italienischen Behörden gesucht. Antonio E., mutmaßliches Oberhaupt einer Camorra-Familie, war bei bewaffneten Auseinandersetzungen zwischen rivalisierenden Camorra-Familien in Neapel 1987 schwer verletzt worden und hatte sich in der Folge in die USA abgesetzt. Hier war er in der Bau- und Kosmetikbranche tätig, hatte möglicherweise Erlöse aus illegalen Transaktionen „gewaschen" und galt als gut situiert. Durch seine Heirat mit einer US-Bürgerin schob er seiner Auslieferung durch US-Behörden nach Italien einen Riegel vor. Die Behörden seiner Heimat warfen ihm die Mitgliedschaft in einer mafiaähnlichen Vereinigung, Erpressung, Raub und Waffendelikte vor und hatten dementsprechend in den USA seine Auslieferung beantragt. Sein Flug nach Deutschland wurde dem Camorra-Boß zum Verhängnis. Die enge Zusammenarbeit mit dem FBI, Interpol Rom und der Kriminalpolizei Neapels ermöglichte die – von italienischen Fahndern unterstützte – erfolgreiche Operation des Bayerischen Landeskriminalamtes.

Ob Camorra oder Mafia, vielfältige Kontakte der Führungsebene der italienischen Organisierten Kriminalität in Deutschland konnten nachgewiesen werden. Dazu nur ein Beispiel:

Aufgrund eines Rechtshilfeersuchens hielt sich Anfang 1989 ein mit der Mafia-Bekämpfung beauftragter sizilianischer Richter aus Palermo in Deutschland, Bundesland Baden-Württemberg, auf. Der Zweck seines Aufenthaltes war die Vernehmung einer 1988 festgenommenen Person, die mit einem internationalen Haftbefehl gesucht worden war. Der 40jährige Festgenommene war Kanadier italienischer Abstammung. Mit ihm zusammen war ein ebenfalls mit internationalem Haftbefehl gesuchter 56jähriger Kanadier, auch italienischer Abstammung, in Polizeigewahrsam genommen worden. Bei den beiden handelte es sich um mutmaßliche Führungspersonen der Mafia-Familie „Siculiana". Die beiden Mafiosi hatten Wohnsitze in Südamerika (Venezuela), Nordamerika (Kanada) und Westeuropa (Großbritannien). Die internationalen Haftbefehle waren wegen Rauschgifthandels und -schmuggels ausgestellt worden. Das Rauschgift war über verschiedene Firmen aus Thailand und Indien über Sizilien und Großbritannien nach Kanada und in die USA eingeschmuggelt worden. Es bestand der Verdacht, daß die Mafiosi innerhalb von rund zehn Jahren 0,8 Tonnen Heroin und 75 Tonnen Haschisch geschmuggelt haben. Die Vermutung lag nahe, daß die beiden Festgenommenen sich deshalb in Deutschland aufhielten, um hier einerseits neue Drogenabsatzmärkte und andererseits die Möglichkeiten der Anlage von Gewinnen zu erkunden. Ihre häufigen Aufenthalte in der Spielbank in Baden-Baden dienten möglicherweise der „Geldwäsche". Die beiden festgenommenen Top-Mafiosi wurden nach kurzer Zeit nach Italien ausgeliefert.

Dieses und viele andere Beispiele belegen, daß „die Mafia" das „Ziel Deutschland" schon längst erreicht hat – was im übrigen auch auf andere Gruppen der Organisierten Kriminalität zutrifft.

Italienische Organisierte Kriminalität (IOK) in Deutschland

Sonderkommission hebt italienische Bande aus

KÖLN, 22. Mai (dpa). Eine Sonderkommission „Pizza" der Kölner Polizei hat in der Nacht zu Freitag 13 Mitglieder einer italienischen Gangsterbande verhaftet. Nach Polizeiangaben gelang damit der bislang größte Schlag gegen das organisierte Verbrechen in diesem Jahr in der Domstadt.

Wie die Polizei am Freitag weiter mitteilte, werden der insgesamt 20köpfigen Bande Rauschgifthandel, Verbreitung von Falschgeld und falschen Pässen, Schutzgelderpressungen in mindestens sechs Fällen sowie illegaler Waffenbesitz zur Last gelegt. Sieben Bandenmitglieder, darunter ein Deutscher und ein Pole, seien noch flüchtig und würden mit internationalem Haftbefehl gesucht.

Auf Grund von Haftbefehlen und richterlichen Durchsuchungsbefehlen hatten Hunderte von Polizeibeamten, darunter auch Mitglieder des Sonderkommandos GSG 9, in der Nacht zum Freitag 33 Wohnungen und Gaststätten in Köln durchsucht.

Unter den Festgenommenen, die laut Polizeiangaben zwischen 28 und 40 Jahre alt sind und alle aus Sizilien stammen, befinde sich der „harte Kern" der Bande, die nun „arbeitsunfähig" sei. Außerdem stellte die Polizei drei Kilo Kokain, sechs scharfe Faustfeuerwaffen mit Munition, 30 000 DM Falschgeld, italienische Blankoausweise und Pfandbriefe sowie falsche US-Dollar sicher. Nach Angaben der Polizei trieb die „Bande mit mafiosen Strukturen" mindestens seit 1989 in der Gegend von Köln ihr Unwesen als Gangsterring. Die Ermittlungen der zehnköpfigen Sonderkommission „Pizza" seien vor einem guten Jahr aufgenommen worden.

Killer von Richter Livatino sollen aus Düsseldorf kommen

Agrigent/Düsseldorf (dpa). In der Nähe von Düsseldorf wohnende Sizilianer sollen als Killerkommando der Mafia vor zehn Tagen bei Agrigent den italienischen Untersuchungsrichter Rosario Livatino erschossen haben. Nach Angaben der italienischen Polizei sind vier Männer dringend der Tat verdächtig, die vor Jahren in die Bundesrepublik ausgewandert waren. Immer wieder würden sie für Mordanschläge in Italien eingesetzt, nach deren Ausführung sie dann unerkannt nach Deutschland zurückkehrten.

Die Täter, die auf freiem Fuß sind, würden in Deutschland über legale Arbeits- und Aufenthaltsgenehmigungen verfügen. Nur zum Schein seien sie als Angestellte einer Baufirma tätig, in Wahrheit stünden sie in den Diensten der Mafia. Die Ermordung des Richters hatte die italienische Staatsführung zu neuen Anstrengungen im Kampf gegen das organisierte Verbrechen veranlaßt.

Quelle: dpa

4 Fallbeispiele für internationale OK in Deutschland

Wie dargestellt, hat die Organisierte Kriminalität in Deutschland fast ausnahmslos internationale Bezüge. Das ist die Situation im Lande Anfang der 90er Jahre. Sie soll nachstehend an der polizeilichen Beschreibung von Ermittlungsverfahren verschiedener Landeskriminalämter und des Bundeskriminalamtes dargestellt werden, die Beispiele für die international organisierte Kraftfahrzeugverschiebung, Falschgeldkriminalität, Euroscheckbetrug, Menschenhandel und Hehlerei geben.

Beispiel 1: Kraftfahrzeugverschiebung

Durch die Öffnung der Grenzen im Osten der Bundesrepublik hat sich der international organisierten Kraftfahrzeugverschiebung ein neuer Absatzmarkt eröffnet. Hauptabnehmerland von der Bundesrepublik gestohlenen Kraftfahrzeugen ist bzw. war bis vor kurzem die Republik Polen.

Polnische Tätergruppen unter deutscher Beteiligung haben das Geschäft fest in der Hand und Beschaffungsorganisationen und Absatzwege aufgebaut. Über den gezielten Diebstahl von Kraftfahrzeugen ausgewählter Marken und Typen, die Beschaffung entsprechender Falschpapiere, die unverzügliche Überführung der Fahrzeuge durch Kuriere und Wiedereinbringung in den privaten Gebrauchtwagenmarkt in Polen ist alles arbeitsteilig geregelt und organisiert.

1989 wurden in Polen 110.000 privat importierte Kraftfahrzeuge aus dem Ausland zugelassen. 80 bis 85 Prozent dieser Fahrzeuge stammten aus der Bundesrepublik. Nach Erkenntnissen des Bundeskriminalamtes dürften zwischen 10 bis 20 Prozent durch Straftaten erlangt sein. Tatschwerpunkte sind u. a. Berlin und der Großraum Hamburg. Für die Überführung wird der Landweg durch die Länder im Osten oder die CSFR, der Seeweg über Skandinavien sowie die Bahnversendung über deutsche Güterbahnhöfe benutzt.

Das Bundeskriminalamt führt zwei Ermittlungsverfahren im Auftrage der Staatsanwaltschaft Berlin. Die Ermittlungen in Fällen von Kfz-Verschiebung nach Polen bereiten nicht geringe Schwierigkeiten. Wenngleich der Nachweis des Imports der gestohlenen Fahrzeuge bei den polnischen Zollbehörden in einer Vielzahl von Fällen durchaus möglich ist, sind Überprüfungen zu den Straftätern in Polen sowie die Sicherstellung und Rückführung der Fahrzeuge nur schwer zu bewerkstelligen. Der polnischen Polizei sind überdies aufgrund schlechter Infrastruktur, Technik, Logistik und fehlender Spezialkenntnisse enge Grenzen gesetzt.

Auf Initiative des BKA wurden erstmals im Juni 1990 in Warschau und im September in Breslau fahndungsmäßige Überprüfungen hinsichtlich importierter PKW vorgenommen. Insgesamt wurden in Warschau zwölf hoch- und neuwertige PKW (zehn davon waren in den Großräumen Hamburg und Berlin entwendet worden) und in Breslau über vierzig Fahrzeuge sichergestellt. In diesem Zusammenhang konnten in Breslau 16 und in der Bundesrepublik vier Personen festgenommen werden.

Gegen fünf Organisatoren, Geldgeber und Großhehler, deren Aufenthalt in Polen vermutet wird, bestehen internationale Haftbefehle. Auf dem illegalen Markt in Polen zeigten die Aktionen Wirkung, indem die Preise für gestohlene Fahrzeuge merklich gefallen sind. Als weitere Folge dieser Aktionen ist zu beobachten, daß nunmehr die Sowjetunion bzw. die GUS als neuer Absatzmarkt erschlossen wird.

Aktuelle Informationen belegen, daß in verstärktem Maße russische und polnische Tätergruppen in der Bundesrepublik gestohlene Fahrzeuge – vor allem hochwertige Mercedes – über Polen in die GUS verbringen. Die Fahrzeuge werden teilweise mit Gold und Diamanten bezahlt.

Die gewinnträchtigen Praktiken werden von Tätergruppierungen gesteuert, deren Struktur und Arbeitsweise alle Merkmale der Organisierten Kriminalität ausweisen. Im Zuge der Ermittlungen wurde deutlich, daß die Täter deliktsübergreifend agieren und auch in anderen Bereichen der Eigentumskriminalität sowie der Falschgeld- und Rauschgiftkriminalität aktiv sind. So sind Angehörige polnischer Tätergruppierungen wiederholt als Täter in Fällen des organisierten Ladendiebstahls (mit Schwerpunkt Unterhaltungselektronik) festgestellt worden.

Beispiel 2: Falschgeldkriminalität

Der US-Dollar ist die meistgefälschte Währung der Welt. Die Anhaltefälle sind 1988 zu 1989 um ca. 41 Prozent gestiegen. 1989 wurden in der Bundesrepublik US-Dollar-Falsifikate im Gesamt-Nennwert von ca. 17,5 Millionen US-Dollar sichergestellt, weltweit 122 Millionen. Meist kommen die falschen Dollars aus dem Ausland. Es gibt aber auch das andere Beispiel.

So wurden Ende November 1988 in Frankfurt/Main erstmals bis dahin unbekannte 100 US-Dollar-Falsifikate angehalten, die später von der Deutschen Bundesbank als durchschnittliche Fälschung der Fälschungsklasse 504 zugeordnet wurden. Die in Saarbrücken wohnhafte Einreicherin dieser Falsifikate wurde zunächst als gutgläubige Letztbesitzerin angesehen. Im Januar 1989 fielen dann in Mulhouse/Frankreich weitere Stücke derselben Fälschungsklasse an, wobei zwei im Raum Saarbrücken wohnhafte Deutsche festgenommen wurden. Zeitgleich stellte die Polizei in Vancouver/Kanada 250 falsche US-Dollar-Banknoten sicher, die ein in Saarbrücken wohnhafter deutscher Staatsangehöriger nach Kanada verbracht hatte.

Im Auftrage der Staatsanwaltschaft Saarbrücken übernahm das Bundeskriminalamt die Ermittlungen. Gegen den Falschgeldkurier wurde eine Telefonüberwachung durchgeführt. Hierdurch konnten weitere Tatverdächtige, die zum Teil einschlägig in Erscheinung getreten waren, als mutmaßliche Falschgeld-Hersteller identifiziert werden. Über einen längeren Zeitraum wurden verschiedene Objekte und die Tatverdächtigen observiert und Telefonüberwachungsmaßnahmen durchgeführt.

Noch Anfang Februar 1989 wurden in Genf zwei Spanier festgenommen, als sie Falsifikate der Fkl. 504 im Gesamtwert von 500.000 US-Dollar bei einer Bank umtauschen wollten. Die Falsifikate stammten ebenfalls aus Saarbrükken.

Im März 1989 wurden dann in einer Aktion mit der saarländischen Polizei die Wohnungen und Geschäftsräume der Verdächtigen durchsucht, fünf Personen festgenommen und Falschnoten im Betrag von 2,5 Millionen US-Dollar, die im Garten eines der Beschuldigten vergraben waren, sichergestellt. Ebenfalls konnte die zur Herstellung der falschen Noten benutzte Druckerei in Sulzbach/Saar ermittelt werden. Nach Aussage des festgenommenen Druckers sollen falsche 100 US-Dollar im Wert von 16 Millionen gedruckt, davon jedoch 50 Prozent als Ausschuß vernichtet worden sein.

Im Zuge der Folgeermittlungen konnten weitere Falschgeldabnehmer identifiziert und insgesamt falsche US-Dollar-Noten im Gesamtwert von ca. 4,5 Millionen US-Dollar beschlagnahmt werden. Trotz der Ermittlungserfolge war bisher nicht zu klären, wo der Rest des hergestellten Falschgeldes verblieben ist. 100 US-Dollar-Banknoten der Fkl. 504 tauchen nach wie vor im Zahlungsverkehr auf.

Die mittlerweile vom Bundeskriminalamt abgeschlossenen Ermittlungen wurden gegen einen aus 19 Personen bestehenden Täterkreis geführt. Der „harte Kern" dieses Kreises bestand aus fünf Personen, die ca. 500.000 DM echtes Geld in ihr Falschgeldgeschäft investiert hatten.

Beispiel 3: Euroscheckbetrug

Bei der betrügerischen Einlösung von Euroschecks, die im Inland erlangt und im Ausland eingelöst werden, machen sich zunehmend Strukturen Organisierter Kriminalität bemerkbar.

Das Bundeskriminalamt führt seit 1987 im Auftrag der Staatsanwaltschaft Frankfurt/Main ein Ermittlungsverfahren gegen eine international agierende Tätergruppe, deren Mitglieder arbeitsteilig Scheckdiebstähle, Scheckhehlereien, Scheckbetrügereien, Scheckfälschungen, aber auch Verstöße gegen das Betäubungsmittelgesetz und andere Straftaten begingen.

Am Anfang der Ermittlungen standen betrügerische Einlösungen von Euroschecks im Ausland, die in der Bundesrepublik als Blankoformulare gestohlen worden waren. So waren schon 1982 500 Blanko-Euroscheckformulare der Volksbank eG Kleve auf dem Weg von der Wiesbadener Druckerei zur Volksbank Kleve in Schwelm entwendet worden, ohne daß die Täter ermittelt werden konnten.
Ferner waren bei der Deutsch-Skandinavischen Bank AG in Frankfurt/Main aus dem Tresor irgendwann 3.130 Euroscheckformulare „abhanden gekommen", die bereits 1976 gedruckt, aber aufgrund einer anderen Entscheidung nie an Kunden ausgegeben worden waren. Die Bank hatte auch keine Euroscheckkarten ausgegeben. Im Juni 1987 wurde dennoch das Konto dieser Bank mit dem Gegenwert solcher im Ausland eingelöster Euroschecks belastet. Bei den Scheckeinlösungen wurden totalgefälschte Ausweise und Euroscheckkarten vorgelegt.
Eine Bankenwarnung bezüglich dieser Euroschecks führte zu ersten Festnahmen in Italien. Im Zuge der Auswertung beim Bundeskriminalamt konnten auf den eingelösten Schecks insgesamt 56 verschiedene Ausfüllschriften festgestellt werden. Anhand von Schriften- und Merkmalsvergleichen wurden Zusammenhänge festgestellt und daraus Betrugsserien zusammengestellt. Bei den Euroscheckkarten ließen sich gleichartige Fälschungsmerkmale wie die bei den im Falle der Einlösung von Schecks der Deutsch-Skandinavischen Bank AG Frankfurt/Main und der Volksbank eG Kleve benutzten Karten feststellen. Einige Euroscheckeinlöser konnten überdies identifiziert werden. Weitere Auswertungsfakten begründeten den Verdacht, daß Zusammenhänge zu zahlreichen Einbruchsdiebstählen in Wohnungen bestanden. So werden in der Bundesrepublik jährlich etwa 150.000 Einbruchsdiebstähle in Wohnungen registriert. Häufig werden von den Tätern dabei Euroschecks erbeutet.
Der schnelle Umschlag im Inland gestohlener und im Ausland eingelöster Euroschecks und insbesondere die wiederkehrenden Fälschungsmerkmale sowie gleichartigen Ausfüllmodalitäten wiesen auf eine international agierende Tätergruppe mit zentraler Versorgungsbasis hin.
Die Verdachtsmomente konzentrierten sich schließlich auf den Inhaber eines italienischen Restaurants in Frankfurt und weitere Personen. Die Erkenntnisse häuften sich, daß das Restaurant als Depot und Verteilerstelle fungierte. Festnahmen im November 1987 in Mailand mit Sicherstellung von Euroschecks, gefälschten Euroscheckkarten, gefälschten Pässen und Identitätskarten aus mehreren Staaten bestärkten den Verdacht, nachdem in einem Adreßbuch auch die Telefonnummern des genannten Restaurants festgestellt wurden.
Im Februar 1988 wurden bei Festnahmen in Valencia wieder deutsche Euroschecks sichergestellt, die aus Diebstählen aus dem Rhein-Main-Gebiet stammten. Mitglieder dieser Tätergruppe waren regelmäßig nach Frankfurt gereist. Weitere Ermittlungen ergaben ferner, daß auch südamerikanische

Einbrechergruppen nach Frankfurt einreisten, um hier und im Frankfurter Umland Diebstähle auszuführen und gestohlene Euroschecks zu erbeuten.
Am 15. 3. 90 erfolgte in einer Großaktion der Zugriff. Bei der Durchsuchung zahlreicher Objekte in Hessen und Baden-Württemberg konnten gestohlene Euroschecks und EC-Karten, gestohlene Personalpapiere und eine Pistole sowie Bargeld und 197 Ecu-Obligationen im Gesamtwert von 300.000 DM – diese stammten aus einem Raub in London – sichergestellt werden. Drei Tatverdächtige wurden in Haft genommen, zehn weitere Beschuldigte werden noch mit Haftbefehl gesucht.
Noch während der verdeckt geführten Ermittlungen wurden nach und nach sieben Personen als Kuriere enttarnt und im In- und Ausland festgenommen sowie gestohlene Euroschecks in größerer Zahl sichergestellt.
Durch den Einsatz konnte eine OK-Struktur zerschlagen werden. Es ist realistisch anzunehmen, daß weitere solcher OK-Strukturen existieren. Die Erkenntnisse besagen, daß die „Beschaffungsebene“ und die „Verwertungsebene“ jeweils selbständig voneinander bestehen und agieren. Auf der „Beschaffungsebene“ arbeiten Einzeltäter ebenso wie selbständig organisierte Tätergruppen (Jugoslawen, Zigeuner, Rumänen) und auch internationale Diebesbanden (Südamerikaner, wie z. B. Chilenen, Uruguayer). Letztere führen ihre meist von sog. Residenten vorgeplanten Taten gezielt durch. Tathandlungen sind Wohnungseinbruch, Taschendiebstahl und Diebstahl aus Kraftfahrzeugen.
Soweit von den Tätern Schecks erbeutet werden, liefern sie diese an bekannte „Sammelstellen“ ab. Jeder Scheck, der einen Gegenwert von 400 DM repräsentiert, wird mit etwa 20 Prozent in Zahlung genommen (bis 70 DM ohne Karte; bis zu 130 mit dazugehöriger Scheckkarte). Auf der „Verwertungsebene“ werden die Schecks von den Sammelstellen internationalen Hehlerorganisationen zugeleitet, die die Einlösung in Bargeld oder den Kauf hochwertiger Konsumgüter vornehmen.
Bisher sind dem Bundeskriminalamt ca. 150 Mitglieder der Organisation in Europa bekannt, die festgefügte Aufgaben erfüllen und offensichtlich ganz bestimmte Positionen innehaben (z. B. Kuriere, Verteiler, Einlöser, Hehler). Die Organisationsstruktur ist so gestaltet, daß in jedem Land ein „Organisator“ existiert, der die Annahme, die Verteilung und die Einlösung der Euroschecks koordiniert und als Anlaufstelle für die Beschaffer dient.
Die Ermittlungen des Bundeskriminalamtes erbringen zunehmend Beweise dafür, daß ein Teil der vereinnahmten Gelder zur Beschaffung von Rauschgift auf dem südamerikanischen Markt verwendet werden. Zahlreiche Kontakte von Mitgliedern der Organisation zu bekannten Kokainlieferanten des Medellin-Kartells sind nachweisbar. In mehreren Fällen wurde ermittelt, daß ehemalige erfolgreiche Scheckeinlöser aus Spanien und Italien inzwischen zu Mittelsleuten im Rauschgiftgeschäft innerhalb der Organisation aufgestiegen sind.

Beispiel 4: Menschenhandel

Seit Juni 1988 ermittelte das Bundeskriminalamt im Auftrag der Staatsanwaltschaft Frankfurt/Main gegen eine internationale Tätergruppe wegen Verdachts des Menschenhandels u. a. zum Nachteil philippinischer Staatsangehöriger.

Hintergrund dieses Verdachts waren entsprechende Feststellungen der Grenzschutzdirektion Koblenz über die ständig zunehmende Zahl der Einreisen von philippinischen Staatsangehörigen, zumeist über den Rhein-Main-Flughafen unter Inanspruchnahme der Touristeneigenschaft. Ferner kam es zu Aufgriffen ganzer Gruppen bei versuchten illegalen Grenzübertritten an deutschen, schweizerischen, österreichischen und französischen Grenzen. Schleuser hatten jeweils versucht, die Filipinos, vorwiegend Frauen, mit angemieteten Wohnmobilen und Klein-LKW, per Bahn oder zu Fuß unbemerkt nach Italien bzw. Frankreich zu verbringen.

Da die meisten mittellos waren und auch durch ihre Familien nicht die erforderliche Summe aufgebracht werden konnte, nahm die Mehrheit der Betroffenen einen Kredit in Höhe von etwa 5.000 bis 6.000 Dollar auf, um die Organisation für die Beschaffung der Pässe und der Rückflugtickets bezahlen zu können. Ferner mußten sie, um ihre Touristeneigenschaft unterstreichen zu können, „Vorzeigegeld" bei sich tragen.

Die Reisen wurden von Manila aus über dort ansässige „Agenturen" abgewickelt. Nach Einreise wurden sie durch die hier etablierten „Agenturleiter" betreut. Dazu gehörte die vorübergehende Unterbringung in billigen Hotels oder Absteigen bis zur Zusammenführung zu größeren Gruppen zwecks Transports in die Zielländer. Das noch vorhandene Bargeld und die Rückflugtickets wurden den Filipinos vor Einreise in das Zielland abgenommen (der Erlös für die nicht benutzten Tickets floß in die Kasse der Organisation zurück). Die Bundesrepublik wurde als Transitland gewählt, weil Touristen aus den Philippinen hier kein Einreise- bzw. Durchreisevisum benötigten.

Umfangreiche Ermittlungen, Telefonüberwachungen und Observationen – eine führte bis nach Italien –, zuletzt die Durchsuchung von 17 Objekten und Festnahme von vier Hauptbeschuldigten, konnten den zunächst vorliegenden Verdacht des Menschenhandels gemäß § 181 StGB jedoch nicht belegen. Auch eine Tatbestandsverwirklichung der §§ 227 Arbeitsförderungsgesetz und 47, 47a Ausländergesetz ließ sich nicht begründen, da die eingereisten Filipinos sämtlich im Besitz gültiger Pässe waren, es für die Einreise zur damaligen Zeit keines Visums bedurfte und in keinem Fall eine Arbeitsaufnahme in Deutschland festgestellt werden konnte. Gleichwohl liegen Aussagen und Erkenntnisse vor, daß Frauen mit der Absicht nach Italien und

Frankreich eingeschleust wurden, um sie dort in Bordellbetrieben zur Prostitution zu bringen.

Die arbeitsteilige Abwicklung unter Einbindung von

- Anwerbern
- Abholern/Betreuern
- Agenturleitern
- Schleusern

zeigte eine professionelle, Menschenschicksale mißbrauchende präzise Tatplanung und -durchführung.

Im vorliegenden Verfahren waren 57 direkt beteiligte Beschuldigte der Staatsanwaltschaft benannt worden, nach den Ermittlungen des Bundeskriminalamtes dürfte die Organisation aus ca. 80 bis 100 Personen bestanden haben, welche in der Zeit von 1985 bis 1988 mindestens 20.000 Filipinos nach Europa geschleust haben.

Dies ist für die Organisation ein lukratives, hohen Gewinn abwerfendes Geschäft.

Nach Abzug aller Unkosten dürfte von einem Reingewinn von 3.000 US-Dollar pro eingeschleuste Person auszugehen sein. Erwähnenswert ist, daß sich die Geschleusten wegen der hohen Zinsforderungen (10 Prozent monatlich von der Grundsumme des Kredits) jahrelang in finanzieller Abhängigkeit befinden. Nach polizeilichen Erkenntnissen zahlen nach Italien vermittelte Personen monatliche Rückzahlungen von 700 bis 1.000 US-Dollar.

Beispiel 5: Gewerbsmäßige Hehlerei

Im Juni 1988 wurde dem Polizeipräsidium/PP München bekannt, daß eine tschechische Hehlergruppe Hehlereigeschäfte im großen Stile (vorwiegend hochwertige Geräte der Unterhaltungselektronik, Videokameras, Schmuck und teure Bekleidung) betreiben soll. Nach sechs Monaten Vorermittlungen führte das PP München am 6. 12. 88 eine bundesweit angelegte Durchsuchungsaktion in 75 Wohnungen und Geschäften durch. Gleichzeitig waren 20 Haftbefehle – ausgestellt wegen der Bildung einer kriminellen Vereinigung und gewerbsmäßiger Hehlerei – zu vollziehen und 79 tatverdächtige Personen zur staatsanwaltschaftlichen/kriminalpolizeilichen Vernehmung ins PP München vorzuführen. Die Ermittlungen konzentrierten sich in erster Linie auf ca. 110 tschechische und jugoslawische Staatsangehörige, die in rund 250 Straftaten (Eigentumsdelikte) verwickelt sind.

Die durchgeführte Aktion brachte nach erster Einschätzung die Bestätigung des Anfangsverdachtes. So konnte eine Vielzahl der gezielt gesuchten

Gegenstände sowie weiteres Diebesgut aufgefunden und sichergestellt werden. Darüber hinaus wurden in München zwölf sowie in Hamburg eine der mit Haftbefehl (HB) gesuchten Person festgenommen und 79 Beschuldigte vernommen. Die übrigen Zielpersonen befanden sich entweder im Ausland oder waren unbekannten Aufenthalts. Ein Teil der festgenommenen Personen legte bereits bei der ersten Vernehmung ein Geständnis ab. Im Rahmen der Aktion gelang auch die Festnahme einer mit vier Haftbefehlen (Betrug) gesuchten Person.

Die Gruppe arbeitete in klarer „Arbeitsabgrenzung". Während der sog. harte Kern, bestehend aus etwa 15 Personen, alle Steuerungsaufgaben wahrnahm, betätigten sich die übrigen Täter vorwiegend als Beschaffer (Einbrecher, Diebe), Hehler-Vermittler und Hehler/Endabnehmer. Den jugoslawischen Tätern oblag vorwiegend die Aufgabe die Ware durch Einbrüche und professionell ausgeführte Kaufhausdiebstähle zu besorgen. Über die in München/Pasing liegende Zentrale der Gruppe wurde das Diebesgut dann in Hehlerkreisen abgesetzt. Die Wohnung der Hauptbeschuldigten wurde in eine regelrechte Warenbörse umfunktioniert. Die Endabnehmer – vorwiegend tschechische und jugoslawische Staatsangehörige, aber auch ein deutsches Ehepaar – erhielten die gewünschten und oft schon bestellten Artikel in der Regel zum halben Preis. In einem Fall hatte ein deutsches Ehepaar beinahe die komplette Wohnungseinrichtung über diese Quelle erhalten. Ein Teil der gestohlenen Ware ging auch über Mittelsleute in Ostblockstaaten (Jugoslawien, Tschechoslowakei). Nach Sachlage bestritten die Haupttäter ihren Lebensunterhalt und auch teilweise den ihrer nahen Verwandten aus dem Erlös der Straftaten. Die dem Randkreis der Gruppe zuzurechnenden Täter dagegen gingen meist einer Arbeit oder Gelegenheitsbeschäftigung nach, verschafften sich aber offensichtlich durch die Hehlereigeschäfte einen durchaus einträglichen Nebenverdienst.

Bei der Aktion waren 228 Beamte der Schutz- und Kriminalbeamte sowie neun Staatsanwälte und 60 Gemeindebeamte eingesetzt.

Anmerkung: Die Ermittlungen führten zum Nachweis von 528 Straftaten. Das Verfahren lief gegen 157 Beschuldigte. Die Ermittlungen dauerten ca. 14 Monate.

5 Voraussichtliche OK-Entwicklung in Deutschland

Für die Entwicklung der Organisierten Kriminalität in der letzten Dekade dieses Jahrhunderts gibt es – insbesondere für Europa – eine bedenklich stimmende hohe Zahl düsterer Prognosen. Deutschland nimmt sich da nicht aus. Unisono wird davon ausgegangen, daß die Organisierte Kriminalität in den 90er Jahren sowohl quantitativ als auch qualitativ zunehmen wird. Zu dieser Einschätzung einige Stimmen:

- *„Mit dem freien Verkehr von Personen, Waren, Dienstleistungen und Kapital eröffnen sich für das systematisch und weltweit planende Verbrechen mannigfaltige, weitreichende und äußerst ergibige neue Betätigungsfelder. Befürchtet werden ganz neue Dimensionen der Drogen-, Verrechnungs-, Umwelt- und Betrugskriminalität. Es muß mit weiterer Verdichtung des professionellen kriminellen Milieus in großstädtischen Ballungszentren gerechnet werden. Es sind die Gefahren der politischen Korruption gegeben“,*

so die gemeinsame Arbeitsgruppe der Innen- und Justizminister des Bundeslandes Baden-Württemberg im Frühjahr 1990.

- *„Die Bedrohung der inneren Sicherheit durch die Organisierte Kriminalität droht sich für Europa und besonders für die Bundesrepublik Deutschland zu einer nationalen Existenzfrage auszuwachsen“,*

zu dieser Einschätzung kam die Innenministerkonferenz (IMK) auf einer Sondersitzung in Hiltrup Mitte März 1990.

- *„Der europäische Kontinent ... stellt einen lukrativen und ausbaufähigen Absatzmarkt für Drogen verschiedenster Art dar, vor dem Hintergrund einer in Westeuropa guten, prosperierenden Wirtschaftslage und des relativen Wohlstands seiner Einwohner“,*

zu diesem Resultat kam der Abteilungspräsident „Rauschgiftbekämpfung“ im Bundeskriminalamt 1991.

- *„Die Organisierte Kriminalität ist die vielleicht größte Bedrohung des Rechtsstaates der Bundesrepublik bisher überhaupt“,*

so der frühere Bundesinnenminister Wolfgang Schäuble (CDU) auf einem Kongreß seiner Partei zur inneren Sicherheit in Hamburg im Mai 1991.

Wegen der wirtschaftspolitischen Änderungen im Westen Europas und der politgeographischen Änderungen im Osten Europas ist mit einer weiteren Internationalisierung der Organisierten Kriminalität im „kriminalgeographischen Großraum Europa" zu rechnen. Begünstigt wird diese wahrscheinliche Entwicklung einerseits durch

- den Zusammenschluß der zwölf Mitgliedstaaten der Europäischen Gemeinschaft (EG) zu einem – von freiem Verkehr von Personen, Waren, Dienstleistungen und Kapital gekennzeichneten – Binnenmarkt zum 1. Januar 1993, sowie
  die Bildung eines Europäischen Wirtschaftsraumes (EWR) durch die Mitgliedstaaten der EG und den EFTA (= European Free Trade Association = Europäische Freihandelszone)Staaten Finnland, Schweden, Norwegen, Island, Liechtenstein, Österreich und Schweiz ebenfalls zum 1. Januar 1993, und andererseits durch
- die schwierige und langzeitige Umstellung der Reformstaaten Osteuropas, mit Einschränkungen auch der Gemeinschaft unabhängiger Staaten (GUS) von zentral gelenkter Planwirtschaft auf freie Marktwirtschaft und von sozialistischer Einparteiendiktatur auf demokratische Mehrparteiensysteme.

In diesem sich wandelnden Europa kommt Deutschland ein besonders hoher Stellenwert zu. BKA-Präsident Zachert wies im Mai 1991 schon darauf hin, daß „die Bundesrepublik Deutschland durch ihr Wirtschafts- und Rechtssystem, die geographische Lage und das Wohlstandsniveau (der alten Bundesländer) für internationale Straftäter besonders attraktiv geworden" ist. Deutschland als „stabile Währungs- und Wirtschaftsbastion Europas" wird künftig wohl zum Anziehungspunkt für die internationale Organisierte Kriminalität werden, die sich ihrerseits noch weiter professionalisieren wird. Diese Professionalisierung wird zunehmend bei den Tätergruppen aus Osteuropa und der GUS zu beobachten sein. Die Gewaltbereitschaft und die Gewaltanwendung von organisierten polnischen, russischen (sogenannte Rote Mafia) und rumänischen Kriminellen hat schon zu Beginn dieser letzten Dekade erschreckende Ausmaße. Osteuropa – ein für lange Jahre gewaltiger Absatzmarkt für Konsumgüter aller Art – und Westeuropa sind mitten auf dem Wege, einen gewaltigen gemeinsamen „kriminalgeographischen Großraum Europa" zu bilden, in dem die Organisierte Kriminalität eine mehr als herausragende Rolle spielt. Diese Dominanz verdanken die organisierten Verbrechensgruppen nicht zuletzt einem Deliktbereich, der über Nachkriegsjahrzehnte zur profitabelsten Einnahmequelle auf- und ausgebaut wurde – dem Rauschgiftgeschäft.

3. Kapitel
Rauschgiftkriminalität – der lukrativste Deliktbereich der Organisierten Kriminalität

In den ersten zwei Dekaden des 20. Jahrhunderts zählten diverse Verbrechergruppen in Ostasien, Südeuropa und Nordamerika zu ihren – heute „klassischen“ – Deliktbereichen diverse Schiebergeschäfte, Glücksspiel, Geldverleih und Wucher, Schutzgelderpressung und Vermittlungen von Dienstleistungen. In der dritten Dekade machten in den USA italo-amerikanische Cosa Nostra-Familien während der Alkohol-Prohibition erstmalig die Erfahrung, mit welchen gewaltigen Umsätzen – und daraus resultierenden Nettoerlösen – das Geschäft mit verbotenen Drogen verbunden ist. Nach der Aufhebung des Alkoholverbotes 1933 kam es folgerichtig zu dem Anschlußgeschäft mit der verbotenen Droge Heroin. Familien der Unione Siciliana in den USA und der Union Corse in Südfrankreich begründeten die „French Connection“, die mit dem Zweiten Weltkrieg für zehn Jahre unterbrochen wurde. Auf den Weltkrieg folgte der „kalte Krieg“ zwischen den demokratischen Staaten des Westens und den kommunistischen Staaten des Ostens, dessen Frühzeit die Wiedererstarkung angeschlagener Gruppen der Organisierten Kriminalität begünstigte. Diese konnte dadurch den kriegsbedingt unterbrochenen Drogenhandel wiederbeleben, der in der Folgezeit für immer neue Gruppen – von der organisierten Kriminalität über Freiheitskämpfer ethnischer Minoritäten bis zu Politterroristen – interessant wurde. In vier Nachkriegsjahrzehnten entwickelte sich das Rauschgiftgeschäft zum profitabelsten Deliktbereich weltweit operierender organisierter Kriminalität. Der Umsatz dieser Zeit, also von Ende der 40er bis Ende der 80er Jahre, wird schätzungsweise bei vier bis über fünf Billionen (!) Dollar gelegen haben. Anfang der 90er Jahre wird allein der Rauschgiftjahresumsatz weltweit auf 500 bis 800 Milliarden Dollar geschätzt. Dieser immer stärker fließende Kapitalstrom hat zu einer weltweit betriebenen „Geldwäsche“ ungeheuren Ausmaßes geführt. Gelder aus dem Drogenhandel sind zum Bestandteil des Finanzhandels geworden; und aus Verbrecherclans haben sich „Finanzholdings“ entwickelt.

1 Entstehungsgeschichte der illegalen Drogenindustrie

Angeschlagen, aber nicht zerschlagen, hatten viele OK-Gruppen den Weltkrieg überlebt. Bereits Ende der 40er begannen Korsen-Clans und Cosa Nostra-Familien die „French Connection“ wiederzubeleben. In Japan bauten die Yakuza den illegalen Amphetaminhandel auf. Und in Südostasien begannen aus der 1949 gegründeten VR China geflüchtete Kuomintang-Einheiten den Opiumhandel zu organisieren.

- In den 50er Jahren begann die Blütezeit der „French Connection“. Das „milieu“ der Korsen hatte darüber hinaus in Französisch-Indochina Kontakte zu dort tätigen chinesischen Bünden hergestellt. In den USA entwickelte die Cosa Nostra mit Hilfe nichtitalienischer Finanzberater die systematisch betriebene „Geldwäsche“, auch außerhalb des Landes.

- In den 60er Jahren hatte die „French Connection“ ihren Zenit erreicht. Als die USA Mitte dieses Jahrzehnts in Vietnam in den zweiten Indochina-Krieg eintraten, verlor sie in der zweiten Dekadenhälfte zunehmend ihre Vormachtstellung im Heroinhandel. Im südostasiatischen Raum profitierten davon chinesische Bünde. In Lateinamerika entstand die „Latin Connection“, die sich im grenzüberschreitenden Warenschmuggel auch der ersten Drogen annahm.

- Wie in keinem anderen Jahrzehnt zuvor traten in den 70er Jahren auch neue OK-Gruppen in das zunehmend lukrative Geschäft des Drogenhandels. Bedingt war diese Entwicklung durch die Zerschlagung der „French Connection“ 1971/72 und dem daraus resultierenden Heroinversorgungsvakuum einerseits und dem Rückzug der Amerikaner aus Vietnam 1973 und dem daraus resultierenden Weggang amerikanischer Drogennachfrager zu „Lasten“ chinesischer Drogenanbieter andererseits.

  Für die USA übernahm die Heroinversorgung kurzzeitig die „Mexican Connection“. Die Cosa Nostra, der korsischen Partner entledigt, baute in Kooperation mit sizilianischen Mafia-Familien eine neue Heroin-Connection auf, die in der zweiten Hälfte der 70er Jahre zu einer enormen Kapital- und damit auch Machtmehrung der beteiligten italo-amerikanischen und sizilianischen OK-Gruppen führte. In Westeuropa wurden Mitte der 70er Jahre die „Chinese Connection“ aktiv. Im Rotlichtbezirk Amsterdams etablierten sich Triaden, deren Mitglieder im Chinesenviertel untertauchten. Neu an dieser Connection war, daß sie das Opium gleich in den südostasiatischen Schlafmohnanbaugebieten zu Heroin veredeln ließ und das Endprodukt nach Westeuropa einschmuggelte. Konkurrenz erwuchs der „Chinese Connection“ Ende der 70er Jahre durch die „Turkish Connection“, die ihrerseits Zugriff auf die mittelöstlichen Schlafmohnkulturen hatte.

  In Südamerika begannen sich in dieser Dekade vornehmlich kolumbianische Familien wegen eines zunehmend lukrativeren Kokaingeschäftes zusammenzuschließen. Im Nahen Osten begünstigte ab 1975 der Bürgerkrieg im Libanon den Drogenanbau (Hanf). Im Geschäft Drogen-gegen-Waffen kam es in der zweiten Hälfte der 70er Jahre zu einer ersten

Zusammenarbeit zwischen sizilianischen Mafia-Familien und libanesischen Clans.

Zum Ende der 70er Jahre war das illegale Drogengeschäft für diverse OK-Gruppen zum lukrativsten Deliktbereich geworden. Im Schnitt stellte der Sektor Rauschgift die Hälfte des gesamten OK-Umsatzes. Die hohen Profite ließen neben der OK auch andere Gruppen in das Drogengeschäft einsteigen, beispielsweise Politterroristen und Freiheitskämpfer ethnischer Minderheiten. Die Profite reizten aber auch neue Familien beziehungsweise Clans, die bisher nicht im Drogenhandel tätig waren. Und nicht zuletzt war eine Verbrechergeneration nachgewachsen, die mit Drogen noch weit mehr Geld als die Vätergeneration verdienen wollte.

- Anfang der 80er Jahre war es deutlicher denn je: Der internationale Drogenhandel erforderte eine weltweit perfekte Organisation, die nur ein ökonomisch kalkulierendes und skrupelloses Management gewährleisten konnte. Dementsprechend setzte sich die nachgewachsene Verbrechergeneration der „Klassischen" OK der westlichen Hemisphäre für ein noch profitableres Drogengeschäft ein und – wie auch nicht wenige neue Familien gegen alte Familien – gegen die Vätergeneration durch. Dementsprechend waren die frühen 80er Jahre von blutigen Auseinandersetzungen mit Hunderten von Toten auf Sizilien, in Südfrankreich aber auch den USA gekennzeichnet. Welchen Anreiz die Profitabilität dieses Geschäftes darstellte, soll ein Beispiel aus Süditalien belegen. Beschäftigten sich zu Beginn der 80er Jahre 16 Clans der kalabresischen 'Ndrangheta mit dem Drogenhandel, waren es Ende der 80er Jahre bereits rund 120 Clans.

In den USA mußte die „Pizza-Connection" (das Zusammenwirken von Cosa-Nostra-Familien mit sizilianischen Mafia-Familien im Heroinhandel) Mitte der 80er Jahre durch interne Differenzen und polizeilichen Ermittlungsdruck Machteinbußen hinnehmen. Davon profitierten im Großraum New York in der zweiten Hälfte der 80er Jahre „Asian Criminals", insbesondere chinesische Tätergruppen.

In Südamerika erwuchsen aus den Zusammenschlüssen kolumbianischer Händlerfamilien vier „Kokain-Kartelle", die Mitte der 80er Jahre die Kokainherstellung in ein industrielles Stadium führten. Die Kartelle aus Medellin und Cali errichteten zur Dekadenmitte in Westeuropa mit Hilfe galizischer Tabakschmuggler Brückenköpfe auf der iberischen Halbinsel. In Kolumbien selbst war insbesondere das Medellin-Kartell so mächtig geworden, daß es – einmalig in der bisherigen Geschichte der organisierten Kriminalität – am 18. August 1989 der Regierung des Staates den

Zunahme der Drogen**anbieter** (sog. Connections) in der zweiten Hälfte des 20. Jahrhunderts

	50er Jahre	60er Jahre	70er Jahre	80er Jahre	90er Jahre
Nordamerika	Cosa Nostra und Korsen (French Connection)	Cosa Nostra und Korsen (French Connection) Mexican Connect.	Cosa Nostra u. Mafia (Sicilian Connection) Columbian Connect. Mexican Connection	Cosa Nostra u. Mafia (Pizza-Connection) Columbian Connect. (Kokain-Kartelle) Mexican Connection	Cosa Nostra Chinese Connection (Triads) Asian Criminal Groups Kolumbian-Kokain-Kartelle Mexican u. a. Latino-Connect.
Mittel- und Südamerika		Latin Connection (Mexican Connect.)	Columbian Connection Mexican Connection	Columbian Connection (Kokain-Kartelle) Bolivian Connection Mexican Connection	Columbian Connection (Kokain-Kartelle) Latino Connect., Mexican Connect., Brazil Connection?
Westeuropa	French Connection	French Connection	Chinese Connection Turkish Connection Sicilian Connection	Chinese Connection Turkish/Kurdish Connection Sicilian/Italian Connection Columbian Connection Lebanon Connection	Chinese Connection Turkish/Kurdish Connection Italian Connection Columbian Connection Lebanon Connection Russian und Polish Connect.
Osteuropa einschließlich SU bzw. GUS			Bulgarian Connection	Polish Connection Russian Connection	Polish Connect., Russian Connect., Middle East Connect., Chinese Connect.
Naher und Mittlerer Osten			Lebanon Connection	Lebanon Connection Turkish Connection Middle East Connection	Lebanon Connection Turkish Connection Middle East Connection
Nord- und Schwarzafrika		Maroc Connection	Maroc Connection Lebanon Connection	Maroc Connection Lebanon Connection African Connection	Maroc Connect., Lebanon Connect., African Connection Asian Criminal Groups
Süd- und Südost- und Ostasien einschl. Japan	Yakuza	Chinese Connect. Yakuza	Chinese Connection Yakuza	Chinese Connection Indian Connection Yakuza	Chinese Connect., Indian Connect., Columbian Connect. Yakuza
Australien				Chinese Connection	Chinese Connection

Zunahme der Drogen**nachfrage** in der zweiten Hälfte des 20. Jahrhunderts

	50er Jahre	60er Jahre	70er Jahre	80er Jahre	90er Jahre
Nordamerika	Heroin Marihuana	Heroin Marihuana Halluzinogene	Heroin Marihuana Halluzinogene Kokain	Heroin, Marihuana Halluzinogene Kokain und Crack Synthetische Drogen	Heroin, Marihuana Halluzinogene Kokain und Crack Synthetische Drogen
Mittel- und Südamerika	Marihuana Coca	Marihuana Coca	Marihuana Coca	Marihuana, Coca Kokain-Billigvarianten	Marihuana, Coca Kokain-Billigvarianten, Opiate?
Westeuropa		Haschisch Halluzinogene Opiate	Haschisch Halluzinogene Opiate/Heroin	Haschisch Halluzinogene Heroin, Kokain Synthetische Drogen	Haschisch, Halluzinogene Heroin, Kokain Synthetische Drogen Kokain-Billigvarianten?
Osteuropa einschließlich SU bzw. GUS				Opiate Amphetamin Cannabis	Opiate/Heroin? Amphetamin, Cannabis Kokain und Synthet. Drogen?
Naher und Mittlerer Osten	Haschisch Rauch und Eßopium	Haschisch Rauch und Eßopium	Haschisch Rauch und Eßopium	Haschisch Opiate/Heroin	Haschisch Heroin, Kokain Synthetische Drogen?
Nord- und Schwarzafrika	Haschisch	Haschisch	Haschisch	Haschisch/Marihuana Opiate/Heroin Synthetische Drogen	Haschisch/Marihuana Heroin Synthetische Drogen
Süd- und Südost- und Ostasien einschl. Japan	Cannabis Rauch und Eßopium Amphetamin	Cannabis Rauch und Eßopium Amphetamin	Cannabis Opiate/Heroin Amphetamin	Cannabis Heroin Synthetische Drogen Amphetamin	Cannabis Heroin Synthetische Drogen Amphetamin/Kokain?
Australien		Cannabis Halluzinogene	Cannabis Halluzinogene Opiate/Heroin	Cannabis Halluzinogene Heroin Kokain und SyDro?	Cannabis Halluzinogene Heroin Kokain/Synthetische Drogen

„totalen Krieg" erklärte. Im Andenstaat Peru begann die dort operierende Terrororganisation „Leuchtender Pfad" als „Koksguerilla" Profite aus dem Kokaingeschäft zu ziehen.

Analog dazu hatte die „Lebanon Connection" mitten im Bürgerkrieg die Einnahmen aus Drogengeschäften (Hanf) um aus eigenen Schlafmohnkulturen hergestelltes Heroin erweitert. Das Drogen-gegen-Waffen-Geschäft wurde auch von afghanischen Freiheitskämpfern (Mujahedin) im sowjetisch-afghanischen Krieg (1979 bis 1988) übernommen. Im südasiatischen Raum wuchsen, bedingt durch die Eskalation der Heroinproblematik in dieser Region, neue Drogen-Connections heran, beispielsweise die „Middle East/Pakistan Connection" und die „Indian Connection".

Vor dem Hintergrund politischer Veränderungen in Osteuropa wird zum Ende der 80er Jahre die „Polish Connection" im grenzüberschreitenden Amphetaminhandel tätig. In der Sowjetunion nehmen sich insbesondere nach dem Ende des Afghanistan-Krieges 1988 zunehmend organisierte kriminelle Gruppen, die Zugriff auf die Hanf- und Schlafmohnanbaugebiete in den südlichen Sowjetrepubliken haben, des Narkotikahandels an. Wie in keinem Nachkriegsjahrzehnt zuvor ist in den 80er Jahren das Drogengeschäft zum – weltweit gesehen – finanziell wichtigsten Tätigkeitsbereich der organisierten Verbrechen geworden, die in einigen Regionen der Welt das Geschäft von der Anbauplanung bis zum Endverkauf in den Abnehmerländern kontrollieren. Dem daraus resultierenden und sich verstärkenden „Angebotsdruck" können sich die Verbraucherländer kaum noch entziehen.

Bereits Mitte der 80er Jahre wurde der weltweite Drogenumsatz der organisierten Verbrechen auf 300 bis 500 Milliarden Dollar pro Jahr geschätzt. In der gesamten Dekade haben diverse OK-Gruppen weltweit schätzungsweise zwischen zwei und drei Billionen Dollar mit verbotenen Drogen umgesetzt.

Dieser enorme Finanzstrom hat in der vergangenen Dekade dazu geführt, daß einige OK-Gruppen durch gewaltige Kapitalmehrung sich zu regelrechten Finanzholdings entwickelt haben.

- Die aufgezeigte Entwicklung der letzten vier Jahrzehnte hat dazu geführt, daß in den 90er Jahren – der letzten Dekade dieses Jahrhunderts – organisierte Kriminalität durch Kapital- und Machtmehrung in die Lage versetzt wurde, geographisch ganze Regionen zu kontrollieren und politisch ganze Systeme zu bedrohen.

Kein Wunder, daß im höchst lukrativen Rauschgiftgeschäft Anfang der 90er Jahre die meisten OK-Gruppen beteiligt sind. Dazu zählen asiatische, europäische, nord- und lateinamerikanische Tätergruppen und – noch vereinzelt – afrikanische Tätergruppen.

Wie nie zuvor kooperieren aus übergeordneten Interessen verschiedene OK-Gruppen in verschiedenen Deliktbereichen. Wie in keinem anderen Deliktbereich ist im Rauschgiftgeschäft eine Art „Narcotic Network“ entstanden, das „kriminalgeographische Großräume“, beispielsweise den künftigen Europäischen Wirtschaftsraum (EWR) versorgt. Durch schon stattgefundene und absehbare wirtschafts- und geopolitische Änderungen kann vermutet werden, daß die organisierte Rauschgiftkriminalität in den 90er Jahren den Angebotsdruck in „alten“ Nachfrageregionen verstärken und „neue“ Nachfrageregionen professionell und merkantil erschließen wird. Zu den letzteren könnten die Reformstaaten Osteuropas, die Gemeinschaft unabhängiger Staaten (GUS), Schwarzafrikanische Länder und nicht zuletzt auch wieder die Volksrepublik China werden.

2 Drogenanbau und Nord-Süd-Konflikt

Wie nie zuvor in diesem Jahrhundert klaffen Anfang der letzten Dekade die wirtschaftspolitischen Realitäten zwischen den hochindustrialisierten Ländern der sogenannten Ersten Welt und den Entwicklungsländern der sogenannten Dritten Welt weit auseinander. Eine wirkliche Annäherung zwischen reichen Staaten der nördlichen Erdhalbkugel und armen und ärmsten Staaten der südlichen Halbkugel hat es im 20. Jahrhundert nicht gegeben. Um so größer wurde dafür der „Nord-Süd-Konflikt“.

Von der Weltbevölkerung, 1991 über 5,4 Milliarden Menschen (doppelt so viel wie 1950), leben heute rund 3/4 in lateinamerikanischen, afrikanischen und asiatischen Entwicklungsländern. Selbst bei diesen Drittweltländern gibt es noch erhebliche Unterschiede. Auf der „Schwelle zum Industrieland“ stehen heute 25 bis 30 sogenannte Schwellenländer, quasi die „Oberschicht“ der Dritten Welt. Zur „Unterschicht“ werden die Least Developed Countries (LDC), also die am wenigsten entwickelten Länder gezählt, oft auch als „Vierte Welt“ bezeichnet. Zu diesen Ärmsten der Armen gehören heute mindestens 45 Länder mit weit über 1,3 Milliarden Menschen, was einem guten Drittel der Gesamtbevölkerung der Dritten Welt entspricht. Gemeinsam ist allen diesen Staaten der fehlende soziale Mittelstand und die oft extreme Polarisierung zwischen arm und reich; der niedrige Ausbildungsstand und die hohe Arbeitslosigkeit; und last not least die großen Unterschiede zwischen den traditionellen Wirtschaftszweigen und den Bereichen mit moderner Produktionsweise.

Brutto-Sozial-Produkt (BSP) pro Einwohner 1989 in US-Dollar (nach Weltbank) in den drogenanbauenden Drittweltländern Lateinamerikas, Afrikas und Asiens unter Berücksichtigung Osteuropas/Eurasiens (nach Baretta, Hrsg. [1991]: Fischer Weltalmanach 1992, Ffm)

		Land/Staat	Drogenanbau	Einw. in Mio. (1990)	BSP pro Kopf 1989 in US-$	Ausl.-Verschuldung 1988 in Mrd. US-$
Zum Vergleich		USA	Marihuana	248,7	21.100	
		Deutschland	–	79,0	(W:) 20.440 (O:) 11.118	
		Japan	–	123,1	23.810	
Lateinamerika	1	Mexiko	Cannabis/Mohn	84,6	2.010	88,6
	2	Costa Rica	Cannabis	2,7	1.780	3,8
	3	Belize	Cannabis	ca. 0,2	1.500	0,08
	4	Jamaika	Cannabis	2,4	1.260	3,5
	5	Kolumbien	Cannabis/Coca	32,3	1.200	15,3
	6	Ecuador	Coca	10,3	1.020	9,3
	7	Peru	Coca	21,2	1.010	13,8
	8	Bolivien	Coca	7,1	620	4,6
	9	Venezuela	Cannabis/Coca	19,2	2.450	30,2
	10	Surinam	Cannabis/Coca	ca. 0,4	3.020	0,1
	11	Brasilien	Cannabis/Coca	147,3	2.540	101,3
Afrika	12	Marokko	Cannabis	24,5	880	18,7
	13	Ghana	Cannabis	14,4	390	2,2
	14	Nigeria	Cannabis	113,8	250	28,9
	15	Sambia	Cannabis	7,5	390	4,1
	16	Sudan	Cannabis	24,5	480	8,4
Asien	17	Libanon	Cannabis/Mohn	2,8	…	0,2
	18	Türkei	Cannabis/Mohn	55,0	1.370	31,5
	19	Iran	Mohn	53,3	3.200	5,4
	20	Afghanistan	Cannabis/Mohn	15,5	260	1,5
	21	Pakistan	Cannabis/Mohn	109,9	370	14,0
	22	Indien	Cannabis/Mohn	832,5	340	51,1
	23	Nepal	Cannabis	18,4	180	1,0
	24	Burma (Myanmar)	Mohn	40,8	…	4,2
	25	Laos	Mohn	4,1	180	0,8
	26	Thailand	Cannabis/Mohn	55,4	1.220	16,9
Osteuropa/Eurasien**					Anteil der Armen in Prozent*	Unabhängigkeitserklärung
	27	Georgien	Cannabis/Mohn	5,6	16,3	09.04.1991
	28	Armenien	Cannabis	3,4	18,1	23.08.1990
	29	Aserbaidschan	Cannabis	7,2	33,3	30.08.1991
	30	Kasachstan	Cannabis/Mohn	17,0	15,9	30.08.1990
	31	Usbekistan	Cannabis/Mohn	20,6	44,7	31.08.1991
	32	Turkmenistan	Cannabis/Mohn	3,7	36,6	● 22.08.1990
	33	Kirgisien	Cannabis/Mohn	4,5	37,1	31.08.1991
	34	Tadschikistan	Mohn	5,4	58,6	09.09.1991

* Armutsstatistik veröffentlicht in „Moscow News" (Reuter-Meldung 9.3.1990): In der UdSSR galt/gilt derjenige als arm, der im Monat unter 78 Rubel (ca. 234 DM) verdiente. Der durchschnittliche Monatslohn eines Städters lag bei 250 Rubel (ca. 750 DM). Mit Stand von Januar 1991 schätzte das Bundeskriminalamt (BKA) die Drogenpreise in der UdSSR (zugrunde gelegt wurde 1 Rubel = ca. 3 DM): 1 Kilo Opium = 70.000 bis 100.000 Rubel; 1 Kilo Mohnstroh = 1.000 Rubel; 1 Kilo Haschisch = 1.000 bis 1.500 Rubel und 1 Kilo Marihuana = 350 bis 1.000 Rubel.
(Quelle: BKA, RG [1991]: Übersicht über die Rauschgiftsituation in osteuropäischen Ländern, Wiesbaden)

** Der Spiegel Dokument 4: Die Sowjet-Republiken – Daten zur Geschichte u. Gegenwart, Hamburg Okt. '91

● Souveränitätserklärung

Die Länder sind traditionell agrarisch ausgerichtet. Zu der natürlichen Flora sowie den landwirtschaftlichen Produkten gehören entsprechend den geographisch-regionalen Gegebenheiten der Faserhanf (Cannabis sativa), der Coca-Strauch und der Schlafmohn. Fast allen Menschen, die diese „illegalen Nutzpflanzen" anbauen, ist gemeinsam, daß sie zu den ärmsten Bevölkerungsschichten ihrer Länder gehören. Oft garantiert nur die Arbeit als „Drogenbauer" ein menschenwürdiges Überleben. Zum Ende der 80er Jahre wurde geschätzt, daß der Hanf-, Coca- und Mohnanbau weltweit rund 20 Millionen Menschen, Bauern mit ihren Familien, die Existenz sichert.

Nicht wenigen Entwicklungsländern, die im erheblichen Umfang Drogenpflanzen anbauen, ist gemein, daß die erzielten Ausfuhr- beziehungsweise Verarbeitungserlöse ihrer natürlichen Drogenpflanzenressourcen gebraucht werden, um einer noch stärkeren Verschuldung entgegenzuwirken. Nicht wenige Entwicklungsländer, insbesondere Viertweltländer sind in der zweiten Hälfte dieses Jahrhunderts in einen Teufelskreis geraten: Mangel an Devisen – Aufnahme von Auslandskrediten – Verringerung der Nahrungsmittelproduktion – Verelendung der Bevölkerung – Unruhen und Revolten – Ausbau des Polizei- und Sicherheitsapparats – Import von Waffen und Luxusgütern – und dementsprechend wieder von vorn: Mangel an Devisen … ein verhängnisvoller Kreislauf.

Jürgen Storbeck, Leitender Kriminaldirektor im Bundeskriminalamt, formulierte 1990 den Zusammenhang zwischen Drogenanbau und wirtschaftlicher Situation der Anbauländer eindeutig: *„Bemerkenswerterweise werden Anbau, Produktion und Vermarktung illegaler Drogen um so größer, je mehr sich die Weltwirtschaftslage verschlechtert. Durch die Erlöse aus dem Rauschgiftgeschäft wird die zunehmende Verschuldung der Dritten Welt und der dortige Rückgang natürlicher Ressourcen teilweise ausgeglichen. Ein weiteres Phänomen ist weltweit zu beobachten: Konnte früher grundsätzlich zwischen Erzeuger- und Konsumländern nahezu strikt getrennt werden, so sind diese Grenzen heute verschwommen …"*

Die vergangene Dekade belegt diese BKA-Einschätzung eindrucksvoll. Einerseits wuchs der Schuldenberg der Länder der Dritten Welt von 638 Milliarden Dollar im Jahr 1980 auf über 1,3 Billionen Dollar 1989/90. Andererseits wurde über diesen Zeitraum die Kokainherstellung in Südamerika in ein industrielles Stadium geführt; das vor dem Hintergrund, daß das Cocaanbauland Peru, der Kokainproduzent Kolumbien und das Drogentransitland Brasilien zu den zwanzig größten Schuldnern der Dritten Welt gehören. Im selben Zeitraum nahm in nicht wenigen Ländern Südamerikas die Verbreitung des Mißbrauchs von Drogen, insbesondere von Kokainbilligvarianten zu.

Ähnlich ist die Entwicklung in den Schlafmohnanbauländern Asiens, zu denen unter anderen auch die Viertweltländer Afghanistan, Burma (heute Myanmar) und Laos gehören. In den großen Anbauregionen Südostasiens „Goldenes Dreieck“) und des Mittleren Ostens („Goldener Halbmond“) ist die Heroinherstellung ebenfalls in ein industrielles Stadium geführt worden; und wie nirgends sonst auf der Welt ist in der vergangenen Dekade in den asiatischen Staaten – von Pakistan über Indien bis nach Malaysia – die Heroinproblematik eskaliert. Für die 90er Jahre ist auf Grund gravierender wirtschaftlicher und politgeographischer Änderungen im östlichen Europa und insbesondere in der eurasischen und mittelasiatischen Region eine ähnliche Entwicklung nicht ausgeschlossen. Die neuen transkaukasischen und mittelasiatischen Staaten – entstanden aus den ehemaligen südlichen Sowjetrepubliken – gehörten bereits zum Armenhaus der Ex-Sowjetunion. Seit Jahren gibt es hier ausgedehnte und schwer zu kontrollierende Hanf- und Mohnanbaugebiete. Für nicht wenige Bauern wird auch hier der Anbau von Drogenpflanzen zur Existenzsicherung ihrer Familien. Ihre agrarischen Waren Haschisch und Opium würden, wie auch anderswo auf der Welt, steigende Ausfuhrerlöse bringen, zumal im Großraum Europa/Eurasien auch in den 90er Jahren mit noch wachsenden Nachfragen gerechnet werden kann. Mit den Erlösen, die Drogenbauern mit dem Anbau von Hanf, Coca und Mohn erzielen, können selbst verhältnismäßig ertragreiche Feldfrüchte nicht konkurrieren. Dementsprechend hatten bis heute alle Versuche, dem Anbau von illegalen Nutzpflanzen durch Substitution, also Umstellung auf den Anbau legaler Nutzpflanzen, zu begegnen, nur begrenzten Erfolg. Trotz aller internationalen Bemühungen im Bereich des Ersatzanbaus, hat in den letzten zwanzig Jahren eine beträchtliche Ausweitung der Produktionsregionen stattgefunden. Viele dieser Regionen werden von dort seit langem ansässigen Clans oder gewaltanwendenden kriminellen Gruppen kontrolliert. Um weltweit die Nachfrage von Millionen Drogenkonsumenten zu befriedigen, müssen Jahr für Jahr in arbeitsintensiver Handarbeit Cocablätter gepflückt, Hanfstauden geerntet, Mohnkapseln geritzt und Rohopium abgeschabt werden, in der Größenordnung von vielen Tausenden Tonnen, die Ware von den Drogenanbietern aufgekauft, zu den Endprodukten Haschisch-Harz & Marihuana, Kokain und Heroin veredelt und ebenfalls zu zig Tausenden Tonnen Jahr für Jahr auf dem Land-, Wasser- oder Luftweg viele Grenzen überschreitend zum Drogennachfrager eingeschmuggelt werden. Wie sieht nun dieses „Lagebild Rauschgift“ Anfang der 90er Jahre aus?

2.1 Lagebild Cannabis und Cannabishandel

Cannabisprodukte sind in der zweiten Hälfte dieses Jahrhunderts die mit Abstand weltweit am meisten verbreiteten illegalen Drogen. Anfang der 90er Jahre nehmen auf allen fünf Kontinenten mäßig bis regelmäßig wohl rund 400 Millionen Menschen diese Droge, vornehmlich in lateinamerikanischen, afrikanischen und asiatischen Drittweltländern. Für die Länder der Ersten Welt wird die Anzahl der Verbraucher, vom Gelegenheitskonsumenten bis zum regelmäßigen Verbraucher, auf rund 20 Millionen in den USA und über 15 Millionen in den zwölf Mitgliedstaaten der Europäischen Gemeinschaft geschätzt.

Um deren Jahresbedarf zu decken, werden in rund zwei Dutzend Ländern weit über 100.000 Tonnen Cannabiskraut (Marihuana) und 10.000 Tonnen Cannabisharz (Haschisch) geerntet und auf verschiedenen Wegen grenzüberschreitend in die Nachfrageländer eingeschmuggelt, beispielsweise mehrere zehntausend Tonnen Marihuana aus Lateinamerika vornehmlich auf dem Land- und Wasserweg nach Nordamerika. Eine reduzierte Einfuhr in den letzten Jahren ist vor dem Hintergrund zu sehen, daß sich die USA zum mittlerweile zweitgrößten Marihuanaproduzenten der Welt entwickelt haben. Nach BKA-Einschätzung (Storbeck 1990) sollen die USA ihren Eigenbedarf an Marihuana Anfang der 90er Jahre selbst decken können.

Von Nordafrika, dem Nahen und Mittleren Osten werden jährlich gut 3.500 Tonnen Haschisch nach Westeuropa eingeschmuggelt, vornehmlich auf dem Landweg – beispielsweise auf der jahrzehntealten Schmuggelroute von Marokko nach Mitteleuropa – und dem Wasserweg. Auf Grund der Quantitäten stellt der Luftweg die Ausnahme dar; beispielsweise für hochwertige Cannabisprodukte wie Haschischkonzentrat (sogenanntes Haschisch-Öl), in geographisch weit entfernten Produktionsregionen wie Nepal ist er die Schmuggelwegalternative zum wesentlich längeren und risikoreicheren Landweg.

Zu den für den Welthandel mehr oder weniger relevanten Cannabisanbauländern gehören heute die MARIHUANA-Produzenten in Mittelamerika (Mexiko, Belize, Costa Rica, Panama), der Karibik (Jamaika), in Südamerika (Kolumbien, Brasilien und mit Einschränkungen Venezuela und Surinam), in Schwarzafrika (Ghana, Nigeria, Sambia und m. E. Sudan), in Südasien (Indien) und Südostasien (Thailand) und die HASCHISCH-Produzenten in Nordafrika (Marokko), im Nahen Osten (Libanon) und Vorderasien (Türkei), im Mittleren Osten (Pakistan, Afghanistan und m. E. Iran), in Nordindien und im Himalaya (Nepal).

Klassische Haschisch-Schmuggel-Route nach Westeuropa
Endabnehmer sind u. a. die EG-Mitgliedstaaten
Portugal, Spanien, Frankreich, Belgien und BRDeutschland

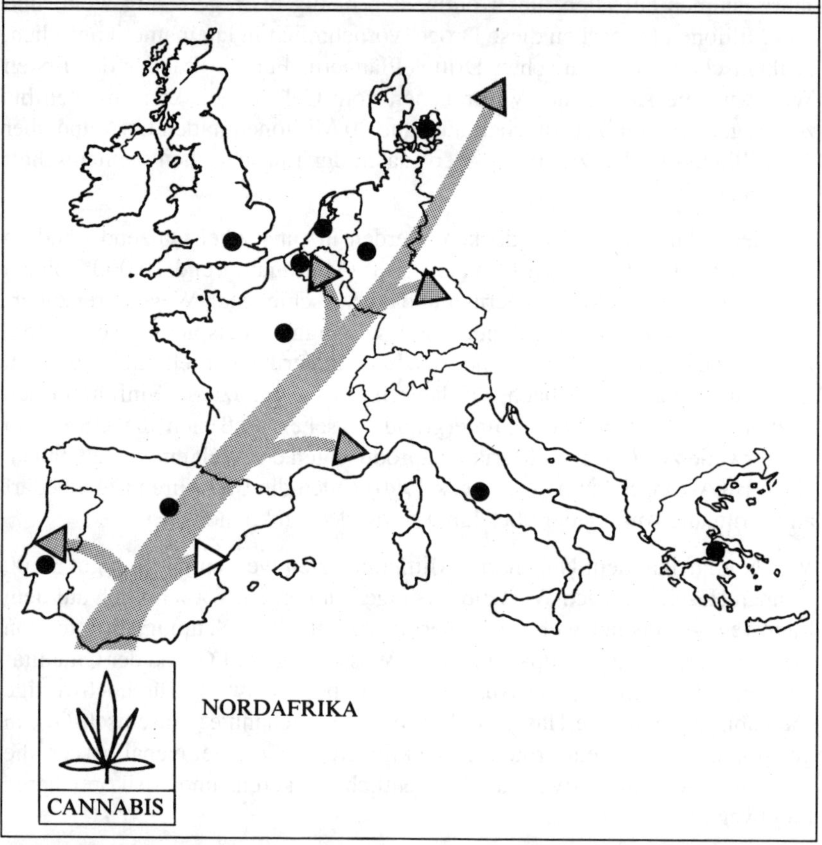

Neben diesen könnten in den 90er Jahren die Anbaugebiete in der ehemaligen Sowjetunion eine konkurrierende Rolle spielen. Hier lagen und liegen die Hauptanbaugebiete des Hanf in der Südukraine, Turkmenistan, Usbekistan, Tadschikistan, Kirgisien, im Südural in Tscheljabinsk, in der westsibirischen Region Altai, in den Küstenregionen des Fernen Ostens, im Nordkaukasus und im Gebiet Astrachan am Kaspischen Meer. Der Verkauf von Hanfprodukten aus einigen dieser Anbauregionen erzielte in russischen Metropolen wie Moskau und St. Petersburg – nach BKA-Schätzung im Januar 1991 – schon stattliche Preise. Auf der Verrechnungsgrundlage 1 Rubel = rund 3 DM wurde für 1 Kilo Haschisch zwischen 1.000 und 1.500 Rubel, für 1 Kilo Marihuana zwischen 350 und 1.000 Rubel gezahlt.

Wie in den transkaukasischen und mittelasiatischen Gebieten wird in vielen Anbauregionen haschischproduzierender Länder der Einfluß dort seit langem ansässiger Clans deutlich, so in Marokko, der Türkei und dem Nahen Osten. Eines der ältesten Hauptanbaugebiete (wo der Hanf wohl schon über einhundert Jahre gepflanzt wird) ist die Bekaa-Ebene (Bekaa Valley), heute im Grenzgebiet zwischen Libanon und Syrien gelegen (...). Seit langem lebt in dieser Ebene der rund 20.000 Menschen umfassende Stamm der Ashaiyas, zu dem auch der schiitische Clan der Yaffas mit rund 5.000 Angehörigen gehört. Seit langem kontrollieren sie den Hanfanbau, die Ernte, die Verarbeitung (beispielsweise zum sogenannten Roten Libanon) und den Verkauf. Bis Mitte der 60er Jahre war die Haschischproduktion im Libanon mehr oder weniger am Landeseigenbedarf orientiert. Eine erste Haschischüberproduktion ergab sich aus dem zunehmenden Bedarf westeuropäischer Staaten, die dort eine nachgewachsene, junge „Sex and Drugs and Rock 'n' Roll-Generation" in der zweiten Hälfte der 60er Jahre ausgelöst hatte. Mit Beginn des Bürgerkrieges Mitte der 70er Jahre sicherte die Haschischproduktion nicht nur die Existenz einiger kopfstarker Clans, sondern brachte darüber hinaus durch Verkauf oder Warentausch das notwendige Waffengerät, das unterschiedlichste Parteien im Bürgerkrieg brauchten. Für mehr Waffen wurde mehr Geld benötigt. Eine höhere Haschischproduktion brachte mehr „Narco-Dollars". Dementsprechend wurden die Anbauflächen vergrößert. Allein in der Bekaa-Ebene soll zwischen 1975 und 1980 Dreiviertel des kultivierten Landes mit Hanf bepflanzt worden sein. Ein Jahr später wurden hier, so Schätzungen der Drug Enforcement Administration (DEA), etwa 250 Tonnen Haschisch geerntet. Im zweiten Hanfanbaugebiet, der Gegend um Baalbek, waren es rund 300 Tonnen und im übrigen Libanon, insbesondere in den Anbaugebieten um Beirut, wurden 500 Tonnen geerntet; 1981 also insgesamt rund 1.050 Tonnen mit einem Großhandelswert von 140 bis 180 Millionen DM. Ein nicht unerheblicher Teil libanesischer Haschischernten ging in der Zeit des Bürgerkrieges nach Westeuropa. Hier wurde Mitte der 80er Jahre die Anzahl der Cannabisverbraucher allein für die EG-Mitgliedstaaten auf bis 15 Millionen und mehr geschätzt. Für diese gewaltige Hanfnachfrage wurde ein Jahresbedarf von 3.500 Tonnen Haschisch im Straßenverkaufswert von mindestens 35 Milliarden DM angenommen.

Der Cannabisanbau und Vertrieb in die Nachfrageländer ist heute professionell organisiert. Mit wenigen Ausnahmen, zu denen beispielsweise einige 'Ndrangheta-Clans im süditalienischen Kalabrien gehören, liegt das Canna-

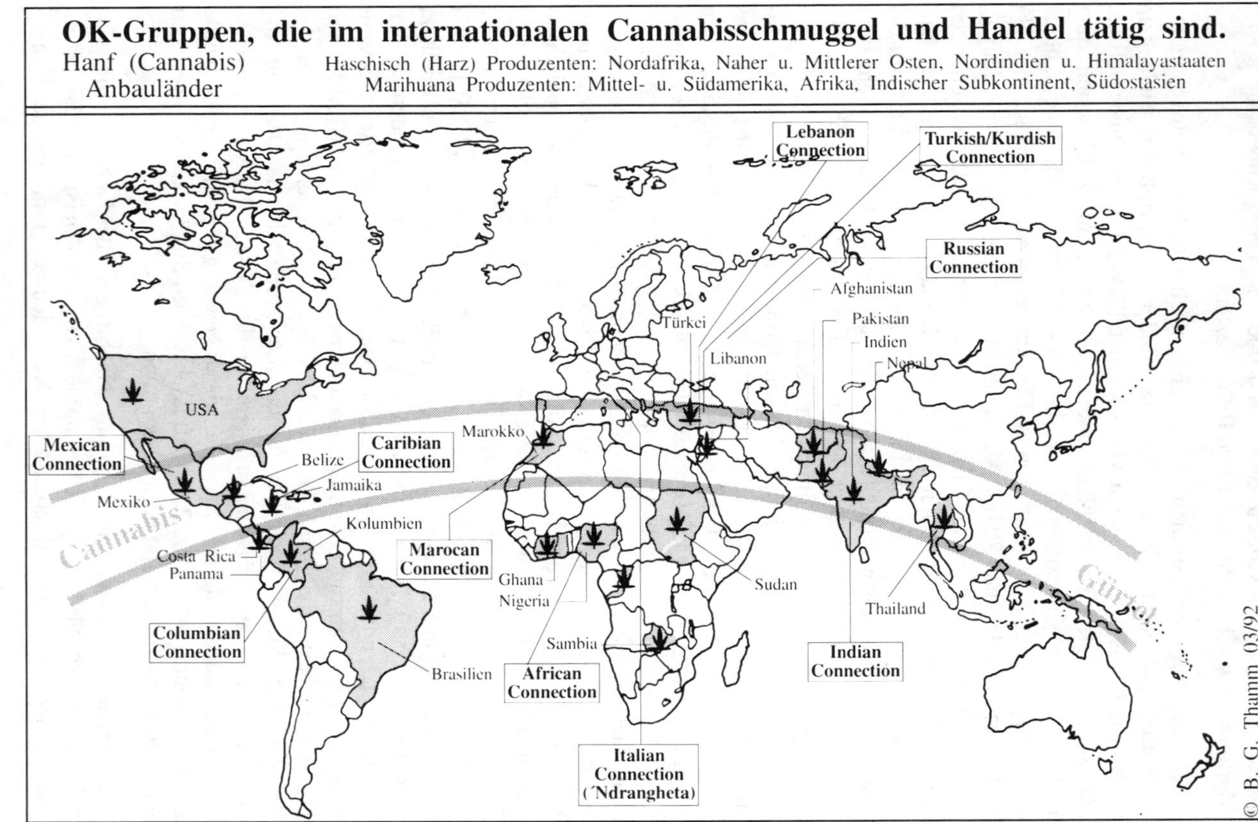
OK-Gruppen, die im internationalen Cannabisschmuggel und Handel tätig sind.
Hanf (Cannabis) Anbauländer
Haschisch (Harz) Produzenten: Nordafrika, Naher u. Mittlerer Osten, Nordindien u. Himalayastaaten
Marihuana Produzenten: Mittel- u. Südamerika, Afrika, Indischer Subkontinent, Südostasien
Lebanon Connection
Turkish/Kurdish Connection
Russian Connection
Afghanistan
Pakistan
Indien
Nepal
Türkei
Libanon
USA
Mexican Connection
Caribian Connection
Marokko
Belize
Jamaika
Mexiko
Kolumbien
Cannabis
Costa Rica
Panama
Marocan Connection
Ghana
Nigeria
Sudan
Thailand
Gürtel
Columbian Connection
Sambia
Brasilien
African Connection
Indian Connection
Italian Connection ('Ndrangheta)
© B. G. Thamm 03/92

bisgeschäft nicht in den Händen der klassischen Gruppen der organisierten Kriminalität, sondern in den Händen verschiedener Clans, Familien, Gruppen, die in der Regel in den Cannabisanbauregionen beheimatet sind. Für Westeuropa spielen insbesondere die „Marocan Connection“ und die „Lebanon Connection“ eine herausragende Rolle. In Europa arbeiten diese mit niederländischen, italienischen, spanischen und deutschen Tätergruppen zusammen. Die „Turkish Connection“ mit Zugriff auf mittelöstliche Cannabiskulturen bringt Europa „schwarze“ Haschischsorten aus Afghanistan und Pakistan, die quantitativ in Europa jedoch bei weitem nicht die Rolle spielen, die Haschisch-Harze nordafrikanischer und nahöstlicher Herkunft innehaben. So entfielen von den 1989 in Europa sichergestellten fast 40 Tonnen Haschisch über die Hälfte auf die Herkunftsländer Libanon und Marokko.

Es sind möglicherweise zwei Gründe, die klassische OK-Gruppen bis heute davon abgehalten haben, in das Cannabisgeschäft einzusteigen. Zum einen gehört die Naturdroge Cannabis sativa zu den Pflanzen, die der Verbraucher zur Not auch bei sich zu Hause – selbst auf dem Balkon einer Großstadtwohnung – ziehen kann. Unter Wintergarten- beziehungsweise Gewächshausbedingungen lassen sich auch wirkstoffreiche Hanfpflanzen ziehen. Diese Möglichkeiten der Selbstversorgung der Endverbraucher haben im Cannabisgeschäft Anbau- und Versorgungsmonopole bis heute nicht entstehen lassen. Ein zweiter wichtiger, ökonomischer Grund ist die Vermarktung der Droge. In Relation zu Coca/Kokain und Opium/Heroin sind Cannabisprodukte bei weitem nicht so profitabel. An diesem „Lagebild Cannabis“ wird sich auch in den 90er Jahren voraussichtlich nicht viel ändern.

2.2 Lagebild Mohn/Opium und Heroinhandel

Die Anzahl der Heroinmißbraucher auf allen fünf Kontinenten wird Anfang der 90er Jahre auf rund sechs Millionen geschätzt. Die Mehrzahl davon, fast zwei Drittel, lebt heute in asiatischen Drittweltländern. Für die Länder der Ersten Welt wird die Anzahl der Heroinverbraucher auf eine gute halbe Million in den USA und bis über 1,5 Millionen in den zwölf Mitgliedstaaten der Europäischen Gemeinschaft geschätzt. Um deren Jahresbedarf zu decken, werden in rund einem Dutzend Länder bis über 6.000 Tonnen Opium geerntet, aus denen mit Hilfe diverser Industriechemikalien (wie Löschkalk, Ammoniumchlorid, Essigsäureanhydrid, Chloroform, Natriumkarbonat, Alkohol, Salzsäure und Äther) bis über 600 Tonnen Heroin hergestellt werden können. Wieviel Heroin tatsächlich in ungezählten Laboren in Südostasien, dem Mittleren Osten, im Mittelmeerraum und Mittelamerika hergestellt wird und wieviele Tonnen tatsächlich in den illegalen Welthandel gehen, kann bestenfalls grob auf 200 bis 300 oder auch 500 Tonnen geschätzt werden.

Auf verschiedenen Wegen wird das Heroin grenzüberschreitend in die Nachfrageländer eingeschmuggelt: Drei Dutzend oder mehr Tonnen aus mittel- und nahöstlichen, mit Einschränkung auch südostasiatischen Produktionsländern nach Westeuropa in die Gemeinschaft. Eingeschmuggelt wird auf dem Luft- und Wasserwege, vornehmlich jedoch auf dem Landweg (mehr Straße, weniger Schiene) – z. B. auf der jahrzehntealten „Balkanroute“: Türkei–Bulgarien–Jugoslawien via Österreich nach Mitteleuropa. Durch politgeographische Änderungen in Südosteuropa ist seit Anfang der 90er Jahre zu beobachten, daß für den Heroinschmuggel aus der Türkei, dem Nahen und Mittleren Osten immer öfter eine nördlichere Landroute, die durch Bulgarien, Rumänien, Ungarn und die CSFR ins westliche Europa führt, benutzt wird. Nach dem Ausfall der Balkanroute über Jugoslawien (Krieg seit Frühjahr 1991) wird für den Drogenschmuggel aus dem Mittleren Osten in den Westen auch zunehmend die „Kaukasus-Route“ durch die GUS benutzt.

Zu den für die Heroinproduktion mehr oder weniger relevanten Mohnanbauländern der Welt gehören heute die OPIUM-Produzenten im südostasiatischen „Goldenen Dreieck“ (The golden triangle) der Staaten Burma (Myanmar), Laos, Thailand, Teile der Südprovinz Yünnan der Volksrepublik China. Im Erntejahr 1990/91 soll hier die Opiumernte bei ca. 2.700 Tonnen gelegen haben. Wohl noch größer sind die Schlafmohnanbaugebiete des mittelöstlichen „Goldenen Halbmondes“ (The golden crescent), der von 0st nach West von den Staaten Nordindien, Pakistan, Afghanistan, Iran und der Osttürkei

Arabisches Heroin – Warenzeichen

(Heroinsicherstellung durch die US-Rauschgiftabwehr
Drug Enforcement Administration – DEA –)

gebildet wird. Im Erntejahr 1990/91 soll hier die Opiumernte bei ca. 3.100 Tonnen gelegen haben.

Seit den 80er Jahren ist im Nahen Osten parallel zur Eskalation des Bürgerkriegs die Opiumernte in den libanesisch-syrischen Anbaugebieten immer reicher ausgefallen. Nach Schätzungen des Bundesnachrichtendienstes (BND) lag im Erntejahr 1990/91 die Opiumausbeute im Libanon bei ca. 600 Tonnen.

Für die 90er Jahre ist mit dem Aufbau beziehungsweise Ausbau weiterer Schlafmohnanbauregionen in der westlichen und in der östlichen Hemisphäre zu rechnen: Zum einen in Mittelamerika (insbesondere in Mexiko, aber auch in Guatemala) und – dafür gibt es erste Anzeichen – in Südamerika, wo zu Beginn dieser Dekade erste Mohnfelder in Kolumbien, aber auch Ecuador und Venezuela gesichtet wurden, zum anderen in der früheren Sowjetunion (wo die Anzahl der Drogenabhängigen 1991 bereits auf 1,5 Millionen geschätzt wurde), also den heutigen eurasischen und mittelasiatischen Staaten. Ausgedehnte Schlafmohnkulturen liegen hier in der südlichen Ukraine, den transkaukasischen und mittelasiatischen Ländern und natürlich in der Russischen Föderation mit ihren Hauptanbaugebieten südlich des Ural, Westsibiriens und der Küstenregionen des Fernen Ostens. Der Verkauf von Mohnprodukten aus einigen dieser Anbauregionen erzielte in russischen Metropolen – nach BKA-Schätzung im Januar 1991 – Höchstpreise. Auf der Verrechnungsgrundlage 1 Rubel = ca. 3 DM wurde schon für 1 Kilo Mohnstroh bis zu 1.000 Rubel, für 1 Kilo Opium gar 70.000 bis 100.000 Rubel gezahlt. Es ist nicht auszuschließen, daß in den kommenden Jahren auch in diesen Mohnanbaugebieten die Heroinherstellung aus den heimischen Opiumernten gelernt wird.

In den meisten Mohnanbaugebieten üben dort ansässige Clans oder Stämme Einfluß aus, beherrschen sogenannte Opium-War-Lords als „Kriegsherren“ die Region. Das trifft beispielsweise auf das „Goldene Dreieck“ im Südosten Asiens zu, wo der Mohnanbau in der chinesisch-burmesischen und burmesisch-thailändischen Region von militärisch organisierten Gruppen ethnischer Minderheiten, insbesondere der Shan- und Karenvölker kontrolliert wird. Der bekannteste, aber nicht der einzige Opium-War-Lord dieser Region ist Khun Sa, dessen frühere Shan-United-Army (SUA), heute Muang-Thai-Army genannt, 1989 von der DEA auf 7.000 Bewaffnete plus Mitarbeiter geschätzt wurde. Für Khun Sa und andere Kriegsherren ist es nicht schwierig, Mitarbeiter zu gewinnen, leben doch im nordöstlichen Burma, in Nordthailand und in Nordlaos rund eine Million Bergbauern vom Mohnanbau und den Opiumernten.

Übersicht über die Rauschgiftsituation in osteuropäischen Ländern

Stand: Januar '91	Hauptanbau- und Produktionsgebiete, angebaute RG-Art	Anbaufläche/ Produktion	Preise (Angaben in kg)	Bevölkerung/ RG-Konsumenten	Bedeutung für Westeuropa bzw. Bundesrepublik Deutschland
UdSSR	Mohn-/Hanfanbau vorw. in südl. Republiken, Süd-Ukraine, Turkmenistan, Usbekistan, Tadschikistan u. Kirgisien, im Südural in Tscheljabinsk, Region Altai/Westsibirien u. Küstenregionen d. Fernen Ostens, Nordkaukasus, im Gebiet Astrachan a. Kaspischen Meer	insg. ca. 6,4 Mio. ha Mohn-/Hanfanbau Vernichtung 1989 – 10.000 ha Hanf, 290 ha Mohn, 27,2 t Rauschgifte	1 Rubel (R) = ca. 3 DM, Opium 70.000–100.000 R, Mohnstroh 1.000 R, Haschisch 1.000–1.500 R, Marihuana 350–1.000 R, Methadon 400.000–600.000 R	insges. 287 Mio. Einwohner, über 100 verschiedene Völker, ca. 1,5 Mio. (0,5%) RG-Konsumenten	Neben Anbau- und Konsumland entwickelt sich zunehmend Bedeutung als Transitland, insb. beim RG-Handel aus Gebieten des „Goldenen Halbmondes“, Indien und dem Nahen und Mittleren Osten in Richtung Westeuropa. Schwerpunkte in bezug auf Medikamentenmißbrauch in Moskau und Leningrad, Containerschmuggel wird über Ostseehafen Riga abgewickelt, Flughafen in Moskau gilt als Umschlagplatz harter Drogen – seit 1989 erstmals auch Sicherstellung von Kokain (insg. ca. 8 kg) – OK-Relevanz wird offiziell bestätigt.
Polen	Mohn-/Hanfanbau	erhebl. Ausmaß, weit über dem staatl. kontrollierten Mohnanbau – v. 20.000 ha – „Kompott“ (Mohnstroh in Verbindung m. Klebstoffen u. Verdünnungssubstanzen) Starke Nachfrage v. BMK i. d. Bundesrepublik Deutschland (Grundsubstanz zur Herstellung synth. Drogen)	Heroin 120.000 US-Dollar	37.775.000 Einwohner, ca. 120.000 Konsumenten von Mohnstroh (Kompott) ca. 500.000 Konsumenten von Hanfprodukten und Schnüffelstoffen	Konsumland für Kompott, Transitland insb. für südamerikanische Rauschgifte, Export von Amphetamin vorwiegend in skandinavische Länder, aber zunehmend auch in die Bundesrepublik Deutschland, CSFR und nach Ungarn. In den ersten vier Monaten 1990 wurden bereits 46% der Gesamtsicherstellungsmenge Amphetamin des Vorjahres (35 kg) sichergestellt.
Ungarn	Mohn-/Hanfanbau	Umfang nicht bekannt Labore zur Herstellung synth. Drogen	Heroin 300.000 DM	10.596.000 Einwohner, ca. 30.000 Drogenkonsumenten, Mißbrauch von Medikamenten – vorwiegend codeinhaltige einheimische Arzneimittel in Verbindung mit Alkohol und Cannabisprodukten	Transitland f. Rauschgifte aus der Türkei und dem Nahen und Mittleren Osten insbesondere im Hinblick auf die Umgehung der „klassischen“ Balkanroute. Beteiligung ungarischer StAng. am RG-Handel u. -Schmuggel liegt bei höchstens 20%, überwiegend sind Türken, Afghanen u. Libanesen involviert. Problem sind die Verbindungen d. ehem. Geheimdienstes zu RG-Händlern, die auch nach Neuorganisation d. Polizei noch intakt sein sollen. Geringe Strafandrohung (Höchststrafe f. Handel 8 Jahre) begünstigt die negative Entwicklung.
CSFR	Hanfanbau	in geringem Umfang	keine Angaben	15,61 Mio. Einwohner, 40.000–100.000 RG-Konsumenten (Konsum von Kokain, Opiaten und Cannabisprodukten)	Transitland f. RG-Zufuhren aus dem Nahen Osten über Ungarn. Zusammenarbeit auf Zoll- u. justitieller Ebene soll durch direkte Kontakte ausgebaut werden. 2 Fälle von Heroingroßsicherstellungen 1988/89, bei denen d. RG aus d. Türkei auf d. Balkanroute über d. GÜG Rozvado/Waidhaus geschmuggelt wurde, zeigen Notwendigkeit zur weiteren Intensivierung der Zusammenarbeit auf.

Quelle: Bundeskriminalamt, Abteilung Rauschgiftbekämpfung, Wiesbaden 1991

Ähnlich die Situationen im mittelöstlichen „Goldenen Halbmond“: Hier kontrollieren im afghanisch-pakistanischen Grenzbereich Familien einiger Clans den Mohnanbau. Bis heute wird afghanischen Mujahedin von US-Drogenfahndern nachgesagt, daß sie insbesondere in der Zeit des sowjetisch-afghanischen Krieges im Heroinhandel verstrickt waren. Im iranisch-türkischen Grenzbereich wird der Mohnanbau und die Opiumernte von Familien einiger Kurden-Clans kontrolliert.

Und last not least üben in den nordkaukasischen Mohnanbaugebieten, insbesondere in der autonomen Republik Tschetscheno-Inguschetien, einige Familien islamischer Tschetschenen-Clans Kontrolle über die Region aus. Diese Clans sind wiederum die Ansprechpartner für finanzstarke Gruppen der organisierten Kriminalität, deren Einfluß in dieser geographischen Region mächtig ist. Für Asien wären dies beispielsweise chinesische Triaden und südasiatische Tätergruppen.

Für Mittel- und Westeuropa trifft dies bis heute vornehmlich auf kurdische, kurdisch-türkische und nahöstliche Tätergruppen zu, die ihrerseits Kontakte zur „Middle East Connection“ haben.

Wie dominierend diese vorderasiatischen Heroin-Connections für Europa sind, zeigt sich unter anderem auch dadurch, daß ein gutes Drittel des in

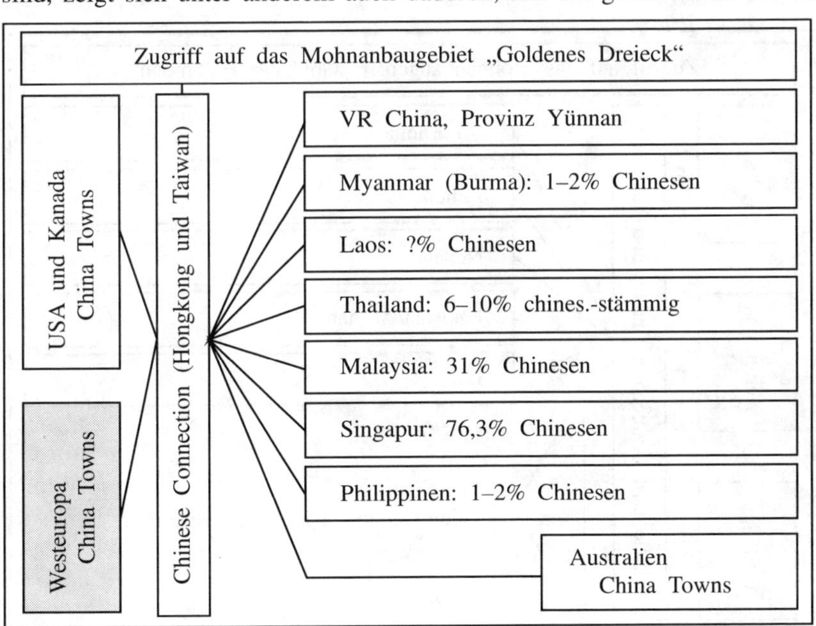

Europa von Strafverfolgungsbehörden sichergestellten Heroins als Ausgangs- beziehungsweise Herkunftsland die Türkei hatte. Auf Deutschland bezogen waren weit über 50 Prozent des beschlagnahmten Heroins aus der Türkei.

Für die Heroinanbieter stellt Europa einen mehr oder weniger geschlossenen Verbrauchermarkt dar. Schon Mitte der 80er Jahre wurde von einem Untersuchungsausschuß des Europäischen Parlaments die Anzahl der Betäubungsmittelmißbraucher in den zwölf Mitgliedstaaten der Europäischen Gemeinschaft auf 1 bis 1,5 Millionen geschätzt. Diese Verbraucher haben kaum Bedarf an Betäubungsmitteln wie Mohnstroh, Rauch- oder Eßopium oder Morphinbase. Der überwiegende Teil der westeuropäischen BTM-Verbraucher fragt nach Heroin. Nach Schätzungen des BND lag der tatsächliche Heroinverbrauch in den EG-Mitgliedsländern 1990 bei 32 Tonnen reinen Heroins, dessen Gesamtwert mit 32 Milliarden DM angegeben wurde. Die polizeilichen Sicherstellungsmengen lagen, so das Interpol Generalsekretariat (IKPO) bei rund 10 Prozent, 1989 beispielsweise bei fast 3,8 Tonnen.

Die Änderungen in Wirtschaft und Politik haben dazu geführt, daß sich insbesondere in den 90er Jahren Europa zu einem kriminalgeographischen Großraum entwickelt. Die Drogennachfrage nimmt hier eine herausragende

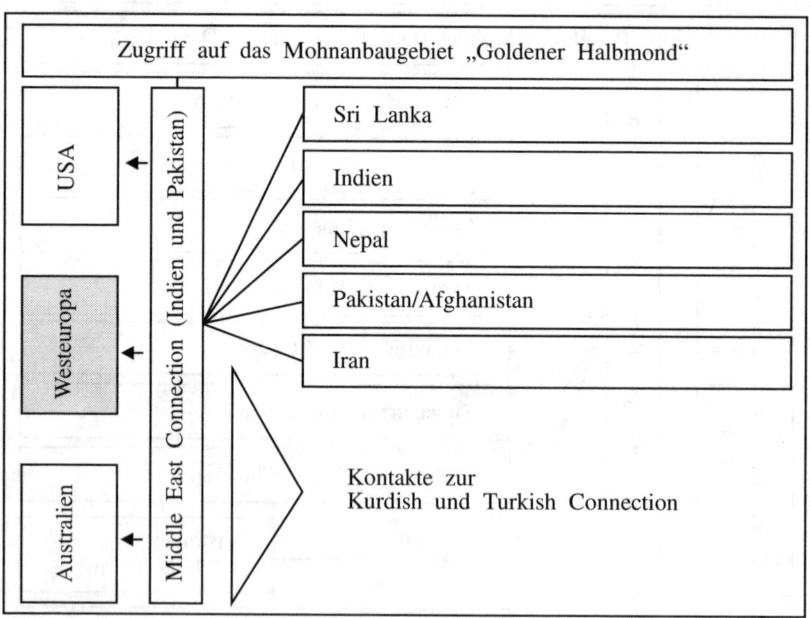

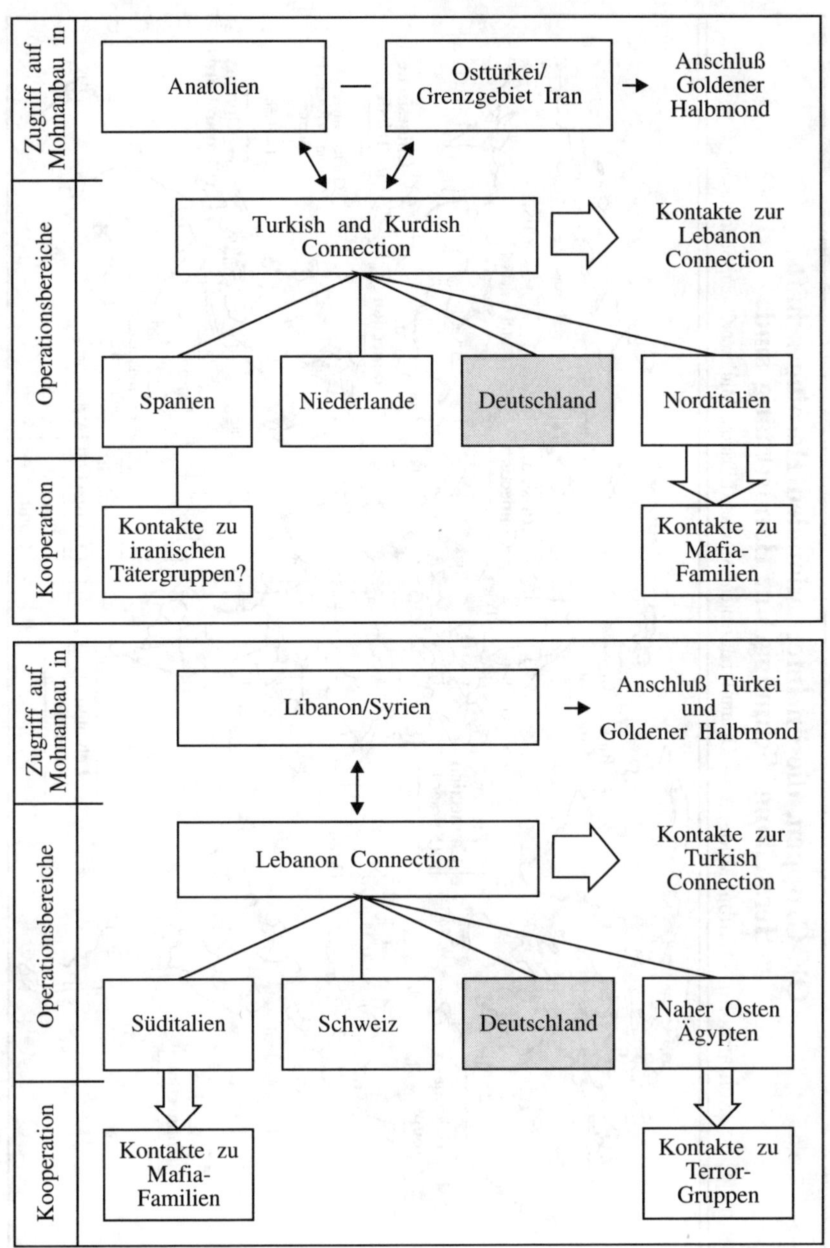
Zugriff auf Mohnanbau in
Operationsbereiche
Kooperation
Anatolien
Osttürkei/ Grenzgebiet Iran
Anschluß Goldener Halbmond
Turkish and Kurdish Connection
Kontakte zur Lebanon Connection
Spanien
Niederlande
Deutschland
Norditalien
Kontakte zu iranischen Tätergruppen?
Kontakte zu Mafia-Familien
Zugriff auf Mohnanbau in
Operationsbereiche
Kooperation
Libanon/Syrien
Anschluß Türkei und Goldener Halbmond
Lebanon Connection
Kontakte zur Turkish Connection
Süditalien
Schweiz
Deutschland
Naher Osten Ägypten
Kontakte zu Mafia-Familien
Kontakte zu Terror-Gruppen

OK-Gruppen, die im internationalen Heroingeschäft
(Herstellung, Schmuggel u. Handel) tätig sind
Schlafmohn – Anbauländer
Opium-Produzenten: Mexiko, Libanon, Mittlerer Osten, Südostasien
Asian Criminal Groups
Cosa Nostra
Mexiko
Kolumbien
Mexican Connection
Balkan-Jugo-Connection
French Connection (Korsen)
Sicilian Connection (Mafia)
Polen
Türkei
Russian Connection
Transkaukasische Staaten
(GUS)
Mittelasiatische Staaten
Libanon
Lebanon Connection
Indian Connection
Indien
Opium War Lords
„Goldener Halbmond"
Nordindien
Pakistan
Afghanistan
Iran
Osttürkei
Kurdish Connection
Turkish Connection
Chinesische Triaden
„Goldenes Dreieck"
Yünnan (VR China)
Burma
Laos
Thailand
Opium War Lords
© B. G. Thamm 03/92

Stellung ein. Von Portugal im Westen bis zur Russischen Föderation im Osten liegt zu Beginn der letzten Dekade dieses Jahrhunderts die Anzahl aller Betäubungsmittelmißbraucher schätzungsweise bei 4 Millionen (!) Menschen, die wie folgt grob unterteilt werden können in:

- Westeuropa (= Europäische Gemeinschaft + Europäische Freihandelszone EFTA): Heroinnachfrage ca. 2 Millionen;
- Osteuropa: Mohnstroh und Opiatnachfrage ca. 0,5 Mio.;
- Gemeinschaft Unabhängiger Staaten (GUS), insbesondere Russische Föderation: Mohnstroh und Opiumnachfrage 1,5 Mio.

Wie kein anderes Jahrzehnt des 20. Jahrhunderts werden die 90er Jahre die Drogensituation, sowohl die Nachfrage als auch das Angebot, in Europa bedrohlich prägen. Das gilt nicht nur für Heroin, sondern verstärkt auch für Kokain und andere Aufputschmittel.

2.3 Lagebild Coca und Kokainhandel

Die Anzahl der regelmäßigen Kokainverbraucher, die „Probierer" nicht mitgezählt, wird Anfang der 90er Jahre weltweit auf etwa 9,4 Millionen geschätzt. Dreiviertel oder mehr davon leben in den reichen Industrienationen der Ersten Welt. Nach wie vor haben die USA mit 5 bis 6 oder mehr Millionen den höchsten Anteil. In Westeuropa, genauer der Europäischen Gemeinschaft, werden 0,8 Millionen Kokainkonsumenten vermutet, andere Schätzungen gehen noch höher. Hinzu kommen zwei Millionen oder mehr Verbraucher sogenannter Kokainbilligvarianten auf dem amerikanischen Doppelkontinent. Die Hälfte davon in den USA (Variante „Crack"), die andere Hälfte in Lateinamerika. In Südamerika selbst kauen heute noch zwischen 8 und 15 Millionen Indios nach Väter Sitte das Cocablatt.

Und hier, im südlichen Amerika, liegen auch die Hauptanbaugebiete des Cocastrauches. Auf 0,5 bis über 1 Million Hektar kultiviert wird Coca pro Jahr bis zu dreimal geerntet. Allein die Jahresernte Perus, Boliviens und Kolumbiens lag nach Schätzungen der DEA 1989 bei 213.000 Tonnen. Aus denen hätten mit Hilfe diverser Industriechemikalien (wie Schwefelsäure, Kerosin, Kalk, Natriumkarbonat, Äther, Azeton und Salzsäure) zwischen gut 1.000 und über 2.000 Tonnen Kokain-Hydrochlorid hergestellt werden können. Die Cocablatternten ganz Südamerikas dürften Anfang der 90er Jahre noch weit höher liegen.

Wieviel Kokain in ungezählten Laboren in Südamerika (in Einzelfällen inzwischen auch auf der iberischen Halbinsel in Europa) hergestellt wird und wie viele Tonnen tatsächlich in den illegalen Welthandel gehen, kann – analog zum Heroin – nur sehr grob geschätzt werden. Diese variieren zum Dekadenanfang zwischen 600 und 1.500 Tonnen im Jahr, andere vermuten gar mehrere tausend Tonnen.

Auf verschiedenen Wegen wird das Kokain grenzüberschreitend in die Nachfrageländer eingeschmuggelt, z. B. einige hundert Tonnen auf dem Wasserweg (insbesondere durch die Karibik) und auf dem Luftweg, aber auch auf dem Landweg via Mexiko in die USA, im beschränkten Umfang auch nach Kanada.

Nach Westeuropa sollen nach Schätzungen des BND 1990 um die 180 Tonnen vornehmlich auf dem Wasserweg aber auch auf dem Luftweg eingeschmuggelt worden sein. Diese Tonnage liegt erheblich über dem derzeit vermuteten tatsächlichen Bedarf Westeuropas, der mit 67 Tonnen als gedeckt gilt. Neben diesen zwei größten Nachfrageregionen der industrialisierten westlichen Hemisphäre wird Kokain in den 90er Jahren auch zunehmend, ebenfalls auf Wasser- und Landwegen, in die östliche Hemisphäre – von Nahost bis Fernost – eingeschmuggelt.

Zu den für die Kokainproduktion mehr oder weniger relevanten Coca-Anbauländern gehören heute in Südamerika die Andenstaaten Bolivien, Peru und Ecuador, die Karibikländer Kolumbien, Venezuela und Surinam, sowie die angrenzenden Amazonasgebiete Brasiliens.

	Peru	Bolivien
Einwohner in Mio. 1990	21,2	7,1
Davon Indioanteil in %	48,4	21,8
Cocablatt Jahresernte (Schätzung 1986) in Tonnen	60.000–?	100.000–120.000
Coca-Kauer in Mio. (Schätzung 1986)	3,0	?
Personen, die Kokainbilligvarianten u. a. Drogen mißbrauchen (Schätzung 1989)	?	300.000
Bruttosozialprodukt pro Kopf 1989 in US-Dollar	1.010	620
Personen, die direkt und indirekt von Drogenanbau und Handel leben in Mio. (Schätzung 1989)	1,2	0,4

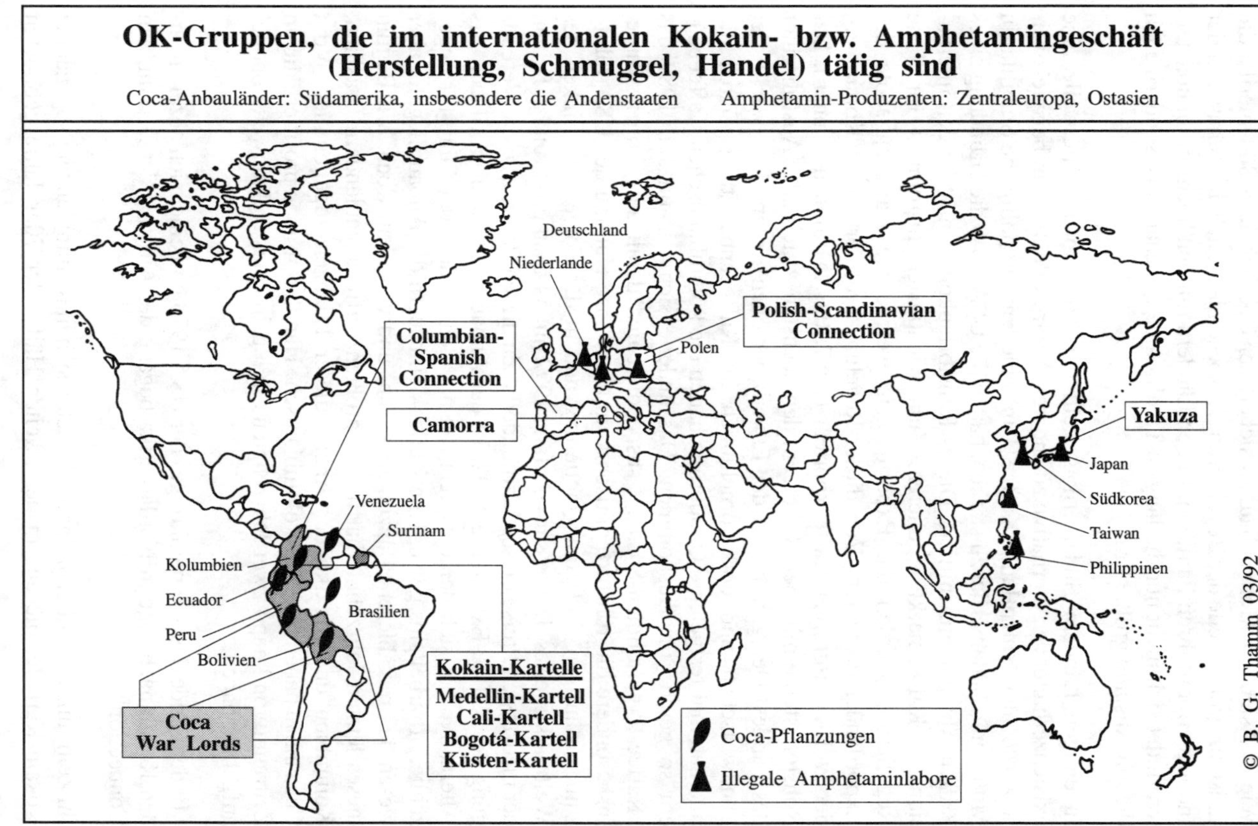
OK-Gruppen, die im internationalen Kokain- bzw. Amphetamingeschäft (Herstellung, Schmuggel, Handel) tätig sind
Coca-Anbauländer: Südamerika, insbesondere die Andenstaaten
Amphetamin-Produzenten: Zentraleuropa, Ostasien
Deutschland
Niederlande
Polen
Polish-Scandinavian Connection
Columbian-Spanish Connection
Camorra
Yakuza
Japan
Südkorea
Taiwan
Philippinen
Venezuela
Surinam
Kolumbien
Ecuador
Peru
Bolivien
Brasilien
Coca War Lords
Kokain-Kartelle
Medellin-Kartell
Cali-Kartell
Bogotá-Kartell
Küsten-Kartell
Coca-Pflanzungen
Illegale Amphetaminlabore
© B. G. Thamm 03/92

Wie in Asien der Mohnanbau, so sichert der Cocaanbau in Südamerika die Existenz großer Teile der Bevölkerung, insbesondere auch die Zehntausender Indobauern mit ihren Familien. In den Ländern mit den höchsten Indioanteilen findet sich nicht nur die längste Tradition des Cocaanbaus, sondern auch die mit Abstand größte Ernte.

In einigen Ländern Südamerikas stellt der Cocaanbau mittlerweile eine existenzerhaltende Alternative zu anderen Agrarprodukten dar, beispielsweise zur legalen Nutzpflanze Kaffee. Um seinerzeit die politische Stabilität in Mittel- und Südamerika zu stärken, hatten die USA 1940 die Gründung eines Kaffee-Abkommens initiiert. Dieses Rohstoffabkommen sollte den internationalen Kaffeemarkt regulieren. Zum wichtigsten Instrument für diese Regulierung wurden die Exportquoten, welche die Kaffeeangebote der Exportländer festlegten. Von dieser Regelung profitierte auch Kolumbien, der Welt zweitgrößter Kaffeexporteur (1987: 0,67 Millionen Tonnen). Der Rohstoff stellte mit über 50 Prozent den höchsten Anteil aller Ausfuhrgüter des Landes. Der größte Teil der Erwerbspersonen Kolumbiens war in der Landwirtschaft und dort vornehmlich im Kaffeeanbau tätig. Durch die international festgelegte Quotierung hatten die kolumbianischen Kaffeebauern so gerade ihr Auskommen. Das änderte sich, als im Juli 1989 das „Kaffee-Exportquoten-System“ suspendiert und damit aufgehoben wurde. Insbesondere die rohstoffpolitisch kompromißlose Haltung der USA führte zum vorläufigen Ende der Quotierung und in der Folge zum Sinken des Weltmarktpreises. Dieser sank Anfang 1992 mit 54 Cent pro Pfund auf einen der niedrigsten Preise dieses Jahrhunderts. Zu diesen Preisen, so die Vereinigung der Kaffee-Exporteure 1992, ist der Anbau nicht mehr profitabel. Als Alternative bot sich dementsprechend mit Beginn der 90er Jahre für ungezählte, oft arbeitslos gewordene Kaffeekleinbauern der Anbau illegaler aber wesentlich rentablerer Pflanzen an – Hanf und vor allem Coca. Mit Beginn dieses letzten Jahrzehnts hat in den größten Kaffeeanbauländern Brasilien, Kolumbien und Mexiko der Anbau dieser Pflanzen zugenommen. Vom Cocaanbau haben bis heute kolumbianische Händlerfamilien profitiert, die im Zeitraum von knapp zwei Jahrzehnten ein regelrechtes Kokainweltmonopol aufgebaut haben.

Mit dem Ende des Vietnamkrieges der USA 1973 und einer sich abzeichnenden Kokainnachfrage in Nordamerika begann der Aufstieg der „Columbian Connection“.

Im Zeitraum von nur zehn Jahren bildeten sich in Kolumbien vier sogenannte Kokain-Kartelle, die aus in der zweiten Hälfte der 70er Jahre gebildeten lockeren Zusammenschlüssen von vielleicht zwanzig oder mehr Händlerfamilien hervorgegangen waren.

- So schlossen sich in der Industriemetropole Medellin die Besitzer streng kontrollierter Untergrundfirmen zunächst zwanglos zur „la comania" (= die Firma) zusammen. In den 80er Jahren wurde diese von einer Handvoll Familien, insbesondere der Familien Ochoa Vasquez, Pablo Emilio Escobar Gaviria und Gonzalo Rodriguez Gacha, dem „Cartell de Medellin" beherrscht. Nach Schätzungen der DEA soll das Kartell bis zu 15.000 Bewaffnete und bis zu 100.000 Mitarbeiter beschäftigt haben. Ein Staat im Staate, der „Störer" – Journalisten, Polizisten, Juristen und Politiker – liquidierte. In der Folge setzte Kolumbiens Staatspräsident das bereits 1979 mit den USA geschlossene und dann wieder aufgehobene Auslieferungsabkommen erneut in Kraft. Daraufhin erklärt das Kartell im August 1989 dem Staat den Krieg, ein einzigartiger Vorgang in der Drogengeschichte des 20. Jahrhunderts. Die Kartell-Bosse, die sich nun „los Extradiables", eben „die Auszuliefernden" nannten, zwangen dem Land einen opferreichen Quasi-Bürgerkrieg auf, der über ein Jahr währte. Von diesem kräftezehrenden Krieg profitierte im Kokaingeschäft Medellins großer Konkurrent in Cali.

- Analog zu Medellin hatten sich auch in der Millionenmetropole Cali Händlerfamilien zusammengeschlossen. Die Familien Gilberto Rodriguez Orejuela und José Santa Cruz Londono und andere bildeten das „Cartell de Cali", dessen Mitarbeiterzahl auf 80.000 Personen geschätzt wurde, das nicht nur dem Medellin-Kartell die Kokainversorgung in den USA streitig machte, sondern auch schon frühzeitig auf der iberischen Halbinsel einen Brückenkopf nach Westeuropa schlug.

- An der kolumbianischen Atlantikküste operiert in den Karibikstädten Cartagena, Barranquilla und Santa Marta das „Küsten-Kartell", zu dessen fünf Führungsmitgliedern auch die Familie Joaquin Chamorro (im Januar 1990 festgenommen) gehörte. Nach Machteinbußen des Medellin-Kartells durch seinen Krieg und der Entmachtung des Generalissimo Noriega durch die Panamainvasion der USA Ende 1989, soll mit Beginn der 90er Jahre der Einfluß des Küsten-Kartells in Panama immer größer geworden sein.

- Der wohl kleinste Händlerzusammenschluß erfolgte in der Landeshauptstadt Bogota. Hier gehörte zum „Cartell de Bogota" unter anderen die Familie Zapata Lopez (im Januar 1990 festgenommen).

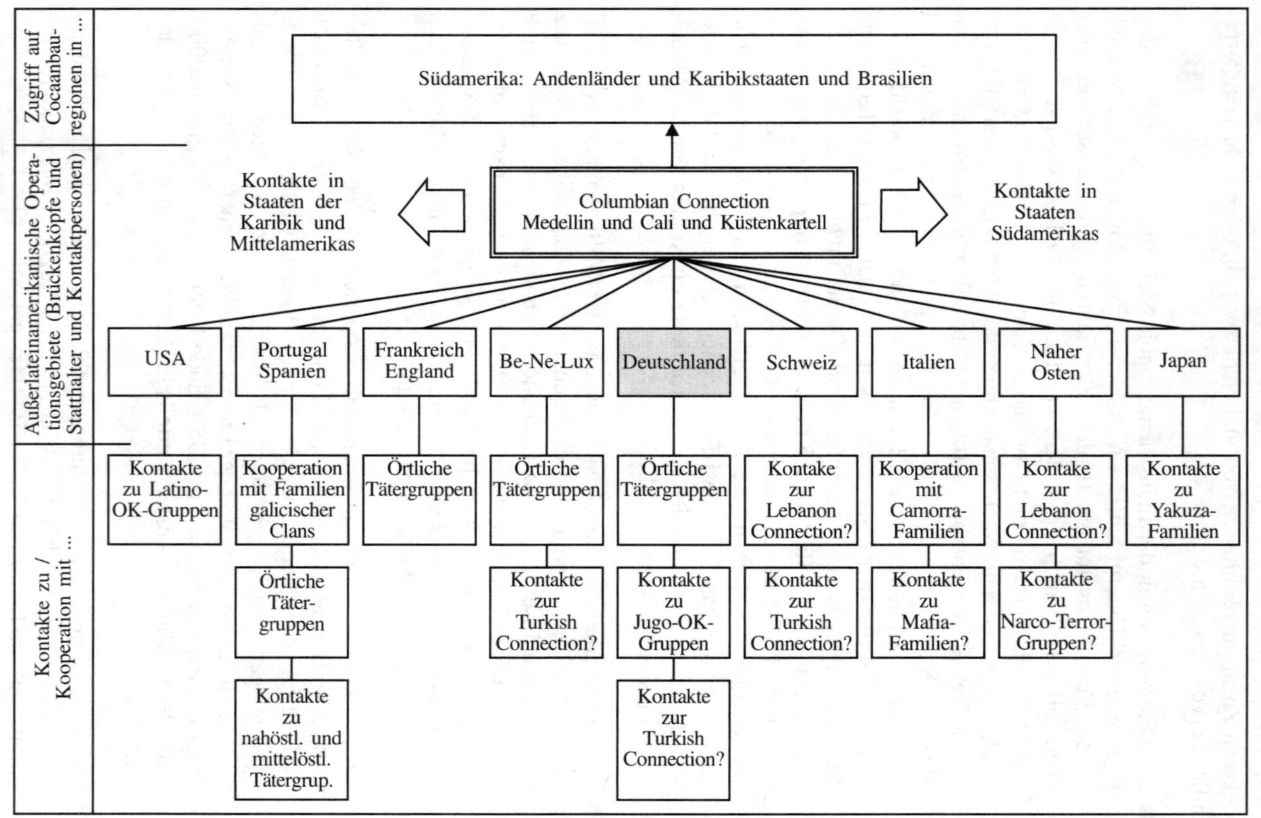
Zugriff auf Cocaanbau-regionen in ...
Südamerika: Andenländer und Karibikstaaten und Brasilien
Außerlateinamerikanische Operationsgebiete (Brückenköpfe und Statthalter und Kontaktpersonen)
Kontakte in Staaten der Karibik und Mittelamerikas
Columbian Connection Medellin und Cali und Küstenkartell
Kontakte in Staaten Südamerikas
USA
Portugal Spanien
Frankreich England
Be-Ne-Lux
Deutschland
Schweiz
Italien
Naher Osten
Japan
Kontakte zu / Kooperation mit ...
Kontakte zu Latino-OK-Gruppen
Kooperation mit Familien galicischer Clans
Örtliche Täter-gruppen
Kontakte zu nahöstl. und mittelöstl. Tätergrup.
Örtliche Tätergruppen
Örtliche Tätergruppen
Kontakte zur Turkish Connection?
Örtliche Tätergruppen
Kontakte zu Jugo-OK-Gruppen
Kontakte zur Turkish Connection?
Kontake zur Lebanon Connection?
Kontakte zur Turkish Connection?
Kooperation mit Camorra-Familien
Kontakte zu Mafia-Familien?
Kontake zur Lebanon Connection?
Kontakte zu Narco-Terror-Gruppen?
Kontakte zu Yakuza-Familien

Profitspannen im internationalen Kokain-Handel 1988

1	Bolivianischer Coca-Bauer verkauft	200 bis 500 Kilo Coca-Blätter	für 400,– bis 1.000,– DM	an Aufkäufer auf Indiomarkt
2	Ankäufer stellt daraus	2,5 Kilo Coca-Paste her	im Wert von 1.500,– bis 2.000,– DM	die vom einfachen Indio-Labor in Profi-Labore nach Kolumbien und Brasilien gebracht werden.
3	In den Profi-Laboren wird aus den 2,5 Kilo Paste	1 Kilo Kokain-Base	im Wert von 5.000,– bis 6.000,– DM	die nun zum hochwertigen Endprodukt veredelt wird.
4	Aus dem Kilo Kokain-Base wird so	1 Kilo Kokain hcl (hydrochlorid) Reinheitsgrad 90–95%	im Wert von 10.000,– bis 20.000,– DM	Für diesen Preis kann das Kilo in Kolumbien gekauft werden. Ein erheblicher Risikozuschlag kommt beim Einschmuggeln nach Übersee hinzu.
5	Eingeschmuggelt nach Westeuropa hat das selbe	1 Kilo Kokain hcl	den Wert von 70.000,– bis 90.000,– DM	Für diesen Preis ist es für den Großabnehmer in Westeuropa zu haben.
6	Der Großabnehmer gibt innerhalb Westeuropas	1 Kilo Kokain hcl	für 90.000,– bis 160.000,– DM	an Großhändler in europäischen Ländern ab.
7	Der Großhandel streckt das Kilo um die Hälfte und hat nun	2 Kilo Kokain hcl Reinheitsgrad nur ca. 50%	im Wert von 200.000,– bis 270.000,– DM	und gibt diese Ware an den Zwischenhandel.
8	Der Zwischenhandel streckt nochmals und hat nun	8 Kilo Kokain, Reinheitsgrad nur noch ca. 12%	im Gesamtwert von rund 900.000,– DM	Damit ist Straßenverkaufsniveau erreicht. Abgabe an den Kleinhandel.
9	Zwischen Kleinhandel u. Kleinsthandel immer noch Verdienstspannen. Der Endverbraucher zahlt für	1 Gramm Straßen-Kokain	zwischen 175,– und 260,– DM	

Der mächtigste und einflußreichste Zusammenschluß ist 1992 nach Einschätzung der DEA das Cali-Kartell. Die Verbindungen der Kartelle sind weltweit. Die Operationsgebiete sind immer größer geworden, liegen Anfang der 90er Jahre in Lateinamerika, Nordamerika, Westeuropa und – erkennbar im Aufbau – auch in Osteuropa und dem Nahen Osten. Selbst in Ostasien soll es bereits in Japan zu ersten Kontakten zwischen Kolumbianern und Yakuza-Familien gekommen sein.

Nach den USA ist – wie keine andere Verbraucherregion der Welt – Westeuropa in den 80er Jahren von den Kartellen der Columbian Connection regelrecht erschlossen worden. Die wichtigsten Gründe hierfür dürften, so auch das BKA 1990, in der Sättigung des US-Marktes, die noch höheren Gewinnspannen für Kokain in Europa und perspektivisch auch die zunehmende Attraktivität Europas durch Grenzkontrollabbau, relativ unkomplizierten Personen-, Waren- und Geldverkehr (EG-Binnenmarkt ab 1. Januar 1993) zu suchen sein. Durch die wirtschaftspolitischen Änderungen kann in den 90er Jahren auch Osteuropa als Kokainabnehmer interessant werden. Als Operationsgebiet ist für die Columbian Connection das östliche Europa schon heute kein weißer Fleck mehr.

In Westeuropa trifft der stetig „erhöhte Zufuhrdruck“ der Anbieter auf ein bis dato stetigen Anstieg der Nachfrageseite. Wurde die Anzahl der Kokainverbraucher in den EG-Mitgliedstaaten Mitte der 80er Jahre noch auf 100.000 bis 500.000 geschätzt, werden 1992 hier bereits 800.000 oder mehr vermutet. Ein Wachstumsende ist zum Dekadenanfang noch nicht abzusehen.

Bis zum Ende der 80er Jahre wurde von den Kartellen aus Medellin und Cali (Kokainproduktion im Jahr 1990 nach Schätzung des BND 970 Tonnen), vom wichtigsten Brückenkopf Spanien ausgehend, eine bewährte Vertriebsorganisation aufgebaut, die sich nach Angaben des BKA (1990) wie folgt darstellt:

- In Südamerika erhält eine **Vertriebszentrale** Kokain von Lieferanten;
- diese organisiert den Transport der Ware durch einen **Spediteur** auf den Europäischen Kontinent.
- In Europa ist der Empfänger der Ware ein **Depothalter.**
- Zwischen diesem und dem potentiellen Abnehmer organisiert ein **Resident,** eine Art örtlicher „Statthalter“ den Kontakt.

Die Residenten und Depothalter im kriminalgeographischen Großraum Europa halten untereinander Kontakt, so daß temporär auftretende Versorgungsengpässe – durch polizeiliche Sicherstellungen beispielsweise – ohne größere Schwierigkeiten egalisiert werden können.

Über die derzeitigen Dimensionen der Kokaindepots in Europa gibt es nur wenige Schätzungen, **beispielsweise die des Bundesnachrichtendienstes.** Nach BND-Schätzung liegt der derzeitige Kokainbedarf Westeuropas bei 67 Tonnen. Aber fast die dreifache Menge, 180 Tonnen, soll bereits 1990 eingeschmuggelt worden sein.

Von ihrem Vorgehen in Europa unterscheiden sich die südamerikanischen Kokain-Kartelle von den ostasiatischen Heroin-Syndikaten. Während chinesische Triaden in Europa mehr unter sich bleiben, zu anderen Asian Criminal Groups nur wenige, aber zu Nichtasiaten kaum, und wenn nur eingeschränkte Kontakte unterhalten, haben Kolumbianer in verschiedenen Ländern Europas Kontakte zu unterschiedlichsten Tätergruppen hergestellt. Kooperiert wird mit in Spaniens Nordwesten alteingesessenen Familien galicischer Tabakschmuggler, oder mit kosovoalbanischen „Jugo-Gangs“ im Rotlichtmilieu westdeutscher Metropolen, oder mit süditalienischen Camorra-Familien neapolitanischer Clans, je nach Bedarf. Die Strategie „Kooperation statt Konkurrenz“, wohl die gefährlichste Strategie der organisierten Kriminalität, hat in Europa zu einem regelrechten „Cocaine-Network“ geführt. In diesem Netzwerk dominieren die Südamerikaner mit der beherrschenden Gruppe der Kolumbianer, doch partizipieren zunehmend auch Nichtlatinos vom Geschäft. Dies wird durch Interpol deutlich belegt. Bereits für 1989 gab die internationale Polizeiorganisation an, daß im europäischen Kokainschmuggel- und Handel 75 (!) verschiedene Nationalitäten beteiligt waren.

Auf der Welle der Kokainverbreitung schwammen und schwimmen auch andere Aufputschmittel mit, für deren Herstellung keine pflanzlichen Rohstoffe, sondern chemische Grundstoffe benötigt werden.

3 Organisiertes Verbrechen und synthetische Drogen

Das bereits Ende des 19. Jahrhunderts künstlich hergestellte Aufputschmittel „Amphetamin“ fand während des Zweiten Weltkrieges als sogenannte „Fliegerdroge“ vor allem in der amerikanischen, deutschen und japanischen Luftwaffe Verwendung. Über die Soldaten verbreitete sich die Droge auch im Zivilleben. In der Nachkriegszeit entwickelten sich in Europa die skandinavischen Länder, insbesondere Schweden, und in Asien die ostasiatischen Länder, vornehmlich Japan, zu – heute als „klassische“ bezeichneten – Verbraucherländern. In Japan wird die Anzahl der mehr oder weniger regelmäßigen Amphetaminverbraucher auf über 200.000 geschätzt. Deren

Versorgung liegt ausschließlich in den Händen der Yakuza, die das Amphetamin (jap. shabu) in ostasiatischen und südostasiatischen Ländern wie Taiwan, Südkorea und Thailand produzieren lassen. Zum Ende der 80er Jahre hat sich der „kriminalgeographische Großraum Ostasien" (Philippinen – Taiwan – Hongkong – Japan – Korea) zu einem regelrechten „Großlabor für illegale synthetische Drogen" entwickelt. So wurde hier beispielsweise eine Variante des Methamphetamins kreiert, die 1989 unter dem Namen „Ice" bekannt wurde und von Ostasien aus über Hawaii auch in die USA gelangt sein soll.

In Europa dominierten in der illegalen Amphetaminherstellung bis weit in die 80er Jahre hinein die Niederlande. Der Amphetaminschmuggel wurde dementsprechend von Staatsangehörigen mittel- und nordeuropäischer Länder geprägt. Dieses Lagebild hat sich in der vergangenen Dekade geändert.

Ab der zweiten Hälfte der 80er Jahre spielte zunehmend auch die Amphetaminherstellung in Polen eine Rolle. Der Nachbarstaat des geeinten Deutschlands hat sich im Laufe eines halben Jahrzehnts zu einem Produktionsland für synthetische Drogen entwickelt. Anfang der 90er Jahre konnte beobachtet werden, daß die für die Amphetaminherstellung benötigten Grundstoffe über straff organisierte deutsch-polnisch-skandinavische Tätergruppen aus Deutschland nach Polen verbracht werden, im Inland in Laboren illegal zu Amphetamin synthetisiert werden, um dann zumeist in den klassischen Amphetaminverbraucher Skandinavien eingeschmuggelt zu werden. „Sy-Dros made in Poland" gehen inzwischen aber auch westwärts nach Deutschland und sogar in die Niederlande und südostwärts nach Ungarn und in die CSFR. Aber auch Deutschland hat sich in den 80er Jahren zu einem Herstellerland von Amphetamin und Amphetaminvarianten entwickelt. Von den Strafverfolgungsbehörden wurden in der vergangenen Dekade mehr als 200 illegale Labore, darunter über 150 Amphetamin-Labore ausgehoben.

Für die zunehmende Herstellung vollsynthetischer Drogen sprechen eine ganze Reihe von Gründen, beispielsweise:

- Es bedarf für die Herstellung von synthetischen Drogen, insbesondere Amphetamin, häufig keiner besonders aufwendigen Laboreinrichtungen. Ein „Waschküchenlabor" reicht oft aus, um das Produkt auszuwerfen.
- Syntheseanleitungen, sogenannte Kochrezepte, sind vielfach Bestandteile allgemeiner oder leicht zugänglicher wissenschaftlicher Fachliteratur. Bei durchschnittlichen Kenntnissen in der präparativen Chemie, wie man sie beispielsweise bei Laboranten, Chemotechnikern und Chemiestudenten voraussetzen kann, bereiten solche Synthesen normalerweise keine Schwierigkeiten.

- Zur Herstellung synthetischer Drogen sind in der Regel in Europa, insbesondere in Deutschland handelsübliche Chemikalien als Grundstoffe, Reagenzien oder Lösungsmittel erforderlich. Die Stoffe sind in Chemikalienhandlungen relativ günstig und meist legal zu erwerben.

- Montage beziehungsweise Demontage der Laboreinrichtungen verschaffen dem Untergrund-Chemiker hohe Mobilität und erlauben einen häufigen Wechsel der Produktionsorte.

Die Herstellung synthetischer Drogen ist wahrscheinlich nicht nur auf kleine Untergrund-Labore beschränkt. So warf im Februar 1990 die Staatsanwaltschaft Offenburg Mitarbeitern der Firma Imhausen Chemie die illegale Herstellung des halluzinogenen Amphetaminabkömmlings MDMA (in der Drogenszene als „Extasy" bekannt) und deren internationalen Vertrieb vor:

Die Firma Imhausen soll, so die Staatsanwaltschaft, für die Produktion einen Grundstoff geliefert haben, der in Deutschland nicht genehmigungspflichtig ist. Das Unternehmen soll der Anklage zufolge dann aber im Herbst 1988 direkt an der illegalen MDMA-Herstellung beteiligt gewesen sein, indem es über den Imhausen-Prokuristen Ingo Graefe an den texanischen Rechtsanwalt Pofahl MDMA-Pulver geliefert habe. Daraus wurden für den europäischen SyDro-Markt 1,3 Millionen Tabletten geformt, von denen in Amsterdam noch 900.000 sichergestellt werden konnten.

Ein weiterer Schlag gegen den internationalen MDMA-Handel gelang erst im Februar 1992 der niederländischen Polizei, die in elf Städten ihres Landes MDMA mit einem Verkaufswert von 150 Millionen Gulden beschlagnahmte. Die Polizei nahm in den Niederlanden 13 und in Großbritannien, wo für den Absatz der Droge der doppelte Preis erzielt worden wäre, vier mutmaßliche Täter fest. Zusätzlich wurden tonnenweise Chemikalien und Geld im Wert von umgerechnet rund 15 Millionen DM sichergestellt.

Diese Beispiele belegen nur, in welchen Größenordnungen die Herstellung und der Handel synthetischer Drogen in den 90er Jahren gesehen werden muß.

Zum einen versorgt sich Europa mit SyDros selber. Zum anderen werden in Europa hergestellte SyDros im Bedarfsfall in die USA, vornehmlich aber in arabische und afrikanische Regionen grenzüberschreitend eingeschmuggelt.

Die Lagebilder über Rauschgift und organisierte Kriminalität zugrunde gelegt, lassen sich in Sachen Drogenangebot und Drogennachfrage Entwicklungen und Trends für die 90er Jahre vorsichtig prognostizieren.

Sichergestellte Labors in der Bundesrepublik Deutschland – Zeitreihe (FDR/Meldedienst)

Bundesland	1981	1982	1983	1984	1985	1986	1987	1988	1989	Summe
BY	2	4	11	4	3	13	13	13 Amphetamin 1 MDA 1 Methadon 1 Meprobamat	13 Amphetamin 1 MDA 1 Meskalin	81
BR	–	–	–	–	–	–	1	1 Amphetamin	4 Amphetamin	6
HE	–	–	3	1	3	6	5	2 Amphetamin 2 MDA	5 Amphetamin 1 BDMPEA*	28
RP	–	1	2	1	3	4	–	1 Amphetamin 1 Meskalin	2 Amphetamin 1 Methadon	16
NW	1	2	–	3	3	5	6	1 Amphetamin 1 Methadon	2 Amphetamin	24
BW	–	–	1	2	1	9	8	11 Amphetamin 1 MDMA/ MDE* 1 Methaqualon	5 Amphetamin 1 MDMA 1 MDA 1 THC 1 Fentanyl 1 DMT 1 Methadon	45
NI	1	–	1	–	1	2	5	3 Amphetamin 1 MDMA/ MDE* 1 THC	–	15
SH	–	–	–	–	–	2	1	2 Amphetamin 1 Meskalin	1 Amphetamin	7
HH	–	–	–	–	–	2	1	1 Amphetamin	1 MDA	5
SL	–	–	1	–	1	–	3	1 MDA 1 DMT	–	7
HB	–	–	–	–	–	–	–	1 Amphetamin	–	1
Summe Amphetamin	4	7	19	11	15	35	33	36	32	192
Summe Gesamt	4	7	19	11	15	43	43	50	43	235

* kein BtM

Quelle: BKA, RG 12 (1990): Rauschgift Jahresbericht BR Deutschland 1989, Wiesbaden

4 Drogenangebot und Nachfrage – Entwicklungen und Trends in den 90er Jahren

Wie kein anderer kriminalgeographischer Großraum ist im letzten Jahrzehnt dieses Jahrhunderts Europa Ziel verschiedenster Gruppen der organisierten Kriminalität. Der europäische Kontinent, mit mehr als einer dreiviertel Milliarde Menschen, davon rund 424 Millionen in westeuropäischen und etwa 334 Millionen Einwohner in osteuropäischen Ländern, stellt einen höchst lukrativen und noch ausbaufähigen Absatzmarkt für Drogen unterschiedlichster Art dar.

Wirtschaftliche und politische Entwicklungen in West- und Osteuropa tragen ungewollt dazu bei, daß sich für das systematisch und weltweit planende Verbrechen mannigfaltige, weitreichende und äußerst ergiebige Betätigungsfelder eröffnen.

In Westeuropa werden sich mit Stichtag 1. Januar 1993 die zwölf Mitgliedstaaten der Europäischen Gemeinschaft zu einem Binnenmarkt zusammenschließen, der vom freien Verkehr von Personen, Waren, Dienstleistungen und Kapital geprägt werden wird. Gleichzeitig soll mit dieser Vollendung des EG-Binnenmarktes ebenfalls am 1. Januar 1993 der sogenannte Europäische Wirtschaftsraum (EWR) von der EG und den Staaten der EFTA (= European Free Trade Association = Europäische Freihandelszone) Wirklichkeit werden. Der Wirtschaftsraum, den dann insgesamt 19 Staaten bilden, ist noch vor den USA und Japan der größte der Welt. In Osteuropa und der Gemeinschaft unabhängiger Staaten (GUS) profitieren Gruppen der organisierten Kriminalität von entwicklungsbedingten wirtschaftspolitisch desolaten Zuständen, die sich – nicht vermeidbar – durch die Umstellungen von staatlich betriebener Planwirtschaft auf freie Marktwirtschaft einerseits, und von sozialistischer Alleinherrschaft zur parlamentarischen Demokratie mit temporären Sicherheitsdefiziten andererseits ergeben. Diese über Jahre andauernde Phase der Umstellung und Neuorientierung führte und führt zu überdimensionierten „Schattenwirtschaften", in denen organisierte Verbrechergruppen in wenigen Jahren enorme Profite erwirtschaften können. Überdeutlich zeigten sich diese Entwicklungen in den letzten Jahren der alten Sowjetunion und den ersten Jahren der neuen Gemeinschaft unabhängiger Staaten. Anzeichen für organisierte Kriminalität wurden schon, so der OK-Experte im Moskauer Innenministerium Alexander Gurow, in der ersten Hälfte der 60er Jahre beobachtet. In den 70er Jahren wurde sie zur sozialen Erscheinung; in den 80er Jahren wurden „die in der Sowjetunion nach Mafia-Art organisierten Verbrechersyndikate zu einer immer größeren Bedrohung", so Generalstaatsanwalt Katusow im März 1989. In den Vorjahren konnten in der Zeit von

1986 bis 1988 insgesamt 2.607 kriminelle Gruppen identifiziert werden, die Anzeichen von Organisation erkennen ließen. Anfang der 90er Jahre nun wird die Anzahl der Banden auf 3.500 bis 5.000 geschätzt, mit 30.000 oder mehr Mitgliedern.

Zweifellos hat auch der Drogenhandel der letzten Jahre die Bandenbildung in der Sowjetunion begünstigt. Kontinuierlich nimmt das Geschäft mit Narkotika zu. Nach vorsichtigen Schätzungen wurden 1991 im illegalen Drogenhandel mehr als 3 Milliarden Rubel umgesetzt. Für das selbe Jahr wurde der Gesamtumsatz der von OK-Gruppen kontrollierten „Schattenwirtschaft" auf 110 bis 130 Milliarden Rubel geschätzt. In den kommenden Jahren, so Gurow (nach TASS/Reuter), könnte die organisierte Kriminalität rund 30 bis 40 Prozent des Bruttosozialproduktes (BPS) der Russischen Föderation kontrollieren, ein Macht- und Einflußzuwachs, dessen Folgen mehr als bedrohlich für die GUS sind, und damit auch für die Reformstaaten Osteuropas und für Westeuropa sein werden. Der „Russian Connection" mit ihren „roten Paten" muß von allen Sicherheitspolitikern und Polizeien in diesen 90er Jahren die höchste Aufmerksamkeit gewidmet werden.

Russische und mittelasiatische Tätergruppen im Narkotikahandel und polnische Tätergruppen in der illegalen Herstellung synthetischer Drogen belegen den quantitativen OK-Gruppen-Zuwachs im Deliktbereich Rauschgift.

Die Profitabilität der Ware Rauschgift läßt aber auch andere Tätergruppen in das Drogengeschäft einsteigen.

An sogenannten Narcodollars sind auch einzelne Terrorgruppen, Untergrund- und Freiheitskämpfer interessiert. In Sachen „Narcoterrorismus" schätzte die DEA bereits 1989, daß zwischen Europa und den USA einerseits und Asien andererseits auf dem Schwarzmarkt jährlich **Waffen gegen Drogen** im Wert von 9 Milliarden US-Dollar getauscht werden. Der Tauschwert Waffen/Drogen zwischen Europa und USA und Südamerika wurde auf 7 Milliarden US-Dollar beziffert.

Welche Dimensionen die Verbindung Terror und Drogen hat und nach Änderungen der politischen Weltlage bekommen kann, wurde im November 1991 auf einer Konferenz von Vertretern der Innenminister und Polizeichefs aus über 50 Ländern in Versailles und einem zeitlich parallelen Treffen von Experten aus 17 Ländern einschließlich der USA, der Europäischen Gemeinschaft und der ehemaligen Sowjetunion in Paris deutlich. Die Konferenz stellte fest, daß der politisch motivierte und der mit Drogenhandel verbundene Terrorismus die größten Probleme der internationalen Kriminalität darstellen. Bis in die späten 80er Jahre war der internationale Terrorismus ein

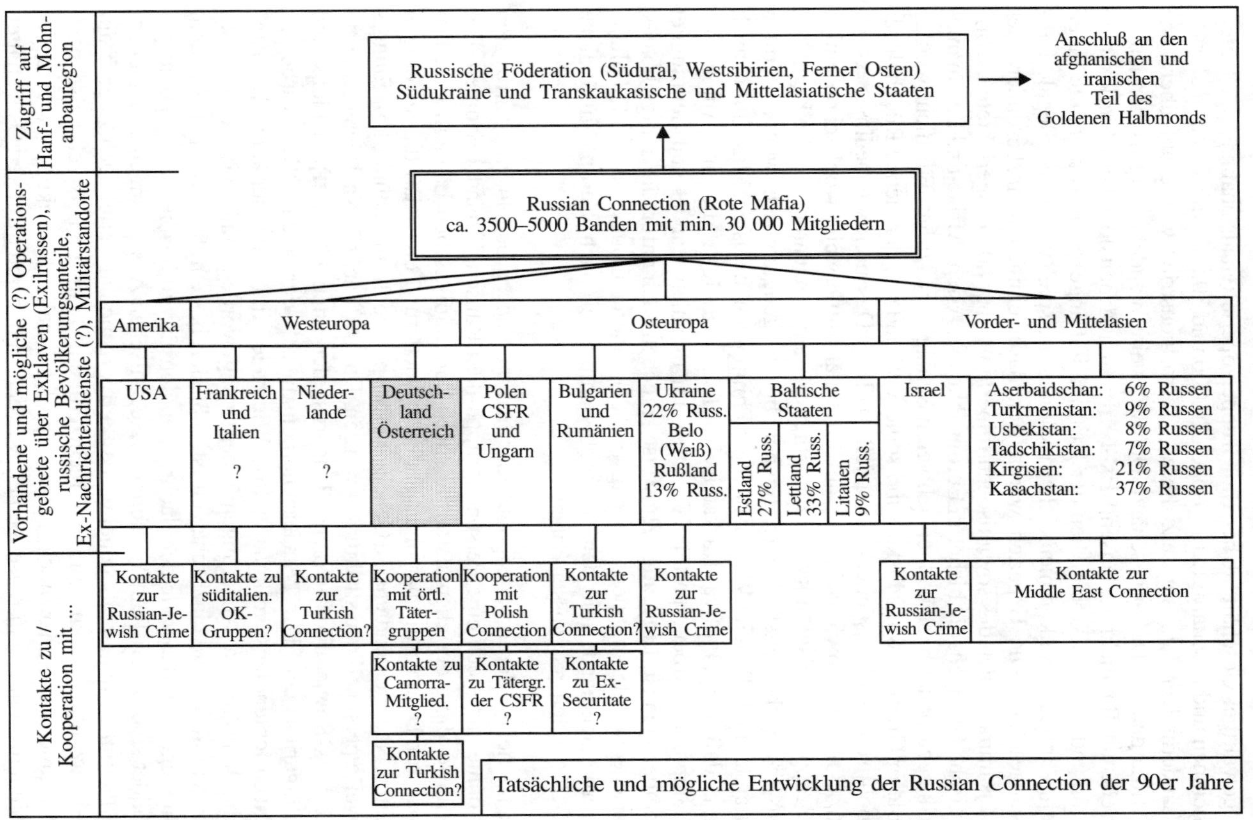

Tatsächliche und mögliche Entwicklung der Russian Connection der 90er Jahre

„gewaltiges Geschäft". Über 100 Gruppen operierten als unabhängige Unternehmen und beschäftigten zwischen 20.000 und 30.000 Menschen in über 40 Ländern. Der Jahresumsatz dieser „Terrorindustrie" wurde auf über zwei Milliarden US-Dollar geschätzt. Der weltweite Wandel im politischen Klima bedeutet für mehrere tausend Ex-Terroristen Arbeitslosigkeit. Sie könnten von anderen Deliktbereichen der Kriminalität angezogen werden, die ihnen ein ähnliches Einkommen sichern können, beispielsweise das illegale Drogengeschäft. Die Experten waren sich darin einig, daß insbesondere der Zusammenbruch des sowjetischen Imperiums über 80 linksgerichtete terroristische Gruppen, die bisher in Europa, Nahost, Asien, Afrika und Lateinamerika gearbeitet haben, einen schweren Schlag versetzt hat. Für nicht wenige dieser Gruppen war Moskau und seine Verbündeten der „letzte Rückhalt für politische und besonders finanzielle Hilfe". Das politisch bedingte „Austrocknen der sowjetischen Finanzhilfe" hat mittlerweile wohl schon einige Gruppen veranlaßt, mit Drogenhändlern zusammenzuarbeiten. Die Kontakte, so die Sicherheitsfachleute, reichen bis zu geographisch weit entfernten Ländern wie Peru im Westen oder die Philippinen im Osten. Man nimmt auch an, daß die „Partiva Karkaren Kurdistan (PKK)", die um Autonomie kämpfende Arbeiterpartei Kurdistans im illegalen Handel und Schmuggel einbezogen ist. Eindeutige Hinweise sprechen auch dafür, daß einige libanesische Schiitengruppen, die eng mit der „Partei Gottes", der „Hisbollah" verbunden sind, mit dem Cannabisschmuggel nach Europa zusätzliche Geldquellen erschlossen haben.

Und neben der organisierten Kriminalität und „arbeitslosen" Terroristen könnte sich noch eine Personengruppe dem Rauschgifthandel widmen. Die Hinwendung der ehemals sozialistisch-kommunistischen Ländern Osteuropas zur Demokratie hat unter anderem auch zur Folge, daß die jeweiligen alten Nachrichtendienste (Geheimdieste) personell ausgedünnt beziehungsweise personell neu strukturiert werden. Das trifft auf die Nachrichtendienste der Ex-Sowjetunion, Polens, Ungarns, der alten CSSR, Rumäniens und Bulgariens zu. Der „Staatssicherheitsdienst" der alten DDR wurde als Nachrichtendienst völlig aufgelöst. Wie viele Mitarbeiter der alten „Dienste" durch politische Änderungen arbeitslos geworden sind, wie hoch dieses Potential in etwa einzuschätzen ist, läßt sich bestenfalls vermuten. Bekannt hingegen ist, daß viele der Nachrichtendienstler gut bis hervorragend ausgebildet sind, Zugriff auf Waffengerät, technischen Ausrüstungen und anderen Materialien hatten, als geheime Exekutivorgane der Partei auch Zugriff auf Finanzmittel hatten (und bei rechtzeitigem Transfer beispielsweise nach Südamerika immer noch haben), professionelle Kontakte untereinander hielten, Kontakte in Krisengebiete wie den Nahen und Mittleren Osten hatten und – in Einzelfällen – Kontakte sowohl zu Terrorgruppen als auch zur organisierten Kriminalität pflegten. Bekanntes Beispiel dafür war die Verbindung des bulgarischen Ex-Staatssicherheitsdienstes „Komitet Darschawa Sigurnost (KDS)", der spätere „DS" zu türkischen Drogengroßhändlern und Maklern sowie Repräsentanten sizilianischer Mafia-Familien (sogenannte Bulgarian Connection) von Anfang der 70er Jahre bis Anfang der 80er Jahre. Über Ungarn berichtete mit Stand vom Januar 1991 das BKA in einer Übersicht über die Rauschgiftsituation in osteuropäischen Ländern: „... Probleme sind die Verbindungen des ehemaligen Geheimdienstes zu Rauschgifthändlern, die auch nach der Neuorganisation der Polizei noch intakt sein sollen ..."

Für alle Tätergruppen, insbesondere für die organisierte Kriminalität, ist der kriminalgeographische Großraum Europa nicht nur als Drogenabsatzmarkt, sondern auch als Markt für Investitionen und natürlich auch für die sogenannte Geldwäsche hochinteressant. Ein Beispiel dafür ist ein Fall, den die französische Polizei Anfang April 1992 aufdeckte: Die Beamten hoben einen von japanischen Yakuza organisierten Schmuggel mit Luxuskoffern aus. Mit diesem Schmuggel, so die Polizei, seien zugleich vermutlich mehr als 400 Millionen Franc (= 118 Millionen DM) Gewinn aus Rauschgifthandel, Glücksspiel und Prostitution „gewaschen" worden. Über 100 von 300 Tätern wurden festgenommen. Das „schmutzige" Geld wurde über Banken in Luxemburg, der Schweiz und den britischen Kanalinseln nach Frankreich geleitet. Im Chinesenviertel von Paris heuerten die Yakuza Hunderte von Helfern an, die die Koffer legal kauften und zum Flughafen brachten, wo ein Komplize in der Zollverwaltung arbeitete. Die Koffer wurden in Japan mit hohen Gewinnen verkauft.

Der Angebotsdruck wird wahrscheinlich nicht nur durch die quantitative Zunahme von Tätergruppen und der qualitativen Zunahme der Organisation der Kriminalität in diesem letzten Jahrzehnt erhöht werden, sondern auch durch die quantitative Zunahme des Drogenangebotes und qualitativer Verbesserung einiger pflanzlicher Drogenspezies beziehungsweise synthetischer Drogen:

– Für die Naturdrogen Hanf, Coca und Mohn muß festgestellt werden, daß der Anbau in den klassischen Anbauregionen der Welt kompatibel ist. Beispiele:
  Coca, heute in Südamerika beheimatet, könnte auch in Indonesien (wie Anfang des 20. Jahrhunderts) und Teilen Afrikas kultiviert werden. Die Kokainproduktion wäre damit nicht nur auf die westliche Hemisphäre beschränkt.

- Mohn, heute in Asien beheimatet, könnte auch in Teilen Afrikas und Südamerikas kultiviert werden. Schon seit Anfang der 90er Jahre scheint dies versucht zu werden. In Lateinamerika sind Mohnpflanzungen nicht mehr nur in Mexiko und mit Einschränkungen in Guatemala, sondern „im Versuchsstadium" auch in Ecuador, Kolumbien und Venezuela zu finden. Die Heroinproduktion wird nach diesen Beobachtungen und Einschätzungen in der letzten Dekade nicht nur auf die östliche Hemisphäre beschränkt bleiben.
- Qualitative Änderungen ergeben sich durch die Züchtungen besonders anspruchsloser Drogenspezies, beispielsweise der schnell wachsenden und ertragreichen Coca-Varietät „Epadu", deren Blätter zwar nicht so kokainhaltig sind, die dafür aber von den Anden bis weit in den Amazonasdschungel hinein anpflanzbar ist – oder stark anspruchsvoller Drogenspezies, beispielsweise der stark wirkstoffhaltigen Cannabisvarietät „Siusemilla", die in niederländischen Gewächshäusern gezogen wird.
- Noch wesentlich vielfältiger sind die qualitativen Änderungen im Bereich der synthetischen Drogen (SyDro). Fast alle Drogen lassen sich heute vollsynthetisch herstellen. Betäubungs-, Schmerz- und Aufputschmittel sind durch chemische Manipulationen im Molekularbereich in ihrer euphorisierenden Wirkung und Suchtpotenz verstärkbar. Bekanntes Beispiel ist die Abwandlung des Schmerzmittels „Fentanyl". Als „synthetisches Heroin" kamen die abgewandelten Analgetika in den USA unter den Namen „China White" (1980) und „Persian White" (1983) auf den Markt. Wirkung dieser schon vor zehn Jahren angebotenen SyDros: 300 bis 7.500 (!) x stärker als herkömmliches Morphin. Für die 90er Jahre kann auch nicht ausgeschlossen werden, daß – die Fortschritte der Pharmaindustrie in der Medikamentenentwicklung nutzend – vermarktbare Drogen per Computer (Drug-Design am Bildschirm) entwickelt werden.

Ob dieser Entwicklungen muß davon ausgegangen werden, daß die 90er Jahre wie kein Jahrzehnt zuvor von quantitativen und qualitativen Zunahmen der Drogenangebots- und der Nachfrageseite gekennzeichnet sind.

Diese neuen Dimensionen sind jedoch nicht nur in der Drogenkriminalität, sondern auch in der allgemeinen Verbrechens- , der Umwelt- und Betrugskriminalität zu erwarten. Einher geht diese Entwicklung mit einer weiteren Verdichtung des professionellen kriminellen Milieus und der Gefahr, daß die politische Korruption zunehmen wird.

Vorausschauend stellte schon im März 1990 der damalige Vizepräsident des Bundeskriminalamtes Hans Zachert auf einer Innenministerkonferenz fest, daß sich der Anteil der organisierten Kriminalität „in den nächsten zehn Jahren verdoppeln“ wird.

Die Haupterwerbsquelle der organisierten Kriminalität ist wie nie zuvor das illegale Drogengeschäft, das weltweit gesehen rund die Hälfte des OK-Gesamtumsatzes ausmacht. Der lukrativste Deliktbereich sichert den organisierten Verbrechern in einem Jahrzehnt wie den 80er Jahren einen einstelligen Billionen-Dollar-Umsatz; er sichert in einem Jahr, beispielsweise dem Erscheinungsjahr dieses Buches, einen dreistelligen Milliarden-Dollar-Umsatz; er sichert in jeder Minute den Umsatz von heute mindestens einer Million US-Dollar. Das ist die Größenordnung, mit der sich ebenfalls weltweit die Bekämpfer der organisierten Kriminalität, insbesondere die Polizeien auseinandersetzen müssen.

Literatur- und Quellennachweise zum 2. Teil: Die organisierte Kriminalität heute

1. Kapitel: Phänomenologie der Organisierten Kriminalität

Behr, Hans-Georg (1985): Organisiertes Verbrechen Econ-Verlag, Düsseldorf–Wien

Berliner Zeitung (1992): Erpresser-Banden zerschlagen, 29. April, S. 32

BKA (1990): Zwischenbericht der gemeinsamen Arbeitsgruppe Justiz/Polizei: „Strafverfolgung bei Organisierter Kriminalität“, Bundeskriminalamt, Wiesbaden

Boettcher, Otto (1974): Organisierte Kriminalität, Kritische Situationsanalyse – Konsequenzen für eine erfolgreiche Bekämpfung, RC Berlin, 6. November, S. 1–14

Lindlau, Dagobert (1987): Der Mob – Recherchen zum organisierten Verbrechen, Hoffmann und Campe, Hamburg

Peters, Butz (1990): Die Absahner – Organisierte Kriminalität in der Bundesrepublik, Rowohlt, Reinbek b. Hamburg

Peters, Butz (1990): Konzerne des Verbrechens – Die Polizei fordert neue Mittel im Kampf gegen die Organisierte Kriminalität, Die Zeit Nr. 20, 11. Mai, S. 17

Raith, Werner (1989): Mafia – Ziel Deutschland. Vom Verfall der politischen Kultur zur Organisierten Kriminalität, Kösler Verlag, Köln

Rebscher, Erich, und Vahlenkamp, Werner (1988): Organisierte Kriminalität in der Bundesrepublik Deutschland – Bestandsaufnahme, Entwicklungstendenzen und Bekämpfung aus der Sicht der Polizeipraxis, Sonderband der BKA-Forschungsreihe, Bundeskriminalamt Wiesbaden

Spiegel (1988): Deutschlands neue Wirtschaftsmacht MAFIA GmbH – Vierteilige SPIEGEL-Serie über das organisierte Verbrechen in Deutschland,
Heft Nr. 9/29. Februar: Die Macht der Syndikate, S. 68–83
Heft Nr. 10/7. März: Schutzgelderpressung, S. 80–101
Heft Nr. 11/14. März: Milliardenbranche Stehlen & Hehlen, S. 143–164
Heft Nr. 12/21. März: Rauschgifthandel, S. 72–100
Spiegel (42. Jg.) Verlag, Hamburg

Spiegel (1991): Geheimniskrämerei übertrieben – SPIEGEL-Interview mit Staatsminister Lutz Stavenhagen über eine Reform des Bundesnachrichtendienstes, 45. Jg., Heft Nr. 21, 20. Mai, S. 28–34

Spranger, Carl-Dieter (1990): Organisierte Kriminalität in einem Europa durchlässiger Grenzen, Eröffnungsansprache des Parlamentarischen Staatssekretärs beim Bundesminister des Innern anläßlich der BKA-Tagung zur „Organisierten Kriminalität in einem Europa durchlässiger Grenzen" am 6. November in Wiesbaden

Stümper, Alfred (1986): Fällt Deutschland unter die Räuber? Siebenteilige WELT-Serie über das Organisierte Verbrechen in der Bundesrepublik Deutschland, Die Welt Nr. 79/5. April – Nr. 85/12. April

Tagesspiegel (1992): Das Kokain kam im Stückgutfrachter aus Kolumbien, 20. März, S. 8

Tagesspiegel (1992): Polizei zerschlägt Mafia-Clan im Allgäu, 2. Mai, S. 28

2. Kapitel: Organisierte Kriminalität in Deutschland

Bayerisches LKA (1989): Pressemitteilung vom 11. Dezember Landeskriminalamt, München

Bayerisches LKA (1990): Pressemitteilung 114/90 Landeskriminalamt, München

BKA, Hrsg. (1991): Organisierte Kriminalität in einem Europa durchlässiger Grenzen (BKA-Vortragsreihe Bd. 36) Bundeskriminalamt, Wiesbaden

BKA, Hrsg. (1992): Lagedarstellung Organisierte Kriminalität (OK), Bundeskriminalamt, Wiesbaden

BKA, Hrsg. (1992): Bericht über die Aktivitäten italienischer OK-Gruppen in der Bundesrepublik Deutschland, Bundeskriminalamt, Wiesbaden

Butz, Peters (1990): Die Absahner – Organisierte Kriminalität in der Bundesrepublik, Rowohlt Verlag, Reinbek b. Hamburg

Butz, Peters (1992): Organisiertes Verbrechen, in: P. M. Perspektive, Themenheft „Verbrechen – Bekämpfen – Erforschen – Bestrafen", München, Seiten 35–41

Evang. Akademie Bad Boll, Hrsg. (1991): Polizei und Justiz im Europa ohne Grenzen – Bedrohungen durch die Kriminalität und deren Bekämpfung, Protokoll der Tagung vom 5. bis 7. Okt. 1990, Protokolldienst 3/91

Innenministerium NRW (1991) Presseinformation „Organisierte Kriminalität" verursacht Schäden in Milliardenhöhe", Düsseldorf, 31. Oktober

Köhler, Gerhard (1991): Polizei und Justiz vor den Herausforderungen durch die (international) Organisierte Kriminalität, in: Protokolldienst 3/91 der Evang. Akademie Bad Boll, Seiten 4–12

Küster, Dieter (1991): Das Lagebild der Organisierten Kriminalität in der Bundesrepublik Deutschland, illustriert anhand typischer Ermittlungsverfahren, in: BKA-Vortragsreihe Bd. 36, Hrsg. BKA, Bundeskriminalamt Wiesbaden, Seiten 53–66

Raith, Werner (1989): Mafia: Ziel Deutschland – Vom Verfall der politischen Kultur zur Organisierten Kriminalität, Kösler, Köln

Rebscher, Erich, und Vahlenkamp, Werner (1988): Organisierte Kriminalität in der Bundesrepublik Deutschland – Bestandsaufnahme, Entwicklungstendenzen und Bekämpfung aus Sicht der Polizeipraxis, BKA-Forschungsreihe – Sonderband – Bundeskriminalamt, Wiesbaden

Reinhard, Michael (1992): Organisierte Kriminalität in Berlin – Die Komplizen des Mobs sind in allen Schichten zu finden, in: Der Tagesspiegel, 18. Januar, Seite 10

Thamm, Berndt Georg (1991): Organisierte Kriminalität – Countdown im Milliardengeschäft, Deutsche Polizei 40. Jg. Nr. 7 (Juli), Seiten 4–11

Thamm, Berndt Georg (1991): Mündliche Ausführungen vor dem Untersuchungsausschuß „Verbreitung der Organisierten Drogenkriminalität in den Ländern der Gemeinschaft" des Europäischen Parlaments, Brüssel, erste öffentliche Anhörung am 24. Juni (unveröffentlicht)

Zachert, Hans-Ludwig (1991): Organisierte Kriminalität in der Bundesrepublik Deutschland, Strukturen, Bedrohungspotential, Bekämpfungsprobleme, in: BKA-Vortragsreihe Bd. 36, Hrsg. BKA, Bundeskriminalamt Wiesbaden, Seiten 37–51

3. Kapitel: Rauschgiftkriminalität – der lukrativste Deliktbereich der organisierten Kriminalität

Adams, Nathan M. (1983): Drogen gegen Waffen – Der „bulgarischen Mafia" auf der Spur, Das Beste Nr. 11, S. 100–128

Amendt, Günter (1984): Sucht – Profit – Sucht, Zweitausendeins, Frankfurt/Main

Aspiazu, René B. (1989): Die weiße Ader – Coca und Kokain in Bolivien, Rotpunktverlag, Zürich

Behr, Hans-Georg (1980): Weltmacht Droge – Das Geschäft mit der Sucht, Econ-Verlag, Düsseldorf–Wien

Behr, Hans-Georg (1981): West-östlicher Deal – Streifzüge durch den Heroin- und Waffenbazar, Transatlantik, Nr. 2, S. 14–23

Berliner Morgenpost (1992): Drogen-Kartelle kaufen sich mit Milliarden auch in Deutschland ein, 5. Januar, S. 1

Berliner Zeitung (1991): Drogenbosse investieren im Osten, Nr. 180, 5. August, S. 5

Berliner Zeitung (1991): Italienische Mafia ist in Ostdeutschland schon aktiv, Nr. 183, 8. August, S. 4

BKA, RG 12 (1990): Bundesrepublik Deutschland Rauschgift Jahresbericht 1989, Bundeskriminalamt, Wiesbaden

BKA, RG 12 (1991): Bundesrepublik Deutschland Rauschgift Jahresbericht 1990, Bundeskriminalamt, Wiesbaden

BKA, RG 12 (1992): Lagebericht Rauschgift Bundesrepublik Deutschland – Vorläufige Situationsdarstellung 1. 1.–31. 12. 1991, Bundeskriminalamt, Wiesbaden

BKA RG 12 (1990–92): Rauschgiftkurier, Ausgaben 1/90–7/90 und 1/91–7/91, Bundeskriminalamt, Wiesbaden

BKA RG 12 (1991): Übersicht über die Rauschgiftsituation in osteuropäischen Ländern, Bundeskriminalamt, Wiesbaden

Bundesminister des Innern, Hrsg. (1992): Rauschgift-Bilanz 1991, Innere Sicherheit (Polizeiangelegenheiten), Nr. 1/28. Februar, S. 10–12

Castillo, Fabio (1987): Los Jinetes de la Cocaina, Editorial Documentos Periodísticos, Bogota

Cooney, Patrick, Berichterstatter (1991): Berichtsentwurf über die Verbreitung der organisierten Rauschgiftkriminalität in den Ländern der Europäischen Gemeinschaft, Europäisches Parlament Untersuchungsausschuß „Verbreitung der organisierten Drogenkriminalität in den Ländern der Gemeinschaft", Stand: 4. September, Brüssel, DOC-DE/PR/113289/Freelance PE 152.380

Die Welt (1986): Drogenhändler finanzieren Terror, Nr. 54, 5. März, S. 1

Die Welt (1992): Offensive der Drogenkartelle, 20. März, S. 1

Dorn, Nicholas & Murji, Karim & South, Nigel (1992): Traffickers – Drug markets and law enforcement, Routledge, London–New York

Dubey, Suman & Raina, Asoka (1981): Narcotics – The Indian Connection (Cover Story), India Today, May 1–15, p. 54–62

Eddy, Paul & Sabogal, Hugo & Walden, Sara (1991): Kokain-Krieg – Macht und Machenschaften der kolumbianischen Drogen Mafia, Goldmann Verlag, München

Fischer, Leo (1989): Nach dem geplatzten Kaffeeabkommen fallen die Preise – Ohne Waffen im Sorten-Kampf, Rheinischer Merkur Nr. 28, 14. Juli, S. 10

Foreighn & Commonwealth Office, Hrsg. (1991): Background Brief – Combating Drug Abuse in the 1990s, London

Gugliotta, Guy & Leen, Jeff (1989): Die Kokain-Bosse – Der schockierende Bericht über den Aufstieg des kolumbianischen Kokain-Kartells, Gustav Lübbe Verlag, Bergisch-Gladbach

Hertoghe, Alain & Labrousse, Alain (1990): Die Koksguerilla – Der Leuchtende Pfad in Peru, Rotbuch Verlag, Berlin

Illesch, Andrej (1991): Die roten Paten – Organisiertes Verbrechen in der Sowjetunion, Rowohlt Berlin Verlag, Berlin

Inciardi, James A. (1986): The War on Drugs, Mayfield Publishing Company, Palo Alto California

International Narcotics Control Board, Hrsg. (1990–92): Reports of the International Narcotics Control Board for 1989, 1990 and 1991, United Nations. New York

Kadell, Franz (1988): Waffen sind eine Art Währung geworden, Die Welt Nr. 23, 28. Januar, S. 8

Kalnoky, Boris (1991): Die Drogenmafia könnte den ganzen Ostblock aufkaufen, Die Welt Nr. 273, 23. November

Kath. Sozialethische Arbeitsstelle, Hrsg. (1989): Designer Drugs – Zum Gefährdungs- und Suchtpotential synthetischer Drogen, Hoheneck Verlag, Hamm

Knox, Collin (1988): The Lebanese Connection – Bekaa Valley Drugs Fuel Endless Conflict, Soldier of Fortune, May, p. 54–61, 84–85

Lesch, Markus (1991): Wir sind die ersten, die überrollt werden – Sachsens Innenminister sieht Mafia-Gefahr aus dem Osten, Die Welt, 28. Oktober

Lintner, Bertil (1991): Burma's new drug warlords linked with China's Yunnan province (Cover Story), Far Eastern Economic Review, March 28, p. 22 ff.

Maas, Bert (1988): Drogen in Europa, Sozialistische Fraktion Europäisches Parlament, Brüssel

Mermelstein, Max (1991): Der Mann mit dem Schnee – Ein Insider des Drogenkartells packt aus, Kiepenheuer & Witsch

Morstein, Manfred (1989): Der Pate des Terrors – Die mörderische Verbindung von Terrorismus, Rauschgift und Waffenhandel, Piper Verlag, München–Zürich

McCoy, Alfred W. (1972): The Politics of Heroin in Southeast Asia, Harper & Row, New York

Neubauer, Rita (1992): Billiger Kaffee treibt Produzenten in den Ruin, Kölner Stadtanzeiger Nr. 49, 27. Februar, S. 25

Neue Zürcher Zeitung (1992): Weltweites Drogenproblem im Uno-Spiegel, 13. Februar

Rehder, Peter, Hrsg. (1992): Das Neue Osteuropa von A–Z – Neueste Entwicklungen in Ost- und Südosteuropa, Droemer Knaur Verlag, München

Roth, Jürgen (1992): Gesucht wird … die Pizza-Connection, TV-Reportage im 1. Programm (ARD), 2. April, 20.15–20.55 Uhr

Saberschinsky, Hagen (1991): Drogenbanden haben Europa fest im Griff – Eine Studie des Bundeskriminalamtes drogen-report 12. Jg. Nr. 1, S. 10–20

Shannon, Elaine (1991): Columbia – New Kings of Coke, Time No 26, July 1, p. 41–45

Spiegel-Verlag, Hrsg. (1989): Geißel Droge – Serie über die Drogensucht (Spiegel Spezial 1/89), Spiegel-Verlag, Hamburg

Spiegel (1989): Alptraum vom Himmel – Eine neue Superdroge hat das amerikanische Festland erreicht: Ice, Nr. 39, S. 291

Spiegel (1990): Ecstasy und Cadillac, 44. Jg. Nr. 46, 12. November, S. 135–139

Spiegel (1991): Drogen aus dem Computer – SPIEGEL-Interview mit Professor Karl-Artur Kovar über das Vordringen synthetischer Rauschgifte, 45. Jg. Nr. 13, 25. März. S. 118 ff.

Spiegel (1992): Rauschgift – Wie Dr. No 46. Jg. Nr. 2, 6. Januar, S. 125–126

Storbeck, Jürgen (1990): Internationale Dimension der Rauschgiftbekämpfung – Perspektiven, Bewährungshilfe 37. Jg. Nr. 3, S. 266–278

Tagesspiegel (1989): Experten warnen in USA vor neuer Droge „Ice", 5. November, S. 32

Tagesspiegel (1990): Polizei stellte zwölf Kilogramm synthetisches Rauschgift sicher – Internationale Organisation schlägt Amphetamin aus Polen um, 31. Januar, S. 26

Tagesspiegel (1990): Drogen-Prozeß gegen Mitarbeiter von Imhausen, 23. November, S. 10

Tagesspiegel (1992): Mit Ostgeschäften wird Mafiageld gewaschen, 2. Januar, S. 1

Tagesspiegel (1992): Drogenkartelle drängen nach Westeuropa, 5. Januar, S. 4

Tagesspiegel (1992): Großer Schlag gegen den XTC-Handel, 17. Februar, S. 20

Tagesspiegel (1992): Geldwäsche mit Luxuskoffern, 6. April, S. 20

Taheri, Amir (1991): Arbeitslose Terroristen wechseln zu Drogen, Die Welt, 25. November

Thamm, Berndt Georg (1987): USA – „Wunderland" des Kokain und seiner Billigausgaben Crack und Basuco, Deutsche Polizei 36. Jg. Nr. 3, S. 22–27

Thamm, B. G. (1989): Libanon Connection – Drogen, Bürgerkrieg und schmutziges Geld, SuchtReport, Heft 5, S. 26–37

Thamm, B. G. (1989): Weltdrogensituation – mit ihren Auswirkungen auf Westeuropa, in: Dokumentation „Drogenfachtagung der GdP zur Rauschgiftkriminalität in München", Verlag Deutsche Polizeiliteratur, Hilden. S. 36–44

Thamm, B. G. (1991): Die Schattenseite der Entspannung – Osteuropa – der neue Tummelplatz für Drogen, SuchtReport 5. Jg. Heft 1, S. 38–41

Thamm, B. G. (1991): Organisierte Kriminalität – Countdown im Milliardengeschäft, Deutsche Polizei 40. Jg. Nr. 7, S. 4–8, 10–11

Thamm, B. G. (1991): Die Drogenbekämpfung im 20. Jahrhundert – Von der Drogenächtung zur Militarisierung der Drogenabwehr, in: Schriftenreihe des Instituts für Konfliktforschung Heft 13 „Entkriminalisierung im Drogenbereich?“, Wienand, Köln, S. 59–87

Thamm, B. G. (1991): Die Bedrohung der Europäischen Gemeinschaft (EG) durch die organisierte Kriminalität (OK) aus Fernost & 0st in den 90er Jahren – Istzustand – Trends – Maßnahmeempfehlungen, Auftragsarbeit für die Sozialistische Fraktion Europäisches Parlament (EP), Brüssel, Stand 2. Dezember (unveröffentlicht)

Thamm, B. G. (1992): Soziale und ökonomische Aspekte des organisierten Verbrechens, Referat auf dem Symposium „Rechtspolitische Wege zur Vermeidung und Bekämpfung von Drogenabhängigkeit und -kriminalität“ der Konrad-Adenauer-Stiftung, Bedburg-Hau, 21. März (unveröffentlicht)

Waksberg, Arkadi (1992): Die Sowjetische Mafia – Organisiertes Verbrechen in der Sowjetunion, Piper Verlag, München–Zürich

Weckbach-Mara, F. (1991): BND – Drogenmafia kauft ostdeutsche Firmen, Bild am Sonntag Nr. 31, 4. August, S. 2

Witaljew, Witali (1990): Die rote Mafia – Recherchen im kriminellen Untergrund der UdSSR, Econ Verlag, Düsseldorf–Wien–New York

3. Teil

Die Bekämpfung der Organisierten Kriminalität

1. Kapitel
Organisierte Kriminalität – Bekämpfungsstrategien

Insbesondere in den 80er Jahren hat die Organisierte Kriminalität in verschiedenen Erscheinungsformen so dramatisch zugenommen, daß sie nun in den 90er Jahren zu einer bedrohlichen Herausforderung für Staat und Gesellschaft geworden ist; wohlgemerkt, eine Herausforderung für die gesamte Gesellschaft!

In der Bekämpfung der Organisierten Kriminalität kann die Polizei dementsprechend nur den ihr von der Gesellschaft zugedachten Beitrag leisten. Arbeitet sie erfolgreich, kann sie in Einzelfällen kriminelle Organisationen zerschlagen. Doch die Organisierte Kriminalität als ein in die Gesellschaft eingebettetes Gesamtphänomen zu zerschlagen, stellt als Aufgabe für die Polizei eine Überforderung dar. Bestenfalls könnte die Polizei das immer noch andauernde Wachstum dieser Einbettung verlangsamen.

1 Polizeimaßnahmen contra Persönlichkeitsrecht?

Seit Anfang der 80er Jahre wird in der Bundesrepublik Deutschland über Strategien und Konzepte zur Bekämpfung der Organisierten Kriminalität diskutiert. Über diesen Zeitraum von zehn Jahren wurde einerseits auf die Weiterentwicklung beziehungsweise die Professionalisierung herkömmlicher polizeilicher Ermittlungsmethoden – beispielsweise den Einsätzen von „Verdeckten Ermittlern" und „Vertrauens-Leuten" – gesetzt und andererseits wurden neue Bekämpfungsmethoden – beispielsweise die Abschöpfung illegaler Vermögenswerte – erarbeitet. Doch Weiter – und Neuentwicklungen von Bekämpfungsmethoden führten in diesem Zeitraum nicht gleich zur Schaffung von gesetzlichen Grundlagen, die für die polizeiliche OK-Bekämpfung notwendig gewesen wären. Als Haupthindernis könnte man das sogenannte Volkszählungsurteil des Bundesverfassungsgerichtes vom 15. Dezember 1983 bezeichnen, das alle diese polizeilichen Maßnahmen als Eingriffe in das Persönlichkeitsrecht wertete. Für die polizeiliche Praxis der OK-Bekämpfung bedeutete dies, daß notwendige Eingriffe nicht generell durch das Recht abgesichert waren, sondern spezieller Normen bedurften. Salopp formuliert bedeutete dies, daß man in den 80er Jahren bei der Bekämpfung der Organisierten Kriminalität „nicht richtig zur Sache" gehen konnte; ein Tatbestand, von dem in diesem Zeitraum unterschiedlichste Gruppen des Organisierten Verbrechens direkt und indirekt profitierten. Das zeigte insbesondere die Rauschgiftkriminalität als herausragende Erscheinung der Organisierten Kriminalität. Ihre Eskalation in den 80er Jahren signalisierte mehr als deutlich den dringenden Bedarf gesetzlicher Regelun-

Landes-Polizei-Gesetze

	Bundesland	Polizeigesetz	Fassung vom
1	Baden-Württemberg	Polizeigesetz (PolG)	13. 1. 1992 (GBl. S. 1)
2	Bayern	Gesetz über die Aufgaben und Befugnisse der Bayerischen Staatlichen Polizei (PAG)	14. 9. 1990 (GVBl. S. 397), geändert durch Gesetz vom 27. 12. 1991 (GVBl. S. 496)
3	Berlin	Allgemeines Sicherheits- und Ordnungsgesetz (ASOG)	14. 4. 1992 (GVBl. S. 119)
4	Brandenburg	Gesetz über die Aufgaben und Befugnisse der Polizei	13. 9. 1990 (GBl. DDR I S. 1489), i. V. m. Gesetz vom 11. 12. 1991 (GVBl. S. 636)*)
5	Bremen	Bremisches Polizeigesetz (BremPolG)	21. 3. 1983 (Brem. GBl. S. 141, 301), zuletzt geändert durch Gesetz vom 18. 2. 1992 (Brem. GBl. S. 31)
6	Hamburg	Gesetz zum Schutz der öffentl. Sicherheit und Ordnung (SOG)	14. 3. 1966 (GVBl. S. 77), zuletzt geändert durch Gesetz vom 5. 11. 1991 (GVBl. S. 339)
7	Hessen	Hessisches Gesetz über die öffentl. Sicherheit und Ordnung (HSOG)	26. 6. 1990 (GVBl. I S. 197, 534), zuletzt geändert durch Gesetz vom 5. 2. 1992 (GVBl. I S. 66)
8	Mecklenburg-Vorpommern	Gesetz über die Aufgaben und Befugnisse der Polizei	13. 9. 1990 (GBl. DDR I S. 1489), zuletzt geändert durch Gesetz vom 30. 12. 1991 (GVOBl. M–V 1992 S. 2)*)
9	Niedersachsen	Nieders. Gesetz über die öffentl. Sicherheit und Ordnung (Nds. SOG)	17. 11. 1981 (GVBl. S. 34), zuletzt geändert durch Gesetz vom 17. 12. 1991 (GVBl. S. 367)
10	Nordrhein-Westfalen	Polizeigesetz des Landes Nordrhein-Westfalen (PolG NW)	24. 2. 1990 (GV NW S. 70)
11	Rheinland-Pfalz	Polizeiverwaltungsgesetz von Rheinland-Pfalz (PVG)	1. 8. 1981 (GVBl. S. 179, 232), zuletzt geändert durch Gesetz vom 5. 10. 1990 (GVBl. S. 296)
12	Saarland	Gesetz Nr. 1252 zur Neuordnung des Saarl. Polizeirechts, Artikel 1 Saarländisches Polizeigesetz (SPolG)	8. 11. 1989 (ABl. S. 1750)
13	Sachsen	Polizeigesetz des Freistaates Sachsen (SächsPolG)	30. 7. 1991 (GVBl. S. 291)
14	Sachsen-Anhalt	Gesetz über die öffentl. Sicherheit und Ordnung des Landes Sachsen-Anhalt (SOG LSA)	19. 12. 1991 (GVBl. LSA S. 538)
15	Schleswig-Holstein	Landesverwaltungsgesetz	2. 6. 1992 (GVOBl. 243)
16	Thüringen	Polizeiaufgabengesetz	4. 6. 1992 (GVBl. 199)

*) Der Erlaß eines neuen Landespolizeigesetzes steht unmittelbar bevor.

gen. Initiativ wurde schließlich der Deutsche Bundesrat, der am 11. Mai 1990 einen diskussionswürdigen „Entwurf eines Gesetzes zur Bekämpfung des illegalen Rauschgifthandels und anderer Erscheinungsformen der Organisierten Kriminalität (OrgKG)" vorlegte. Gut zwei Jahre später verabschiedete der Deutsche Bundestag am 4. Juni 1992 das Gesetz gegen organisiertes Verbrechen, in welchem jedoch nicht alle für die effektive OK-Bekämpfung nötig befundenen Ermittlungsinstrumentarien – beispielsweise der sogenannte Lauschangriff – enthalten sind.

In Deutschland mit seiner föderativen Struktur muß jedoch nicht nur auf Bundes-, sondern auch auf Landesebene der OK-Bekämpfung Rechnung getragen werden. So haben einige Bundesländer, beispielsweise die Flächenstaaten Bayern und Baden-Württemberg, in ihren Polizeigesetzen Rechtsgrundlagen für polizeiliche Ermittlungsmethoden geschaffen. Andere Bundesländer sind um ähnliche Normierungen bemüht. Dennoch, bis heute (Stand 1992) reichte der politische Konsens in der Bundesrepublik nicht aus, um zu einer bundesweiten einheitlichen Regelung zu kommen.

Um die OK-Bekämpfung wirklich und wirksam zu effektivieren, bedarf es einer deutlichen Verbesserung der Ermittlungsinstrumente und der Informationsgewinnung. Dieser Tatbestand ist unstrittig. Strittig hingegen wird die Diskussion geführt, zu welchen „Einschnürungen der bis dato garantierten Grundrechte" die Gesetzesregelungen und polizeiliche Anwendungspraxis führen könnten.

2 Zur Situation der OK-Bekämpfer Polizei

Legt man die Kriminalitätsentwicklung der letzten zehn Jahre in der Bundesrepublik Deutschland zugrunde, muß festgestellt werden, daß in diesem Zeitraum die Kriminalität insgesamt rasant angestiegen ist. Es ist leider auch ein Faktum, daß die personelle und materielle Ausstattung der Polizei dieser Entwicklung nicht adäquat angepaßt wurde. Dies hat zwangsläufig zu Defiziten in der Bekämpfung aller Kriminalitätsbereiche geführt. Anfang der 90er Jahre muß ganz realistisch festgestellt werden, daß weite Bereiche der Kriminalitätsbekämpfung „nur noch verwaltet" werden, weil in vielen Fällen die polizeilichen Ermittlungen mittlerweile auf ein Mindestmaß reduziert sind.

Mit der Bekämpfung der Organisierten Kriminalität ist den Länderpolizeien und dem Bundeskriminalamt eine neue Aufgabe erwachsen. Dementsprechend wurden und werden immer noch spezielle OK-Dienststellen eingerichtet, doch die personellen Ressourcen hierfür wurden bisher mehr oder weniger aus dem bestehenden Personalbestand der Polizeien bezogen.

Das Bundeskriminalamt beispielsweise hat – neben anderen speziellen Abteilungen wie die der Rauschgiftbekämpfung – eine Abteilung zur Bekämpfung der Organisierten Kriminalität eingerichtet, die nach Angaben des Leiters der Abteilung „Ermittlungen und Auswertungen", BKA-Abteilungspräsident Dieter Küster, auf rund 300 Planstellen angelegt ist. Dennoch sind, so der Fachmann, nur rund 50 Kriminalbeamte und Kriminalbeamtinnen in der direkten Ermittlungsarbeit tätig. Aufgrund dieser Zahlen läßt sich ungefähr die derzeitige Ermittlungskapazität des Bundeskriminalamtes in der OK-Bekämpfung abschätzen. Zu berücksichtigen ist jedoch auch, daß OK-Verfahren nicht nur bei den speziellen OK-Dienststellen der Länder und des BKA angesiedelt sind, sondern auch in den Fachdienststellen für Wirtschaftskriminalität, Rauschgiftkriminalität und anderen bearbeitet werden. Durch die Palette der Deliktbereiche der Organisierten Kriminalität sind naturgemäß unterschiedliche polizeiliche Fachdienststellen miteinander verbunden.

Neben der Betroffenheit unterschiedlicher Dienststellen auf Bundes- und Länderebene, also Fragen der Überlappungen der Zuständigkeitsbereiche, ist in der OK-Bekämpfung der Personal- und Zeitfaktor von großer Bedeutung. Dies an einigen Beispielen verdeutlicht:

- Allein die Observation einer Person rund um die Uhr kann eine personell normal ausgestattete Observationsdienststelle so beschäftigen, daß für andere Aufträge kaum noch personeller Spielraum vorhanden ist.
- Eine ein- bis zweijährige Ermittlungsdauer ist in OK-Verfahren nicht die Ausnahme, sondern die Regel. Im laufenden Ermittlungsverfahren müssen noch „verfahrensbegleitende Arbeiten", beispielsweise die notwendigen und höchst wichtigen Maßnahmen zum Schutz der Zeugen, hinzugezählt werden.
- In Großverfahren gegen die Organisierte Kriminalität ist der Umfang nur noch mittels Elektronischer Datenverarbeitung (EDV) zu bewältigen. Verfahren mit 100 Beschuldigten und zahlreichen Zeugen sind keine Seltenheit mehr. Diese Größenordnung kann eine OK-Dienststelle über einen Zeitraum von bald zwei Jahren fast ausnahmslos beschäftigen.
- Last not least erfordert die Komplexität vieler OK-Verfahren heute auch die Mitwirkung von diversen Spezialisten, um die Bekämpfung auch wirkungsvoll betreiben zu können. Dies gilt insbesondere bei Straftaten, die im Zusammenhang mit Wirtschaftskriminalität gesehen werden müssen und Straftaten, die internationale Bezüge haben.

Um die Organisierte Kriminalität effektiv bekämpfen zu können, bedarf es personeller, organisatorischer und taktischer Maßnahmen, die die Polizei in eine der Aufgabenstellung gerecht werdende Lage versetzt.

2.1 Personelle Maßnahmen

Der Umfang und die Schwierigkeiten der OK-Bekämpfung erfordern eine deutliche Verstärkung der OK-Dienststellen. Um im Bedarfsfall Sonderkommissionen bilden zu können, würde die Kriminalpolizei darüber hinaus sogar Personalreserven benötigen. Der Bedarfsfall „Soko" tritt relativ häufig ein. Praxis ist es leider immer noch, daß Polizeibeamte bestehender Dienststellen die Sonderkommission bilden. In der Folge bleibt deren originäre Arbeit liegen.

Den erkannten Dimensionen der Organisierten Kriminalität Rechnung tragend, müssen nicht nur die Spezialdienststellen zur OK-Bekämpfung ausgebaut werden, sondern auch die OK-Dienststellen der Bezirks- und Kreisebenen, die unterhalb der speziellen Dienststellen der Landeskriminalämter liegen, verstärkt werden.

Die OK-Dienststellen benötigen – insbesondere für Observationsaufgaben – eigene operative Einheiten. Damit wird nicht nur deutlich, daß die OK-Bekämpfung Priorität hat; ganz praktisch kann mit eigenen Einheiten die Geheimhaltung von Strafverfolgungsmaßnahmen gegen organisierte Kriminelle wesentlich besser gewährleistet werden.

2.2 Organisatorische Maßnahmen

Gruppen des Organisierten Verbrechens bedienen sich zunehmend der „Waffe der Korruption". Polizisten und Staatsanwälte sind als Strafverfolger davon nicht ausgenommen. Dementsprechend spielt die Abschottung der OK-Dienststellen – auch innerhalb der Polizei! – eine bedeutende und in den kommenden Jahren wohl auch zunehmende Rolle. Nachteile dieser notwendigen internen Abschottung sind bedingt Informations- und insbesondere auch Vertrauensverluste von Polizeibeamten anderer Dienststellen. Unbestrittener Vorteil ist die – manchmal überlebenswichtige – Optimierung der Geheimhaltung von Ermittlungen gegen organisierte Verbrecher. Dennoch muß die Geheimhaltung intern so viel Spielraum lassen, daß das vielfältige Wissen von ungezählten kriminalpolizeilichen Sachbearbeitern den OK-Ermittlern systematisch zugänglich ist. Über Selektionsmechanismen, die die Informationsflut kanalisieren, muß an der Praxis orientiert weiter nachgedacht werden.

Neben der „Abschottung von OK-Dienststellen" wird in der kommenden Zeit auch über spezielle „Korruptionsdienststellen" nachgedacht werden müssen. Anlaß dafür war und ist insbesondere die vom Innenminister des Bundeslandes Nordrhein-Westfalen in Auftrag gegebene „Untersuchung zum Umfang und zur Bedrohung durch die Organisierte Kriminalität", die auf 95 OK-Verfahren im Bundesland NRW in 1990 basierte. Die Untersuchung ergab, daß in den 95 Verfahren mindestens 20 Beamte verstrickt waren, darunter Kommunalbeamte, Polizeibeamte und ein Staatsanwalt. Der Tatbestand der Bestechung, der Bestechlichkeit, der Verletzung von Dienstgeheimnissen und anderes mehr, der überwiegend Amtsträgern sogenannter Genehmigungsbehörden (zum Beispiel Bauverwaltung und Ausländerbehörden) zur Last gelegt wird – ein wahrscheinlich sehr großes vorhandenes Dunkelfeld einmal außen vor gelassen – wird die künftige Einrichtung von „Korruptionsdienststellen" unumgänglich machen. Dies wirft die grundsätzliche Frage von „Innenrevisionen" in Behörden auf, Polizeibehörden nicht ausgenommen. Der Riesenkomplex der „Innenrevision" führt zu vielen weiteren rechtlichen Fragen, deren Beantwortungen noch weitgehend offen sind.

So schwer das Phänomen Organisierte Kriminalität zu definieren ist, so schwer fällt gleichermaßen die Definition für das Phänomen Korruption aus. Wenn es Informationen gibt, die als „Indikatoren der Korruption" gelten könnten, wie sollte, beziehungsweise müßte man mit diesen Informationen umgehen? Und nicht zu vergessen: Der Grat zwischen korrekter Information, die der Korruptionsbekämpfung in den „eigenen Reihen" dient und der Denunziation aus unterschiedlichsten Beweggründen ist schmal. Wenn dienstliche Geheimnisse von polizeilichen Ermittlungen organisierten Kriminellen bekannt wurden, geschah dies bis dato meist aus Versehen, aus Unüberlegtheit, in Einzelfällen auch aus Geltungsbedürfnissen heraus. Doch können heute die Fälle gar nicht ernst genug genommen werden, in denen beispielsweise Polizeibeamte mit Tatvorsatz geheime Informationen gegen Geld und andere „Vergünstigungen", oder Staatsanwälte mit Tatvorsatz Erkenntnisse aus Telefonüberwachungen an Kriminelle weitergegeben haben.

2.3 Taktische Maßnahmen

Wird das Gesamtlagebild Kriminalität in Deutschland zugrunde gelegt, müssen heute in der Kriminalitätsbekämpfung andere Prioritäten gesetzt werden. So wird bis zum heutigen Tage ein großer Teil der polizeilichen Ermittlungsarbeit durch die Bekämpfung der Eigentumskriminalität gebunden. Von diesem Kriminalitätsbereich, der aus der Übersicht oft der sogenannten kleinen oder mittleren Kriminalität zugeordnet werden muß, ist der Bürger am häufigsten und unmittelbarsten betroffen. Dieser Tatbestand setzt der Polizei Prioritäten ihrer Arbeit, die durch das öffentliche Interesse von Politik und Medien Zugzwangsituationen entstehen läßt.

Die Organisierte Kriminalität hingegen ist für die meisten Bürger in Deutschland hingegen immer noch eine recht abstrakte Angelegenheit, die – wie viele meinen – den Bürger in der Regel nicht unmittelbar trifft und von der er sich demzufolge auch nicht konkret bedroht fühlt.

Bei der Größenordnung, die die Organisierte Kriminalität mittlerweile erreicht hat – auch wenn hier nur die Spitze des Eisberges wahrgenommen werden kann – ist ein Umdenkungsprozeß hin auf andere Prioritäten der Kriminalitätsbekämpfung dringend erforderlich. Zweifelsohne muß künftig eine Priorität kriminalpolizeilicher Arbeit in der gezielten Bekämpfung des Organisierten Verbrechens liegen. Dies würde nicht nur die bereits angesprochene Erweiterung der polizeilichen OK-Bekämpfungskapazitäten bedeuten, sondern darüber hinausgehend auch Strukturänderungen im Sinne der Arbeitsvereinfachung und der Aufgabenmodifikation bedeuten. Die OK-Bekämpfung der 90er Jahre stellt ganz klar höhere Ansprüche an die Polizei und andere Bekämpfer. Der „Allround-Polizist" kann diese Aufgabe nicht mehr bewältigen. Eine deutlich stärkere Professionalisierung der polizeilichen Arbeit ist in diesem Bekämpfungssektor geboten. Die Polizei bedarf hier zunehmend hochqualifizierter Spezialisten, beispielsweise im Wirtschafts- und Finanz-, im Umwelt- und Computerbereich; Spezialisten, die beim Organisierten Verbrechen als polizeiliches Gegenüber schon längst als hochbezahlte „Mitarbeiter" geführt werden. Ihren Preis haben diese Spezialisten auch in den Strafverfolgungsbehörden, was beispielsweise ganz konkret auch Fragen zum derzeitigen Besoldungsgefüge der Polizei aufwirft.

Neben einem quantitativen Anstieg der Organisierten Kriminalität wird auch mit einer Qualitätssteigerung der Tatbegehungen durch zunehmende Professionalisierung der Planung, Vorbereitung und Ausführung gerechnet werden müssen, so die Meinung erfahrener Polizeiführer im Bundeskriminalamt. Diese Trendeinschätzung stellt Anforderungen an polizeiliche OK-Bekämpfer, die durch interne Aus- und Fortbildungen nur begrenzt geleistet werden kann.

In schwierigen Situationen befindet sich in Deutschland Anfang der 90er Jahre nicht nur die Polizei, sondern auch andere mit der OK-Bekämpfung betraute Einrichtungen.

3 Zur Situation der OK-Bekämpfer Staatsanwaltschaft und Gerichte

Die Überlastung der Staatsanwaltschaften und Gerichte, erst recht nach der Vereinigung des bis 1990 geteilten Deutschlands, ist ein offenes Geheimnis.

Die personelle Unterbesetzung bei den Staatsanwaltschaften konterkariert mittlerweile die polizeiliche Strafverfolgung. In der Hauptstadt Berlin beispielsweise zentriert sich wie in sonst keiner anderen Stadt Deutschlands die polizeiliche und justitielle Bearbeitung der sogenannten Vereinigungskriminalität, der „Regierungskriminalität" und zunehmend auch der Organisierten Kriminalität. Mitte Juni 1991 konnten in der Millionenmetropole Tausende von Verfahren nicht bearbeitet werden, da der Berliner Justiz zu dieser Zeit rund 100 Staatsanwälte und knapp 330 Richter fehlten. In der Folge ruhten allein 34 Verfahren im Bereich der Organisierten Kriminalität, die insbesondere die Förderung der Prostitution, Autoverschiebungen ins Ausland, aber auch Urkundenfälschungen betrafen.

Warnend wies erst Mitte Juni 1992 der OK-Oberstaatsanwalt Hans-Jürgen Fätkinhäuer als Sprecher der Vereinigung Berliner Staatsanwälte (VBS) darauf hin, daß sich die Hauptstadt zur vielfach dienenden Operationsbasis der Mafia und anderer – aus Osteuropa kommenden – Verbrechensgruppen entwickle, ja ganz Deutschland zum „Tummelplatz der Organisierten Kriminalität" werde. Und gleichzeitig muß festgestellt werden, daß komplizierte OK-Großverfahren nicht selten erst fünf Jahre (!) oder noch länger nach Ende der polizeilichen Ermittlungen zu einem gerichtlichen Abschluß kommen. Zwingend notwendig ist gerade bei OK-Großverfahren die ständige Mitwirkung der Staatsanwaltschaften. Doch deren hohe Arbeitsbelastung und die der Polizei haben dazu geführt, daß in nicht wenigen Fällen die erforderlichen Koordinierungen der Strafverfolgungsbehörden kaum effektiv sind, manchmal sogar unterbleiben. Wie sieht demzufolge der Strafverfolgungsalltag Anfang der 90er Jahre aus?

- Für die polizeilichen Ermittler im OK-Verfahren ist es oft schwierig, einen Staatsanwalt zu finden, der das betreffende OK-Verfahren übernimmt und dementsprechend eine effektive Anklageerhebung verwirklicht.
- Praxis ist auch, daß Staatsanwaltschaften OK-Großverfahren zum Teil trennen und auf mehrere zuständige Staatsanwaltschaften verteilen. Die Folge ist, daß das Verfahren in seiner Gesamtheit als OK-Verfahren nicht mehr so deutlich wird, durch die Trennungen vor den Gerichten auch nicht mehr so beweiskräftig vorgelegt werden kann und – nicht gewollt und nicht gewünscht – situationsbedingt zu Effektivitätsverlusten führt.
- Die Professionalisierung der Organisierten Kriminalität erfordert nicht nur weitere Qualifizierungen der Polizei, sondern auch analoge Qualifizierungen bei der Staatsanwaltschaft und bei den Gerichten.
- Staatsanwaltschaften und Gerichte, die Erfahrungen über OK-Sachverhalte sammeln, müssen als Justiz – analog zu den Polizeien – auch zu

Einschätzungen kommen, aus denen ein Gesamtlagebild der Organisierten Kriminalität zumindest in Umrissen gezeichnet werden kann.

Die derzeitige Situation muß, wie bei der Polizei, zu personellen, materiellen und taktischen Konsequenzen führen. Um die Organisierte Kriminalität wenigstens in Ansätzen effektiv bekämpfen zu können, bedarf es einer deutlichen personellen Aufstockung bei Staatsanwaltschaften und Gerichten.

Dies kann nicht nur, dies muß im Zusammenhang mit der dementsprechenden Aufstockung der Polizeien gesehen werden. Ist die Polizei in der OK-Bekämpfung personell besser ausgestattet, kommt es durch die verstärkte Ermittlungsarbeit natürlich auch zu einer Mehrarbeit der Justiz. Um für diese adäquat auch gerüstet zu sein, bedarf es der Vermehrung von OK-Staatsanwaltschaften und spezieller Kammern bei den Gerichten, die – um wirklich effektiv arbeiten zu können – auch ordentlich materiell ausgestattet sein müssen. Solange dies jedoch noch nicht verwirklicht ist, solange vergleichen beispielsweise Berliner Staatsanwälte ihre OK-Bekämpfung mit einem „Kampf einer Amateurliga gegen die erste Bundesliga". Wie in der Polizei muß auch in der Justiz ein Umdenkprozeß stattfinden, denn mit mancherorts verbreitetem „Buchstabendezernententum" ist der immer komplexer werdenden Organisierten Kriminalität wahrlich nicht beizukommen.

Der quantitativen und qualitativen Zunahme der Organisierten Kriminalität mit ihren internationalen Bezügen Rechnung tragend, bedarf es heute dringend der engen Zusammenarbeit aller mit der OK-Bekämpfung befaßten staatlichen Organe: Von der Polizei, der Staatsanwaltschaft und den Steuerfahndungs- und Zolldiensten über Justizvollzugsanstalten und Ordnungsbehörden bis zu den Dienststellen der Arbeitsverwaltung. Ist allen Beteiligten die effektive OK-Bekämpfung gemeinsames Anliegen, arbeiten alle im Rahmen ihrer gesetzlichen Möglichkeiten eng und vertrauensvoll zusammen, werden die so vereinten Kräfte auch zu Aufklärungserfolgen führen.

Hauptziel aller Ermittlungen muß es sein, „in den Kernbereich der kriminellen Organisationen einzudringen, um die im Hintergrund agierenden hauptverantwortlichen Straftäter zu erkennen, zu überführen und zur Aburteilung zu bringen".

Bei aller Komplexität der Ermittlungen darf dieses Hauptziel, eben die Zerschlagung der kriminellen Organisation, nicht aus dem Auge verloren werden. Um dieses Gesamtziel auch erreichen zu können, sollte

- die Staatsanwaltschaft – wenn erforderlich – Ermittlungen gegen „kleine" Täter schon einmal zurückstellen;

- der Staatsanwalt, der die Ermittlungen führt, unbedingt auch die Anklage vertreten;
- last not least die Polizei die Staatsanwaltschaft schon zu Beginn der Ermittlungsarbeit einschalten, um Verfahrenstaktik und einzelne Ermittlungsschritte miteinander abzustimmen.

Wann und wie sollen nun Strafverfolgungsbehörden die Organisierte Kriminalität bekämpfen? Welcher für effektiv befundenen Instrumentarien könnten, beziehungsweise müßten eingesetzt werden? Nach welchem OK-Bekämpfungskonzept wird heute gearbeitet beziehungsweise sollte gearbeitet werden?

4 OK-Bekämpfungskonzept der Strafverfolger

Polizeiliche OK-Bekämpfer in allen Ländern dieser Welt, und immer stärker auch in Deutschland, wissen, daß **„erkennbare Organisierte Kriminalität schlecht organisierte Kriminalität ist".** Kein Wunder also, wenn das Erkennen der Organisierten Kriminalität für die Polizei und alle anderen Bekämpfungsorgane eine besondere Schwierigkeit darstellt. Bekämpft werden kann schließlich nur die erkannte Organisierte Kriminalität. So ist das **Erkennen von Strukturen** von kriminellen Organisationen nicht nur wichtig, sondern entscheidend für die Bekämpfung der Organisierten Kriminalität. Diesem Faktum wird in verschiedenen Ländern, beispielsweise auch Deutschland, in Strafgesetzen und Polizeigesetzen nicht beziehungsweise noch nicht oder nur ungenügend Rechnung getragen.

4.1 OK-Bekämpfung muß im Vorfeld beginnen

In Deutschland darf die Polizei gemäß einer in die Jahre gekommenen Strafprozeßordnung (StPO) grundsätzlich erst dann tätig werden, wenn ein sogenannter Anfangsverdacht vorliegt. Das alte Regelwerk ist bis heute auf die Aufklärung einer strafrechtlichen Einzeltat ausgerichtet, jedoch nicht auf das für die OK-Bekämpfung so wichtige Erkennen von Strukturen des organisierten Verbrechens.

Auch in den Polizeigesetzen der Bundesländer werden alte, bewährte, aber für die OK-Bekämpfung der 90er Jahre nicht immer geeignete Grundsätze gepflegt. So gilt hier bis heute eine „konkrete Gefahr" als Voraussetzung für polizeiliches Handeln. Mit der gesetzlichen Bindung der Polizei an den „Anfangsverdacht" und die „konkrete Gefahr" sind ihr in der modernen OK-Bekämpfung oft die Hände gebunden. Doch wie in keinem anderen Kriminalitätsbereich wie dem der Organisierten Kriminalität ist es für die

Effektivität der Bekämpfungsarbeit notwendig, bereits im Vorfeld OK-Strukturen zu erkennen. Vorfeldarbeit ist jedoch oft polizeiliches Handeln ohne Vorliegen einer „konkreten Gefahr" beziehungsweise eines „konkreten Verdachtes". Da der Begriff der polizeilichen Vorfeldarbeit durch das Fehlen der von der Strafprozeßordnung und Polizeigesetzen festgeschriebenen Vorlagen in sicherheitspolitischen Diskussionen belastet wurde, wurde er in der polizeilichen Amtssprache durch den weniger belasteten Begriff „Initiativermittlung" ersetzt.

In der OK-Bekämpfung kann die Polizei auch im Vorfeld nur verdeckt ermitteln. Die Praxis zeigt immer wieder, wie schwierig beim Einsatz von verdeckten Maßnahmen eine Abgrenzung zwischen „Gefahrenabwehr" und Strafverfolgung, die sich nicht selten überschneiden, zu ziehen ist.

Zur OK-Bekämpfung und insbesondere auch zur Initiativermittlung und deren Ziele führte die gemeinsame Arbeitsgruppe Justiz/Polizei in Beispielen auf:

Organisierte Kriminalität zu bekämpfen, heißt zuallererst, sie zu erkennen. Da die Taten häufig nicht angezeigt werden, insbesondere in den Fällen des Rauschgifthandels und -schmuggels, der Zuhälterei, des Menschenhandels, des verbotenen Glücksspieles und der Schutzgelderpressung, ist eine offensive Erkenntnisgewinnung erforderlich. Sie muß bereits bei der Bekämpfung erkannter Täterstrukturen ansetzen, bevor OK-verdächtige Straftaten offenkundig werden. Jegliches Zuwarten bis hin zur konkreten Tatausführung fördert die Verfestigung krimineller Strukturen. Die Erfahrungen in Italien oder den USA zeigen, daß adäquate Gegenstrategien zu spät angesetzt wurden, so daß sich dort regelrechte „Parallelgesellschaften" ausbilden konnten. Nicht die Einzelfallaufklärung, sondern erst die Aufdeckung der Strukturen übergreifender Täter-/Tatzusammenhänge und Deliktsketten ergibt das Gesamtbild einer Organisation und schafft Anhaltspunkte zu ihrer wirksamen Bekämpfung. Organisierte Kriminalität besteht als Dauerzustand. Dieser erfordert eine Aufklärung, für die nach der Sachlage der Begriff „Initiativermittlungen" verwendet werden sollte.

Folgende Beispiele verdeutlichen dieses:

- Es wird festgestellt, daß Kriminelle Kontakte zu einer in Gründung befindlichen Firma im besten Geschäftsviertel einer Großstadt halten. Die nähere Überprüfung dieser aufwendig ausgestatteten Firma ergibt, daß dort Personen verkehren, die teilweise bereits im Zusammenhang mit Wirtschafts- und Rauschgiftkriminalität bekanntgeworden sind.
- Es wird festgestellt, daß maßgebliche Kriminelle der Szene und Bordellbesitzer in den frühen Morgenstunden ein als Club eingerichtetes Lokal aufsuchen. Der Club ist nachts nur für einige Stunden geöffnet. Eingelas-

sen werden offensichtlich nur bekannte Personen; bevor die Tür geöffnet wird, findet eine sorgfältige „Gesichtskontrolle“ statt.

- Es wird bekannt, daß sich international amtsbekannte Glücks- und Falschspieler aus der nordamerikanischen Spielszene in einem renommierten Hotel einer Großstadt mit deutschen und westeuropäischen amtsbekannten Spielern treffen wollen.

In solchen Fällen sind Aufklärungsmaßnahmen oder Ermittlungshandlungen unerläßlich, obwohl eine konkrete Gefahr oder ein Anfangsverdacht nach § 152 StPO noch nicht begründet werden kann.

Die Aufnahme von Initiativermittlungen setzt voraus, daß Anhaltspunkte für Organisierte Kriminalität im Sinne der Definition vorliegen.

Ziel der Initiativermittlungen sind insbesondere

- das Erkennen bestehender OK-Strukturen, insbesondere die Identifizierung der Beteiligten und die Aufhellung ihrer Rolle bei der Verbrechensbegehung;
- die Aufhellung verbrechensnotwendiger Logistik und ihrer Struktur;
- die Verhinderung von Straftaten;
- die Aufklärung begangener Straftaten und ihrer Hintergründe;
- die Erlangung von Beweismitteln.

4.2 Polizeilich-justitielles OK-Bekämpfungskonzept

Die Organisierte Kriminalität als sogenanntes polizeiliches Gegenüber, was bedeutet dies? Es bedeutet zunächst einmal OK-Strukturen überhaupt zu erkennen. Sind diese erkannt, kann gegen organisierte Kriminelle ermittelt werden, deren Gruppen in der Regel hierarchisch aufgebaut und im Schottenprinzip nach innen und außen abgesichert sind, die arbeitsteilig vorgehen und sich äußerst konspirativ verhalten, deren Prinzip das Schweigen und deren Strategie die Einschüchterung ist. Die Gewaltbereitschaft und die Gewaltanwendung von Mitgliedern verschiedenster OK-Gruppen ist hoch. Die finanziellen Ressourcen vieler OK-Gruppen sind gewaltig und ermöglichen ihnen fast alles zu kaufen, was für Geld zu haben ist (Korrumpierungspotential). Die schärfste Waffe, über die die Organisierte Kriminalität schlechthin in den 90er Jahren weltweit verfügt, ist die Verbreitung der Korruption. Die Kapital- und damit auch Machtmehrung mit allen legalen und illegalen Mitteln hat die Organisierte Kriminalität zu professionellen Menschenverachtern gemacht. Diese Zusammenstellung verdeutlicht die Komplexität dieses polizeilichen Gegenübers und macht den Schwierigkeitsgrad der polizeilichen OK-Bekämpfung deutlich.

Im Bereich der Organisierten Kriminalität werden in der Regel der Polizei Ermittlungsansätze nicht geliefert, vielmehr müssen sie gesucht werden.

Für diese Suche reichen die herkömmlichen Ermittlungsmethoden heute nicht mehr aus. Wohl können für Verdächtige erkennbare strafprozessuale Ermittlungsmethoden für die Verfolgung von Einzelstraftaten erfolgreich sein, doch für das Erkennen von OK-Strukturen und ihrer Zerschlagung reichen sie nicht aus und führen dementsprechend höchst selten zu nennens-

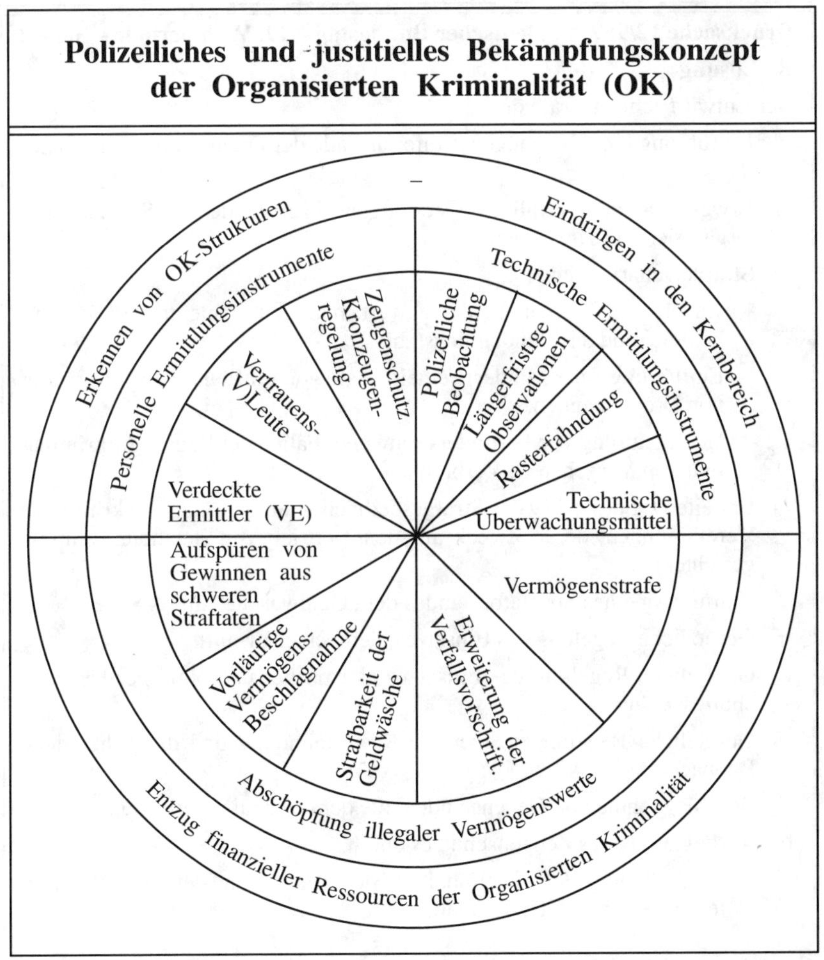

werten Erfolgen. Unverzichtbar sind nach heutigem Kenntnis- und Erfahrungsstand in der OK-Bekämpfung „verdeckte", also für Verdächtige nicht erkennbare Ermittlungsmethoden.

Gesetzentwurf des Bundesrates

Entwurf eines Gesetzes zur Bekämpfung des illegalen Rauschgifthandels und anderer Erscheinungsformen der Organisierten Kriminalität

(OrgKG) – BR-Drs. 74/90 vom 11. Mai 1990 (BT-Drs. 12/989 vom 25. Juli 1991)

Drucksache 12/989 Deutscher Bundestag – 12. Wahlperiode – Seite 2

B. Lösung

Der Entwurf schlägt u. a. vor:

1. Einführung einer Vermögensstrafe für Fälle der Organisierten Kriminalität.
2. Erweiterung des Verfalls von Vermögensgegenständen bei Straftaten der Organisierten Kriminalität.
3. Strafverschärfungen:
   - verschärfte Strafbarkeit der gewerbsmäßigen Hehlerei, der Bandenhehlerei und des Bandendiebstahls,
   - Einführung einer Mindestfreiheitsstrafe von fünf Jahren für Mitglieder von Drogenbanden,
   - Heraufstufung von besonders schweren Fällen der Rauschgiftkriminalität von Vergehen zu Verbrechen.
4. Erweiterung des § 129 des Strafgesetzbuches auf ausländische kriminelle Vereinigungen, deren Zweck auf den Vertrieb von Betäubungsmitteln gerichtet ist.
5. Einführung eines Straftatbestandes der „Geldwäsche" in das StGB.
6. Gesetzliche Regelung des Einsatzes Verdeckter Ermittler.
7. Gesetzliche Regelung des Einsatzes akustischer und optischer Überwachungsgeräte.
8. Gesetzliche Regelungen über die Rasterfahndung und die polizeiliche Beobachtung.
9. Beschlagnahme von Gegenständen, die dem Verfall unterliegen.
10. Verbesserung des Zeugenschutzes durch
    - Ermöglichung der Geheimhaltung der Identität und des Aufenthaltsortes eines gefährdeten Zeugen,

- Änderung der Vorschriften über die Benennung von Beweismitteln und Namhaftmachung von Zeugen,
- Änderung des Personenstandsgesetzes.

11. Änderung des Rechts der Heilberufe.
12. Überwachung der Ein-, Aus- und Durchfuhr von Grundstoffen für die Herstellung von Betäubungsmitteln.

Der Entwurf kann in weitem Umfang auf Vorarbeiten aufbauen, die von der Bundesregierung in Zusammenarbeit mit den Ländern geleistet wurden.

Rechtsmittel Zeichnung: Jürgen Tomicek

4.2.1 Der verdeckte Ermittler

Was ist ein Verdeckter Ermittler (VE)? Was tut er, beziehungsweise darf er tun und was nicht?

Definition: Verdeckte Ermittler sind besonders ausgewählte und ausgestattete Polizeivollzugsbeamte, die unter einer ihnen verliehenen, auf Dauer angelegten, veränderten Identität (Legende) ermitteln, d. h. Kontakte zur kriminellen Szene aufnehmen, um Anhaltspunkte für Maßnahmen der Strafverfolgung zu gewinnen. Sie dürfen unter der Legende am Rechtsverkehr teilnehmen; auch im Strafverfahren soll ihre Identität geheimgehalten werden.

Die Voraussetzungen und der Rahmen für den Einsatz von Verdeckten Ermittlern wurde schon 1986 in einem Erlaß der Justiz- und Innenminister geregelt. Dort hieß es:

Der Einsatz Verdeckter Ermittler kommt im Rahmen der Strafverfolgung insbesondere im Bereich der Schwerkriminalität, der organisierten Kriminalität, des illegalen Betäubungsmittel- und Waffenhandels und der Staatsschutzdelikte in Betracht, wenn andere kriminalistische Methoden versagt haben, keinen Erfolg versprechen oder unverhältnismäßig wären. Ihr Einsatz bedarf in jedem Einzelfall einer besonders sorgfältigen Prüfung.

Verdeckte Ermittler dürfen keine Straftaten begehen. Eingriffe in Rechte Dritter sind ihnen nur im Rahmen der geltenden Gesetze gestattet. Als gesetzliche Generalermächtigung kann § 34 StGB nicht herangezogen werden.

Unberührt bleibt in Ausnahmefällen eine Rechtfertigung oder Entschuldigung des Verhaltens des einzelnen Polizeibeamten, z. B. unter den Voraussetzungen der §§ 34, 35 StGB.

Bei Verletzung von Rechtsgütern, die zur Disposition des Berechtigten stehen, kann die Rechtswidrigkeit auch unter dem Gesichtspunkt der mutmaßlichen Einwilligung entfallen.

Soll ein Verdeckter Ermittler in einem Ermittlungsverfahren gezielt eingesetzt werden, so ist für diesen Einsatz die Einwilligung der Staatsanwaltschaft herbeizuführen. Kann die Einwilligung nicht rechtzeitig herbeigeführt werden, so ist die Staatsanwaltschaft unverzüglich zu unterrichten; sie entscheidet, ob der Einsatz fortgeführt werden soll. In begründeten Ausnahmefällen unterrichtet die Polizei die Staatsanwaltschaft auch über die Identität des Verdeckten Ermittlers. Geheimhaltung ist zu gewährleisten.

Die Entscheidung über die Einwilligung trifft der Behördenleiter oder ein von ihm besonders bezeichneter Staatsanwalt.

Im Polizeibereich werden Regelungen getroffen, die die Entscheidung über den Einsatz auf einer möglichst hohen Ebene vorsehen, mindestens auf der Ebene des Leiters der sachbearbeitenden Organisationseinheit.

Beim Einsatz auftretende materiell- oder verfahrensrechtliche Probleme trägt die Polizei diese an die Staatsanwaltschaft heran. Die Staatsanwaltschaft trifft ihre Entscheidung in enger und vertrauensvoller Zusammenarbeit mit der Polizei.

Der Verdeckte Ermittler ist von der Strafverfolgungspflicht gemäß § 163 StPO nicht befreit. Aus kriminaltaktischen Erwägungen können Ermittlungsmaßnahmen, die in den Auftrag des Verdeckten Ermittlers fallen, zurückgestellt werden.

Neu hinzukommenden zureichenden Anhaltspunkten für strafbare Handlungen braucht der Verdeckte Ermittler so lange nicht nachzugehen, als dies ohne Gefährdung seiner Ermittlungen nicht möglich ist; dies gilt nicht, wenn sofortige Ermittlungsmaßnahmen wegen der Schwere der neu entdeckten Tat geboten sind.

Verdeckter Ermittler in Aktion

„Wenn ich einen Beamten schon in ein so schweres und gefährliches Geschäft schicke, dann muß ich ihm auch einen wirksamen ‚rechtlichen Schutzanzug' verpassen, keine durchlöcherte rechtspolitische Schutzweste. Dann sollte man es lieber ganz bleiben lassen."

Dr. Alfred Stümper, Landespolizeipräsident i. R.
zum Verdeckten Ermittler (Kriminalistik 11/1991, S. 695)

Der Verdeckte Ermittler ist, so darf man das sagen, zum unverzichtbaren „Ermittlungsinstrument" der OK-Bekämpfung geworden. Notwendig wurde es dementsprechend, seinen Einsatz durch spezielle Rechtsgrundlagen in der Strafprozeßordnung zu regeln.

Der Bundesrat schlug in seinem Entwurf des Gesetzes zur OK-Bekämpfung vom 11. Mai 1990 vor, der StPO die Paragraphen 110 a bis 110 e (Deutscher Bundesrat, Drucksache 74/90 und Deutscher Bundestag, Drucksache 12/989, Seiten 12–13) einzufügen, die den Einsatz des Verdeckten Ermittlers regeln.

Der Bundestag verabschiedete das Gesetz gegen organisiertes Verbrechen am 4. Juni 1992. Doch nicht alles, was für die OK-Bekämpfung für notwendig befunden wurde, fand sich in diesem OK-Gesetz wieder; so der Berliner OK-Oberstaatsanwalt Hans-Jürgen Fätkinheuer. Er kritisierte den Bonner Gesetzgeber, der die „Waffe des Verdeckten Ermittlers" in der Diskussion um das Gesetz gegen die Organisierte Kriminalität abgestumpft habe.

Die verdeckte Ermittlung, so weiß man, ist nicht nur eine schwierige, sondern auch eine verantwortungsvolle Aufgabe, die im Extremfall zur Bedrohung von Leib und Leben führen kann. Grundsätzlich werden für diesen Aufgaben-

„Es besteht der dringende Verdacht, Jungs, daß einer von euch ein verkleideter Fahnder ist"

bereich nur Freiwillige eingesetzt, deren Zahl in Deutschland – auch wenn in der Öffentlichkeit ein anderes Bild entstanden ist – nicht allzu groß ist, deren Erfolge hingegen mehr als vorzeigbar sind. Dies illustriert an den VE-Einsätzen auf Bundes- und auf Landesebene im Zeitraum 1988 bis 1990:

Beispiel 1: Einsatz von Verdeckten Ermittlern beim Bundeskriminalamt (BKA) im Zeitraum 1988 bis 1990

Antwort des BKA für das Bundesministerium des Innern (BMI) zum VE-Einsatz, getrennt nach den Bereichen Rauschgiftkriminalität, Allgemeinkriminalität und Terrorismusbekämpfung

a) Rauschgiftkriminalität

In den Jahren 1988 bis 1990 erfolgte in 165 Fällen der Einsatz Verdeckter Ermittler zur Straftatenaufklärung.

Die Einsätze der VE verliefen überwiegend positiv und führten in der Hälfte der Fälle zur Festnahme von Tatverdächtigen und Sicherstellungen.

Abgesehen von Kurzeinsätzen im Rahmen des dezentralen Einsatzes von VE lag die Dauer der konzipierten Langzeiteinsätze im Durchschnitt zwischen 6 Monate und 2 Jahren. Die ergebnislosen Einsätze wurden hierbei nicht berücksichtigt.

In allen Fällen richtete der VE-Einsatz sich gegen bestimmte Beschuldigte. Verdeckte Ermittlungen werden immer aktenkundig gemacht.

Lediglich in 8 Fällen kam es zu einer Sperrerklärung gemäß § 96 StPO. In 62 Ermittlungsverfahren waren Gefährdungen für den VE erkennbar. Regelmäßig handelte es sich dabei um verbale Bedrohungen und die Androhung von Repressalien.

Im Rahmen der Einsätze von organisatorisch dezentral angesiedelten VE traten die VE vor Gericht immer unter ihrer wahren Identität auf. Bei zentralem Einsatz nur in 3 Fällen.

In den Fällen, in denen die VE nicht vor Gericht auftraten, wurden deren Erkenntnisse über verdeckte Vernehmungen oder Vernehmungen durch den ermittlungsführenden Beamten in das Verfahren eingeführt.

b) Allgemeinkriminalität

Im Berichtszeitraum 1988–1990 erfolgte in 59 Fällen der dezentrale Einsatz von Verdeckten Ermittlern.

(Falschgeld, unerl. Glücksspiel, Mitgliedschaft in einer kriminellen Vereinigung, Waffendelikte).

Bei der Mehrzahl handelte es sich um Kurzeinsätze (ca. 50).

In keinem Verfahren trat der VE unter seiner Legende in der Hauptverhandlung auf.

Beispiel 2: Einsatz von Verdeckten Ermittlern im Bundesland Rheinland-Pfalz im Zeitraum 1988 bis 1990

In den Jahren 1988–1990 wurden insgesamt in 313 Fällen Verdeckte Ermittler eingesetzt.

In allen Fällen diente der Einsatz der Straftatenaufklärung und in diesem Zusammenhang auch der Ermittlung des Aufenthaltsortes der jeweiligen Beschuldigten.

Die Verdeckten Ermittler wurden in folgenden Deliktbereichen eingesetzt mit folgenden Ergebnissen:

Straftaten (Deliktbereiche)	Einsätze
– Verstoß gegen das BtmG	174 Fälle
– Verstoß gegen das WaffG	13 Fälle
– Falschgeldverbreitung	12 Fälle
– Kfz-Diebstahl-Unterschlagung	13 Fälle
– Hehlerei/Diebstahl	16 Fälle
– Verstoß gegen das Urheberrecht	1 Fall
– Förderung der Prostitution	2 Fälle
– Sonstige	12 Fälle

Ergebnisse

- Festnahmen insgesamt: 284
- Sicherstellung von Btm im Wert von 11,9 Mill. DM
- Sicherstellung von Waffen: 216
- Sicherstellung von Kfz: 13
- Sicherstellung von Falschgeld: 210 900 US-Dollar

Der Verdeckte Ermittler hatte pro Einsatz durchschnittlich sieben Kontakte zu den jeweiligen Zielpersonen. Die durchschnittliche Einsatzdauer betrug 1½ bis 2 Monate.

In allen Fällen richtete sich der Einsatz gegen bestimmte Beschuldigte.

Der Verdeckte Ermittler fertigte nach jedem Einsatz in dem laufenden Verfahren seine Einsatzberichte, in denen alle gewonnenen Erkenntnisse festgehalten wurden. Diese Berichte wurden dem zuständigen Sachbearbeiter zugeleitet. Dieser wertete die Berichte aus und traf die erforderlichen Maßnahmen.

Die gewonnenen Erkenntnisse der Verdeckten Ermittler wurden, falls dies erforderlich war, in Form eines Vermerkes oder einer Vernehmung des Verdeckten Ermittlers durch den Sachbearbeiter oder den Einsatzsachbearbeiter vor der Anklageerhebung in das Ermittlungsverfahren eingebracht. Der Sachbearbeiter oder der Einsatzsachbearbeiter trat für den Verdeckten Ermittler in der Hauptverhandlung als Zeuge von Hörensagen auf.

Eine Sperrerklärung nach § 96 StPO erfolgte in 19 Fällen.

In den Fällen, wo Verdeckte Ermittler zum Einsatz gebracht werden, ist fast ständig von einer sehr großen Gefährdung des Verdeckten Ermittlers auszugehen.

Zielpersonen versuchen mit allen legalen und illegalen Mitteln die Verdeckten Ermittler zu enttarnen, was eine erhöhte Gefährdung des VE und seiner Familie darstellt.

Fast bei jedem Zugriffeinsatz führten Zielpersonen Faustfeuerwaffen mit sich, die sie, davon muß ausgegangen werden, auch bereit sind, anzuwenden.

Konkrete Gefährdungen lagen in einer Vielzahl von Fällen vor.

In keinem Fall ist bisher ein Verdeckter Ermittler unter seiner wahren Identität als Zeuge aufgetreten.

Bisher ist noch kein Verdeckter Ermittler unter seiner Legende in der Hauptverhandlung als Zeuge aufgetreten.

Ein anderweitiges Einbringen des Verdeckten Ermittlers als Beweismittel in das Verfahren ist bisher nicht erfolgt.

Beispiel 3: Einsatz von Verdeckten Ermittlern in Berlin

Antwort des Senates in Berlin vom 19. Juni 1990 aufgrund einer kleinen Anfrage:

Die Berliner Polizei hat erstmals 1978 einen VE eingesetzt.

Seit 1978 wurden in 30 Einsätzen 27 VE tätig.

Der Einsatz dauerte durchschnittlich fünf Monate.

Wie ist nun der Einsatz der Verdeckten Ermittler in den letzten Jahren zu bewerten? Was konnten Verdeckte Ermittler bewirken? Was könnten sie über das bisherige Maß hinaus in der OK-Bekämpfung bewirken? Nun, jahrelange Erfahrungen zugrunde gelegt, kann gesagt werden, daß der bisherige Einsatz von Verdeckten Ermittlern durchaus erfolgreich war, wenngleich auch dieses „personale Instrumentarium“ in der politischen Diskussion oft überbewertet wurde und wird. In vielen spektakulären OK-Fällen, insbesondere im Rauschgiftbereich, konnten verdeckt ermittelnde Polizeibeamte Erfolge erzielen.

Trotzdem muß festgestellt werden, daß unter den heutigen in Deutschland gültigen rechtlichen Rahmenbedingungen der Verdeckte Ermittler „nur ein begrenztes Instrument" in der Bekämpfung der Organisierten Kriminalität ist. In der Regel kann er nur im „Randbereich einer kriminellen Organisation" tätig sein, was immerhin schon für das Erkennen von OK-Strukturen wie Personengeflechte, Hierarchien und Aufenthaltsorte – um Beispiele zu nennen – wichtig ist. Doch ein Eindringen in die OK-Organisationen, gar bis in die Führungsspitze, bleibt nach wie vor eine Ausnahme.

Mitglieder organisierter krimineller Gruppen kennen sich oft über viele Jahre, zum Teil auch aus gemeinsamen Zeiten in Gefängnissen. Auch untereinander verhalten sie sich konspirativ, was unter anderem auch bedeutet, daß man sich nur soviel erzählt, wie der andere unbedingt wissen muß. Das Eindringen in ausländische OK-Organisationen (italienische, türkische, nahöstliche, jugoslawische, russische, polnische, rumänische, süd- und ostasiatische und chinesische Tätergruppen) ist in der Regel für einen deutschen Verdeckten Ermittler nahezu unmöglich. Der landsmannschaftliche Zusammenhalt oder gar die Familienzugehörigkeit stellt in der Regel auch für Verdeckte Ermittler eine unüberwindbare Hürde dar. Im Bereich der Mitgliedstaaten der Europäischen Gemeinschaft gilt dies insbesondere für die Italienische Organisierte Kriminalität (IOK), wo sich die Zusammengehörigkeit durch Familienclans-beziehungsweise Familien der südlichen Regionen Kampanien, Kalabrien, Sizilien und Apulien definiert, nicht selten gar vom Geburtsort abhängig ist. Unter diesen Voraussetzungen hätte selbst der Einsatz eines italienischen Verdeckten Ermittlers keine Chance.

Der Verdeckte Ermittler ist nicht nur ein sensibles, sondern auch ein teures personelles „Instrument". Dementsprechend verfügt Anfang der 90er Jahre in Deutschland manch kleines Bundesland über gar keinen und manch größeres Bundesland nur über fünf Verdeckte Ermittler; es ist also keine Rede davon, daß das gesamte kriminelle Milieu mit Verdeckten Ermittlern durchsetzt ist.

Die Arbeit des Verdeckten Ermittlers birgt unstrittige Gefahren in sich. Da er verdeckt im kriminellen Milieu arbeitet, würde eine Enttarnung im Milieu bedrohlich für sein Leib und Leben sein. Eine zweite Gefahr stellt das „Abgleiten" des Verdeckten Ermittlers in das Milieu dar – in dem er involviert ist.

Das kriminelle Milieu stellt über „viel Geld, große Autos, teure Wohnungen, Prostituierte (Prunksucht), die Weltläufigkeit (Internationalität)“ nicht zu vergessen, auch viele Verlockungen dar. Ihnen nicht zu erliegen, verlangt vom Verdeckten Ermittler viel Charakterstärke. Im Vergleich zwischen dem „großen Zuhälterleben“ und dem „kleinen Beamtenleben“ kommt es ab und an vor, daß ein Verdeckter Ermittler schon einmal „die Seiten wechselt“.

Im originären Interesse des Verdeckten Ermittlers muß diesen Gefahren, soweit es machbar ist, vorgebeugt werden, beispielsweise durch eine zeitliche Begrenzung dieser verdeckten Ermittlungsarbeit. Ist ein Polizeivollzugsbeamter lange als Verdeckter Ermittler im Milieu tätig, fällt nach Beendigung seines VE-Einsatzes die Eingliederung in die „normale“ kriminalpolizeiliche Arbeit oftmals schwer.

Die Arbeit im Milieu, was verlangt sie dem Verdeckten Ermittler ab? Das Milieu hat seine eigenen Regeln, die wenig mit dem Strafgesetzbuch oder dem Bürgerlichen Gesetzbuch zu tun haben. Der Verdeckte Ermittler, der wie alle Polizisten in Deutschland an das Legalitätsprinzip gebunden ist*), ist mit den „milieutypischen Spielregeln“ vertraut. Viele dieser Milieuregeln stellen Straftatsbestände dar, vom fortgesetzten Vergehen gegen das Betäubungsmittelgesetz (beispielsweise durch fortgesetzten Erwerb und Besitz von Kokain) über verbotenem Glücksspiel (beispielsweise in zockenden Zuhälterkreisen) bis hin zur Körperverletzung. Ein Verdeckter Ermittler, der sich längere Zeit im Milieu als „einer von denen“ bewegt, kommt über kurz oder lang in schwierige Situationen – in rechtlicher und tatsächlicher Hinsicht.

Darf man ihm also „milieubedingte Straftaten“ im Interesse seiner verdeckten Ermittlungen zugestehen? Und wenn ja, welche? Und wo ist die Grenze zu ziehen? In Deutschland werden diese Fragen strittig diskutiert. Gegen die Begehung von Straftaten durch Verdeckte Ermittler sind beispielsweise:

- Die Koalitionsvereinbarung der Bonner CDU-CSU-FDP-Koalition für die 12. Legislaturperiode des Deutschen Bundestages vom 16. Januar 1991 zur Änderung der Strafprozeßordnung, wo es zum Einsatz Verdeckter Ermittler heißt: „Dabei ist sicherzustellen, daß der als Verdeckter Ermittler tätige Beamte keine Straftaten begehen darf“.
- Die Bundesratsinitiative zur besseren Bekämpfung der Organisierten Kriminalität – der OrgKG-Entwurf vom 25. Juli 1991 – enthält keine von dieser Vereinbarung abweichende Regelung.

---

*) Das trifft in dieser Form nicht auf den amerikanischen Under-Cover-Agenten (UCA) in den USA zu.

- Der Bundesvorsitzende der Gewerkschaft der Polizei (GdP) Hermann Lutz lehnt diese Vorstellungen aus nachstehenden Gründen ab:
  1. Rechtsethische Gründe
     Der Polizeibeamte hat Straftaten zu verhüten und nicht zu begehen.
  2. In Fällen der „Notsituation“ ist der VE durch den § 34 StGB abgedeckt.
  3. Im „Milieu“ werden keine kleinen Straftaten begangen (Sachbeschädigungen pp.), wie dies in der Öffentlichen Diskussion häufig behauptet wird.
  4. Durch die Begehung von Straftaten durch VE, könnte es häufig zu Konfliktsituationen zwischen einschreitender Polizei und VE kommen (bis hin zum Schußwaffengebrauch). Zur Verdeutlichung: In den USA werden die meisten UCA durch Polizeibeamte erschossen.
  5. Ein „Straftatenkatalog“ für einen VE müßte nahezu alle Delikte einschließen, denn der VE soll nicht nur im „Milieu“ eingesetzt werden (z. B. Umweltkriminalität, Wirtschaftskriminalität).
  6. Das Verhältnis Polizei/Bürger könnte Schaden nehmen (Ansehen der Polizei).
  7. Der VE könnte Schaden nehmen bezüglich der Grenzziehung Recht/Unrecht. Gefahr des „Abgleitens“.
  8. Der VE kann im wesentlichen nur im Randbezirk der OK tätig werden.
- Last but not least der Leiter des Landeskriminalamtes (LKA) Hamburg, Wolfgang Sielaff: „Eine Straftatenaufklärung durch Straftatenbegehung kommt nicht in Betracht.“

Für die Begehung „milieubedingter Straftaten“ durch Verdeckte Ermittler sprachen sich beispielsweise aus:

- Im Mai 1991 der damalige Bundesinnenminister Wolfgang Schäuble (CDU): „... es wird auf die Dauer nicht möglich sein, mit verdeckten Ermittlern Erfolge zu erzielen, wenn der Rechtsstaat sich nicht dazu bekennt, daß sie um der Erfolgschancen ihrer Tätigkeit willen eben auch milieubedingte Straftaten müssen begehen können, ohne daß sie dadurch in den Bereich der Rechtswidrigkeit geraten.“
- Im Juni 1991 forderte der Vorsitzende der Vereinigung Berliner Staatsanwälte (VBS) OK-Oberstaatsanwalt Hans-Jürgen Fätkinhäuer unter anderem: „... ferner sollen verdeckte Ermittler milieutypische Straftaten begehen dürfen, damit die Kriminalbeamten den sogenannten Keuschheits-Test in Verbrecherkreisen bestehen.“

Dieses Pro und Contra ist in Deutschland noch nicht ausdiskutiert worden und wird uns wohl auch noch weiter beschäftigen.

4.2.2 Der Vertrauens-(V-)Mann

Was ist ein „V-Mann“? Was tut er beziehungsweise soll er tun?

> Definition: **Informant** ist eine Person, die im Einzelfall bereit ist, gegen Zusicherung der Vertraulichkeit, der Strafverfolgungsbehörde Informationen zu geben.
>
> **V-Person** ist eine Person, die, ohne einer Strafverfolgungsbehörde anzugehören, bereit ist, diese bei der Aufklärung von Straftaten auf längere Zeit zu unterstützen. Die Identität der V-Person soll grundsätzlich geheimgehalten werden.

Wie schon der Verdeckte Ermittler stellt auch der V-Mann ein unverzichtbares personelles „Instrument“ in der Bekämpfung der Organisierten Kriminalität dar. Die Inanspruchnahme von polizeilichen Informanten und V-Leuten ist in Deutschland von höchsten Gerichten – wie dem Bundesverfassungsgericht und dem Bundesgerichtshof – als zulässiges Mittel anerkannt worden. Eine spezielle Regelung in der Strafprozeßordnung hingegen gibt es für dieses OK-Bekämpfungsinstrument nicht. Informanten und V-Leute gelten strafprozessual als Zeugen.

Doch sind diese Informationszuträger, insbesondere die Vertrauens-(V-)Leute im kriminellen Milieu, bei Enttarnung in der Szene um Leib und Leben gefährdet. Kein Wunder, daß sich von ihnen Informationen in der Regel nur unter der Zusicherung der Vertraulichkeit liefern lassen. Dementsprechend, so belegt es die polizeiliche Anwendungspraxis, werden ihnen in den Bereichen der Schwerkriminalität, der Organisierten Kriminalität, der Rauschgiftkriminalität und des illegalen Waffenhandels, der Falschgeldkriminalität, aber auch bei Staatsschutzdelikten Vertraulichkeit/Geheimhaltung zugesichert. Im Bereich der sogenannten „mittleren“ Kriminalität bedarf die Zusicherung einer besonders sorgfältigen Prüfung des Einzelfalles. Sie kommt in der Regel dann in Betracht, „wenn durch eine Massierung gleichartiger Straftaten ein die Erfüllung öffentlicher Aufgaben oder die Allgemeinheit ernsthaft gefährdender Schaden eintreten kann“. In Verfahren der Bagatellkriminalität kommt die Zusicherung der Vertraulichkeit, der Geheimhaltung nicht in Betracht.

Wann darf nun ein V-Mann eingesetzt werden? Wann ihm die Vertraulichkeit zugesichert werden? Und wann entzogen werden? Dazu heißt es:

> Informanten dürfen nur in Anspruch genommen, V-Personen nur eingesetzt werden, wenn die Aufklärung sonst aussichtslos oder wesentlich erschwert wäre. Werden sie in Anspruch genommen bzw. eingesetzt, so ist Ziel der

weiteren Ermittlungen das Beschaffen von Beweismitteln, die den strafprozessualen Erfordernissen der Unmittelbarkeit der Beweisaufnahme entsprechen und einen Rückgriff auf diese Personen erübrigen.

Einem Informanten darf Vertraulichkeit nur zugesichert werden, wenn dieser bei Bekanntwerden seiner Zusammenarbeit mit den Strafverfolgungsbehörden erheblich gefährdet wäre oder unzumutbare Nachteile zu erwarten hätte.

Der Einsatz von Minderjährigen als V-Personen ist nicht zulässig.

Staatsanwaltschaft und Polizei sind an die Zusicherung der Vertraulichkeit/Geheimhaltung gebunden. Die Bindung entfällt grundsätzlich, wenn

a) die Information wissentlich oder leichtfertig falsch gegeben wird,
b) die V-Person von einer Weisung vorwerfbar abweicht oder sich sonst als unzuverlässig erweist,
c) sich eine strafbare Tatbeteiligung des Empfängers der Zusicherung herausstellt,
d) die V-Person sich bei ihrer Tätigkeit für die Strafverfolgungsbehörden strafbar macht.

Hierauf ist der Informant/die V-Person vor jeder Zusicherung hinzuweisen.

Der Einsatz von V-Leuten im Milieu hat Tradition und wurde in Deutschland schon im Ganovenmilieu der Vorkriegszeit praktiziert. Der V-Mann-Einsatz im Bereich der Organisierten Kriminalität ist nicht nur unverzichtbar für deren Bekämpfung, sondern auch für die Betreffenden lebensgefährlich. V-Leute wurden schon aus dem Grunde, mit der Polizei zusammenzuarbeiten, ermordet. Deshalb ist ihr Schutz durch Geheimhaltung, gegebenenfalls auch durch Zeugenschutzmaßnahmen, von besonderer Bedeutung. Der V-Mann selbst, was ist er für ein Typ? Der Polizeipraktiker weiß:

Nun darf man nicht davon ausgehen, daß es sich bei V-Leuten um Personen handelt, die Moral oder die Sorge um den Rechtsstaat zur Hilfe bei der Strafverfolgung treibt. Meist handelt es sich bei V-Leuten um „Ganoven". Je „größere Ganoven", um so erträglicher ist meist ihr Aufklärungsbeitrag. Für ihr Verhalten gibt es u. a. folgende Motive:

- vor allem Geld
- Haß gegenüber anderen Straftätern
- „Beiseiteräumen von Konkurrenten mit legalen Mitteln durch die Polizei"
- staatliche Vergünstigungen (z. B. im Strafvollzug)

Häufig ist das Motiv des V-Mannes Geld. Dementsprechend kostet sein Einsatz Geld, staatliches Geld. Mehr Erfolge durch dieses personelle Instrument bedeutet demzufolge auch höhere Geldeinsätze. Auch hierüber wissen erfahrene Polizeipraktiker zu berichten:

> Ein „guter V-Mann", der im Bereich der Organisierten Kriminalität „sein Geld macht", wird sicherlich nicht für ein paar hundert Mark das Risiko der Zusammenarbeit mit der Polizei auf sich nehmen. Entweder er bekommt eine Geldsumme, für die es lohnt auszusteigen oder andere Motive (Ausschaltung von Konkurrenten) führen ihn zu einer Zusammenarbeit mit der Polizei. Immer geht es bei diesem „Geschäft" darum, sich in das Vertrauen eines anderen Kriminellen einzuschleichen und ihn dann „aufs Kreuz zu legen" oder juristisch ausgedrückt, sich der Polizei als Zeuge zur Verfügung zu stellen.
>
> Moralisch gesehen, ein „schmutziges Geschäft". Aber ohne V-Leute wäre eine Bekämpfung der Schwerkriminalität gar nicht mehr denkbar.

4.2.3 Der Zeugenschutz

Die sehr konspirativ tätigen und abgeschotteten Kriminellen Organisationen stellen die Strafverfolgungsorgane vor schwierige Beweisprobleme. Kriminelle Strukturen, Hierarchien und die Tatbeiträge einzelner Mitglieder bleiben für die Polizei meist im Dunkeln.

Deswegen nimmt der Zeugenbeweis bei der Bekämpfung der Organisierten Kriminalität eine besondere Bedeutung ein. Die Polizei muß also bestrebt sein, aus dem inneren Kreis der Verbrecherstruktur jemanden „herauszubrechen", also jemanden finden, der sich als Zeuge zur Verfügung stellt.

Der Zeugenbeweis ist jedoch im Gegensatz zum Sachbeweis beeinflußbar. Jeder Zeuge kann seine Aussage ändern (auch durch Beeinflussungen). Die Gründe liegen bei OK-Verfahren meist in der Angst vor Repressalien (bis hin zum Mord). Und dies sind keine Einzelfälle. Das Androhen und Ausführen von Repressalien gehört zum Wesen der OK. Insbesondere derjenige, der Einblick in die Strukturen der einzelnen kriminellen Organisationen hat, kennt die Gefahren. Deshalb ist es umso schwieriger, ein Mitglied aus dem inneren Kreis einer kriminellen Organisation zur Aussage bzw. Mitarbeit mit der Polizei zu bewegen.

Warum ist das so? Und welche Gründe bewegen die Beteiligten?

Die generelle Einschüchterung von Zeugen durch die OK ist für einen Rechtsstaat nicht hinnehmbar, außer er gibt die Bekämpfung gegen die

Organisierte Kriminalität auf. Die Mauer des Schweigens muß durchbrochen werden, wenn eine Strafverfolgung der OK erfolgreich sein will. Deshalb ist ein effektiver Zeugenschutz so wichtig.

Ein effektiver Zeugenschutz muß

- die Dauer der Ermittlungen
- die Dauer der Strafverfahren
- die Zeit nach dem Strafverfahren (wenn die Sache es erfordert)

umfassen.

Der Zeugenschutz hat also zwei Ziele: Schutz der gefährdeten Person und die Sicherung der Strafverfolgung und des Strafverfahrens.

Ein effektiver Zeugenschutz wird zum Teil durch die heutige Rechtslage und durch unzureichende personelle und materielle Kapazitäten der Polizei erschwert.

Rechtsgrundlagen für den Zeugenschutz sind

- die Polizeigesetze der einzelnen Bundesländer und
- das Strafverfahrensrecht.

Die AG Kripo (Leiter der Landeskriminalämter und des Bundeskriminalamtes) hat bereits in der Vergangenheit eine „Konzeption Zeugenschutz" erarbeitet. Die Vorschläge enthielten u. a.

- Einrichtung von speziellen Dienststellen zur Durchführung von Zeugenschutzmaßnahmen in den einzelnen Ländern,
- Zusammenfassung aller polizeilichen Zeugenschutzmaßnahmen (mit Klassifizierung der Gefährdungen),
- Koordinierung der Zeugenschutzmaßnahmen in den Ländern und beim Bundeskriminalamt.

Die Konzeption Zeugenschutz der AG Kripo ist jedoch noch nicht in allen Bundesländern umgesetzt worden.

Aus Gründen der Objektivität ist es unbedingt erforderlich, daß die Zeugenschutzmaßnahmen durch Polizeibeamte durchgeführt werden, die mit den aktuellen Ermittlungen nicht betraut sind. Dies soll den Vorwürfen entgegentreten, daß eine Beeinflussung der Zeugen erfolgt. Deshalb auch spezielle Zeugenschutzdienststellen.

Ein weiteres Problem ist oftmals auch der Vorwurf gegen die Polizei (nicht selten auch Strafverteidiger), daß die Zeugenschutzmaßnahmen als Vorteilsgewährung hingestellt werden. Normale Zeugenschutzmaßnahmen dürfen nicht als verbotene Vorteilsgewährung gemäß § 136a Abs. 1 Satz 3 StPO gewertet werden.

Die Beurteilung der Gefährdungslage sollte immer mit der zuständigen Staatsanwalt erfolgen.

Zur Rechtlichen Situation

Ein Zeuge muß in der Hauptverhandlung seine Personalien (§ 68 Satz 1 StPO) angeben. Wenn er nachweisen kann, daß er gefährdet ist, braucht er seinen Wohnort nicht angeben (§ 68 Satz 2 StPO).

Im Rahmen des Ermittlungsverfahrens (z. B. beim polizeilichen Vernehmungsprotokoll) brauchen die Personalien im Falle der Gefährdung nicht angegeben werden.

Bei Lebensgefahr des Zeugen kann bei der Hauptverhandlung die Öffentlichkeit ausgeschlossen werden (§ 172 GVG).

Weiterhin gibt es die Vollsperrung des Zeugen gemäß § 96 StPO. Dies hat allerdings zur Folge, daß der Zeuge als Beweismittel im Hauptverfahren entfällt.

Ein Ausschluß des Verteidigers vom Hauptverfahren bzw. von der kommissarischen Vernehmung ist nicht möglich.

Welche Veränderungen sind nun im Bereich des Zeugenschutzes notwendig?

Ein effektiver Zeugenschutz erfordert in erster Linie eine personelle und materielle Verstärkung der Polizei, da es sich hierbei um eine vollkommen neue Aufgabe für die Polizei in Deutschland handelt; zumal der Zeugenschutz sehr personalintensiv ist.

Aber auch die rechtliche Situation erfordert eine praxisnahe Verbesserung:

- Klare rechtliche Aufgabenzuweisung für den Zeugenschutz in der StPO,
- Schaffung der Möglichkeit, den vollständigen Namen von Zeugen zu verändern (eine Erweiterung auf die mögliche Änderung der Geburtsdaten),
- Einschränkung der Anwesenheitspflicht des Zeugen im Hauptverfahren (bei Lebensgefahr muß es z. B. möglich sein, daß ein Zeuge per Fernsehen am Hauptverfahren teilnimmt).

Das Bundeskriminalamt hat 1989 den Vorschlag eines § 251a StPO gemacht:

„Bestehen aufgrund bestimmter Tatsachen Anhaltspunkte dafür, daß ein Zeuge durch Aussage vor dem erkennenden Gericht an Leib oder Leben

> gefährdet wäre, so kann der Zeuge durch einen beauftragten oder ersuchten Richter, soweit erforderlich unter Wahrung seiner Identität, vernommen oder eine Niederschrift über eine frühere, auch nichtrichterliche Vernehmung verlesen werden.
>
> Ein Anspruch des Angeklagten oder seines Verteidigers auf Anwesenheit bei einer solchen Vernehmung besteht nicht, wenn der Zeuge ein schutzwürdiges Interesse an der Wahrung seiner Identität dargelegt hat."

Dieser unterschiedliche Zugang zum Zeugen würde natürlich die Verteidigerrechte tangieren. Aber es kann auch nicht sein, daß bei Lebensgefahr ein Zeuge von der Polizei eine neue Identität bekommt, die dann bei den oftmals jahrelangen Ermittlungen und dem sich anschließenden oft ebenfalls jahrelangen Strafverfahren neue Identität gefährdet wird.

Aber Zeugenschutz kostet auch viel Geld, das gilt insbesondere wenn

- kosmetische Operationen,
- eine Verbringung ins Ausland und
- die Schaffung einer neuen Existenzgrundlage (Arbeit pp.)

erforderlich sind. Dieses muß ein Rechtsstaat sich leisten, wenn er die Organisierte Kriminalität wirklich erffektiv bekämpfen will.

Bei Haftstrafen von gefährdeten Zeugen müssen auch die Strafvollzugsanstalten besondere Vorkehrungen zum Schutze von gefährdeten Zeugen treffen.

4.2.4 Die Kronzeugenregelung

Eines besonders effektiven Zeugenschutzes bedarf der sogenannte Kronzeuge. Bei ihm handelt es sich oft um einen mehr oder weniger hochkarätigen Aussteiger aus dem Organisierten Verbrechen, dessen Aussagen nicht selten den Kernbereich der Organisierten Kriminalität bedrohen.

Jüngstes Beispiel dafür war der Prozeß gegen den New Yorker Cosa-Nostra Boß John Gotti, Oberhaupt der mächtigen Gambino-Familie. Im Juni 1992 kam er durch Zeugenaussagen seines Stellvertreters Salvatore Gravano vor einem New Yorker Gericht zu Fall: Gravano („Der Bulle") hatte in dem Prozeß geschildert, wie er auf Anweisung Gottis zahlreiche Morde verübt und wie Gotti vor sechseinhalb Jahren den Mord an dem ehemaligen New Yorker Mafia-Boß Paul Castellano geplant und mit ihm von einem Auto aus beobachtet hatte. Castellano war vor einem New Yorker Restaurant niedergeschossen worden. Danach hatte Gotti die Führung der mächtigsten New Yorker Cosa Nostra-Familie übernommen. Erst diese Zeugenaussagen ermöglichten es, daß das Gericht in N. Y.-Brooklyn den Top-Mafioso Gotti am 23. Juni 1992 wegen fünffachen Mordes und anderer Straftaten zu einer lebenslänglichen Gefängnisstrafe und zu 250.000 US-$ verurteilen konnte.

Nun hat im angloamerikanischen Rechtskreis die Kronzeugenregelung im strafprozessualen Verfahren Tradition. Im kontinental-europäischen Rechtskreis hingegen ist dieses Instrument der OK-Bekämpfung so noch nicht eingeführt worden. Das trifft auch für Deutschland zu, wenn von zwei – unterschiedlich greifenden – Ausnahmeregelungen abgesehen wird.

Die erste Ausnahme kam mit der Gesamtreform des Betäubungsmittelgesetzes (BtMG) 1981, die eine – von der Strafprozeßordnung unabhängige – Kronzeugenregelung im Betäubungsmittelgesetz erstmalig festschrieb.

Der Gesetzgeber ging davon aus, „daß der Kronzeuge im Gegensatz zum verdeckten Ermittler von den Ermittlungsbehörden nicht in bestimmte Kriminalitätsbereiche eingeschleust wird, sondern – aus der Szene kommend – nach seiner Festnahme sein vermeintliches Wissen aus seiner ehemaligen Verflechtung mit der Rauschgiftszene der Justiz zur Verfügung stellt. Damit wird er häufig zum entscheidenden Belastungszeugen gegen kriminelle Organisationen und ehemalige Komplizen".

Im Betäubungsmittelgesetz von 1981 ist die Kronzeugenregelung im § 31 (Strafmilderung oder Absehen von Strafe) in zwei Abschnitten festgeschrieben:

„Das Gericht kann die Strafe nach seinem Ermessen mildern (...) oder von einer Bestrafung nach ... absehen, wenn der Täter

1. *durch freiwillige Offenbarung seines Wissens wesentlich dazu beigetragen hat, daß die Tat über seinen eigenen Tatbeitrag hinaus aufgedeckt werden konnte, oder*

2. *freiwillig sein Wissen so rechtzeitig einer Dienststelle offenbart, daß Straftaten ... von deren Planung er weiß, noch verhindert werden können."*

Seit gut zehn Jahren wird nun in der Bekämpfung der organisierten Rauschgiftkriminalität von der Kronzeugenregelung Gebrauch gemacht, nicht selten mit Erfolg. Dazu ein Beispiel:

Im März 1992 endete in Berlin vor einer Strafkammer im Bezirk Moabit der bis dahin spektakulärste Erfolg Berliner Drogenfahnder gegen eine Gruppe türkischer Heroinschmuggler. Weil der Bandenchef während des Prozesses überraschend ein Geständnis abgelegt und dabei auch Lieferungen eingeräumt hatte, die ihm nicht nachzuweisen gewesen wären, wurde seine Strafe nach der Kronzeugenregelung des BtMG gemildert. Diese Vorschrift kam auch seiner Ehefrau zugute. Sie wurde der Beihilfe schuldig gesprochen aber nicht bestraft, weil sie sich mit einem entscheidenden Tip an die Kriminalpolizei gewandt hatte.

Die Effektivität der Kronzeugenregelung steht und fällt in der Regel mit der Anwendungspraxis der Strafminderung. Das zählt nicht nur in der Bekämpfung der organisierten Rauschgiftkriminalität, das zählt auch in der Bekämpfung des Terrorismus. So wurde in Deutschland mit der im Bundesgesetzblatt Nr. 25 vom 9. Juni 1989 veröffentlichten „Regelung für Kronzeugen" angestrebt, mit Hilfe weitgehender Aussagen möglichst zur raschen und gründlichen Aufklärung von terroristischen Straftaten und zur Verhinderung weiterer beizutragen. Dafür wurde eine Strafminderung in Aussicht gestellt.

Zwar gab es seit dieser Regelung Aussagen von Aussteigern der „Roten-Armee-Fraktion" (RAF), so Werner Lotze in München und Susanne Albrecht in Stuttgart-Stammheim, doch konnten diese nur unwesentlich zur Erhellung neuer Aspekte der zahlreichen, teils zehn Jahre zurückliegenden Straftaten beitragen. Die beiden Angeklagten hatten wahrscheinlich kaum ernsthaft mit dem Mindestmaß von drei Jahren Freiheitsstrafe rechnen können, doch die Urteile von jeweils zwölf Jahren sprengten jeden vorher angenommenen Strafrahmen. Mit diesen Strafen hatten die bayerischen und baden-württembergischen Richter die auf Strafminderung abgestellte Kronzeugenregelung ad absurdum geführt. Mit Stand vom Juli 1992 scheint die Kronzeugenregelung als Instrument der Terroristenbekämpfung gescheitert, insbesondere nach dem spektakulären „Umfall" des Staatsschutzinformanten Siegfried Nonne, der angab, in das Sprengstoffattentat auf den Chef der Deutschen Bank, Alfred Herrhausen (30. November 1989 in Bad Homburg) verwickelt gewesen zu sein und danach seine Belastungen gegen RAF-Leute als vom Verfassungsschutz erpreßte Angaben darstellte.

Dennoch wird über eine weitere Versuchsphase sowohl im Bundesjustizministerium als auch in der Bundesanwaltschaft nachgedacht.

In der OK-Bekämpfung können die Strafverfolgungsbehörden jedoch nicht nur auf aussagewillige Zeugen bauen. In den hochorganisierten Verbrechensgruppen, ob in Ostasien, West- und Osteuropa oder Nord- und Südamerika, gilt nach wie vor das „Gesetz des Schweigens". Organisierte Verbrecher, erst recht Führungspersonen der OK, die dieses Gesetz aus welchen Gründen auch immer brechen, sind ob dieses Verrats in der Regel mit dem Tode bedroht. Beispiele der „Vollstreckung" ziehen sich weltweit wie ein roter Faden durch das 20. Jahrhundert, sind Legion geworden. Aussagewillige

Top-Mafiosi, wie der 1983 in Brasilien verhaftete sizilianische Pate Tommaso Buscetta, der 1984 das Schweigen – Omertà – brach, oder der gerade erwähnte New Yorker Cosa-Nostra-Unterboß der Gambino Familie, Salvatore Gravano, sind immer noch die rare Ausnahme von der Omertà-Regel.

Neben Kronzeugen, Zeugenschutz, V-Leute und Verdeckte Ermittler als personale „Instrumente" setzen die OK-Bekämpfer auch auf technische Instrumente.

4.2.5 Die technischen Überwachungsmittel

Technische Überwachungsmittel, was verbirgt sich hinter diesem Begriff? Und wann, wie und von wem dürfen diese Mittel unter welchen Bedingungen eingesetzt werden?

Einfache Antworten auf diese Fragen zu geben, ist gerade in demokratischen Rechtsstaaten schwierig, werden doch durch die Antworten auch durch Grundgesetz geschützte Bürgerrechte berührt.

Bekannt ist, daß Nachrichtendienste – in Deutschland beispielsweise der Bundesnachrichtendienst (BND) – Nachrichten sammeln (Informationsbeschaffung), um sie frühzeitig in die Beratung der Politik zu geben. Diese Informationsgewinnung ist nicht öffentlich, oder deutlicher formuliert: Zur Nachrichtengewinnung setzen Geheimdienste auch technische Mittel geheim ein. Einen ganz anderen Arbeitsauftrag hat die Polizei, so auch die an das Legalitätsprinzip gebundene Polizei in Deutschland.

Hier wird seit einigen Jahren ob der quantitativen und qualitativen Zunahme der Organisierten Kriminalität über die Verbesserung der Ermittlungsinstrumente in der OK-Bekämpfung intensiv nachgedacht, was auch den polizeilichen Einsatz dieser nachrichtendienstlichen Mittel impliziert. Dementsprechende Vorschläge machte der Bundesrat, der in seinem Entwurf zum OK-Bekämpfungsgesetz von 1990 auch die

- Gesetzliche Regelung des Einsatzes akustischer und optischer Überwachungsgeräte und
- die Rasterfahndung und die Polizeiliche Beobachtung

vorschlug.

> Was sind eigentlich „akustische und optische Überwachungsmittel"? Das sind beispielsweise
>
> - Richtmikrophone, die außerhalb einer Wohnung eingesetzt werden, um das „nicht öffentlich gesprochene Wort" abzuhören und aufzuzeichnen;

- oder innerhalb einer Wohnung von einem Verdeckten Ermittler versteckte Abhörgeräte („Wanzen"), die Gespräche ohne Wissen der Betroffenen aufnehmen.

In der Regel muß ein Richter die Erlaubnis erteilen.

Doch, das ist auch Praxis, bleibt es beim Einsatz dieser technischen Abhörmittel nicht aus, „daß Dritte unvermeidbar betroffen werden".

Ob der gesetzlichen Regelung dieses Technischen-Überwachungsmittels-Einsatzes ist es in Deutschland ab Anfang der 90er Jahre zu heftigen sicherheitspolitischen Diskussionen gekommen, die der Öffentlichkeit unter dem Stichwort „großer Lauschangriff" (durch elektronische Abhöreinrichtungen der Polizei) bekannt wurde. Als der Bundestag im Juni 1992 das Gesetz gegen das Organisierte Verbrechen verabschiedete, wurde die Entscheidung über diesen Eingriff in die grundgesetzlich geschützte Intimsphäre der Bürger bis zum Herbst 1992 ausgesetzt, um die „Möglichkeit und Notwendigkeit einer verfassungsrechtlich einwandfreien und praxisgerechten Regelung" des sogenannten Lauschangriffs zu prüfen. Das Spektrum dieser Debatte ist weit, die Positionen nicht selten extrem. So meinen die „Gegner":

- Das Abhören von Gesprächen in einer Wohnung – gleichgültig, ob von außen oder von innen und unabhängig von den einzelnen Umständen – ist unzulässig.
- Die Unverletzlichkeit der Wohnung ist eines der höchsten Güter der Verfassung (Artikel 13 des Grundgesetzes) in Deutschland.
- Gefahren werden gesehen, denn „solche Methoden könnten nur Mißbrauch Tür und Tor öffnen"
- und einige wenige Rechtspolitiker sehen im gesetzlich geregelten Einsatz dieser Mittel einen „Angriff auf die freiheitliche Rechtskultur".

Die „Abhör-Befürworter"

- halten es für dringend geboten, die Verfassung zu ändern, damit Organisierte Kriminalität mit allen verfügbaren Mitteln bekämpft werden kann.

Neben dieser rechtspolitischen Auseinandersetzung, die in Deutschland 1992 quer durch alle Parteien ging, darf jedoch nicht die Praxis vor Ort in der OK-Bekämpfung unberücksichtigt bleiben. Erfahrene Strafverfolger, wie der Berliner OK-Oberstaatsanwalt Fätkinhäuer, sprechen sich dafür aus, daß der „Lauschangriff" in die Strafprozeßordnung aufgenommen wird. „Der Einsatz von Wanzen", so der OK-Bekämpfer, „um in Wohnungen Gespräche abzuhören, sei wichtig, um in die Strukturen der kriminellen Vereinigung einzudringen".

Während die einen durch einen gesetzlich geregelten Einsatz dieser und anderer Mittel der OK-Bekämpfung den Ausbau zum Sicherheitsstaat wähnen, sehen die anderen in der Einsatzverweigerung eine Potenzierung des Einflusses der Organisierten Kriminalität und damit einer zunehmenden Bedrohung der Demokratie schlechthin.

In anderen rechtsstaatlichen Demokratien, beispielsweise den USA, ist der Einsatz technischer Überwachungsmittel unverzichtbar in der OK-Bekämpfung. Dazu ein Beispiel:

Damit der große Prozeß gegen die New Yorker Cosa-Nostra-Bosse („The Big Five") ab 1985 geführt werden konnte, hatte zuvor in über 1½ Jahren eine bundesstaatliche „Task Force on Organized Crime" Beweise zusammengetragen. Die spezielle Task Force wertete seinerzeit unter anderen die **Überwachungs- und Abhörergebnisse** von über 100 FBI-Agenten, Kriminalbeamten und Polizisten der Stadt und des Bundesstaates New York aus. Die **Gesprächsmitschnitte** umfaßten zeitlich mehrere tausend Stunden. Die zusammengetragenen Beweise reichten aus, daß zum ersten Mal in der US-Justizgeschichte insgesamt 19 Cosa-Nostra-Führer angeklagt werden konnten.

In der OK-Bekämpfung in Deutschland soll neben den Technischen Überwachungsmitteln als Instrument auch die sogenannte Rasterfahndung möglich werden. Rasterfahndung, was ist das?

Definition: Diese neue Ermittlungsmethode nutzt die Möglichkeiten der automatisierten Datenverarbeitung für Zwecke der Strafverfolgung. Sie besteht in einer maschinell ablaufenden Überprüfung von Datenbeständen öffentlicher und nichtöffentlicher Stellen nach bestimmten Prüfungsmerkmalen (Rastern), um so Hinweise und Spuren zu finden, die nach kriminalistischer Erfahrung zur Aufklärung der Tat beitragen können.

Ein „Raster" könnte in der OK-Bekämpfung beispielsweise die **Häufung von Straftatsbeständen** sein. Das „Prüfungsmerkmal" wären dann beispielsweise „über 20 Straftatbestände, bei denen ein maschineller Abgleich vermutlicher Tätermerkmale mit personenbezogenen Merkmalen aus Dateien (auch von Einwohnermeldeämtern, Sozialämtern und anderen Behörden) stattfinden könnte".

Nun, auch der Einsatz der Rasterfahndung berührt Bürgerrecht, deutlich vom Deutschen Bundesrat im OK-Bekämpfungsgesetzentwurf angesprochen. Dort heißt es: „Der mit der Rasterfahndung verbundene Eingriff in das Recht auf informelle Selbstbestimmung (also Datenschutz, A. d. V.) in einer Vielzahl von Fällen gebietet eine klare Begrenzung auf besonders schwere Straftaten, ..., die für die Organisierte Kriminalität typisch oder nach der Art ihrer Ausführung oder ihrer Auswirkungen besonders schwerwiegend sind ..." Weiter heißt es im OrgKG-Entwurf:

„... Die Rasterfahndung ist eine Form der Massendatenverarbeitung, bei der regelmäßig die Daten einer Vielzahl von Unbeteiligten verarbeitet werden und bei der viele Unbeteiligte anschließend in den strafrechtlichen Kontrollprozeß geraten können ..." Wie zuvor der „Lauschangriff", ist auch die „Rasterfahndung" als Instrument der OK-Bekämpfung rechts- und sicherheitspolitisch umstritten.

Last not least soll – was den Bereich der Technischen Überwachungsmittel betrifft – auch noch die Überwachung des Fernmeldeverkehrs erwähnt werden. Im OrgKG-Entwurf des Bundesrates heißt es dazu:

„Der Telefonüberwachung (TÜ) kommt bei der Bekämpfung der Organisierten Kriminalität große Bedeutung zu. Eine Ergänzung des Straftatenkatalogs ... um die Tatbestände des Bandendiebstahls und schweren Bandendiebstahls sowie der gewerbsmäßigen Hehlerei und Bandenhehlerei ist erforderlich, um diese Ermittlungsmaßnahme auch für die Deliktsbereiche zu erschließen, die für die Bekämpfung der organisierten Eigentums- und Vermögenskriminalität besonderes Gewicht haben ... Organisierte Kriminalität ist in weitem Umfang deliktsübergreifende Kriminalität. Vor allem die Hintermänner solcher Geschäfte pflegen sich nicht auf eine Sparte, etwa nur die Hehlerei, zu beschränken, sondern machen ‚Geschäfte' in vielen Bereichen. Eine möglichst intensive Verfolgung der anderen Taten dient auch der Zurückdrängung der Drogenkriminalität ..."

Unstrittig ist heute die Zunahme der Organisierten Kriminalität mit internationalen Bezügen. Unstrittig ist ebenfalls, daß die Strafverfolgungsbehörden in einer zunehmend schwierigeren OK-Bekämpfung verbesserte Ermittlungsinstrumentarien brauchen. Die dargestellten personellen und technischen Instrumente werden heute – auch international – als unverzichtbar angesehen. Aus der OK-Bekämpfungspraxis heraus fordern nicht wenige Sicherheitsfachleute in Deutschland, daß „vorhandene beziehungsweise sich abzeichnende Strukturen des organisierten Verbrechens zumindest national unverzüglich und mit aller Macht zu zerschlagen seien". Es sind, das darf man wahrlich nicht vergessen, in Sachen Organisierte Kriminalität ermittelnde Polizeibeamte und Staatsanwälte, die sich der Gefahr um Leib und Leben aussetzen. Mit Hinweis auf den spektakulären Mafiamord an den sizilianischen Richter Giovanni Falcone im Mai 1992 wissen die gefährdeten

Ermittler auch in Deutschland, daß – so Oberstaatsanwalt Fätkinhäuer – „Palermo überall ist“. Das Gesetz gegen die Organisierte Kriminalität, monieren die OK-Bekämpfer, läßt die „Verfilzung von Politik, Wirtschaft und Beamtenschaft mit dem kriminellen Milieu“ völlig außer acht. Dabei reicht die OK strukturell und personell weit in Institutionen nationaler wie internationaler Politik und Wirtschaft hinein: Illegaler aber „staatlich organisierter“ Waffenhandel, Pharma- und Bauskandale, Beamtenkorruption, Subventionsbetrug, Handel mit Umweltmüll bis hin zu Parteispenden-Affären. Nirgends wird dies so deutlich wie im Bereich der Kapitalmehrung des organisierten Verbrechens, also der Gewinne der verschiedensten kriminellen Gruppen, die der ermordete Richter Falcone anzüglich aber zurecht in der Terminologie der Politik „föderatives Bündnis“ nannte. Und nirgends ist das Organisierte Verbrechen wirksamer zu treffen, als in der „Abschöpfung ihrer illegalen Vermögenswerte“.

4.2.6 Die Abschöpfung illegaler Gewinne

Es ist wohl nicht übertrieben, wenn man sagt, daß die Organisierte Kriminalität im Laufe vieler Jahre das Verbrechen in ein industrielles Stadium geführt hat. Der Umsatz dieser Verbrechensindustrie wird heute per anno auf 1 Billion US-Dollar geschätzt. Rund die Hälfte dieses 1.000-Milliarden-Umsatzes entfällt auf die international organisierte Rauschgiftkriminalität. Wohlgemerkt, es handelt sich hier um den J a h r e s umsatz.

Doch schon seit mehreren Jahrz e h n t e n werden Gelder aus illegalen Geschäften erwirtschaftet, gewaschen und investiert. Der frühere Landespolizeipräsident von Baden-Württemberg, Alfred Stümper, brachte den durch Kapital erreichten OK-Einfluß einmal auf den Punkt, indem er – sinngemäß – fragte, warum wir uns mit einem einmal schwach gewordenen Ladendieb beschäftigen, während das Kaufhaus selbst schon längst in organisierten Verbrecherhänden liegt.

Seit langem, verstärkt seit den 80er Jahren, weiß die Polizei, daß der Kriminalitätsbereich des Organisierten Verbrechens nur dann entscheidend zurückgedrängt werden kann, wenn die OK-Bekämpfer wirklich effektive Zugriffsmöglichkeiten auf diese gewaltigen Gewinne an die Hand bekommen. Die gewaltigen Gewinne stellen den eigentlichen „Lebensnerv der Organisierten Kriminalität“ dar, den es durch die Beschlagnahme der Erträge aus den illegalen Geschäften und die Einziehung der illegalen Vermögenswerte zu treffen gilt.

Damit diese Zugriffsmöglichkeit auch wirklich spürbar greift, fordern Polizisten in Deutschland schon seit Jahren, daß

- Erwerb, Besitz, Gebrauch oder das Waschen von Gewinnen, die aus illegalem Betäubungsmittelhandel und anderen OK-Deliktbereichen stammen, unter Strafe gestellt werden;
- die Gerichte vereinfachte Vorschriften über den Einzug und den Verfall krimineller Profite an die Hand bekommen und
- bei gewerbsmäßigem Handel das gesamte Vermögen des überführten Täters „in der Regel als aus der Tat erlangt“ anzusehen ist, „wenn nicht Tatsachen vorliegen, die eine Herkunft aus anderer Quelle vermuten lassen“.

Illegale Vermögen in verschiedenster Form wirklich abschöpfen zu können, bedarf differenzierter gesetzlicher Regelungen. Insbesondere in den 80er Jahren wurden diese in einer ganzen Reihe von Ländern geschaffen, beispielsweise in Italien (1982), in den USA (1986), in England und Wales (1986), in Schottland (1987), in Frankreich (1987), in Spanien (1988) und in Kanada (1989). Die Schweiz entschloß sich 1990 zu legistischen Maßnahmen, in Österreich werden diese diskutiert. Im Europäischen Parlament gab der EP-Ausschuß für Recht und Bürgerrecht Anfang April 1991 eine Empfehlung „betreffend des gemeinsamen Standpunktes des Rates im Hinblick auf die Annahme einer Richtlinie zur Verhinderung der Nutzung des

Die Investoren Zeichnung: Horst Haitzinger

Finanzsystems zum Zwecke der Geldwäsche"; und last not least sagten die Finanzminister der Mitgliedstaaten der Europäischen Gemeinschaft Anfang Juni 1991 in Luxemburg „den Geldwäschern den Kampf an" und beschlossen strengere Vorschriften für die Banken im Kundenverkehr, genauer: Sie verabschiedeten eine Richtlinie, die die EG-Mitgliedstaaten verpflichtet, gesetzliche Vorkehrungen dagegen zu treffen, daß Drogenhändler und andere Kriminelle die Geldinstitute zur Verschleierung, zum Transfer oder Umtausch illegal erworbener Mittel nutzen können. Und wie sieht es in Deutschland aus?

Hier forderte Anfang 1989 der damalige Bundesinnenminister Friedrich Zimmermann (CSU) Rechtsvorschriften zur Abschöpfung und zur Bestrafung des „Reinwaschens" der Verbrechensgewinne sowie zur Kontrolle verdächtiger Finanztransaktionen.

Dringender denn je werden diese oder ähnliche Vorschriften gebraucht, hat sich doch seit Ende der 80er Jahre in einem geeinten Deutschland gravierendes getan. Internationale OK-Gruppen scheinen im „alten Westdeutschland" ihre kriminellen Gelder zu waschen, und im „neuen Ostdeutschland" saubere Gelder insbesondere in Immobilien zu investieren.

- Im August 1991 machte der Vizepräsident des Bundesnachrichtendienstes (BND), Paul Münstermann, die Erkenntnisse seines Dienstes durch Zeitungsinterview öffentlich: Danach investieren Drogenhändler Millio-

Joint-venture in Ost-Deutschland

nengewinne aus dem bundesdeutschen Drogenhandel in den neuen Bundesländern. Der Aufkauf ganzer Unternehmen, Geschäftszeilen und Straßenzügen wird befürchtet.

- Im Februar 1992 veröffentlichte das Hamburger Nachrichtenmagazin „Der Spiegel" eine mehrteilige Serie über „Dreckiges Geld, saubere Helfer" und widmete dem Thema zum ersten Mal in seiner Magazingeschichte einen Titel: Deutsche Banken waschen Drogen-Milliarden.
- Mitte Juni 1992 teilte der stellvertretende Berliner Vorsitzende des Bundes Deutscher Kriminalbeamter (BDK), Holger Bernsee, unter Berufung auf Berichte des italienischen Geheimdienstes „Sismi" mit, daß die Mafia in der Ex-DDR bereits 72 Milliarden D-Mark angelegt haben soll. Diese gewaltige IOK-Investition wird vom BKA bezweifelt. Dennoch, Ostdeutschland droht zur größten „Geldwaschanlage" der Mafia zu werden!

Diese Informationen und Einschätzungen wirken auf dem Hintergrund noch bedrohlicher, da es in Deutschland bis heute kaum gelungen ist, organisierten Kriminellen ihre aus Verbrechen erworbenen Gewinne zu entziehen. Die Gründe hierfür liegen unter anderen

- zum einen in der mangelnden Intensität der Strafverfolgungsorgane bei der Suche nach Gewinnen, insbesondere aus dem Rauschgifthandel. Hier setzt man auf ein sogenanntes Gewinnaufspürungsgesetz;
- und zum anderen an den bisherigen, aus Sicht der Fahnder unzureichenden gesetzlichen Bestimmungen.
- Beispielsweise machen die Bestimmungen der Strafprozeßordnung (§ 111b) bis dato eine Sofortprüfung der Verfalls- und Einziehungsvorschriften erforderlich. In der Praxis ist dies durch Kriminalbeamte beim ersten Zugriff in der Regel kaum zu leisten. Meist ergeben sich erst im Laufe der Ermittlungen Hinweise für die Verfalls- oder Einziehungsmöglichkeiten. Doch bis zu diesem Zeitpunkt haben die Täter meist ihre Vermögenswerte dem staatlichen Zugriff schon entzogen. Sei es durch Überschreibung des Eigentums auf willige „Strohleute", sei es durch Transfer ins Ausland – die Möglichkeiten sind vielfältig.

Dem künftig entgegenwirken zu können, ist auch Anliegen des Bundesratsentwurfes zum „Gesetz zur Bekämpfung des illegalen Rauschgifthandels und anderer Erscheinungsformen der Organisierten Kriminalität (OrgKG)":

A. Vorschriften über den Verfall von Straftatgewinnen

Die Vorschriften über den Verfall von Straftatgewinnen sollen durch zusätzliche Bestimmungen ergänzt werden. Als neue Sanktions- und Abschöpfungsinstrumente gelten hier zum einen die

Vermögensstrafe: Bei dieser neuen Strafart handelt es sich um eine besondere, nicht nach Tagessatzsystem ... zu bemessene Geldstrafe, deren Höhe allein durch den Wert des Tätervermögens begrenzt wird.

Die Vermögensstrafe ist ein besonders „eingriffsintensives" Instrument, dessen Anwendungsbereich sich, so der Bundesrat, nur auf gravierende Fälle beschränken soll. Und zum anderen der

Erweiterter Verfall: Entzug illegalen Vermögens (Taterlöse) durch Erweiterung der Verfallsvorschriften. Damit soll ermöglicht werden, in weiterem Umfang und unter geringeren Beweisanforderungen*) als bisher Tatgewinne aus OK-Straftaten abzuschöpfen.

B. Strafbarkeit der „Geldwäsche"

Landläufig wird Geld, das durch kriminelle Handlungen gewonnen wird, als „schmutziges" Geld (dirty money) bezeichnet. Um es – für welche Zwecke auch immer – legal wieder einzusetzen, bedarf es in der Regel der sogenannten Geldwäsche (money laundring).

Unter „Geldwaschen" ist die Einschleusung von Vermögensgegenständen aus Organisierter Kriminalität in den legalen Finanz- und Wirtschaftskreislauf zum Zwecke der Tarnung zu verstehen. Der Wert soll erhalten, zugleich aber dem Zugriff der Strafverfolgungsbehörden entzogen werden. Das Geld gilt dann als „gründlich gewaschen", wenn nicht mehr erkennbar ist, woher es kommt. Noch besser: Wenn es so „sauber" ist, daß man es sogar den Steuerbehörden als Einkommen anmelden kann.

Eine Einführung des „Straftatsbestandes der Geldwäscherei" im Strafgesetzbuch stellt darauf ab, daß der Verschleierung der illegalen Geldherkunft vorgebeugt werden kann und damit auch die Abschöpfung dieser Gewinne möglich wird.

Die Geldwäsche stellt den Schnittpunkt von illegalen Erlösen aus Straftaten und dem legalen Finanzkreislauf dar. Illegales Geld wird in diesem Moment „sichtbar".

Wie kaum ein anderer Ansatz bietet dementsprechend das Geldwaschen den Strafverfolgungsbehörden *die* taugliche Möglichkeit, in die Strukturen organisierter Kriminalität einzudringen und von diesem Schnittpunkt aus Transaktionen zurückzuverfolgen.

*) In Deutschland gibt es – in Relation zu anderen Ländern – nicht die sogenannte Umkehr der Beweislast. In der OK-Bekämpfung, insbesondere im Bereich der Abschöpfung illegaler Gewinne, wird diese hier mittlerweile auch diskutiert und von einzelnen gefordert.

In nicht wenigen Ländern, in denen die Geldwäsche strafbar ist, konnte die Anwendungspraxis des Gesetzes zu Erfolgen führen. Zum Beispiel in den USA: Hier konnte die US-Rauschgiftabwehrbehörde Drug Enforcement Administration (DEA) 1990 Vermögenswerte in Höhe von rund 1,1 Milliarden Dollar sicherstellen, darunter Flugzeuge, Kraftfahrzeuge, Immobilien, ja selbst Rennpferde. Die DEA, deren Budget sich im selben Jahr auf 750 Millionen Dollar belief, konnte sich damit und ihre Arbeit quasi „selbst finanzieren". Eine Relation gibt jedoch zu denken: Allein der Gesamtdrogenumsatz der Organized Crime in den USA wurde für das Jahr 1989 auf rund 190 Milliarden (!) Dollar geschätzt. 1985 soll er noch bei 110 Milliarden Dollar gelegen haben.

C. Vermögensbeschlagnahme

Mit einer vorläufigen Beschlagnahme von verdächtigen Vermögenswerten, quasi einem „Einfrieren" dieser Werte, sollen Tatverdächtige daran gehindert werden, in einem frühen Verfahrensstadium Vermögenstransaktionen vorzunehmen, die einen späteren Zugriff der Strafverfolgungsbehörden erschweren oder gar unmöglich machen.

Doch viele von der Organisierten Kriminalität erwirtschafteten Gewinne sind für die OK-Bekämpfer gar nicht sichtbar. Sie müssen regelrecht aufgespürt werden.

„... die Drogenmafia ist bereits total seriös unterwandert." Karikatur: Haitzinger

D. Gewinnaufspürung

Nicht nur zur Bekämpfung der Geldwäsche, auch zur Abschöpfung der illegalen Gewinne sind zwingend Regularien erforderlich, die dieses überhaupt erst ermöglichen. Um Tatgewinne aufspüren zu können, bedarf es der Zusammenarbeit vieler, nicht zuletzt der Banken und anderer Finanzinstitute.

In Deutschland wurde schon bei der Verabschiedung des „Nationalen Rauschgiftbekämpfungsplanes" im Juni 1990 eine derartige gesetzliche Regelung angekündigt, ein „Gesetz zum Aufspüren von Gewinnen aus schweren Straftaten". In diesem sollten beispielsweise die Identifizierung von Bargeldeinzahlern, die Freistellung von Schadensersatz- und Unterlassungsansprüchen und die Strafbefreiung bei Zusammenarbeit mit Strafverfolgungsbehörden geregelt werden.

Mit Datum vom 6. März 1991 schickte der Bundesminister des Innern verschiedenen anderen Bundesministern, dem Bundeskanzleramt, dem Bundeskriminalamt und der Deutschen Bundesbank seinen Entwurf eines „Gewinnaufspürungsgesetzes (GewAufspG)" zu. Im Gesetzesentwurf werden Kreditinstitute und Finanzinstitute verpflichtet, unter anderen

- Bargeldtransaktionen, die einen bestimmten Betrag übersteigen, zu melden und
- Einzahler von Bargeld ab einer bestimmten Größenordnung zu identifizieren (= Namensfeststellung aufgrund eines amtlichen Ausweises sowie des Geburtsdatums und der Anschrift). Hierzu sei angemerkt, daß die Drogengeschäfte in der Regel Bargeldgeschäfte in erheblicher Größenordnung sind.
- Aber auch verdächtige Geldtransaktionen sollen zur Meldung gebracht werden.

Ob die Meldungen und gegebenenfalls Anzeigen an die originären Strafverfolgungsbehörden gehen, oder ob an eine neue Aufsichtsbehörde, wird diskutiert. Das Meldesystem in den USA, wonach alle Bargeldtransaktionen von mehr als 10.000 Dollar meldepflichtig sind, funktioniert mehr als zufriedenstellend.

Für Deutschland sieht das Gewinnaufspürungsgesetz einen „Schwellenbetrag" ab 30.000 D-Mark bei Bargeldeinzahlungen und ab 50.000 D-Mark bei Überweisungen vor.

Die so gesetzliche Regelung der Gewinnaufspürung wirft eine ganze Reihe von grundsätzlichen Fragen auf, beispielsweise:

- Gelder stellen auch Eigentum dar, und das Recht an Eigentum hat in der Werteordnung in Deutschland eine zentrale Rolle.

In der OK-Bekämpfung mußte schon mehr als ein Ermittler die bittere Erfahrung machen, daß er, wenn er bei einem Rauschgifthändler neben Drogen auch größere Mengen von Bargeld fand, letzteres oft nicht sichergestellt werden konnte, weil ein genauer Nachweis über die Herkunft des Geldes nicht erbracht werden konnte und das Geld somit beim Drogenhändler belassen werden mußte. Hier könnte eine „Umkehr der Beweislast“ beispielsweise greifen.

– Für die Banken stellt das „Bankgeheimnis“, das quasi den Schutz des Bankkunden sichert, fast auf der ganzen Welt in der „Bänkerwerteordnung“ eine zentrale Rolle dar.
  Die Meldepflicht bei Geldtransaktionen würde bei der vorgeschlagenen Größenordnung nicht wenige, sondern sehr viele Kunden treffen. So haben überschlägige Berechnungen der Banken ergeben, daß sich die Zahl der Bargeldbewegungen über 100.000 D-Mark in der deutschen Kreditwirtschaft auf jährlich etwa 2½ bis 3 Millionen (!) bewegt. Bargeldbewegungen über 50.000 D-Mark dürften bereits bei mindestens 6½ Millionen (!) per anno liegen. Was den Banken schon zuviel, ist beispielsweise dem Innenminister des Bundeslandes Nordrhein-Westfalen zu wenig. Er fordert eine Senkung der Schwellensumme wenigstens auf 20.000 D-Mark.

Für Landesinnenminister Herbert Schnoor (SPD) geht der Entwurf des Gewinnaufspürungsgesetzes nicht weit genug. Es darf sich nicht nur auf die Rauschgiftkriminalität beschränken, sondern muß auch andere gewinnträchtige Kriminalitätsbereiche wie Wirtschaftskriminalität, Geldfälschung, Waffenhandel und Eigentumskriminalität großen Stils mit einbeziehen. Die Vorschriften müßten schärfer als vorgesehen gefaßt werden. Zur jetzigen Fassung meinte Schnoor 1992: „Was Bonn als wirksame Waffe anpreist, ist nicht viel mehr als ein Papiertiger. Mit der Mentalität eines Kleinkrämers und falsch verstandener Rücksichtnahme auf die Interessen der Banken haben wir gegen das organisierte Verbrechen nicht den Hauch einer Chance.“

Am 4. Juni 1992 nahm der Bundestag das „Gesetz zur Bekämpfung des illegalen Rauschgifthandels und anderer Erscheinungsformen der Organisierten Kriminalität (OrgKG)“ an. Am 26. Juni 1992 stimmte der Bundesrat diesem Gesetz zu, mit dem nun zum ersten Mal in der Geschichte deutscher OK-Bekämpfung der „Straftatsbestand der Geldwäsche“, die „Vermögensstrafe“, die Regelung des Einsatzes Verdeckter Ermittler und die Anwendung der Rasterfahndung in diesem Kriminalitätsbereich und andere Neuregelungen eingeführt wurde. Die Anwendungspraxis der Strafverfolger und anderer Bekämpfungsorgane wird zeigen, ob die Regelungen tatsächlich die OK-Bekämpfung effektivieren oder ob, so der Standpunkt nicht weniger erfahrener OK-Bekämpfer, deutlich „nachgebessert" werden muß.

Ein Charakteristikum der Organisierten Kriminalität sind die internationalen Bezüge, von den deliktübergreifenden Aktivitäten bis zur Geldwäsche. Dieser internationalen Organisierten Kriminalität ist mit rein nationalstaatlichen Bemühungen nicht beizukommen. Dementsprechend betreibt man auch in Deutschland die Internationalisierung der OK-Bekämpfung. Der Europäische Binnenmarkt und der Europäische Wirtschaftsraum werfen ganz real ab 1. Januar 1993 auch Fragen einer effektiven OK-Bekämpfung auf europäischer Ebene auf.

4.3 OK-Bekämpfung auf europäischer Ebene

Langwierig ist die Phase der Einigung Europas. Mit dem 1. Januar 1993 steht der sogenannte Binnenmarkt der zwölf Mitgliedstaaten der Europäischen Gemeinschaft an. Der weitere Weg der Gemeinschaft soll über eine Europäische Wirtschafts- und Währungsunion (EWWU) zur Europäischen Politischen Union (EPU) führen. Dieser lange Weg der Einigung ist mit der Aufgabe beziehungsweise Einschränkung von Souveränitätsrechten der EG-Mitgliedsstaaten verbunden. Eine schwierige Situation, bedenkt man, daß es schon heute der Entwicklung gemeinsamer Politiken bedarf.

4.3.1 Innere Sicherheit – Gemeinsames Anliegen der Europäer

Eine gemeinsame Politik der Inneren Sicherheit in Europa gibt es bisher noch nicht.

Und dies, obwohl die Bekämpfung der Kriminalität es schon heute unbedingt erfordert. Auch durch die politische Entwicklung in Ost-Europa hat sich die Entwicklung der internationalen (grenzüberschreitenden) Kriminalität weiter verschärft. Die Situation der Bundesrepublik Deutschland hat sich auch verändert, von einer geografischen Randlageposition in Europa in eine Mittelpunktlage.

Die Bekämpfung der Kriminalität kann effektiv aus folgenden Gründen nicht allein mit nationalstaatlichen Maßnahmen durchgeführt werden:

1. Es gibt Kriminalitätsformen, die entgegen der Souveränität der Staaten bei der Strafverfolgung internationale Dimensionen erreicht haben. Diese bestehen im Zusammenwirken von Tätern und Tätergruppen in verschiedenen Ländern, dem Ausnutzen von Staatsgrenzen, um der Strafverfolgung zu entgehen, Beschaffung und Verwertung von Beute und der

Erlangung verbotener Sachen, unter Ausnutzung der verschiedenen tatsächlichen oder rechtlichen Voraussetzungen in den Nationalstaaten. Als herausragende Beispiele seien hier nur die organisierte Kriminalität in Bereichen der Rauschgiftkriminalität, der sog. Milieukriminalität, Teile der Eigentumskriminalität (z. B. Autoverschiebung), dem illegalen Waffenhandel und der Wirtschaftskriminalität (Subventionsbetrug pp.) zu nennen.

2. Die Mobilität und die Kommunikationsmöglichkeiten lassen heutzutage Staatsgrenzen, insbesondere in Europa, nur noch als leicht zu überwindende geographische Linien erscheinen.

3. Die unterschiedlichen Rechtsnormen und Rechtssysteme verhindern bzw. erschweren eine gemeinsame europäische Kriminalitätsbekämpfung. Organisierte Kriminelle machen sich dies zu Nutze.

4. Das in den Nationalstaaten vorhandene Wissen in der Kriminalitätsbekämpfung muß allen OK-Bekämpfern zugute kommen, sei es im taktischen oder im technischen Bereich. Hier erfordert eine effizientere Kriminalitätsbekämpfung unter anderem eine Aufgabenverteilung und den Austausch des Erfahrungsstandes über die Staatsgrenzen hinaus.

5. Der geplante Abbau von Grenzkontrollen im europäischen Bereich macht besondere Ausgleichsmaßnahmen für den Wegfall dieser nicht mehr lange existierenden Kontrollmöglichkeit erforderlich. Und zwar über die vereinbarten Ausgleichsmaßnahmen (i. S. Schengenener-Abkommen) erforderlich.

Eine ganze Reihe internationaler Vertragswerke über die justitielle Zusammenarbeit gab es in Europa über Jahre: Auslieferungsabkommen von 1957, Rechtshilfeabkommen von 1959, Europäische Anti-Terror-Konvention von 1977

Auf zwei Ebenen – TREVI und „Schengen" – wurden und werden wichtige Entscheidungen in europäischen Sicherheitsfragen getroffen:

- **TREVI** (Terrorisme, Radicalisme, Extremisme, Violance International = Terrorismus, Radikalismus, Extremismus, internationale Gewalt). Am 1./2. Dezember 1975 beschloß der Europäische Rat in Rom, ein Gremium für Fragen der Inneren Sicherheit und der Öffentlichen Ordnung einzurichten. Seit Juni 1976 unterhalten die Regierungen der EG-Mitgliedsländer TREVI als gemeinsame Planungsinstanz auf Ministerebene (Justiz & Inneres), auf der Ebene der Hohen Beamten und der von Verbindungsbeamten.
  Seit Bestehen haben sich mehrere AG's gebildet:
  - TREVI I: Terrorismusbekämpfung
  - TREVI II: Polizeiausbildung und Technologie
  - TREVI III: Nach Ministerbeschluß 1985 eingerichtete AG zur Bekämpfung der internationalen Organisierten Kriminalität (OK)
  - TREVI IV: Hervorgegangen aus der 1988 gebildeten ad-hoc-Arbeitsgruppe „TREVI 92", die sich mit den „Ausgleichsmaßnahmen" beschäftigt, die mit der Abschaffung der Grenzkontrollen (= Sicherheitsdefizite) notwendig werden.
    Zum „Probelauf der Ausgleichsmaßnahmen" sind die sog. Schengener Abkommen geworden.
- **Stichwort „Schengener Abkommen"**
  Im Juni 1985 hatten die Regierungen der Benelux-Staaten, Frankreichs und der BR Deutschland im luxemburgischen Städtchen Schengen vereinbart, ihre gemeinsamen Binnengrenzen „möglichst bis zum 1. Januar 1990" zu öffnen. Dieser Termin wurde nicht gehalten, da Sicherheitsfachleute geltend machten, daß mit dem Abbau der Grenzkontrollen „negative Folgen … auf dem Gebiet der Einreise und der Inneren Sicherheit drohen", die vermieden werden sollen. Dementsprechend handelten AG's aus Innen- und Justizverwaltungen der fünf Staaten sog. Ausgleichsmaßnahmen aus. Dieses Zusatzabkommen, von den Regierungsvertretern am 19. Juni 1990 unterzeichnet (es tritt 1992 in Kraft), sieht folgende Maßnahmen vor:
  - Ausländer/Asylrecht: Grenzkontrollen von EG-Ausländern und Ausländern von Drittländern werden an die gemeinsamen Außengrenzen verlagert. Für knapp 100 Länder gilt zukünftig eine Visumpflicht.

- Rechtsangleichung („Harmonisierung"): Übernahme der allgemeinen Hotelmeldepflicht (wie in der BR Deutschland) in allen Schengen-Staaten. Frankreich und Belgien wollen sich dem strengeren deutschen Waffengesetz annähern. Alle übrigen Vereinbarungen zielen auf eine Angleichung der Verfolgungspraxis.
- Rechtshilfe/Auslieferung: Eine Auslieferung kann statt über den diplomatischen oder justitiellen Weg auch direkt über die nationalen IKPO-Zentralen (BKA) abgewickelt werden.
- Polizeiliche und nachrichtendienstliche Zusammenarbeit: Legitimation exekutiver Tätigkeiten auf fremdem Hoheitsgebiet (Nacheile- und Festnahmerecht)/grenzüberschreitende Ermittlungsmethoden.
- Schengener Informationssystem (SIS): Errichtung eines gemeinsamen Sach- und Personen-Fahndungssystems im Rechner-Rechner-Verbund. Das SIS dient quasi als Pilotprojekt für ein künftiges „Europäisches Informationssystem (EIS) aller EG-Mitgliedsländer.

Mit den Schengener Verträgen – einschließlich des Zusatzübereinkommens – wird der künftige ordnungspolitische Trend der Europäischen Gemeinschaft festgeschrieben.*)

Mit Bestehen des EG-Binnenmarktes könnte TREVI ab 1993 schrittweise die Funktionen eines westeuropäischen Innenministeriums übertragen bekommen.

*) Dem Abkommen sind mit Stand Mitte 1992 nach Italien, Spanien und Portugal beigetreten.

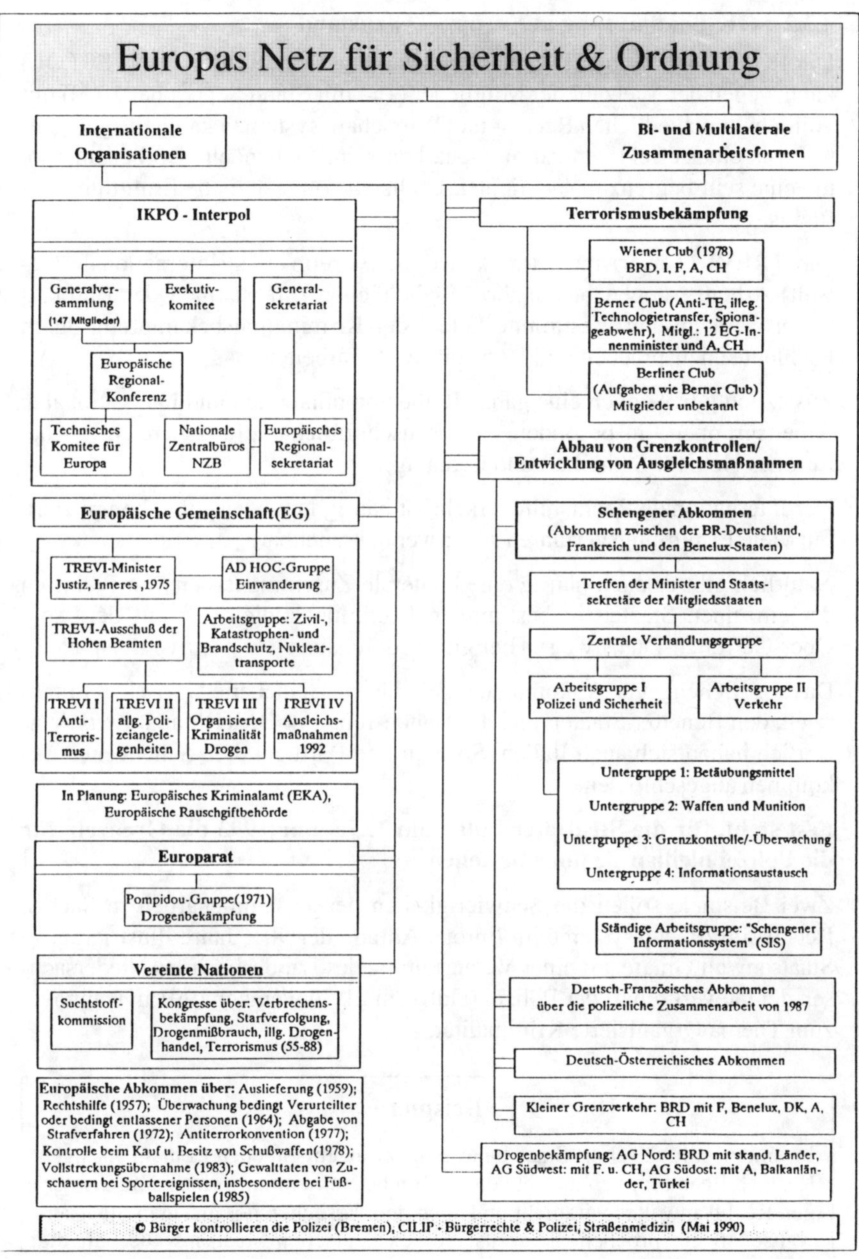
Europas Netz für Sicherheit & Ordnung
Internationale Organisationen
Bi- und Multilaterale Zusammenarbeitsformen
IKPO - Interpol
Generalversammlung (147 Mitglieder)
Exekutivkomitee
Generalsekretariat
Europäische Regional-Konferenz
Technisches Komitee für Europa
Nationale Zentralbüros NZB
Europäisches Regionalsekretariat
Europäische Gemeinschaft(EG)
TREVI-Minister Justiz, Inneres ,1975
AD HOC-Gruppe Einwanderung
TREVI-Ausschuß der Hohen Beamten
Arbeitsgruppe: Zivil-, Katastrophen- und Brandschutz, Nukleartransporte
TREVI I Anti-Terrorismus
TREVI II allg. Polizeiangelegenheiten
TREVI III Organisierte Kriminalität Drogen
TREVI IV Ausleichsmaßnahmen 1992
In Planung: Europäisches Kriminalamt (EKA), Europäische Rauschgiftbehörde
Europarat
Pompidou-Gruppe(1971) Drogenbekämpfung
Vereinte Nationen
Suchtstoffkommission
Kongresse über: Verbrechensbekämpfung, Starfverfolgung, Drogenmißbrauch, illg. Drogenhandel, Terrorismus (55-88)
Europäische Abkommen über: Auslieferung (1959); Rechtshilfe (1957); Überwachung bedingt Verurteilter oder bedingt entlassener Personen (1964); Abgabe von Strafverfahren (1972); Antiterrorkonvention (1977); Kontrolle beim Kauf u. Besitz von Schußwaffen(1978); Vollstreckungsübernahme (1983); Gewalttaten von Zuschauern bei Sportereignissen, insbesondere bei Fußballspielen (1985)
Terrorismusbekämpfung
Wiener Club (1978) BRD, I, F, A, CH
Berner Club (Anti-TE, illeg. Technologietransfer, Spionageabwehr), Mitgl.: 12 EG-Innenminister und A, CH
Berliner Club (Aufgaben wie Berner Club) Mitglieder unbekannt
Abbau von Grenzkontrollen/ Entwicklung von Ausgleichsmaßnahmen
Schengener Abkommen (Abkommen zwischen der BR-Deutschland, Frankreich und den Benelux-Staaten)
Treffen der Minister und Staatssekretäre der Mitgliedsstaaten
Zentrale Verhandlungsgruppe
Arbeitsgruppe I Polizei und Sicherheit
Arbeitsgruppe II Verkehr
Untergruppe 1: Betäubungsmittel
Untergruppe 2: Waffen und Munition
Untergruppe 3: Grenzkontrolle/-Überwachung
Untergruppe 4: Informationsaustausch
Ständige Arbeitsgruppe: "Schengener Informationssystem" (SIS)
Deutsch-Französisches Abkommen über die polizeiliche Zusammenarbeit von 1987
Deutsch-Österreichisches Abkommen
Kleiner Grenzverkehr: BRD mit F, Benelux, DK, A, CH
Drogenbekämpfung: AG Nord: BRD mit skand. Länder, AG Südwest: mit F. u. CH, AG Südost: mit A, Balkanländer, Türkei
© Bürger kontrollieren die Polizei (Bremen), CILIP - Bürgerrechte & Polizei, Straßenmedizin (Mai 1990)

4.3.2 OK-Bekämpfung in Europa – Istzustand

Die IKPO (Internationale Kriminalpolizeiliche Organisation – INTERPOL) kann wegen der Vielzahl der Mitglieder (154 mit Stand September 1990) mit völlig unterschiedlichen Rechts- und Wirtschaftssystemen kaum die geeignete Basis einer effektiven Zusammenarbeit sein. Es handelt sich bei Interpol um eine sehr begrenzte Nachrichtenschaltstelle ohne jegliche Ermittlungsbefugnis.

Die TREVI (Terrorismus, Radikalismus, Extremismus, Internationale Gewalt)-Arbeitsgruppen bieten die Möglichkeiten, im Rahmen der Europäischen Gemeinschaft bestimmte Felder der Kriminalitätsbekämpfung durch Fachleute anzusprechen und Vorschläge zu erarbeiten.

Zusätzlich gibt es noch eine ganze Reihe von bilateralen und internationalen Arbeitsgruppen, insbesondere im Rauschgiftbekämpfungsbereich (siehe: Europas Netz für Sicherheit und Ordnung).

Der Internationale Rechtshilfeverkehr ist häufig langwierig und kompliziert. Für viele Ermittlungsverfahren sogar wenig brauchbar.

Natürlich gibt es auch häufig eine bilaterale Zusammenarbeit von Polizeien der einzelnen Staaten in bestimmten Ermittlungsfällen (oft auf dem sog. Ober-Gefreiten-Dienstweg). Hier gibt es durchaus viele positive Beispiele.

Das sog. Schengener-Abkommen regelt die sog. „Nacheile“ zwischen Frankreich, den Benelux-Staaten und der Bundesrepublik Deutschland. Zwischenzeitlich haben sich auch Italien, Spanien und Portugal dem Schengener-Abkommen angeschlossen.

Fest steht, für die Straftäter fallen am 1. Januar 1993 die Grenzen, für die Polizei bleiben sie noch bestehen.

Zwei Beispiele sollen die Schwierigkeiten der Zusammenarbeit in Sachen Rechtshilfe/Rechtssysteme im Europa Anfang der 90er Jahre illustrieren, so Staatsanwalt Graefe auf einer Veranstaltung des Landesbezirkes Niedersachsen der Gewerkschaft der Polizei (GdP) am 21. November 1991 in Hannover zum Thema Organisierte Kriminalität:

Beispiel 1

In einem europäischen Staat hatte man zwar entsprechend einem hiesigen Rechtshilfeabkommen die zeugenschaftliche Vernehmung eines dort ansässigen Rechtsanwaltes veranlaßt und auch dem Ersuchen der hiesigen Staatsanwaltschaft entsprochen, dem zuständigen deutschen Staatsanwaltschaft die

Anwesenheit bei dieser Vernehmung zu gestatten. Als dieser dann zu dem ursprünglich vorgesehenen Vernehmungstermin erschien, wurde ihm mitgeteilt, eine noch ausstehende Regierungsbewilligung liege nicht vor. Der Staatsanwalt fuhr wieder nach Hause.

In einem anderen Land erging zwar der richterliche Beschluß, illegal erlangte Aktien in einem Depot zu beschlagnahmen, zwischen dieser richterlichen Anordnung und ihrer Durchführung vergingen jedoch so viele Wochen, daß außer einigen wertlosen Papieren nichts mehr gefunden wurde.

Beispiel 2

Ein Treuhänder in Deutschland, der für eine Personengruppe einen Betrag von 500.000,– DM verwaltete, wurde von einem Empfangsberechtigten mehrfach angerufen und angeschrieben, wobei der Treuhänder diesem Berechtigten regelmäßig Auskünfte erteilte, was an Formalitäten noch erforderlich sei, um die Auszahlung vornehmen zu können. Schließlich nannte der Berechtigte dem Treuhänder ein Konto bei einer kleinen ausländischen Bank und bat um Überweisung des Geldbetrages auf dieses Konto, was der Treuhänder auch tat. Wenige Tage danach wurde der Geldbetrag von dem Konto abgehoben. Drei Wochen später erschien der Berechtigte bei dem Treuhänder, der ihn zuvor nie gesehen hatte, und fragte an, warum er seit Monaten nichts hinsichtlich des auszuzahlenden Betrages gehört habe. Nachdem der völlig verwirrte Treuhänder versicherte, den Betrag auf das von ihm (dem Berechtigten) doch telefonisch und schriftlich angewiesene Konto überwiesen zu haben, teilte dieser ihm mit, er habe nie angerufen und auch nicht geschrieben; die Unterschriften unter diesen Briefen seien zwar seiner ähnlich, jedoch gefälscht. Der im Ausland am Niederlassungsort dieser kleinen Bank mit den Ermittlungen beauftragte Polizeiposten vernahm den Leiter der Bank. Diese Vernehmung erbrachte folgenden wesentlichen und sicherlich erstaunlichen Inhalt:

Das Konto sei telefonisch unter Nennung des Kennwortes „Atlantik" eröffnet worden, eine persönliche Rücksprache des künftigen Kontoinhabers zur Kontoeröffnung und eine Vorlage des Ausweises – wie in Deutschland – sei in jenem europäischen Land nicht erforderlich. Auf dieses Konto sei dann ein Betrag von 500.000,– DM überwiesen worden. Kurz nach Eingang des Geldes habe sich der Berechtigte telefonisch bei der Bank gemeldet und die Barabhebung des gesamten Betrages für den nächsten Tag angekündigt. Dabei habe der Kontoberechtigte gebeten, auch Behältnisse für die Bargeldsumme bereitzuhalten und im übrigen folgendes erklärt: Er werde die Bank nicht durch den Haupteingang sondern durch einen Seiteneingang aus einer Nebengasse betreten, dabei maskiert und mit einer Perücke versehen sein. Er werde dann nur das Kennwort „Atlantik" nennen und um Übergabe des Betrages bitten. Der Leiter der Bank – so hieß es im polizeilichen Vernehmungsprotokoll weiter – habe veranlaßt, daß alles so geschehen soll, wie mit dem Kunden vereinbart. Tatsächlich sei dann auch am folgenden Tage an der Seitentür des Hauses ein maskierter Mann erschienen, habe das Kennwort genannt und sich den Geldbetrag übergeben lassen. Er habe das Kennwort auch auf einem ihm vorgelegten Formular quittiert; daß er dabei die Unterschrift vergessen habe, sei versehentlich nicht bemerkt worden. Auf die Frage, ob dieser ungewöhnliche Vorgang der Bank nicht Anlaß zu größerer Vorsicht habe geben müssen, hatte der Leiter der Bank gegenüber der Polizei sodann erklärt: Er habe geglaubt, daß die Maskierung dazu gedient habe, sich der Beobachtung durch die deutsche Steuerfahndung zu entziehen, demgemäß sei das Ganze aus der Sicht dieses Leiters der Bank kein „ungewöhnlicher Vorgang".

4.3.3 OK-Bekämpfung in Europa – Sollzustand

1. Harmonisierung der Rechtssysteme

Die Harmonisierung des materiellen Strafrechts, des für die Strafverfolgung relevanten „Verwaltungsrechtes" und des Strafverfahrensrechts muß Schritt für Schritt erfolgen. Dies gilt insbesondere für die Bereiche

- Asylrecht
- Waffenrecht
- Datenschutzrecht
- Betäubungsmittelrecht.

2. Europol

Eine Europa-Polizei (Europol) muß zur Bekämpfung der internationalen Organisierten Kriminalität geschaffen werden. Zunächst sollte dieses Europäische Kriminalamt als Informations- und Auswertungsdienststelle für die Bekämpfung der internationalen Organisierten Kriminalität fungieren. Eine eigene Ermittlungszuständigkeit für die Bekämpfung der Organisierten Kriminalität wäre das spätere Fernziel.

3. Internationaler Erfahrungsaustausch

Die Erfahrungen der nationalen Polizeien bei der Bekämpfung der Kriminalität führen zu einem systematischen Erfahrungsaustausch auf Europäischer Ebene.

In der Zukunft könnte diese Koordination von einer Europol wahrgenommen werden.

4. Internationale Arbeitsteilung

Dies hat besondere Bedeutung für die Kriminaltechnik. Die Kriminaltechnik macht in einzelnen Bereichen revolutionäre Entwicklungen durch. Die Nationalstaaten Europas haben sehr unterschiedliche kriminaltechnische Standards. Hier könnten einzelne Nationalstaaten die Einrichtung und wissenschaftlicher Fortentwicklung bestimmter kostspieliger Kriminaltechniken übernehmen und sie anderen Staaten zur Verfügung stellen.

5. Reform der internationalen Rechtshilfe

Die Praxis der internationalen Rechtshilfe ist oft zu langwierig und in vielen Fällen unbrauchbar für eine effektive Kriminalitätsbekämpfung. Internationale und bilaterale Vereinbarungen müssen so verbessert werden, daß die Anwendungspraxis an Effektivität gewinnt.

6. Vereinheitlichte, gemeinsame Aus- und Fortbildung

Die Zusammenarbeit in der Aus- und Fortbildung durch Fremdsprachenunterricht, gemeinsame Fortbildungsveranstaltungen, Austausch von Beamten/-innen und in der Endstufe eine gemeinsame Ausbildung von Führungskräften an einer europäischen Polizeihochschule muß Ziel sein.

7. Verbesserung des Schengener Abkommen

In dem luxemburgischen Grenzort Schengen hatten die Regierungen Frankreichs, der Beneluxländer und der Bundesrepublik bereits 1985 ein Übereinkommen über den „schrittweisen Abbau der Grenzkontrollen an ihren gemeinsamen Grenzen" getroffen.

Ein noch offenes Problem waren noch die sog. Ausgleichsmaßnahmen für die zu erwartenden Sicherheitsdefizite durch den Wegfall der Grenzkontrollen. Die Innenminister der EG-Staaten haben nunmehr hierfür eine Regelung getroffen.

Hiernach soll ein automatisiertes gemeinsames Informations- und Fahndungssystem Schengener Informations-System (SIS) installiert werden.

Während Deutschland allen anderen Vertragspartnern die sog. „Nacheile" ohne räumliche und zeitliche Begrenzung mit dem Recht der unmittelbaren Festnahme gesuchter Verbrecher gestattet, ist dies umgekehrt noch nicht in allen Nachbarstaaten möglich.

Belgien gestattet deutschen Verfolgern eine solche „Nacheile" nur für 30 Minuten nach dem Grenzübertritt. Frankreich erlaubt deutschen Beamten zwar eine räumlich und zeitlich unbegrenzte „Nacheile", aber nur dann, wenn der verfolgte Täter nach französischem Recht mit einer zweijährigen Frei-

heitsstrafe rechnen muß. Obendrein haben deutsche Beamte auch kein Recht, den Gesuchten etwa festzuhalten. Luxemburg gesteht der deutschen Polizei zwar ein „Festhalterecht zu, aber nur auf einem Gebiet von 10 km entlang der Grenze. Die Niederlande halten es ebenso, möchten jedoch außerdem das Festhalterecht nur auf öffentliche Straßen und Grundstücke beschränkt wissen.
Diese Regelungen sind zum Teil sicher praxisfern und bedürfen einer „Nachbesserung", die sich an die Erfordernisse einer effektiven Strafverfolgung orientiert.

8. Schaffung eines europäischen Informations- und Fahndungsdienstes
(über die Schengener Vereinbarung hinaus)

Das zwischen den Schengener Vertragsstaaten vereinbarte Informations- und Fahndungssystem (SIS) sollte auf alle Staaten der europäischen Gemeinschaft zu einem „European Information System (EIS)" ausgeweitet werden.

9. Standardisierung der Technik

Die Standardisierung der vorhandenen Einsatz- und Kommunikationsmittel bis zur völligen Kompatibilität muß in Zukunft erreicht werden. Dies gilt insbesondere für die Ausstattung und Entwicklung der EDV. Auch technische Entwicklungen, wie z. B. die Entwicklung einer polizeitypischen Waffe, könnten gemeinsam vorgenommen werden.

10. Gemeinsames Europäisches Sicherheitsprogramm

Eine gemeinsame Europäische Kriminalpolitik wäre das Ziel. Analog zum bundesdeutschen Sicherheitsprogramm, das 1974 von den Innenministern verabschiedet wurde (was nebenbei dringend fortgeschrieben werden muß), ist ein gemeinsames Europäisches Sicherheitsprogramm nicht nur wünschenswert sondern dringend erforderlich.

4.3.4 Europol contra Eurokriminalität

Ein gemeinsames europäisches Sicherheitsprogramm bedarf zur Realisierung gemeinsame europäische Strafverfolgungsorgane. Einheitliche Polizei- und Justizorgane zu schaffen, muß dementsprechend das europäische sicherheitspolitische Fernziel sein.

In der Diskussion der letzten Jahre ist das Kernstück danach eine Europäische Polizei (Europol), deren Zentrum ein Europäisches Kriminalamt werden müßte. Es wäre, die Dimensionen der Organisierten Kriminalität in Europa berücksichtigend, notwendig, dieses Amt in diesen 90er Jahren zu verwirklichen. Der Weg dorthin ist schwierig, hat doch die Innere Sicherheit in verschiedenen Staaten Europas einen unterschiedlichen politischen Stellenwert. Deutschland nimmt zwar einen – wie dargestellt – deutlichen Standpunkt in Sachen Sicherheitspolitik ein, doch ist dieser bis dato kein gemeinsamer Standpunkt der Staaten Europas.

Verständnis für das Denken und die Kultur anderer Staaten ist beim Einigungsprozeß erforderlich und auch Teilschritte sind zu begrüßen. Trotzdem muß der Gedanke der Europol auf allen Ebenen vorangetrieben werden.

Bereits im Sommer 1991 hat sich der Europäische Rat (12 Regierungschefs und der Präsident der Kommission) für die grundsätzliche Einrichtung einer Europol ausgesprochen. Ein erster Schritt ist also getan.

Die europäischen Regierungschefs haben nun auch beschlossen, daß auf EG-Ebene eine Anti-Drogen-Einheit (anti-drug-unit, ADU) geschaffen werden soll.

Entscheidungen hinsichtlich Standort, Personal und detaillierte Aufgabenstellung stehen noch aus. Die Aufgabe der ADU soll in der Sammlung und Weitergabe von Erkenntnissen über den internationalen Rauschgifthandel und damit zusammenhängender Problemstellungen liegen. Bleibt zu hoffen, daß es auf europäischer Ebene gelingt, ein Rauschgiftlagebild zu erstellen und den ermittelnden nationalen Polizeidienststellen die erforderlichen Informationen zukommen zu lassen.

Die ADU könnte die Grundlage für eine zukünftige Europol sein. Leider wird die ADU am Anfang noch keine Ermittlungszuständigkeit haben.

Als weiterer Schritt müßte eine Erweiterung der ADU bei der Erkenntnissammlung auf den gesamten Bereich der Organisierten Kriminalität erfolgen und nicht nur auf den Rauschgiftbereich beschränkt sein (EUROPOL). Dies wäre bereits ein gewaltiger Fortschritt, wenn die einzelnen Erkenntnisse der Europäischen Nationalstaaten über die Organisierte Kriminalität, insbesondere wenn sie andere Europäische Staaten betreffen, auch den nationalen Ermittlungsbehörden in systematischer Form zur Verfügung gestellt werden können.

Dies ist eine Aufgabe für eine Europäische Informations- und Auswertungsdienststelle über die Organisierte Kriminalität, denn die Internationale Organisierte Kriminalität kann nur durch eine effektive internationale Zusammenarbeit wirksam bekämpft werden.

Der Weg zu einer Europäischen Polizei (Europol), d. h. mit eigener Ermittlungszuständigkeit, ist noch lang und erfordert von allen Staaten der EG Zugeständnisse und eine „Abgabe“ von nationalen Souveränitätsrechten (Exekutivbefugnisse).

Die Zuständigkeit einer Europäischen Polizei wäre natürlich nur dann gegeben, wenn von der internationalen Organisierten Kriminalität mehrere EG-Staaten betroffen wären.

Als Zwischenschritt wäre sicherlich auch eine Europol mit einer Auftragszuständigkeit für die Organisierte Kriminalität denkbar. Das würde bedeuten, daß in einem bestimmten Ermittlungsverfahren aus dem Bereich der Organisierten Kriminalität eine Europol nur auf Antrag der betroffenen EG-Staaten tätig werden dürfte bzw. unterstützen könnte.

Eine Europäische Polizei wird in Europa nur dann die Organisierte Kriminalität effektiv bekämpfen können, wenn ihr Handlungskompetenz von einer gemeinsamen Politik der Inneren Sicherheit Europas gegeben wird. Die Internationale Organisierte Kriminalität nutzt die wirtschaftspolitischen Entwicklungen in Westeuropa und nutzt gleichermaßen die wirtschaftspolitischen Änderungen in Osteuropa.

Mit dem Zusammenwachsen Europas wächst auch die Organisierte Kriminalität weiter zusammen. Insbesondere deswegen darf das Zusammenwachsen Europas in Wirtschaft und Politik nicht zu Lasten der Inneren Sicherheit der Bürger Europas geschehen. Kein EG-Bürger will einen „Sicherheitsstaat“; doch die meisten Bürger wollen die Sicherung der Demokratie in ihren Ländern, die letztlich Garant der vom Bürger geschätzten Freiheit ist. Und diese ist nach heutigem Kenntnis- und Erfahrungsstand ohne ein gewisses Maß von Innerer Sicherheit nicht möglich.

Wie stark die Innere Sicherheit eines Landes von Organisierter Kriminalität bedroht werden kann, das zeigte erschreckend eindrucksvoll das kolumbianische „Medellin-(Kokain)Kartell“, das im August 1989 Regierung und Staat regelrecht den Krieg erklärte (mahnendes Extrembeispiel).

4.4 OK-Bekämpfung – Beispiel Rauschgiftkriminalität

Der organisierten Rauschgiftkriminalität kommt in der OK-Bekämpfung ein besonderer Stellenwert zu. Sie ist weltweit von der Organisierten Kriminalität zur mit Abstand profitabelsten Einnahmequelle aufgebaut worden und stellt rund um den Globus im Schnitt die Hälfte des Gesamtumsatzes der organisierten Verbrechensunternehmungen.

Polizeiliche Bekämpfungsmethoden

Monitoring-System

Für die Herstellung von Drogen, wie Kokain und Heroin werden ganz normale Industrie-Chemikalien, wie Äther, Aceton und Schwefelsäure benötigt.

Somit ist auch die chemische Industrie in einer drogenpolitischen Verantwortung. Laut Vorwurf der US-Antidrogenbehörde DEA ist die Bundesrepublik der größte Lieferant für Chemikalien zur Herstellung von Drogen wie Kokain und Heroin. Bis 1988 waren die USA der größte Chemie-Lieferant für die Drogenlabore in Südamerika. Dann stimmte die US-Regierung der UN-Konvention gegen den illegalen Verkehr mit Suchtstoffen und psychotropen Substanzen zu, ratifizierte sie und brachte sie zur Anwendung.

Diese gesetzliche Regelung hatte Erfolg. Der Handel mit den chemischen Grundsubstanzen in Richtung Südamerika ging drastisch zurück. Seitdem sollen nun die chemischen Substanzen aus Europa kommen.

Laut Angaben der chemischen Industrie betrug alleine der Umsatz der deutschen Chemiekonzerne für 1990 162 Milliarden DM. Nach Schätzungen werden ca. 0,01 Prozent der chemischen Weltjahresproduktion zum Herstellen von Drogen benutzt.

Im Wege der Zusammenarbeit zwischen der Polizei (und Zoll) und der chemischen Industrie ist in der Bundesrepublik ein Monitoring-System entwickelt worden. Ziel ist die Entdeckung von illegalen Rauschgiftlaboratorien im In- und Ausland. Bei der Kontrolle des normalen Warenverkehrs mit Chemikalien soll aufgedeckt werden, auf welchem Wege diese ganz normalen chemischen Grundsubstanzen in die illegalen Rauschgiftlaboratorien kommen.

Für die Polizei zum großen Teil ein rein theoretischer Ermittlungsansatz, wenn man den Umfang des Chemiewelthandels betrachtet. Allein in Hamburg sind ca. 600 Firmen ansässig, die über chemische Grundsubstanzen zur Produktion von chemischen Drogen oder über Chemikalien zur Herstellung von Kokain und Heroin verfügen.

Nachdem auch Deutschland im Januar 1989 die UN-Konvention gegen den unerlaubten Handel mit Suchtstoffen und psychotropen Stoffen unterzeichnet hat, besteht nunmehr auch die theoretische Möglichkeit auf diesem Wege illegale Rauschgiftlaboratorien zu ermitteln.

Entsendung von Rauschgiftverbindungsbeamten

Eine wichtige Maßnahme zur Bekämpfung der internationalen Rauschgiftkriminalität ist die Entsendung von Rauschgiftverbindungsbeamten in die Anbauländer von Rauschgiften und in die wichtigsten Transitländer. Diese haben die Aufgabe, einen schnellen Informationsaustausch in Ermittlungsverfahren, bei der Durchführung gemeinsamer taktischer Operationen und die Abstimmung allgemeiner Bekämpfungskonzepte zu gewährleisten.

Sie haben auch die Aufgabe, die zuständige Strafverfolgungsbehörde im Gastland zu beraten, um somit auch zu einer abgestimmten, effektiven Rauschgiftbekämpfung beizutragen. Das Bundeskriminalamt hat 30 Rauschgiftverbindungsbeamte in 24 Staaten entsandt (Stand: Juni 1990). Die Entsendung von Rauschgiftverbindungsbeamten muß noch weiter ausgebaut werden. Auch hier ist eine internationale Arbeitsteilung erforderlich, zumindestens in Europa. Deutschland alleine ist sicherlich nicht in der Lage, in alle Anbau- und Transitländer Rauschgiftverbindungsbeamte zu entsenden, was eine internationale Abstimmung, zumindest europäischer Polizeien, dringend erforderlich macht.

Unterstützung der Ausbildung und Ausstattung der Rauschgiftbekämpfungsbehörden in den Erzeuger- und Transitländern

Den wichtigsten Erzeuger- und Transitländern muß auch bei der Ausbildung und Ausstattung der Strafverfolgungsbehörden geholfen werden, da es sich zumeist um arme Drittweltstaaten handelt (Entwicklungsländer). Dies geschieht auch schon heute, doch ist der Umfang bescheiden.

Die Ausstattungshilfe konzentriert sich im wesentlichen auf Transport- und Kommunikationsmittel und auf moderne Kriminaltechnik. Hierzu gehört auch die Hilfe bei der Ausbildung von Rauschgiftspürhunden und die Lieferung von Rauschgiftdetektionsgeräten. Diese „polizeiliche Entwicklungshilfe" stellt ein sehr sensibles politisches Feld dar, da in vielen betreffenden Staaten die Regierungen nicht mitteleuropäischen demokratischen Ansprüchen entsprechen und zum Teil die Korruption auch in den Polizeien geradezu Tradition hat. Es muß also besonders intensiv geprüft werden, wen unterstützt man, und kann die Unterstützung als staatliches Machtinstrument gegen das Volk mißbraucht werden?

Auch auf diesem Gebiet ist eine internationale Abstimmung dringend nötig.

Internationale Zusammenarbeit

Das Rauschgiftproblem ist ein weltweites Problem und kann deshalb auch nicht nur mit nationalen Bekämpfungsstrategien wirksam bekämpft werden. Die Ursachen liegen sowohl in der teilweise desolaten wirtschaftlichen und sozialen Situation der Anbau- und Erzeugerländer als auch in der Zunahme der Nachfrage in den Industriestaaten.

Hier spielt natürlich auch die Entwicklungspolitik eine zentrale Rolle. Es müssen die Bemühungen verstärkt werden, in den Anbau- und Erzeugerländern Unterstützungen beim Aufbau einer legal-profitablen Agrarwirtschaft zu leisten. Ein leicht geschriebener Satz angesichts der enormen wirtschaftlichen Probleme dieser Staaten.

Etwas was wir bei uns tun können, ist jedoch die Reduzierung der Nachfrage nach Rauschgiften. Weniger durch Repression, vor allen Dingen durch Prävention.

Der internationalen Zusammenarbeit kommt bei der Bekämpfung der Rauschgiftkriminalität eine besondere Bedeutung zu. Dies gilt natürlich auch für andere Formen der Organisierten Kriminalität. Alleine mit nationalen Maßnahmen lassen sich international agierende Rauschgifthändlerorganisationen nicht effektiv bekämpfen. Die bevorstehenden Grenzöffnungen in Europa und auch die zunehmende Durchlässigkeit der osteuropäischen Grenzen begünstigen die internationalen Rauschgifthändlerorganisationen im zunehmenden Maße.

Besondere Bedeutung kommt daher der Strategie der Vorverlagerung der Bekämpfung in die Rauschgiftanbau-, Rauschgiftproduktion- und Rauschgifttransitländern sowie der internationalen Zusammenarbeit beim Zugriff auf das Tätervermögen zu.

Aus diesem Grunde muß eine verstärkte Koordination über das Generalsekretariat von Interpol erfolgen. Dies gilt insbesondere für die Koordinierung bei weltweiten operativen polizeilichen Maßnahmen. Dazu gehört die Unterstützung bei Observationen und bei kontrollierten Rauschgiftlieferungen.

Ein polizeiliches „Instrument" der Bekämpfung der organisierten Rauschgiftkriminalität und anderer OK-Bereiche mit internationalen Bezügen verdient besondere Aufmerksamkeit: der Verdeckte Ermittler.

Ziel aller polizeilichen Maßnahmen muß die Zerschlagung der internationalen Händler- und Schmugglerringe (sogenannte Drogenanbieter) sein. Der Drogenmißbraucher hingegen, insbesondere der Abhängigkeitskranke (Süchtige), sollte eigentlich nicht mehr Ziel polizeilicher Maßnahmen sein. Daß dem doch noch so ist, erklärt sich beispielsweise in Deutschland einerseits durch das Primat der Repression in der herrschenden Drogenpolitik, und andererseits am rechtlichen Handlungsrahmen (Legalitätsprinzip) der Polizei.

Doch werden angesichts des Drogenelends der Opfer und der bedrohlichen Einflußnahme der organisierten Täter, auch in den Reihen der Strafverfolgungsorgane, neue rechtspolitische Fragen gestellt:

- Ist das Legalitätsprinzip für die Polizei im Bereich der Rauschgiftbekämpfung noch zeitgemäß oder sollte hier im Sinne des „sowohl als auch" ein Opportunitätsprinzip eingeführt werden?
  Auf Grund der heutigen Rechtslage muß die Polizei auch Drogenkonsumenten, sowohl von „weichen" als auch von „harten" Drogen, strafrechtlich verfolgen, da auch der Erwerb und Besitz geringer Mengen von

Rauschgiften strafbar ist. Dies bindet u. a. auch Kapazitäten von Polizei und Justiz. Natürlich versucht die Polizei auch Prioritäten zu setzen, um möglichst die organisierten Drogenanbieter zu bekämpfen.

- Sollte der Erwerb/Besitz oder auch der Handel von sog. weichen Drogen (Haschisch, Marihuana) straflos werden?
  Ziel dieses Gedankens ist die Trennung der beiden Rauschgiftmärkte von weichen und harten Drogen. Erfahrungen wurden hier insbesondere in den Niederlanden gemacht, wo de facto der Verbraucher weicher Drogen nicht polizeilich verfolgt wird. In Deutschland wird sich auch das Bundesverfassungsgericht demnächst mit dieser Frage auseinandersetzen müssen (Anrufung durch das Landgericht Lübeck).* Die Kernfrage lautet, ob eine Kriminalisierung des Handels und Besitzes von weichen Drogen angesichts des völlig freien Umganges mit Alkohol mit dem Gleichheitsgrundsatz des Grundgesetzes vereinbar ist. Es ist davon auszugehen, daß das Suchtpotential bei Alkohol größer ist als bei weichen Drogen. Dies gilt auch für die gesundheitlichen Folgen durch Alkoholmißbrauch.
- Sollte auch Heroin durch staatliche Stellen an Drogensüchtige unter bestimmten Umständen abgegeben werden?
  Dies entspricht einem Vorschlag des Hamburger Senates und seiner politischen Führung.
  Neben diesen neuen Liberalisierungs- bzw. Legalisierungsgedanken muß weiter auch die Frage gestellt werden, ob der Staat schon alles auf dem Gebiet der Repression, der Prävention und Therapie getan hat, was für eine effektive Bekämpfung der Rauschgiftkriminalität und eine effektive sog. Drogenhilfe erforderlich wäre. Oder gibt es hier nicht noch Möglichkeiten, die noch nicht ausgeschöpft wurden?
  Diese Fragen werden die Gesellschaft zukünftig im besonderem Maße beschäftigen, da die Drogensucht mit ihren dramatischen Auswirkungen auf die Gesellschaft noch weiter zunehmen wird. Die Auseinandersetzung um die heutige Drogenpolitik und die Fragen nach möglichen Alternativen ist jedoch nicht Thema dieses Buches und würde auch den Rahmen sprengen. Dies gilt auch für Fragen der Therapie von Drogensüchtigen und für die Prävention, die sicherlich nur gesamtgesellschaftlich geleistet werden können. In diesen Bereichen kann die Polizei nur einen kleinen Beitrag leisten, hier sind in erster Linie andere staatliche Institutionen gefordert.

* Das Verfahren (Jz. – 713 Js 16817/90 StA Lübeck – / – 2 Ns [Kl. 167/90] –) wurde im Februar 1992 ausgesetzt. Die Sache wurde dem Bundesverfassungsgericht zur Entscheidung über die Frage vorgelegt, ob §§ 29 Absatz 1 Nr.1 (hier Handlungsalternative: abgeben) i. V. m. 1 Absatz 1 i. V. m. Anlage I (hier: Cannabisharz, Haschisch) Betäubungsmittelgesetz vom 28. Juli 1981 (BGBl. I S. 681; ber. S. 1187), zuletzt geändert durch das Strafverfahrensänderungsgesetz 1987 vom 27. Januar 1987 (BGBl. I S. 475) mit Art. 2 Absatz 1 i. V. m. Art. 1 Absatz 1; Art. 2 Absatz 2 S. 1 und Art. 3 Absatz 1 (Gleichbehandlungsgrundsatz) Grundgesetz vereinbar ist.

2. Kapitel
Erfahrungen eines Verdeckten Ermittlers

Anmerkung der Verfasser:
Die nachfolgenden Aufzeichnungen sind authentisch.
Aus rechtlichen Gründen und zum Schutz des verdeckten Ermittlers sind einige kleine Veränderungen vorgenommen worden.

Mit 24 Jahren bin ich zum SEK) gekommen. Vorher war ich ein ganz normaler Schutzmann. Ca. drei Jahre lang war ich dann ein ganz normales Gruppenmitglied beim SEK und habe während dieser Zeit die ganz normale Ausbildung dort gemacht.*

Ich bin dann von einem Kollegen, gar nicht mal von einem Vorgesetzten, einem anderen Kollegen empfohlen worden. Dieser Kollege hatte einen bestimmten Hinweis bekommen.

Und zwar war das eine Geschichte, die lief in Köln ab. Es ging da um gestohlene Bilder. Das muß so 1976 gewesen sein. Da wurde also in Köln über einen V-Mann, den der andere Kollege hatte, gestohlene Bilder angeboten. Diese Bilder waren in Italien vor Jahren gestohlen worden und hatten einen Wert von ca. 40 Millionen. Der Kollege mußte nun mit dem V-Mann praktisch die Verhandlungen führen und brauchte dazu jemanden der mitfuhr. Ich wurde also plötzlich zu Hause angerufen und bin dann mit nach Köln gefahren. Das alles ging ruck zuck ohne weitere Vorbereitung.

Wir sind dann ohne Papiere nach Köln gefahren, einfach so, zwar mit Erlaubnis der Behörde, aber eben nicht mit diesen Legenden ausgestattet, wie man das heute kennt bzw. wie ich das später gemacht habe. In Köln haben wir dann über den V-Mann Großganoven aufgesucht.

Unser V-Mann hat uns also die notwendigen Kontakte hergestellt. Wir hielten uns im wesentlichen im Zuhälter- und Prostituiertenmilieu auf. Wir erhielten dann telefonisch Kontakt zu einem Italiener, der zur italienischen Mafia gehörte. Dieser Italiener hielt sich in Paris auf, weil er wegen Mordes gesucht wurde. Die Verkaufsverhandlungen über die Bilder wurden also telefonisch geführt. Auch dieser Italiener besaß die gestohlenen Bilder nicht, sondern auch er war nur Vermittler. Na ja, jedenfalls wurde da hin und her telefoniert. Das war auch gar nicht so besonders aufregend. Das waren eigentlich vollkommen normale Verkaufsgespräche. Aufregend war nur das Milieu, wo wir uns aufhielten. Unser V-Mann war eine Unterweltgröße, der immer eigene Bewacher (bodyguards) bei sich hatte. Es wurde auch richtig

---

*) SEK = Sonder-(Spezial-)Einsatz-Kommando

aufgefahren, wie sich das gehörte. Na ja, jedenfalls war auch das BKA eingeschaltet und hat das mit allen möglichen Maßnahmen begleitet. Genau habe ich damals gar nicht durchgeblickt, was da eigentlich alles gelaufen ist, muß ich ganz ehrlich sagen. Es ist dann letztlich so gewesen, daß wir vereinbart haben, daß einige Bilder nach Frankfurt geliefert werden sollten, nämlich fünf Bilder im Werte von 7 Millionen. Ich habe mir das alles im Prinzip nur angeguckt und bin mitgedackelt. Der V-Mann hatte im Milieu für uns gutgesagt, so daß wir gut eingeführt waren. Der V-Mann ist übrigens dann später irgendwo erschossen worden. Nicht wegen dieser Sache, sondern wegen einer größeren Rauschgiftsache. Das war ein Super-Mann, der kam aus dem Nahen Osten, der war also wirklich Spitze. Na ja, jedenfalls, kurz und gut, das ganze zog sich dann über Wochen hin und wir sind dann zurückgefahren nach Frankfurt. Dann sind wir nach Wiesbaden zum BKA gefahren. Dort tauchte dann ein schon damals berühmter V-Mann auf. Das BKA hat uns da letztlich ausgebremst. Jedenfalls habe ich das so empfunden, denn der V-Mann ist dann mit einem Koffer voller Geld ins Flugzeug gestiegen und hat dann – so habe ich später erfahren – die Bilder aufgekauft. Auf jeden Fall ist bei unseren vereinbarten Treffen in Frankfurt keiner mehr erschienen, da sich der V-Mann da rein gequetscht hatte. Wir haben dann noch ganz kurz telefonisch Kontakt gehabt zu einem angeblichen Paten von Nord-Italien, so einem Typen, der sich also wie im Fernsehen ausdrückte. Das war also meine erste Erfahrung überhaupt mit solchen Leuten.

Ich habe dann mit meinem Kollegen, der sehr erfahren war, mehrere Aufkaufgeschäfte verschiedener Art gemacht. U. a. auch gefälschte Ausweise in ziemlichen Mengen, gestohlene Fahrzeuge und 300 kg Haschisch, was damals eine ganze Menge war. Die kleineren Sachen – ich sage mal wie gestohlene Fahrzeuge – das lief ja ruck zuck. Da bekam man von einem V-Mann eine Ansage und hat dann zweimal, dreimal telefoniert und dann wurden die Fahrzeuge an einem bestimmten Platz übergeben und die Täter eingesackt. In dieser Art lief das dann eine Weile weiter.

Dann habe ich den Aufkäufer aufgegeben und habe den Auftrag erhalten „im Untergrund" zu arbeiten. Ich habe also den Auftrag erhalten, in eine bestimmte Szene hineinzugehen, um dort ganz bestimmte Sachen zu erfahren. Es handelte sich um eine bestimmte Hehler-Kneipe. Diese Hehler-Kneipe hatte das so an sich, morgens um vier aufzumachen. Und zu dieser Zeit befanden sich auch dort die entsprechenden Typen. Das war – so wie ich es heute empfinde – eine absolut lächerliche Sache, die nach den heutigen rechtlichen Grundlagen so einen Einsatz überhaupt nicht mehr rechtfertigen würde, in keiner Weise. Bei dem Einsatz hieß es:

„Der Wirt ist ein Hehler, der arbeitet mit einem Großhehler zusammen, der eine Firma hat. Geh mal in die Kneipe hinein und horch Dich mal um."

Ich wurde dort also hineingeschickt, um zu gucken, ob tatsächlich zwischen dem Wirt und diesem Großhehler und anderen Verbrechern, die da so herumschwirrten, irgendwelche Geschäfte laufen. Ausgerüstet war ich überhaupt nicht, vorbereitet war ich auch nicht. Ich hatte also meinen Privatwagen dazu benutzt, denn ein Dienstwagen stand nicht zur Verfügung – das einzige war, daß mein Kennzeichen eben abgedeckt war. Wenn also jemand nachfragte, bekam er keine Auskunft von der Kraftfahrzeugzulassungsstelle. Ich habe mich dann also jeden Tag von vier morgens bis mindestens 12.00 Uhr in dieser Kneipe aufgehalten. Da wurde gesoffen was das Zeug hielt. Ich natürlich mit. Bald habe ich auch Kontakt zu einer Kellnerin bekommen. Zum Schluß ist nur Mist rausgekommen, weil über die Kneipe nichts lief. Es war tatsächlich so, daß der Wirt mit dem Großhehler Kontakt hatte. Bloß mehr habe ich nie mitgekriegt. Dazu kam noch, daß die Typen sich nach ca. 6–8 Wochen zu recht fragten, was macht der eigentlich hier. Der sitzt hier immer rum und säuft. Ich sagte dann, daß ich in der Nähe wohnen würde, nannte auch eine Straße und eine Nummer, sogar einen Namen der da an der Tür stand. Ich glaube, die Mühe, das alles zu überprüfen, werden die sich gar gemacht haben. Die haben sofort geschnallt, daß da irgendwas faul war. Ich bin davon überzeugt, daß die mich für einen V-Mann gehalten haben. Jedenfalls ist bei diesem Einsatz überhaupt nichts gelaufen, außer, daß ich mit dem Auto besoffen gefahren bin, weil das gar nicht anders ging. Du hast eine Person mitgenommen, die sagte: „Fahr mich mal da hin." Und wenn du dann gesagt hättest „nee, ich fahre mit dem Taxi, weil ich einen Jägermeister zu viel getrunken habe", dann kannst Du alles vergessen. Bei diesem Einsatz ist also nichts rumgekommen.

Und dann kam eine Sache, wo es um Leute ging, die in Süddeutschland gestohlene Mercedes-Fahrzeuge der gehobenen Klasse in den Nahen Osten verschoben haben. Diese Gruppe war namentlich bekannt, man konnte ihnen aber überhaupt nichts nachweisen. Jetzt lautete also mein Auftrag, mich in diese Gruppe einzuschleusen. Ich habe diesen Einsatz für mich selbst vorbereitet. Ich wollte also nicht wieder so ein Fiasko erleben, wie bei dieser Kneipen-Geschichte. Ich habe mich mit diesen Leuten aktenmäßig beschäftigt und habe dann überlegt – ohne Beratung oder so – „wie gehst du ran an die Sache?" Meine Taktik war immer gewesen, je desinteressierter man tut, desto interessanter wird man. Das ist dann so gewesen, daß ich einen Dienstwagen bekommen habe, der abgedeckt war. Außerdem habe ich falsche Papiere mit einer vernünftigen Legende bekommen. Ich habe mir privat – nicht dienstlich – eine Wohnung besorgt. Dies geschah über einen

Bekannten, der die Wohnung momentan nicht brauchte. Die konspirativen Personalien lauteten auf diese Wohnung. Ich habe mich dann in die Stammkneipe dieser Typen gesetzt. Ich hatte immer so ca. 2.000,– DM bar bei mir. Bei den Typen handelte es sich um Deutsche, die so ungefähr vier bis acht Fahrzeuge im Monat gemacht haben. Ich habe also diese Leute fast jeden Abend gesehen, aber überhaupt nicht mit ihnen gesprochen. Das dauerte mehrere Monate. Die haben natürlich geschnallt, daß da einer kam, der auch immer ganz gut Geld hatte. Ich hatte mir auch – privat allerdings – Klamotten besorgt, die ein bißchen was herzeigten. Ich bin dann von dem Boß dieser Bande angesprochen worden. Wir haben uns dann mehrmals über vollkommen belanglose Sachen unterhalten. Wir konnten sofort auch ganz gut persönlich. Es ist dann so gewesen, daß wir dann praktisch eine private Freundschaft angefangen haben und daß er mich dann eigentlich fast jeden Tag ins Spielcasino mitgeschleppt hat. Ich habe dann mit ihm gespielt – er war ein fanatischer Roulette-Spieler und es war dann nach ca. weiteren 6 Wochen so, daß er einen Haufen Geld verloren hatte. An einem Abend hatte er sogar 20.000,– DM verloren. Dann hat er mich zu seiner Wohnung geschickt – in einem Versteck – wo nun weiteres Geld drin war, das ich ihm bringen sollte. In diesem Versteck habe ich auch gefälschte Kraftfahrzeugpapiere und Führerscheine gesehen. Das war wohl der erste Vertrauensbeweis von ihm. Dann ist es so gewesen, daß ich ihm Geld geliehen habe. Ich habe das Geld dann immer sofort wiederbekommen. Und dann ist es auch so gewesen, daß ich einmal über 2.500,– DM verloren hatte, nämlich erst beim Roulette und anschließend in einer türkischen wilden Verbrecherkneipe, wo gewürfelt wurde. Jedenfalls der Kontakt zu ihm lief eigentlich gut, bis wir alle einmal morgens um fünf in der Kneipe total breit waren und er zu mir sagte: „Zieh doch mal Deine Kripo-Marke heraus." Also vollkommen ohne Vorankündigung, ohne Anlaß, ohne irgendwas. Nun muß ich sagen, daß ich damals wirklich über die Fähigkeit verfügt habe, selbst unter tierischem Alkoholkonsum kein Wort auszuplaudern und die Nerven zu behalten. Ich sagte also zu ihm irgendwie so etwas wie: „Du kannst mich mal am Arsch lecken." So nach dem Motto, „Dich brauche ich überhaupt nicht". Es ist dann so gewesen, daß er gesagt hat: „Das war nicht so gemeint." Ich habe sauer reagiert und bin rausgegangen. Ich habe mich dann in meinen Riesenschlitten gesetzt und bin dann so mit ca. 3,5 Promille losgedampft. Im Laufe der Zeit haben wir uns dann noch näher kennengelernt. Dann ging es so los, daß er sagte: „Guck mal da, da steht so ein schöner Mercedes." Da fing er an zu erzählen, was er so machte. Da kannte ich ihn ca. 5 Monate und war Tag und Nacht mit ihm zusammen. Ich sagte zu ihm: Mach Dein Scheiß alleine, es interessiert mich überhaupt nicht. Dann kam noch ein zweiter hinzu. Es kam dann vor, daß die beiden sich bei der Autofahrt über Luxus-Schlitten unterhielten, die wir am Straßenrand stehen sahen. Ich wußte nur von diesen beiden Männern, insgesamt waren es nachher vier. Den einen hatte sie total verdeckt gehalten, nämlich denjenigen, der die Fahrzeuge überführt hat. Bald haben sie mich dann praktisch mitgenommen, zum Auto aufmachen. Das ging ruck zuck. Der hatte für die damaligen Verhältnisse eine richtig gute Technik gehabt. Dann haben sie den Wagen abgehakt und in der Nähe abgestellt. Ein weiterer Typ hat dann wohl den Wagen mit gefälschten Kennzeichen und gefälschten Papieren übernommen. So ist das gelaufen. Der hat das Auto also praktisch in derselben Nacht in Richtung Norddeutschland gebracht. Dann habe ich gesagt: „Paß mal auf, das ist doch eigentlich alles Scheiße hier. Das müßte man doch eigentlich in einem viel größeren Stil machen. Ich kenne da einen aus München, mit dem mache ich meine Geschäfte." Das was ich so sagte, war nicht lange vorher geplant worden, sondern das ist alles nur von mir gekommen, diese ganzen spontanen Ideen. Das ist heute ja ein bißchen anders, noch viel besser. Damals ist es alles mehr aus dem Bauch gekommen. Dann habe ich den Boß zum Flughafen mitgenommen. Ein Kollege, der sehr gut aussah, ist als Geschäftsmann aus München aufgetreten. Der Boß hat auch artig einen Diener gemacht, weil der Kollege wirklich einen sehr guten Eindruck machte. Dann hat der Kollege mir einen Koffer übergeben. Ich habe den Koffer aufgemacht und in dem Koffer waren 50.000,– DM in bar. Ich habe dann bei ihm vier geklaute Autos bestellt (genau bezeichnete Luxusschlitten). Der Boß fragte mich noch, wo die Autos denn hinsollten. Ich sagte ihm: „Nach Holland und von dort aus weiter. Das ist ein besonderer Weg, und das läuft alles prima." Dann haben wir 10.000,– DM pro Wagen abgemacht. Als Übergabeort haben wir einen Autobahnparkplatz zwischen Köln und Düsseldorf vereinbart. Auf jeden Fall haben wir uns dann nachts um 01.00 Uhr dort getroffen. Er war unter Hochdruck, so kannte ich ihn gar nicht. Zu diesem Zeitpunkt waren die Autos noch nicht da. Es war erstmal so, vorher treffen, Geld zeigen, und dann sollten die Autos praktisch an diesen Punkt geliefert werden. Kurze Zeit nachdem ich das Geld gezeigt hatte, kamen auch die geklauten Wagen angerollt. Na ja, dann rollte die gewohnte Garnitur ab. Die Täter wurden eingesackt und die PKW sichergestellt. Durch die anschließenden Durchsuchungen wurden natürlich noch Beweismittel für andere Diebstähle gefunden. Ja, das war ja dann erfolgreich gelaufen. Das Ganze hat sechseinhalb Monate gedauert, also totale Identifizierung mit den Ganoven, mit allem drum und dran. Ich hatte quasi kein Privatleben, gar nichts. Das konnte man sich wirklich abschminken. Ich habe fast ausschließlich in meiner konspirativen Wohnung geschlafen. Wie sich hinterher rausstellte, bin ich auch von den Typen observiert worden. Es war damals viel leichter – für die natürlich undenkbar, daß ein Bulle mit denen mitsäuft und sich mit denen zusammen mit anderen mitprügelt. Das waren natürlich Sachen, die haben die niemals geglaubt. Bis zum Zugriff haben die ja gedacht, ich wäre ein Schwein und würde denen das abhaken wollen. Also nicht, daß ich ein Bulle bin, haben die geglaubt, sondern, daß ich die Autos auf lau abkassieren wollte. Ich muß auch sagen, daß wir einige ganz brutale Schlägereien in einigen Diskotheken hatten, die von dem Boß angezettelt worden sind und wo ich zwangsläufig auch mitmischen mußte. Das ging dann gegen andere Ganoven, die da auch schon einmal jemanden totgeschlagen haben. Das waren keine organisierten Leute, wie man das heute bezeichnet. Das war damals eine gut etablierte Gang, die auch Ansehen bei anderen Ganoven hatte und die hatten natürlich auch einige Kämpfe auszufechten und da warst du dabei. Das waren brutale Schlägereien, muß ich ehrlich sagen. Also das ging bis zum bitteren Ende. Heute kannst du das so einfach gar nicht mehr machen.

Ein größerer Fall war eine türkische Rauschgiftbande, die im Verdacht stand, mehrere hundert Kilo Stoff, also hauptsächlich Haschisch und Heroin, über die Balkan-Route mit dem LKW nach Frankfurt zu bringen.

Die verkehrten in einer bestimmten Diskothek in Frankfurt. Ich hatte dann die Möglichkeit, über den Besitzer (er wußte, wer ich war) als Geschäftsführer einzusteigen. Ich habe erst einmal ein paar Tage ganz normal dort gearbeitet, und der Kopf dieser angeblichen Rauschgiftbande war zu dieser Zeit stellvertretender Geschäftsführer in dieser Diskothek. Das war ein unheimlich schwieriger Kontakt. Der war sehr ausgeschlafen, und der war mir damals überlegen, ganz eindeutig. Und zwar aus vielerlei Gründen. Es begann damit, daß man regelmäßig gegen 02.00 Uhr eine bestimmte Musik anmachte und dann zog jeder seinen Joint durch und da mußte man mitmachen, wenn man überhaupt in die Szene reinwollte. Das habe ich dann auch gemacht. Gerade zu diesem Zeitpunkt ging irgendein Farbiger aus der Kneipe raus und in dem Moment, als er vor dem Eingang war, bekam er eine Machete mitten durch die Brust gestochen, die guckte hinten also tätsächlich raus. Dann kam der Krankenwagen und die Polizei. Den Farbigen haben sie also dort abgestochen, aus welchen Gründen weiß ich nicht. Jedenfalls wurde ich dann damals als Verantwortlicher von der Polizei, die mich ja nicht kannten, ziemlich barsch angemacht. Zu recht denn auch, von deren Seite, was ich denn hier eigentlich machen würde und warum ich denn nicht gleich die Polizei alarmiert hätte. Das war also das erste große Theater, was sich da abspielte und dann war das also ein Höllenjob. Der begann abends um 20.00 Uhr und endete morgens um 06.00 Uhr, jeden Tag. Ich habe da richtig mitgemacht, Tresenbedienung, Abrechnung usw. Es dauerte auch nicht lange, da ich ja eigentlich der einzige „normale" Typ in der Szene war, da kam die erste Prostituierte zu mir und sagte offen, sie wär gerade aus einem Heim abgehauen und sie brauche jemanden, der sie beschützt. Sie bot mir für jeden Tag 150,– DM. Ich schätze mal sie war so zwischen 14 und 15 Jahre alt. Das habe ich also relativ leicht abwimmeln können. Und dann kam die zweite, die war so um die 20 Jahre alt. Die arbeitete in einem Sauna-Club und hatte sich zu diesem Zeitpunkt von ihrem „Freund" getrennt und bändelte da so ein bißchen mit mir an. Sie fragte mich, ob wir uns nicht zusammentun könnten. Ich würde ihr gefallen usw. und ich würde also das, was sie im Sauna-Club verdient, bekommen. Das war natürlich eine schwierige Situation, denn ein normaler Typ im Milieu lehnt so etwas natürlich nicht ab. Im Gegenteil, der treibt sie ja höchstens noch an und sagt, daß die 400,– DM noch zu wenig wären. Es kam dann auch zu Kontakten. Du kannst ja nicht in der Gegend rumeiern und solche Angebote ausschlagen, das kriegen die anderen ja mit. Jedenfalls war es sicherlich nicht von Vorteil für mich, diese ganzen Angebote abzulehnen, weil das sich im Milieu rumsprach.

Das Ganze dauerte ein halbes Jahr. Das ist dann so gewesen, daß wir dann nach und nach ins Gespräch kamen, also der Rauschgifthändler und ich. Wir vereinbarten dann, daß er 20 Kilo Heroin liefern sollte. Das ist dann so gewesen, daß diese Rauschgiftmenge, eigentlich ohne mein Zutun, an der Grenze abgefangen wurde. Also offensichtlich saß da irgendwo jemand dran. Auf jeden Fall ist dieser Einsatz in die Hose gegangen.

Es kamen dann auch an meiner Dienststelle Gerüchte auf, daß ich mit Prostituierten rummache. Daraufhin hat mich der damalige Dienststellenleiter gefragt, ob das so wäre. Also, man muß sich das überlegen, nach langer Kokelei in diesem Scheiß-Laden, sagte er mir, das würde ihm moralisch sowieso alles nicht passen und ich solle aufhören. Und dies obwohl es die berechtigte Hoffnung gab, daß die nächste Rauschgiftlieferung an mich gehen sollte. Ich beendete also die Vorstellung.

Frage:
Wie empfandest Du Deine Vorbereitung bzw. Nicht-Vorbereitung auf Deine Tätigkeit als Verdeckter Ermittler und welchen Eindruck hattest Du von Deinen damaligen Vorgesetzten?

Also ich bin einfach ins kalte Wasser gesprungen. Ohne irgendwelche Vorbereitungen. Auch ohne größere Erfahrungen auf diesem Gebiet. Ich fand das Milieu damals auch sehr aufregend. Eine ganz andere Welt mit eigenen „Gesetzen". Bei vielen Abläufen hat man gar nicht durchgeblickt, was da eigentlich wie oder durch wen abläuft. Über die Tragweite unseres Handels waren wir, also auch meine Vorgesetzten, glaube ich heute, gar nicht so recht im klaren. Weder psychologisch noch rechtlich war da eine Vorbereitung. Ich bin davon überzeugt, die Vorgesetzten wußten damals auch gar nicht, was sich daraus entwickeln konnte. Die haben nur den Erfolg gesehen und der kam auch fast immer.

Fast alles, was ich gemacht habe, ist ohne Absprache mit meinen Vorgesetzten geschehen, das ging gar nicht, weil meist Sofortentscheidungen von mir verlangt wurden. Auch bei mir geschah das meiste aus dem Bauch heraus, also ohne lange strategische Überlegungen. Ich hatte keine Rechtsberatung auch nicht als ich in einem Verfahren offen vor Gericht aussagen mußte. Ich wurde von den Rechtsanwälten mehrere Tage durch die Mühle gedreht. Ohne irgendeine rechtliche Rückendeckung.

Ich habe am Anfang meiner Tätigkeit sogar eigenes Geld ausgegeben, vom Privatwagen bis zu den Klamotten und einer konspirativen Wohnung. Alles handgestrickt, nur um halbwegs eine kleine Legende zu haben. Später wurde das natürlich besser, professioneller.

Rechtliche Bedingungen gab es für vieles ja gar nicht so recht. Damals wurden ja Sachen weggebügelt, die man heute gar nicht mehr machen kann. Das ist heute ganz anders, da machst Du über jeden Schritt eine Notiz und sicherst das ab.

Natürlich sind heute die Rahmenbedingungen für den VE in Form der Legende und der Ausstattung wesentlich besser. Aber die rechtliche Situation ist heute auch anders. Das gilt einerseits für den Einsatz des VE als auch für die Situation vor Gericht. Heute sagt der VE ja generell nicht vor Gericht aus. Auch hat sich die Situation vor Gericht heute verhärtet.

Frage:
Deine Arbeit hat es mit sich gebracht, daß Du viel von zu Hause wegwarst und das Du in bestimmten Milieu-Bereichen gelebt hast. Welche Auswirkungen hatte dies auf Dein Privatleben, und hast Du Dich nach Deiner Meinung in Deiner Persönlichkeit verändert?

Es ist ganz eindeutig so, daß Du, wenn Du diesen Job machst, dann mußt Du bestimmte charakterliche Fähigkeiten haben, d. h. Du mußt Dich unheimlich verschleiern können, sonst kannst Du das ja nicht durchhalten. Selbst bei den ersten Scheinaufkäufen – Du bist ja aufgeregt (Beispiel: Es ist dunkel, irgendwo auf einer Raststätte soll jetzt ein Container mit Zigaretten übergeben werden von irgendwelchen organisierten Ganoven). Bei den ersten Sachen bist Du tierisch aufgeregt, d. h. Du mußt das unterdrücken. Nach Möglichkeit jegliche Gefühle. Du kannst ja nicht von Anfang an, ich sage mal, bei einem Großganoven antanzen, da fällst Du auf die Schnauze.

Sondern Du fängst klein an. Es war in dem Job nicht drin, daß Du auch gegenüber Deinen Kollegen Gefühle gezeigt hast.

Es ist auch so, daß ich mich verändert habe, ganz eindeutig. Ich bin also sehr zurückhaltend, überhaupt etwas zu erzählen. Das gilt natürlich auch für den Kollegenkreis. Ich bin also kein offener Typ bzw. ich öffne mich auch privat nicht so, wie man es vielleicht sollte.

Ich bin ja nun auch geschieden. Wenn man ehrlich ist, hat man bei derartigen Einsätzen wirklich kein Privatleben. Man muß rund um die Uhr im Milieu da sein. Ich glaube also nicht, daß man über einen längeren Zeitraum als VE tätig sein kann und trotzdem ein richtiges Familienleben führen kann. Auf jeden Fall nicht über längere Zeit. Welche Frau macht das schon mit?

Frage:
Wie beurteilst Du die Effektivität von Verdeckten Ermittlern unter den heutigen gesetzlichen Bestimmungen?

Ich persönlich halte es für unmöglich, heutzutage in die organisierten Verbrecherbanden als Verdeckter Ermittler einzusteigen. Ohne entsprechende Connection läuft sowieso nichts. Ich sehe zum Beispiel nicht die Möglichkeit, durch den VE ganz hochkarätige Leute aufs Kreuz zu legen. Natürlich bezieht sich meine Meinung nur auf den Bereich der Rauschgiftstraftaten und des Milieus, nur dazu kann ich was sagen. Im Bereich der Wirtschaftskriminalität kenne ich mich z. B. nicht so gut aus. Wir müssen uns dabei auch die Strukturen der Organisierten Kriminalität anschauen. Wir haben einen Haufen jugoslawischer, türkischer und italienischer organisierter Krimineller. Wie soll man da einen deutschen Verdeckten Ermittler einsetzen?

Außerdem sind da die rechtlichen Rahmenbedingungen. Was darf ein VE alles machen? In welche Situation kommt er, wenn er in gewisse Kreise gerät? Also ich glaub, daß durch V-Leute eine effektivere Bekämpfung möglich ist. Der VE kann grundsätzlich nur im Randbereich der OK tätig werden, um Strukturen zu erkennen.

Bei V-Leuten müssen jedoch heutzutage die finanziellen Rahmenbedingungen verbessert werden. Das heißt wir brauchen mehr Geld dafür. Denn umsonst oder für die kleinen Summen lohnt sich das Risiko für diese Leute nicht. Effektivität, gerade bei der Bekämpfung der Organisierten Kriminalität, kostet Geld.

Frage:
Nach Deinen Erfahrungen in einigen Großstädten der Bundesrepublik, sei es als Verdeckter Ermittler oder durch Kontakte mit V-Leuten, besteht ein

großer Teil der OK aus ausländischen Gruppierungen. Wie beurteilst Du die Gefährlichkeit der einzelnen ethnischen Gruppen und die Möglichkeit für uns diese Art der OK zu bekämpfen?

Also die Struktur der OK ist ja in allen Großstädten unterschiedlich. D. h. auch die Zusammensetzung von verschiedenen ethnischen Gruppen. Ich habe z. B. viele Erfahrungen mit jugoslawischen und italienischen organisierten Kriminellen gemacht. Über andere Bereiche, wie z. B. chinesische Organisationen kann ich wenig sagen. Natürlich sind auch meine Erfahrungen punktuell und nicht auf alle Großstädte übertragbar.

Nach meiner Auffassung sind die Italiener die cleversten von allen, weil sie nur dann Gewalt anwenden, wenn es unbedingt sein muß.

Im Gegensatz zu den Jugoslawen, die ständig aus nichtigen Anlässen aufeinandereinprügeln. Aber die Italiener, die wir hier haben, die haben ein ganz erhebliches Gewicht, was die internationale Connection betrifft. Ich sage jetzt z. B. mal was Glücksspiel auf richtigem Niveau, Rauschgifthandel und Falschgeld betrifft. Auch ihr ganzes Habitus ist zum großen Teil ganz anders. Sie leben zum Teil bescheiden und zurückgezogen. Da wirst Du nicht diesen 500er mit Autotelefon finden, wie bei den jugoslawischen Bossen. Die fahren zum Teil einen Fiat Bambino und haben eine Doppelhaushälfte. Das sind ganz ausgeschlafene Typen. Da kommen selbst gute Leute nicht ran. Es läuft alles sauber und glatt. Da nützt Dir auch kein italienischer V-Mann was, der kommt auch nicht ran, weil das meist nur gewisse Gruppen sind, die vielfach historisch bzw. familiär gebunden sind. Das ist dieses Statthalterprinzip.

Auch der Schutzgeldbereich läuft bei den Italienern meist sauber und glatt ab. So beziehen z. B. viele Pizzerien ihre Waren bei einem bestimmten Händler oder ihren Wein (aus Italien). Tun sie das nicht, so gibt es „Ärger". Aber dieser Ärger fängt dann oft nicht bei uns an, sondern in Italien. Die Pizzerien-Besitzer haben dort ja meist Angehörige. An die wird herangetreten. Ganz freundlich. „Ob es nicht vielleicht besser ist, wenn der Sohn/Bruder pp. seine Waren bei X .. bestellt. Man muß doch zusammenhalten", wird den Familienangehörigen gesagt. Das ist gerade für Italiener sehr verständlich. Zusammenhalt muß sein, auch wenn die Waren etwas teurer sind. Und dann wird auch ganz schnell reagiert. Das ist eben eine Mentalität, die wir Deutschen so nicht kennen. Und dann ist eben dieses alte Prinzip: Warum soll ich Ärger machen, wenn alles gut läuft? Ich brauche doch keinen umzulegen, wenn es auch so läuft. Der eine oder andere der aus der Reihe tanzt, der wird ernsthaft ermahnt, und dann ist das Thema auch meist durch. Ansonsten kann es auch schon mal passieren, das ein italienisches Lokal in einer deutschen Großstadt mit einer Maschinenpistole aufgesucht wird.

Bei den Jugoslawen ist es bei weitem nicht so durchorganisiert, weil sie nicht diese geschichtliche Erfahrung haben. Die Jugoslawen haben auch untereinander widerstreitende Interessen. Das sieht man auch an vielen Bandenkriegen mit einer Reihe von Toten. Wie gesagt, die Gewalt ist bei den Jugoslawen weiter verbreitet.

3. Kapitel
OK-Bekämpfung am Beispiel der Großstadt Hamburg

von
Wolfgang Sielaff,
Leiter des Landeskriminalamtes Hamburg

1 Kriminalitätsbrennpunkt Hamburg

Hamburg ist ein großstädtischer Kriminalitätsbrennpunkt in Deutschland. Das Straftatenaufkommen (1991: 275.027 Taten; Häufigkeitszahl: 16.644) in seinen unterschiedlichen Erscheinungsformen erklärt sich aus dem geographischen, politischen, wirtschaftlichen, sozialen, demographischen Raum, aus dem heraus es sich entwickelt. Dieser Bezugsrahmen stellt sich im Stadtstaat Hamburg natürlich völlig anders dar, als in allen übrigen kriminalgeographischen Räumen der Bundesrepublik, abgesehen von Frankfurt am Main und – zunehmend – Berlin.

Hamburg ist ein kompaktes Stadtgebilde mit hoher Bevölkerungsdichte, hohem Ausländeranteil, großer Einwohnermobilität, starkem Pendleraufkommen und boomendem Tourismus. Die Hafen-, Wirtschafts- und Dienstleistungsmetropole erlebt im Zusammenhang mit der innerdeutschen Entwicklung und den Demokratisierungsprozessen in den osteuropäischen Ländern nicht nur einen wirtschaftlichen Aufschwung. Die Stadt verstärkt auch ihre Anziehungskraft auf Menschen aus aller Welt, zunehmend auch aus Osteuropa. Schon zeichnen sich in diesem Trend neue Phänomene der Organisierten Kriminalität ab.

2 Situation

2.1 Rauschgifthandel

Hamburg spielt im Rauschgiftgeschäft eine Doppelrolle. Zum einen ist die Stadt ein profitabler Absatzmarkt, zum anderen ein wichtiger Transitpunkt für den international organisierten Rauschgifthandel und -schmuggel nach Skandinavien und Übersee, zukünftig wohl auch nach Osteuropa.

Die Rauschgiftsituation hat sich seit Mitte der 80er Jahre ständig verschärft. Der Grad an krimineller Professionalisierung und Internationalisierung nimmt weiter zu. Der Kampf um Marktanteile am illegalen Drogengeschäft wird immer brutaler. Mißliebige Rivalen und Belastungszeugen werden immer häufiger starken Repressionen ausgesetzt. Es mehren sich die Fälle, in denen bezahlte Killer auf den Plan treten.

184 Rauschgifttote im Jahre 1991 gegenüber 138 im Vorjahr kennzeichnen die dramatische Lage und das Elend der Rauschgiftabhängigen. Dem eng geknüpften großstädtischen Rettungs- und Unfallsystem ist es zu verdanken, daß diese Zahl nicht mehr als doppelt so hoch ist. So sind im Jahre 1991 in 253 Fällen Heroinfixer in kritischen Situationen reanimiert worden.

Heroin schwemmt in großen Mengen in die Szene. Die Nachfrage ist enorm hoch, das Angebot reichlich bei regelrechten Dumping-Preisen (z. Z. kostet 1 Gramm Heroin zwischen 50,00 und 80,00 DM).

In der Stadt gibt es knapp 10.000 Heroinabhängige (Stand 1992), von denen der Polizei knapp die Hälfte bekannt ist. Sie konsumieren jährlich ca. 1,2 Tonnen Heroin. Dafür müssen 100 Mio. DM aufgebracht werden, d. h. rd. 275.000,– DM täglich.

Etwa 20% der polizeibekannten Konsumenten harter Drogen stammen nicht aus Hamburg, was die negative Attraktivität der Stadt als „Drogen-Mekka" kennzeichnet.

Einfuhr und Vertrieb werden insbesondere von türkisch-kurdischen Clans organisiert. Diese nutzen ihre Geschäftsverbindungen zu den Anbau- und Transitländern des Nahen und Mittleren Ostens, um den Stoff auf den hiesigen Markt zu schleusen. Bevorzugt wird der Landweg (Balkanroute). Der Schmuggel läuft z. T. über angrenzende westeuropäische Staaten, in denen die Gruppen Vertriebsorganisationen besitzen. Die Täterstrukturen sind hierarchisch. Handel, Transport und Verteilung sind häufig gegeneinander abgeschottet. Staatlichen Strafverfolgungsmaßnahmen wird dadurch begegnet, daß auf hohen Gruppenzusammenhalt Wert gelegt wird. Deshalb werden auch vorzugsweise familiär eng miteinander verbundene Sippen eingesetzt, die außerdem nur in ihrem einheimischen Dialekt (Zaza) kommunizieren. Die Täter tauschen Personen, die offenkundig in polizeiliche Ermittlungen verwickelt werden, unverzüglich aus. Gelingt das nicht mehr, werden sofort Rechtsanwälte gestellt. Aussagebereitschaft und jegliche Form von Kooperation mit den Strafverfolgungsbehörden ziehen harte Sanktionen nach sich. Unter Umständen ist sogar die Familie im Heimatland betroffen.

Drogengelder werden gewaschen und im In- und Ausland auch in legale Geschäfte investiert. Dies geschieht vornehmlich durch den Kauf von Clubs, Imbissen, Ladengeschäften im Inland sowie durch den Kauf von Ländereien und Beteiligungen im Ausland. Dabei bedient man sich unterschiedlicher Strohmänner. Zur Absicherung der inländischen Position kommt es zu Korrumpierungen. Die Polizei hat in diesem Zusammenhang in letzter Zeit wiederholt gegen Bedienstete von Ausländer- und Konzessionsbehörden sowie von Banken und Speditionen ermittelt.

Der Verkauf an die Endverbraucher in der Szene spielt sich äußerst konspirativ und variantenreich ab. Es gibt eine klar gestufte Arbeitsteilung an der Nahtstelle zwischen An- und Verkauf. Eine Gruppe nimmt nur Kauforders entgegen, eine andere gibt sie weiter an einen Verbindungsmann zum – vorübergehenden – Stoffhalter. Dieser beauftragt Kuriere, den Stoff von Depothaltern zu besorgen. Die Beschaffung und Auslieferung des Rauschgiftes aus den Depots (häufig in Grünflächen) teilen sich wiederum andere Personen. Das Kaufgeld läuft über ähnlich verzweigte Wege, bis es endlich beim Lieferanten ankommt. Letzten Endes wird dieser gesamte Ablauf von Gruppenmitgliedern, die einen regelrechten Kordon um das Geschehen bilden, beobachtet und überwacht. Zunehmend werden Stofftransport und -übergabe von türkisch-kurdischen Kindern und Jugendlichen durchgeführt.

Nachdem durch polizeiliche und ordnungsrechtliche Maßnahmen wiederholt Treffpunktlokale der Händlerseite geschlossen werden konnten, sind in Hamburg zunehmend türkische Arbeiter- und Kulturvereine gegründet worden. Unzweifelhaft stellen auch sie häufig Tarngesellschaften für den ungestörten Rauschgifthandel dar. Die Beweisführung gestaltet sich ausgesprochen schwierig, da meist „saubere" Vereinsgründer auftreten und das wahre Vereinsziel nur selten konkretisierbar ist. Da die Vereinigungsfreiheit ein hohes Verfassungsgut ist, laufen staatliche Gegenmaßnahmen oft leer.

Die Clans schicken sich gegenwärtig an, auch in den Kokainhandel einzusteigen. Dabei werden ganz offenkundig kriminelle Verbindungen in das Ausland genutzt.

Kokain hat einen festen Platz im Hamburger Markt bei steigender Tendenz. Längst ist dieser Stoff nicht nur bestimmten gesellschaftlichen Gruppen vorbehalten. Er wird zunehmend auch auf der Straße verkauft, zur Zeit für rd. 100,00 DM je Gramm.

Das Kokain stammt hauptsächlich aus Kolumbien, Brasilien und Venezuela. Es gelangt auf dem Luft- und Seeweg nach Hamburg. Nicht selten wird es über Westafrika geschleust.

Der Straßenhandel wird von Schwarzafrikanern aus Ghana und Gambia dominiert. Das Kokain wird ähnlich variantenreich, wie bei den kurdischen Dealern, in der Szene verkauft. Das geschieht überwiegend in Kleinstmengen aus dem Mund heraus. Gegebenenfalls kann auf diese Weise bei Gefahr im Verzuge der Stoff rasch verschluckt werden. Die schwarzafrikanischen

Dealer leben häufig als Asylbewerber in der Stadt. Erschwert wird die Situation dadurch, daß wegen des hohen Zustroms von Asylbewerbern und der Knappheit der Unterkünfte oft eine Einquartierung ausgerechnet in Hotels und Pensionen der regionalen Brennpunktbereiche des Straßenhandels erfolgt.

Hamburg ist auch Zielscheibe des kolumbianischen Cali-Kartells, für das die Hafenstadt als Transitpunkt von Interesse ist. Entsprechend seiner mafiosen Struktur geht das Kartell äußerst raffiniert und konspirativ vor. Geschäftsanbahnung, Verhandlungen, Vertrieb und Lieferung verlaufen hochprofessionell. Die Aktionen werden von Residenten in Europa und Deutschland gesteuert, das letzte Wort wird in Kolumbien gesprochen. Der Einsatz moderner Kommunikationstechnik (Funktelefon, Telefax, Anrufbeantworter, Euro-Pieper) ist selbstverständlich. Geld für Flugtickets, Autoanmietungen und Übernachtungen in Luxushotels spielt keine Rolle – es ist reichlich vorhanden.

Die einzelnen Organisationsstufen sind gegeneinander abgeschottet. Alle Gruppenmitglieder sind zur Verschwiegenheit verpflichtet, Ehrlichkeit gegenüber der Organisation gehört zum Ehrenkodex. Verstöße gegen die Gebote ziehen härteste Strafen nach sich. Gegebenenfalls die Tötung des „Verräters". Immer wieder sind solche Bestrafungsaktionen durch bezahlte Killerkommandos in Europa und Kolumbien bekanntgeworden.

Besonders auf Belastungszeugen wird immenser Druck ausgeübt. Im Rahmen eines Ermittlungsverfahrens des Landeskriminalamtes Hamburg haben die Hintermänner in Kolumbien hartnäckig versucht, Informationen über die Aussage von Beschuldigten und Zeugen zu erhalten. Dabei wurde offenbar, daß Teile einer Ermittlungsakte nach Kolumbien gefaxt worden waren. Zugleich war versucht worden, den Aufenthalt von geschützten Zeugen zu ermitteln. Hierzu hatte man ganz offensichtlich auch Rechtsanwälte eingeschaltet.

Subtile Morddrohungen gegenüber Belastungszeugen sind kennzeichnend für die Methoden. So erschien beispielsweise 1990 die folgende Annonce in einer Hamburger Tageszeitung. Sie war ganz offenkundig an einen geschützten Belastungszeugen gerichtet:

Hallo, M.

Herzlichen Glückwunsch. Sie machten sich wegen der Rattenzucht stadtbekannt. Das zu ignorieren, kaum möglich.
Alles Gute für die Gesundheit.

SEEROSE!

Diese „Botschaft“ ist wie folgt zu interpretieren:

Rattenzucht	=	Synonym für den „Verrat“, der zur Einleitung des Strafverfahrens geführt hatte.
Das zu ignorieren, kaum möglich	=	Es wird Konsequenzen geben.
Alles Gute für die Gesundheit	=	Bedrohung für Leib und Leben.
SEEROSE	=	Die Anfangsbuchstaben der Familiennamen mehrerer Täter.

Ähnlich verklausulierte „Ansagen“ gibt es auch gegenüber Ermittlungsbeamten.

Die kolumbianischen Kriminellen bedienen sich beim Absatz des Kokains auf dem hiesigen Markt meistens einheimischer Krimineller, die über entsprechende connections verfügen. Wegen der enormen Profitmöglichkeiten sind in den letzten Jahren auch verstärkt Kriminelle aus dem Nachtlebenmilieu in den Rauschgifthandel eingestiegen.

Durch Ermittlungen konnte auch belegt werden, daß Kompensationsgeschäfte, z. B. Kokain gegen Heroin, nicht außergewöhnlich sind. Neu ist auch, daß sukzessive polnische Kriminelle in den Kokainhandel einsteigen.

Cannabis ist allgegenwärtig. Einfuhr und Konsum spielen sich auf hohem Niveau ab. Der Großhandel ist ebenso professionell organisiert wie im Heroin- und Kokainbereich.

Das konsumierte Haschisch stammt vorzugsweise aus dem Nahen und Mittleren Osten (Libanon, Pakistan, Afghanistan). Soweit Marihuana überhaupt nachgefragt wird, kommt es vor allem aus Nigeria. Nach wie vor spielt der sogenannte „Ameisenhandel“ aus den Niederlanden eine zentrale Rolle bei der Versorgung des Marktes.

Synthetische Drogen haben in Hamburg keinerlei Relevanz.

Im Zuge der Rauschgiftbekämpfung hat das LKA Hamburg 1991 insgesamt 730 Personen wegen Verdachts des gewerbsmäßigen Rauschgifthandels dem Amtsgericht zugeführt. Von ihnen waren 70% ausländische Staatsangehörige, hauptsächlich Türken kurdischer Herkunft.

In diesem Gesamtzusammenhang sind rd. 165 kg Heroin, 170 kg Kokain und über 8 Tonnen Haschisch sowie 2 Mio. DM, zahlreiche Waffen, Kraftfahrzeuge und eine Motorjacht sichergestellt worden.

2.2 Kriminalität in Verbindung mit dem Nachtleben

Das Hamburger Nachtleben vollzieht sich vor allem auf dem sog. „Kiez“ in den Stadtteilen St. Pauli und St. Georg. Dieses Gebiet umfaßt ca. 1 km^2; es ist mit ca. 1.000 Lokalen, Bars, Restaurants, Beherbergungsbetrieben, Kabaretts, Diskotheken, Tanzschuppen, Spielhallen und Bordellen gleichsam gepflastert.

Die das Milieu kennzeichnende Kriminalität umfaßt insbesondere Straftaten wie Nötigung, Körperverletzung, Betrug, Förderung der Prostitution, Zuhälterei, Menschenhandel, verbotenes Glücksspiel, Hehlerei, Steuerhinterziehung, Bestechung und vor allem Rauschgiftdelikte. Nicht selten kommt es zu Tötungsdelikten, die oft Ausdruck krimineller Machtbestrebungen sind.

Die Phänomene Organisierter Kriminalität sind ebenso heterogen, wie das allgemeine Kriminalitätsbild uneinheitlich ist. Nach wie vor existiert ein vertikal und horizontal ineinandergreifendes Geflecht von personellen Beziehungen und Interessen. Dabei handelt es sich zumeist nicht um klassische organisatorische Verbindungen. Häufiger sind vorübergehende Zweckgemeinschaften festzustellen. Es kristallisieren sich immer wieder deliktische Brennpunkte heraus, die auch ihrerseits der Dynamik allgemeiner Kriminalitätsprozesse unterliegen. Einen das Kriminalitätsgeschehen reglementierenden „Paten“ sucht man vergebens.

Förderung der Prostitution und Zuhälterei sind Deliktsbereiche, die schon fast traditionell Phänomene Organisierter Kriminalität aufweisen. Die bis Mitte der 80er Jahre vorherrschenden hierarchisch strukturierten Tätergruppen, die den profitablen Sektor des Prostitutionsgeschäftes beherrschten, hat die Polizei zerschlagen. Bis heute ist es keiner Zuhältergruppe gelungen, beherrschenden Einfluß zu erlangen. Unabhängig hiervon sind zwei Entwicklungen OK-relevant:

Sukzessive drängen junge türkische Kriminelle in das Prostitutionsgeschäft. Sie versuchen, eine einflußreiche und bestimmende Position zu erlangen. Das

Ziel wird zum Teil unter Anwendung erheblicher Gewalt verfolgt. Konkurrenten werden brutal mißhandelt, wobei das Messer locker sitzt. Vereinzelt sind Schußwaffen eingesetzt worden. Die Gegenwehr der deutschen Zuhälter ist entsprechend, so daß zur Zeit faktisch eine Balance besteht. Hierzu trägt auch die Polizei bei, die durch ihre Ermittlungen immer wieder Personen aus diesen kriminellen Verflechtungen herausbricht.

Zunehmend ist zu beobachten, daß Hamburger Zuhälter ihren Einfluß auf Städte in den neuen Bundesländern ausdehnen. Dadurch ergeben sich insofern Rückkopplungen, als eine Vielzahl von Prostituierten aus diesen Gebieten in Hamburger Bordellen arbeitet. Darüber hinaus ist eine stärkere Rotation von Prostituierten zwischen Hamburg und ostdeutschen Städten zu beobachten.

Die AIDS-Diskussion hat nur vorübergehend zu Einbrüchen im Prostitutionssektor geführt. Heute läuft das Geschäft mit dem Sex wieder auf höheren Touren. Mit den innerdeutschen und osteuropäischen Entwicklungen verbindet sich auch eine erhöhte Nachfrage nach dieser Dienstleistung. Das Hamburger Milieu profitiert dabei auch von der geographischen Lage der Stadt, insbesondere zu den nördlichen neuen Bundesländern.

Verbotenes Glücksspiel ist regelmäßig dann OK-relevant, wenn es systematisch und organisiert betrieben wird. Einschlägige Phänomene Organisierter Kriminalität sind insbesondere im Zusammenhang mit türkischen, griechischen, jugoslawischen und chinesischen Personengruppen bekannt geworden. Auch alteingesessene deutsche Kriminelle partizipieren in hohem Maße am illegalen Glücksspielgeschäft. Zu den Glücksspielveranstaltungen reisen Spieler aus der ganzen Republik an. Binnen Stunden werden nicht selten mehrere 100.000,– DM umgesetzt.

Hohe Investitionen zur Spielstätteneinrichtung sind ebenso kennzeichnend wie arbeitsteiliges Vorgehen, Abschottung, hierarchische Gruppenstruktur, ein internes Sanktionierungssystem sowie internationale Täterverbindungen. Aussagewillige Tatzeugen werden bedroht und eingeschüchtert. Die immer wieder aufflackernden Monopolisierungstendenzen werden von Bestechungsversuchen begleitet. Das illegal erworbene Geld wird gewaschen, indem die Täter es u. a. in legale Unternehmungen investieren.

Das verbotene Glücksspiel wird gegenwärtig vor allem in wechselnden Lokalen, Wohnungen, Privat- und Hotelzimmern sowie in angeblichen Kultur- und Geselligkeitsvereinen betrieben. Veranstalter und Spieler gehören zumeist derselben ethnischen Gruppe an. Das Spielkapital ist nicht selten der Erlös aus anderen kriminellen Geschäften.

Besonders jugoslawische Tätergruppen sind äußerst straff organisiert und einflußreich. Zur Durchsetzung ihrer Ziele gehen sie mit äußerster Härte vor. Verschiedene Tötungsdelikte in ihrem Umfeld dürfen hiermit in Verbindung stehen. Ihre Beziehungen reichen in viele westdeutsche Großstädte und ins Ausland.

2.3 Erpressung, Nötigung

Ein traditionelles Feld von Kriminellen aus dem OK-Sektor ist die Schutzgelderpressung. Es ist davon auszugehen, daß insbesondere gastronomische Betriebe, die von ausländischen Staatsangehörigen betrieben werden, Angriffsziel solcher Taten sind. Immer wieder erfährt die Kriminalpolizei, daß z. B. chinesische, italienische oder türkische Betriebe zur Zahlung monatlicher „Abgaben" veranlaßt werden. Trotz gezielter Ansprachen und entsprechender Appelle über die Medien haben sich derartige Fälle in jüngster Zeit allerdings nicht konkretisieren lassen. Erfahrungsgemäß ist der auf die Opfer ausgeübte Druck derart hoch, daß sie lieber schweigen als sich zu offenbaren.

Neue Phänomene der Erpressung zeigen sich im Warentermingeschäft. In demselben Maße wie in den vergangenen Jahren zunehmend Kriminelle des Nachtlebenmilieus in dieses Metier eingestiegen sind, haben sich die Fälle von Erpressungen z. B. konkurrierender Warenterminfirmen erhöht. Nach vorliegenden Erkenntnissen müssen diese, soweit sie noch nicht vom Markt vertrieben worden sind, Gewinnabgaben in Form von „Schutzgebühren" zahlen.

Verschiedene OK-Indikatoren zeigen sich auch beim Eintreiben von Außenständen im Wirtschaftsleben. Einige Kriminelle des Rotlichtmilieus scheinen insofern in das „Dienstleistungsgewerbe" eingestiegen zu sein als sie Inkassofirmen gegründet haben. In einigen Fällen haben sich Gläubiger der Dienste dieser Leute bedient, um zahlungsunfähige oder -unwillige Geschäftspartner mürbe zu machen. Das geschieht auf unterschiedliche, zumeist subtile Weise. Häufig bedarf es nicht einmal der unmittelbaren Gewaltanwendung, sondern es genügen schon nächtliche stumme Telefonanrufe oder Fragen nach dem Gesundheitszustand von Frau und Kindern des Schuldners. Zuweilen reicht auch das unvermittelte Auftreten brutaler Szenetypen im Geschäftsbetrieb aus, um die Zahlungswilligkeit zu fördern. Selbst zur Abwehr berechtigter Forderungen ist vereinzelt mit solchen Methoden gearbeitet worden.

2.4 Wirtschaftskriminalität

Betrügerische Börsenspekulationsgeschäfte, insbesondere der Warenterminhandel, haben sich in den vergangenen Jahren eindeutig zu einem speziellen Phänomen Organisierter Kriminalität entwickelt. Diese Situation dürfte auch damit zusammenhängen, daß Kriminelle aus dem traditionellen Milieu des Hamburger Nachtlebens zunehmend in die Warenterminszene eingestiegen sind. In den vergangenen Jahren existierten in Hamburg zwischen 70 und 100 Warenterminfirmen, deren Lebensdauer allerdings selten mehr als 2 Jahre betrug. Entweder wurden die Firmen durch die Verantwortlichen selbst aufgelöst oder durch polizeiliche Maßnahmen liquidiert. In aller Regel gründeten die Akteure unverzüglich neue Unternehmen, zum Teil unter anderen Firmennamen und in unterschiedlicher Personalzusammensetzung. Strohmannverhältnisse sind ebenso charakteristisch wie Scheinfirmen im Ausland und fehlende oder nicht aufzutreibende Buchführungsunterlagen. Internationale Verbindungen, Verflechtungen persönlicher und gesellschaftlicher Art, raffinierte Abschottungsmechanismen und eine hohe Mobilität der Täter kennzeichnen diesen Deliktsbereich. Allein 1991 ist durch kriminelle Aktivitäten dieser Gruppen ein nachgewiesener Schaden von etwa 130 Mio. DM entstanden.

In jüngster Zeit ist immer deutlicher geworden, daß Berührungspunkte zum Rauschgiftgeschäft bestehen. Darüber hinaus kommt es vermehrt zu Nötigungs- und Erpressungshandlungen im Zusammenhang mit Warentermingeschäften.

Stoßbetrug als Spielart des Warenkreditbetrugs ist das zweite relevante Phänomen der organisierten Wirtschaftskriminalität in Hamburg. Auf nationaler – und zunehmend internationaler – Ebene verflochtene Tätergruppen kaufen größere Warenmengen betrügerisch ein, um sie unverzüglich wieder abzustoßen. Die Waren laufen dann häufig über verschlungene Pfade (Scheinfirmen, kriminelle Geschäftsleute), um gegebenenfalls in Sonderpostenmärkten oder – gutgläubig erworben – als Sonderangebot in Kaufhäusern aufzutauchen.

Der Verkäufer der Waren sieht natürlich kein Geld, denn der vorgegebene „Geschäftspartner“ ist längst untergetaucht.

Gegenwärtig sind vor allem Firmen in den neuen Bundesländern Opfer solcher Stoßbetrüger. Die Waren werden hauptsächlich in den alten Bundesländern abgesetzt, weil dort die gewachsenen kriminellen Strukturen existieren. Hamburg ist seit längerem ein Brennpunkt dieser Taten.

2.5 Einbruch/Hehlerei

Schwer durchschaubar ist der Bereich des Einbruchsdiebstahls in Einzelhäuser und Wohnungen. Die Grenzen zwischen der profanen Einzeltat eines Gelegenheitstäters und der von durchorganisierten Einbrechergruppen planvoll begangenen Serie zur Erlangung bestimmter Güter und Vermögenswerte verschwimmen.

Seit 1991 ist aber festzustellen, daß vor allem gut organisierte jugoslawische Tageswohnungseinbrecher in Erscheinung treten. Die Gruppen gehen hoch spezialisiert und arbeitsteilig vor, die Beuteverteilung ist äußerst professionell angelegt. So verschwindet die Sore unverzüglich in entsprechenden Hehlernetzen. Wahrscheinlich werden auch die Verbindungen von Stoßbetrügern genutzt. Entwendete Edelmetalle und Schmuckstücke werden von speziellen Hehlern aufgekauft, gegebenenfalls eingeschmolzen und weiterveräußert. Andere, z. B. in Italien und Südamerika ansässige Täter, kaufen gestohlene Schecks an, die sodann weltweit von speziellen Tätergruppen eingelöst werden.

Container- und Ladungsdiebstähle im Hamburger Hafen sowie Speditions- und Lagereinbrüche zielen auf absetzbare Massengebrauchsgüter aller Art (Kleidung, Unterhaltungselektronik, Küchengeräte usw.). Wenn auch die Einbrecher selbst nicht eigentliche OK-Täter sind, so steht hinter ihnen andererseits ein Verwertungssystem, das analog der Stoßbetrügerszene national und international verzweigte geschäftsähnliche Strukturen aufweist. Diese Hehler-Connections gewährleisten den zügigen Transport und Absatz der gestohlenen Güter. Neue Märkte haben sich vor allem in den neuen Bundesländern, Polen und Rußland aufgetan. Von dort aus ergibt sich auch eine steigende Nachfrage nach Ge- und Verbrauchsgütern aller Art.

2.6 Kfz-Verschiebung

Hamburg ist neben anderen westdeutschen Großstädten in den Mittelpunkt von Kfz-Verschiebungen nach Polen gerückt. Diese Entwicklung setzte bereits vor der innerdeutschen Wende ein.

In den vergangenen Jahren haben sich die Privatimporte nach Polen, wo eine rege Nachfrage nach westlichen Pkw herrscht, mehr als verfünfzigfacht. Ausgelöst durch die politischen Veränderungen in Polen, die Erleichterung des grenzüberschreitenden Verkehrs und den Wegfall des Transits durch das Gebiet der ehemaligen DDR stieg die Zahl der privat nach Polen eingeführten Pkw rasant an. Deutsche und polnische Ermittlungsbehörden gehen davon aus, daß ein großer Teil der 66.059 Pkw, die 1991 in den alten Bundesländern und Berlin gestohlen wurden, nach Polen gelangten. Während anfänglich hauptsächlich Dieselfahrzeuge der Marken VW und Audi „nachgefragt" wurden, hat sich heute eine Trendumkehr zu Fahrzeugen der Luxusklasse ergeben. 1991 wurden in den alten Bundesländern und Berlin 3.007 Kfz mit einem Wert von mehr 50.000,– DM pro Fahrzeug entwendet.

Hamburg ist ein Schwerpunkt dieser Diebstähle. Zunehmend werden vor allem italienische Nobelmarken und hochwertige japanische Sport- und Geländefahrzeuge entwendet und nach Polen „exportiert".

Hamburg ist mit seiner ständig wachsenden polnischen Kolonie und der geographischen Nähe („Tor zum Osten") Tatortschwerpunkt. Außerdem leben seit Jahren amtsbekannte polnische oder polenstämmige Großhehler mit den besten „Handelsbeziehungen" nach Polen in der Stadt.

Die Kfz-Diebstähle und -Verschiebungen weisen eindeutige OK-Indikatoren auf. Sie beziehen sich vor allem auf die professionelle Tatbegehung, den international organisierten Absatz der gestohlenen Fahrzeuge, die profitorientierte Beuteverwertung sowie die internationalen Tat-/Täterbezüge. Es handelt sich um klassische Auftragstaten, deren Ziel, Intensität und Richtung von Angebot und Nachfrage bestimmt werden.

Die Kraftfahrzeuge werden größtenteils von polnischen Kriminellen entwendet, denen detailliert die Marke, das Baujahr, die Farbe, die Ausstattung pp. vorgegeben wird. Der Dieb erhält für seine Arbeit einen relativ geringen Lohn (500,00–1.500,00 DM). Er liefert das Fahrzeug an einen ortsansässigen Hehler, der in der Regel bereits über die entsprechenden Blankopapiere verfügt, in die er nicht selten nur noch die Fahrgestellnummer einzutragen hat. Per Kurier werden die Fahrzeuge dann auf dem Landweg über die deutsch-polnische Grenze gebracht. Zum Teil verfügt man über gefälschte polnische Zolldokumente, so daß der Einfuhrzoll gespart werden kann. Der Vertrieb in Polen läuft über die örtlichen Automärkte, nicht selten erfolgt aber auch die direkte Lieferung an den Nachfragenden.

In einigen Fällen konnten Hinweise auf Kompensationsgeschäfte erlangt werden. So dürfte vor allem in Polen produziertes Amphetamin als Zahlungsmittel eingesetzt worden sein.

Neuerdings gibt es Hinweise auf eine Erweiterung des Ostmarktes in Richtung der anderen Ostblockstaaten, insbesondere die GUS und weitere ehemals sowjetische Staaten.

2.7 Illegale Einschleusung von Ausländern

Die reiche BRD mit ihrem liberalen Asylrecht lockt seit Jahren viele Wirtschaftsflüchtlinge, vor allem aus der Dritten Welt, an. Längst haben international agierende Schleuserbanden hier ein profitables Beteiligungsfeld erschlossen: Die illegale Einschleusung.

Hamburg ist hiervon erheblich betroffen. In jüngster Zeit strömen vor allem Gambier, Ghanaer und Ägypter nach Hamburg und verlangen Asyl wegen angeblicher politischer Verfolgung in ihren Heimatländern.

Während die Schwarzafrikaner vorzugsweise nach Dänemark reisen bzw. geschleust werden, von wo sie über die Grüne Grenze nach Deutschland kommen, erreichen die Ägypter über die Tschechoslowakei die Bundesrepublik. Seit Herbst 1991 „explodierten“ die Zahlen einreisender Ägypter. Suchten vorher nur vereinzelt ägyptische Staatsangehörige in Hamburg um Asyl nach, waren es von September 1991 bis Januar 1992 weit über 800 Menschen. Zufälligerweise stammen die meisten Asylbewerber aus derselben Region in Ägypten, sind offensichtlich als Touristen in die CSFR eingereist, haben im selben Hotel in Prag gewohnt, haben fast alle ihren Paß in der tschechischen Hauptstadt verloren, sind sodann mit dem Pkw nach Hamburg gekommen und haben dort nahezu gleichlautende Asylanträge gestellt.

Nach dem gegenwärtigen Erkenntnisstand ist eine Schlepperorganisation tätig. Die „Opfer“ mußten wahrscheinlich jeweils mehrere 1.000,– DM für die Reise nach hier entrichten. Ihre Pässe dürften in Zweifelsfällen in Händen der Organisation sein, über deren Struktur erst wenig bekannt ist.

3 Bekämpfung

3.1 Organisation der OK-Bekämpfung

Die OK-Bekämpfung in Hamburg vollzieht sich grundsätzlich auf drei Ebenen:

- Gegen primär deliktsperseverante OK-Täter und -Gruppen ermitteln die für die jeweiligen Delikte zuständigen **Spezialdienststellen** (z. B. Rauschgift-, Einbruchs-, Milieudezernat, Inspektion zur Bekämpfung der Wirtschaftskriminalität).
- Zur Bekämpfung spezieller Kriminalitätsphänomene mit OK-Bezug werden ggf. temporäre **Ermittlungsgruppen** oder **Sonderkommissionen** eingesetzt. Ermittlungsgruppen befassen sich zeitlich befristet mit bestimmten Deliktsarten, Sonderkommissionen mit einer herausragenden Straftat oder Straftatenserie. In beiden Fällen werden Beamte unterschied-

licher Dienststellen, die über spezielle kriminalistische Erfahrungen und Kenntnisse verfügen, zusammengezogen.
Sonderkommissionen und Ermittlungsgruppen werden ggf. auch länderübergreifend installiert. So haben die Landeskriminalämter Schleswig-Holstein, Niedersachsen und Hamburg in den vergangenen Jahren wiederholt gemeinsame Sonderkommissionen und Ermittlungsgruppen zur Bekämpfung überregional agierender OK-Gruppen erfolgreich eingesetzt.

- Die „klassischen“ Formen deliktsübergreifender Organisierter Kriminalität, deren Ausermittlung ein Höchstmaß an qualifizierten verdeckten und offenen Beweisführungsmaßnahmen sowie einen langen Atem erfordern, werden von der eigentlichen **OK-Dienststelle** (LKA 26) bekämpft. Sie ist als erste derartige Organisationseinheit 1982 als Kriminalinspektion gegründet worden und hat als Vorbild für die Strategie der OK-Bekämpfung in der Bundesrepublik Deutschland gedient (vgl. Organigramm Seite 287).

Allen Ebenen der OK-Bekämpfung liegt generell dieselbe Bekämpfungsstrategie zugrunde – allerdings mit unterschiedlichen Schwerpunkten. Die stärkste Ausprägung von OK-Bekämpfung vollzieht sich konsequenterweise auf der Ebene der OK-Dienststelle. Dort wird ggf. das gesamte kriminalistische Instrumentarium in die Ermittlungen eingebracht.

3.2 Ziele der OK-Bekämpfung

Die Bekämpfungsstrategie ist auf die Zerschlagung der kriminellen Organisation gerichtet. Hauptziele der OK-Bekämpfung sind

- die Gewährleistung eines qualifizierten aktuellen Lagebildes „Organisierte Kriminalität“,
- das Erkennen und Verhindern neuer bzw. sich verfestigender krimineller Organisationsstrukturen,
- die konsequente, durchgreifende Verbrechensaufklärung,
- die strafrechtliche Sanktionierung aufgrund qualifizierter Beweismittel.

Die OK-Bekämpfung verfolgt häufig gleichzeitig präventive und repressive Ziele. Wenn es z. B. in Unterweltkreisen im Zusammenhang mit der Stabilisierung krimineller Macht zur Tötung von Rivalen durch bestellte Killer kommt, ist nicht nur die Strafverfolgung relevant. Es gilt auch herauszufinden, ob weitere „Hinrichtungen“ drohen und welche Machtstrukturen hinter den Taten stehen bzw. welche Gruppen die entstandenen Machtvakuen schließen.

Die kriminalstrategische Dimension liegt somit in der (operativen) Prävention und Repression.

LKA 26
Fachinspektion „Organisierte Kriminalität“

LKA 260	**Leitung**

LKA 2601	**Basisdienst**
	– Innerer Dienstbetrieb – Sicherheitsangelegenheiten – Einsatzdurchführung – Befehlsstelle – Schreibdienst

LKA 261	**Information und Auswertung**
	– Auswertung – Analyse – Lagebild OK – Vorermittlungen – Zentrale OK-Info-Dienststelle für das LKA – PIOS (APOK) – Sonstige Dateien

LKA 262	**Ermittlungen**
	– **Sachbearbeitung** ● personen-/gruppenbezogen ● organisationsbezogen ● deliktsübergreifend – **Zusammenarbeit mit StA** ● gemeinsame Strategieplanung ● Verfahrensvorbereitung und -durchführung ● prozeßbegleitende Maßnahmen – **Einsatzplanung**

LKA 263	**Operative Maßnahmen**
	– Observation – Verdeckte Aufklärung – Verdeckte Ermittlungen – VP-Führung – Einsatz Verdeckter Ermittler

3.3 Bekämpfungsansatz

Das Bekämpfungskonzept ist auf das Erkennen und die Zerschlagung der kriminellen Organisation ausgerichtet; insbesondere kommt es darauf an, die Hintermänner und Organisatoren zu überführen.

Der kriminalistische Bekämpfungsansatz ist vor allem proaktiv („Aktion statt Reaktion"), deliktübergreifend, personen- bzw. organisationsbezogen. Das herkömmliche reaktive Vorgehensprinzip, das primär einzeltatbezogen ist, kommt allenfalls flankierend zur Geltung. Nicht die Einzelfallaufklärung, sondern erst die Aufdeckung übergreifender Zusammenhänge und Deliktsketten führt auf die Spur der kriminellen Organisation und bildet den Ansatzpunkt zu ihrer wirksamen Bekämpfung. OK-Bekämpfung ist insofern „network-detection".

Da OK-Täter häufig konspirativ agieren, müssen verstärkt verdeckte, d. h. nicht von vornherein für den Verdächtigen erkennbare kriminalistische Methoden angewandt werden (verdeckte Aufklärung, Observation, Einsatz von V-Personen und Verdeckten Ermittlern).

3.4 Erkenntnisgewinnung, Verdachtschöpfung

Organisierte Kriminalität zu bekämpfen, heißt zuallererst, sie zu erkennen!

Da die Taten häufig nicht angezeigt werden (vgl. Rauschgifthandel und -schmuggel, Zuhälterei, Menschenhandel, verbotenes Glücksspiel, Schutzgelderpressung), ist eine offensive Erkenntnisgewinnung notwendig. Sie muß akribisch und detektivisch betrieben werden und setzt unter Umständen bereits im organisationsverdächtigen (Tat-)Vorfeld an, wobei nach den einschlägigen Indikatoren Organisierter Kriminalität zu suchen ist. Die Vorgehensweise reicht von der systematischen Auswertung interner und externer Informationsquellen (Anzeigen, Berichte, Ereignismeldungen, Handakten, KPMD-Erkenntnissen, Medienberichte, Fachliteratur), dem Erfahrungsaustausch über das gezielte Einholen von Informationen bis hin zu verdeckten polizeilichen Aufklärungsmaßnahmen.

Ziel ist zum einen das Erkennen von verbrechenbegünstigender Logistik, von Strukturen und Abläufen (= präventive Komponente), zum anderen das Identifizieren (potentieller) Tatverdächtiger, ihren personellen Verflechtungen sowie von Organisationsabläufen und Deliktshintergründen (= repressive Komponente). Damit setzt auch die Verdachtschöpfung ggf. schon im deliktischen Vorfeld an. Diese Vorfeldarbeit ist häufig unverzichtbare Voraussetzung für die Durchführung konkreter Ermittlungsverfahren. Leistete die Polizei diese Arbeit nicht, könnte auch die Staatsanwaltschaft ihren Auftrag nicht erfüllen, weil schwere Kriminalität ganz oder in ihren wesentlichen Strukturen unerkannt bliebe oder falsch bewertet würde. Somit kommt der Vorfeldarbeit der Polizei bereits eine eigene Bedeutung für die Erhaltung der öffentlichen Sicherheit und für die Verwirklichung des staatlichen Strafanspruches zu. Sie macht schwere, professionelle Kriminalität erkennbar und verfolgbar. Jegliches Zuwarten bis hin zur konkreten Tatausführung fördert die Verfestigung krimineller Strukturen. Die Entwicklungen in Italien und den USA zeigen, daß entsprechende Gegenstrategien zu spät angesetzt haben, so daß sich dort regelrechte kriminelle Parallelgesellschaften bilden konnten.

3.5 Analyse

Die systematisch-analytische Auswertungsarbeit ist Grundvoraussetzung zur Gewinnung fundierter Lagebilder und qualifizierter Ermittlungsansätze. Die gewonnenen OK-relevanten Informationen sind aufzubereiten, zu vergleichen, zu verknüpfen, zu bewerten, ggf. zu speichern.

Im wesentlichen geht es um Daten, Sachverhalte und Ereignisse über personelle, örtliche, zeitliche, strukturelle, deliktische Hintergründe und Zusammenhänge. Die Vergleichs- und Auswertungsarbeit erfolgt sowohl manuell als auch elektronisch. Die regionale bzw. länderbezogene Analyse wird auf ADV-Basis vorgenommen.

Im Zuge der bundesweiten Anstrengungen auf diesem Sektor haben das Bundeskriminalamt und die Landeskriminalämter am 1. 7. 1986 die „Arbeitsdatei PIOS Organisierte Kriminalität" (APOK) eingerichtet. Sie ist auch für das LKA Hamburg ein zentrales Erkenntnisinstrument. Ziel dieser Datei ist

- das Erkennen von Verflechtungen/Zusammenhängen zwischen Personen, Personengruppierungen, Institutionen, Objekten und Sachen;
- das Erkennen krimineller Organisationen sowie deren
  - Organisationsstrukturen
  - Logistik
  - Einflußsphären
  - Betätigungsfelder
  - Arbeitsweisen;
- die Gewinnung von Erkenntnissen für polizei- und ermittlungstaktisches Vorgehen;
- das Ausscheiden unbedeutender Informationen und Erkenntnisse.

Wegen der überregionalen, nationalen und internationalen Dimension der Organisierten Kriminalität werden die im örtlichen Bereich gewonnenen wesentlichen OK-Erkenntnisse in das System eingestellt. Nur so können übergreifende Zusammenhänge und Bezüge erkannt und verknüpft werden. Die APOK stellt somit auch ein wichtiges Informations- und Kommunikationsinstrument der OK-Dienststellen von Bund und Ländern dar.

Analytiker und Ermittler arbeiten räumlich eng zusammen. Nur so ist der notwendige Dialog gewährleistet, können die Erkenntnisse, Bewertungen und Erfahrungen ausgetauscht und abgeglichen werden.

3.6 Ermittlungen und Beweisführung

Die Ermittlungen werden vorrangig verdeckt durchgeführt und sind langfristig angelegt. Die Beweisführung ist insbesondere auf die Erlangung qualifizierter Sachbeweise ausgerichtet. Der Personalbeweis kann wegen des für OK häufig charakteristischen Schweigegebots sowie des auf Zeugen ausgeübten Drucks seltener geführt werden.

Die erste Phase der Ermittlungen ist zumeist von der **verdeckten Beweisführung** geprägt. Sie ist ausschlaggebend für den Ermittlungserfolg, weil in ihr die erforderlichen Ermittlungsansätze erlangt und die tragenden Beweismittel erbracht werden müssen.

Die Maßnahmen dürfen für die Tatverdächtigen nicht von vornherein erkennbar sein, weil andernfalls entsprechende Verdunkelungshandlungen den Erfolg vereiteln würden.

Dieser Ermittlungsabschnitt erfordert exakte detektivische Arbeit, die Beweise müssen systematisch erarbeitet werden. Da es darum geht, nicht allein die individuellen Einzelstraftaten, sondern die gesamte kriminelle Struktur, die Organisation, nachzuweisen, ist ein „langer Atem" zu gewährleisten. Keinesfalls dürfen vordergründige schnelle Erfolge angestrebt werden, darf Erfolgsdruck das Handeln bestimmen.

Das gesamte Spektrum kriminalistischer Möglichkeiten wird ausgeschöpft. Die Beweisführung ist im Kern auf eigene, d. h. polizeiliche Wahrnehmungen aufgebaut. Somit gewinnen klassische kriminalistische Methoden wieder an Bedeutung: Die verdeckte Aufklärung und die Observation.

Organisierte Kriminalität läßt sich nicht aus dem Büro heraus bekämpfen, nur durch kriminalistische Aufklärungsarbeit vor Ort lassen sich Zusammenhänge verifizieren.

Lagebedingt werden weitere verdeckte Maßnahmen wie die Zusammenarbeit mit Informanten, der Einsatz von V-Personen (VP) oder – als Ultima ratio – der Einsatz Verdeckter Ermittler (VE) erforderlich sein. Sie kommen insbesondere bei den Ermittlungen von Straftaten im Nachtleben sowie bei der Bekämpfung des Rauschgifthandels und -schmuggels in Frage. Vor allem der Einsatz von V-Personen und Verdeckten Ermittlern erfordert ein hohes Maß an kriminalistischer Professionalität. Der angestrebte kriminalistische Erfolg hängt immer auch damit zusammen, inwieweit der Schutz der VP oder des VE gewährleistet werden kann. Hieraus ergibt sich eine besondere Verpflichtung für Polizei und Staatsanwaltschaft, die Identität dieser Personen nicht preiszugeben.

Die **VP-Führung** ist schwierig und äußerst sensibel. Da V-Personen häufig sehr gute Kontakte zum Milieu haben oder ihm selbst angehören, ist ihnen gegenüber ein gesundes Mißtrauen angebracht. Es ist selbstverständlich, daß nur qualifizierte, hauptamtliche VP-Führer eingesetzt werden. Nur so kann den besonderen Anforderungen und Verantwortungen in rechtlicher und taktischer Hinsicht entsprochen werden.

Der Einsatz **Verdeckter Ermittler** ist gleichermaßen diffizil. Er erfolgt nach klaren Vorgaben und muß ebenso wie der VP-Einsatz nach innen transparent und nachvollziehbar sein. Auch der VE ist bei Bekanntwerden seiner wahren Identität stark gefährdet, so daß er unter einer Legende tätig wird. Dazu ist er mit entsprechenden Tarnpapieren ausgestattet. Im Einzelfall wird er von einer getarnten polizeilichen Basis aus operieren. Der VE unterliegt dem Legalitätsprinzip, keinesfalls darf er Straftaten begehen oder sich an ihnen beteiligen. Eine Straftatenaufklärung durch Straftatenbegehung kommt nicht in Betracht. VE unterliegen einer Rotation, d. h. sie arbeiten nur für eine bestimmte Zeit in diesem Metier. Wegen der verfahrensmäßigen Bedeutung verdeckter Beweisführung verfügt die Hamburger OK-Dienststelle über ein eigenes operatives Standbein (LKA 263). Damit wird auch die Fremdvergabe entsprechender operativer Aufträge vermieden, was auch dem Schutz der Ermittlungen dient. Darüber hinaus bewirkt die organisatorische Einheit eine hohe Identifizierung mit der Gesamtaufgabe.

Der Professionalismus ist durchweg höher als bei externen Einheiten, die nur temporär mit der spezifischen OK-Bekämpfung zu tun haben.

Die gesamte Ermittlungsführung orientiert sich an der Sachbearbeitung von Großverfahren. Im Zuge der Ermittlungen fallen große Datenmengen an, die meistens manuell nicht mehr überblickt, bewertet und verknüpft werden können, so daß ggf. temporäre, verfahrensbegleitende Spurendokumentationssysteme (SPUDOK) eingesetzt werden.

Die Phase der verdeckten Beweisführung endet in der Regel mit den offenen Zugriffsmaßnahmen (Verhaftungen, vorläufige Festnahmen, Durchsuchungen, Beschlagnahmen, Sicherstellungen, Anschlußmaßnahmen). Sie werden minuziös geplant, vorbereitet und zeitgleich durchgeführt. Häufig sind Aktionen an unterschiedlichen Orten mit starken polizeilichen und benachbarten Kräften erforderlich.

Um die erfolgreiche Durchführung des Gesamtverfahrens zu gewährleisten, werden in der Regel alle bis zum Zugriff andauernden Ermittlungsmaßnahmen geheimgehalten. Dem Schutz der Ermittlungen kommt hohe Bedeutung zu. Ihm muß durch Polizei, Staatsanwaltschaft und Gerichte noch stärker Rechnung getragen werden.

Die wesentlichen Beweismittel müssen bis zum Beginn der zweiten Ermittlungsphase, den offenen Ermittlungen, weitgehend zusammengetragen sein, so daß nicht allein auf die folgenden Durchsuchungs- und Beschlagnahmemaßnahmen sowie die Vernehmungen abgestellt zu werden braucht.

Festgenommene Tatverdächtige werden in der Untersuchungshaft getrennt, ggf. örtlich weit voneinander inhaftiert. Vor allem soll dadurch die Beeinflussung von Zeugen verhindert werden.

Zunehmend müssen sich die OK-Ermittlungen auch in der „3. Bekämpfungsdimension“ abspielen. Das bedeutet, daß stärker auf den „Motor“ der Organisierten Kriminalität, den kriminellen Profit, abzustellen ist. Nachdem sich entsprechende spezialgesetzliche Regelungen abzeichnen, wird dem Aufspüren und einziehen von Verbrechensgewinnen im Rahmen von Finanzermittlungen eine zentrale Bedeutung zukommen.

Die OK-Dienststelle hat keine deliktspezifische Zuständigkeit, so daß eine „Fremdbestimmung“ durch das Übersenden entsprechender Vorgänge nicht eintritt.

Der Leiter hat das Entscheidungsrecht zur Übernahme oder Abgabe von Vorgängen sowie das Recht zur Informationsbeschaffung bei allen Dienststellen der Polizei. Er hat Weisungsbefugnisse in Einzelfällen zur Verhinderung konträrer Ermittlungen.

Zum Schutze der eingesetzten Beamten sowie zur Sicherstellung erfolgreicher Ermittlungen kann die Dienststelle anderen Organisationseinheiten Einblicke verwehren.

Die Dienststelle ist in ihrer Logistik autark. Sie verfügt z. B. über eigene Führungs- und Einsatzmittel sowie eine Befehlsstelle, von der aus die drahtlose Kommunikation über einen eigenen Funkkanal verschlüsselt abgewickelt wird. Die Dienststelle ist abgeschottet im Polizeipräsidium untergebracht. Ihre Beamten repräsentieren den gesamten kriminalistischen Sachverstand aus den relevanten Fachbereichen. Sie sind auf der Basis der Freiwilligkeit aus dem gesamten Polizeibereich ausgewählt worden. Auf die im operativen Bereich eingesetzten Bediensteten trifft dieses analog zu. Ihre Auswahl wird nach psychologischen, medizinischen und kriminaltaktischen Gesichtspunkten vorgenommen. Die Rekrutierung erfolgt nach den Prinzipien Geeignetheit und Freiwilligkeit. Die Beamten können jederzeit von sich aus aus dieser Tätigkeit ausscheiden. Die Einsatzführung unterliegt qualifizierten Beamten des gehobenen Dienstes und ist sehr eng und restriktiv. In schwierigen Entscheidungssituationen gilt der Grundsatz „Delegation nach oben“.

3.7 Zeugenschutz

Vor allem im Bereich der Organisierten Kriminalität tritt zunehmend das Problem gefährdeter Verbrechenszeugen auf. Insbesondere dort, wo Täter zur Durchsetzung ihrer kriminellen Ziele rücksichtslos die persönliche Integrität und die freie Willensentschließung von Personen beeinträchtigen, erhöht sich das Gefahrenmoment für Tatzeugen. Die dabei zu beobachtenden vielfältigen Einwirkungen von Täterseite auf Belastungszeugen sind geradezu Anzeichen für das Vorhandensein Organisierter Kriminalität.

Immer wieder ist festzustellen, daß es insbesondere in den Bereichen Rauschgifthandel und -schmuggel, Förderung der Prostitution, Zuhälterei, Menschenhandel und (Schutzgeld-)Erpressung eigene Normen- und Sanktionssysteme gibt. Ein Kooperieren mit Polizei und Staatsanwaltschaft bedeutet Verrat und hat nicht selten die Vernichtung der wirtschaftlichen Existenz, häufiger die Beeinträchtigung der körperlichen Integrität zur Folge. Besonders dann, wenn der Zeuge selbst aus dem kriminellen Milieu stammt und als Tatbeteiligter oder Mitwisser zur Belastung für den Täter werden könnte, er also als „Verräter“ gilt, erhöht sich sein Risiko.

Der Zeugenschutz gewinnt zunehmend auch eine kriminalstrategische Bedeutung. Wenn Polizei und Justiz in der Lage sind, OK-Zeugen einen qualifizierten Schutz zu gewährleisten, werden diese eher aussagebereit sein. Vor allem gilt das für Insider-Zeugen, die häufig selbst strafrechtlich involviert sind. Aus der Praxis sind zahlreiche Fälle bekannt, in denen offenkundig hochkarätige Zeugen letzten Endes geschwiegen haben, weil die Strafverfolgungsbehörden den verlangten Schutz nicht leisten konnten. Im umgekehrten Fall kann ein angebotener und erfolgreich praktizierter Zeugenschutz nicht nur die Aussagebereitschaft generell fördern, sondern auch eine Brücke für kriminelle Aussteiger sein.

Aus diesen Gründen wird die Hamburger OK-Bekämpfung seit Jahren durch qualifizierte Zeugenschutzmaßnahmen flankiert. Nach einer zweijährigen Erprobungsphase ist 1986 eine Dienststelle „Zeugenschutz" (LKA 422) eingerichtet worden. Sie baut auf den Erfahrungen der USA auf, wo seit 1970 der Schutz gefährdeter Zeugen zu den wichtigsten Instrumenten im Kampf gegen das organized crime gehört. Bei der zuständigen Behörde, dem United States Marshals Service (USMS), hat der Leiter der Hamburger Zeugenschutzdienststelle eine Spezialausbildung absolviert.

Das Zeugenschutzkonzept basiert u. a. auf folgenden Regularien:

- Zeugenschutzmaßnahmen werden zentral von einer LKA-Dienststelle wahrgenommen, die nicht dem Ermittlungsbereich angehört. Damit wird dem Vorwurf der Zeugenbeeinflussung von vornherein begegnet.
- Der Einsatz hauptamtlicher Zeugenschutzbeamter gewährleistet hohe Professionalität und Effizienz.
- Die Beamten sind vor allem für Kontakt-, Betreuungs-, Koordinierungs- und Steuerungsaufgaben zuständig. Sie sind für gefährdete Zeugen ansprechbar, geben Verhaltensmaßregeln und initiieren Schutzmaßnahmen (z. B. Prozeßbegleitung, Personen- und Objektschutz).
- An die Zeugenschutzbeamten sind Anforderungen gestellt, die der Stellung des Zeugen im Strafprozeß und der Durchführung eines fairen Verfahrens Rechnung tragen. So hat z. B. das Besprechen von Verfahrensinhalten mit dem geschützten Zeugen zu unterbleiben.
- Gefährdungsbeurteilung und Gefahrenermittlung sind in enger Zusammenarbeit mit der für den Fall zuständigen Ermittlungsdienststelle (Polizei, Staatsanwaltschaft) vorzunehmen.
- Zeugenschutzmaßnahmen werden nur mit Einverständnis des Zeugen durchgeführt. Dieser kann jederzeit von sich aus aus dem Zeugenschutzprogramm ausscheiden.
- Die Zeugenschutzdienststelle ist **nicht** für den Schutz gefährdeter Ermittlungsbeamter oder V-Personen zuständig.

3.8 Zusammenarbeit mit der Staatsanwaltschaft

Eine sachgerechte OK-Bekämpfung ist nur durch eine enge, qualifizierte und vertrauensvolle Zusammenarbeit von Staatsanwaltschaft und Polizei möglich.

OK-Verfahren sind zumeist Großverfahren, geht es doch um das strafrechtlich relevante Ausmaß deliktischer, personeller und struktureller Gesamtzusammenhänge. Dabei ergeben sich Fragen der Ermittlungs- und Prozeßstrategie, so daß von Beginn des Verfahrens an die StA einbezogen sein muß. In Hamburg wird kein OK-Verfahren begonnen, ohne daß nicht von vornherein der sachbearbeitende Staatsanwalt benannt ist. Er vertritt in aller Regel auch die Anklage in der Hauptverhandlung.

Nur auf diese Weise kann sichergestellt werden, daß der Verfahrensstoff ggf. nach §§ 153 ff. StPO begrenzt wird, um Ausuferungen und Verzettelungen zu vermeiden. Im Zuge der Ermittlungen werden ständig die einzelnen Vorgehensschritte abgestimmt, denn taktische Fragen sind zumeist auch Rechtsfragen.

Vor diesem Hintergrund hat die Hamburger Staatsanwaltschaft ein Pendant zur OK-Inspektion eingerichtet, das mit 8 Staatsanwälten besetzt ist. Sämtliche Ermittlungsfälle des LKA 26 fallen in diesen Zuständigkeitsbereich.

Literatur- und Quellennachweise zum 3. Teil: Die Bekämpfung der Organisierten Kriminalität

Arzt, Gunther (1987): Zur Beweisbeschaffungspflicht der Bank im Strafverfahren, in: Beiträge zum schweizerischen Bankenrecht, Bern, S. 321–341

Bayer, LKA (1989): Pressemitteilungen „Ermittlungen gegen die Mafia“, 11. Dezember, Bayerisches Landeskriminalamt, München

Bayer, LKA (1990): Pressemitteilung „Camorra-Boß festgenommen“, 30. Juli, Bayerisches Landeskriminalamt, München

Bernard, François (1991): Verbissener Kampf gegen die Geldwäsche, Luxemburger Wort, 31. Januar

Bernasconi, Paolo (1988): Finanzunterwelt – Gegen Wirtschaftskriminalität und organisiertes Verbrechen, Orell Füssli Verlag, Zürich und Wiesbaden

BKA, Hrsg. (1981): Polizeiliche Drogenbekämpfung, BKA-Schriftenreihe Band 49, Bundeskriminalamt, Wiesbaden

BKA, Hrsg. (1991): Organisierte Kriminalität in einem Europa durchlässiger Grenzen, BKA-Vortragsreihe Band 36, Bundeskriminalamt, Wiesbaden

BKA (1991): Stellungnahme „Zum Einsatz verdeckter Ermittler“, 20. März, Bundeskriminalamt, Wiesbaden

BMJFFG und BMI, Hrsg. (1990): Nationaler Rauschgiftbekämpfungsplan – Maßnahmen der Rauschgiftbekämpfung und der Hilfe für Gefährdete und Abhängige, Der Bundesminister für Jugend, Familie, Frauen und Gesundheit – Der Bundesminister des Innern, Bonn: Stand 13. Juni 1990

BMI (1991): Entwurf eines Gesetzes über das Aufspüren von Gewinnen aus schweren Straftaten (Gewinnaufspürungsgesetz), Der Bundesminister des Innern. Bonn, 6. März 1991

BMI (1992): Statement von Bundesinnenminister Rudolf Seiters (CDU) zum Thema „Gewinnaufspürungsgesetz und Innere Sicherheit“, 8. April, Bundesministerium des Inneren, Bonn

Bundestag (1991): Gesetzentwurf des Bundesrates – Entwurf eines Gesetzes zur Bekämpfung des illegalen Rauschgifthandels und anderer Erscheinungsformen der

Organisierten Kriminalität (OrgKG), Deutscher Bundestag, 12. Wahlperiode, Drucksache 12/989 vom 25. 7. 1991

Bürger kontrollieren die Polizei et al., Hrsg. (1990): Europol – Europäische Gemeinschaft der Inneren Sicherheit, Hamburg

br.- (1991): Europa gegen „Geldwäscher", Europa 42. Jg. Nr. 3 (März), S. 40–41

Die Welt (1991): EG sagt Geldwäschern den Kampf an, 11. Juni

Die Welt (1991): „EG schafft Euro-Polizei und gleicht Asylrecht an", 4. Dezember

Die Welt (1991): „Fehlt die Grenze, leidet die Sicherheit", 3. Dezember

Evang. Akademie Bad Boll, Hrsg. (1991): Justiz und Polizei im Europa ohne Grenzen – Bedrohungen durch die Kriminalität – durch deren Bekämpfung, Protokolldienst 3/91 der Evangelischen Akademie, Bad Boll

Frankfurter Allgemeine Zeitung (1990): Umkehr der Beweislast, 31. Oktober, S. 44

Freiberg, Konrad (1986): „Riesige Gewinne sichern die kriminelle Macht", Deutsche Polizei 35. Jg. Nr. 6/S. 25–27

Freiberg, Konrad (1991): „Verdeckte Ermittler dürfen nicht Straftäter sein", Deutsche Polizei 40. Jg. Nr. 8/S. 11–12

Freiberg, Konrad (1992): „Schafft die Polizei den Sprung über die Grenzen?", Deutsche Polizei 41. Jg. Nr. 3/S. 6–10

Fuchs, Helmut (1990): Gewinnabschöpfung und Geldwäscherei, Überarbeitete Fassung eines auf dem Fortbildungsseminar der Vereinigung der österreichischen Richter am 28. Februar in Ottenstein gehaltenen Vortrages

Fuhr, Werner (1985): Korruption – wirtschaftskriminelle Amtsdelikte, in: BKA-Schriftenreihe Band 53, Bundeskriminalamt, Wiesbaden, S. 115–139

GdP (1990): Kriminalpolitisches Programm der Gewerkschaft der Polizei, Hilden

GdP (1991): Organisierte Kriminalität – eine Herausforderung für die Gesellschaft? – hier: Beiträge von StA Graefe und Wolfgang Neiß, Duisburg, GdP-Veranstaltung, 21. November, Hannover

Haas, Klaus-Detlef (1991): Krimineller EG-Binnenmarkt – Organisiertes Verbrechen hat die Vereinigung Europas längst vollzogen, Berliner Zeitung, 9. Dezember, S. 5

Haas, Klaus-Detlef (1992): Der liberale Rechtsstaat als Mandant, Berliner Zeitung, 21. Mai, S. 5

Haas, Klaus-Detlef (1992): Sicherheitsstaat wird ausgebaut – Gesetz gegen die organisierte Kriminalität verfassungsrechtlich umstritten, Berliner Zeitung, 10. Juni, S. 5

Haas, Klaus-Detlef (1992): Kronzeugenregelung ist bisher gescheitert, Berliner Zeitung, 2. April, S. 5

Hamburger Abendblatt (1991): Interview mit William Healey, leitender US-Rauschgiftfahnder, 25. November

Hamburger Abendblatt (1992): „Deutsche Chemie für die Drogen der Welt?", 13. Januar

Hoon, Geoffrey, Berichterstatter (1991): Empfehlung des Ausschusses für Recht und Bürgerrechte betreffend den Gemeinsamen Standpunkt des Rates im Hinblick auf die Annahme einer Richtlinie zur Verhinderung der Nutzung des Finanzsystems zum Zwecke der Geldwäsche (C 3 – 0062/91 – SYN 254), Sitzungsdokument (A 3 – 0082/91) des Europäischen Parlaments vom 3. April 1991

Internationale Liga für Menschenrechte, Sektion Berlin (West), Hrsg. (1990): „Dem Rechtsstaat an den Kragen" – Stellungnahme der Internationalen Liga für Menschenrechte zur Bundesratsvorlage eines ‚Gesetzes zur Bekämpfung des illegalen Rauschgifthandels und anderer Erscheinungsformen der Organisierten Kriminalität' vom 11. Mai 1990 (BR-Drs. 74/90), September 1990

Kalnoky, Boris (1991): Die Drogenmafia könnte den ganzen Ostblock aufkaufen, Die Welt, 23. November

Kerner, Hans-Jürgen (1973): Professionelles und organisiertes Verbrechen, BKA-Schriftenreihe, Bundeskriminalamt, Wiesbaden

Körner, Harald Hans (1990): Betäubungsmittelgesetz (Erläuterungen), Beck'sche Kurz-Kommentare Band 37, 3. Auflage, C. H. Beck'sche Verlagsbuchhandlung, München

Landespressedienst Berlin (1990): Aus dem Abgeordnetenhaus, Kleine Anfrage Nr. 1235 über „Einsatz verdeckter Ermittler in Berlin", vom 19. Juni

Leyendecker, Hans, und Rickelmann, Richard (1992): Dreckiges Geld, saubere Helfer, SPIEGEL-Serie
Teil 1: Wie Gangster-Syndikate in aller Welt ihre Drogenmilliarden waschen, Nr. 9/24. Februar, S. 130–144,
Teil 2: Die Amerikaner schlagen zurück, Nr. 10/

2. März, S. 146–160,
Teil 3: Europa reagiert hilflos, Nr. 11/9. März, S. 160–170,
Verlag Der Spiegel, Hamburg

McStravick, Tony (1991): Die Einflußnahme des Organisierten Verbrechens auf Wirtschaft und Politik, in: BKA-Vortragsreihe Band 36, Bundeskriminalamt, Wiesbaden, S. 197–214

Meyer, Jürgen, Hrsg. (1987): Betäubungsmittelstrafrecht in Westeuropa – Eine rechtsvergleichende Untersuchung im Auftrag des Bundeskriminalamtes, Beiträge und Materialien aus dem Max-Planck-Institut für ausländisches und internationales Strafrecht, Band S 5, Freiburg

Meyer, Jürgen und Dessecker, Axel und Smettan, Jürgen R., Hrsg. (1989): Gewinnabschöpfung bei Betäubungsmitteldelikten, Sonderband der BKA-Forschungsreihe, Bundeskriminalamt, Wiesbaden

Ministerium NRW (1990): Gemeinsame Richtlinie der Justizminister/Senatoren und der Innenminister/Senatoren der Länder über die Zusammenarbeit bei der Verfolgung der Organisierten Kriminalität, Ministerialblatt des Landes Nordrhein-Westfalen vom 21. Dezember

Moniac, Rüdiger (1992): Die dunklen Kanäle der Geldwäscher – Wie die Drogenmafia in das internationale Finanzsystem eindringt, Die Welt, 20. März, S. 6

Müller, Peter (1990): Die Mafia in der Politik, C. H. Beck Verlag, München

Neubert, Miriam (1989): Lebensnerv der Mafia, Rheinischer Merkur Nr. 34 – 25. August, S. 9

Neubert, Miriam (1990): Zugriff auf die Drogen-Millionen, Rheinischer Merkur Nr. 12 – 23. März, S. 15

Neubert, Miriam (1992): Noch lacht der Mafioso, Rheinischer Merkur Nr. 13 – 27. März, S. 9

Neue Zürcher Zeitung (1991): Französisches Gesetz gegen Geldwäsche präzisiert, 17. Februar

Osterkorn, Thomas und Schütz, Hans Peter (1990): Innere Sicherheit – Dann leben wir im Wanzen-Staat, Der Stern, Heft Nr. 23/31. Mai, S. 206–207

Palmer, Anne-Kattrin (1992): Mafia kurbelt Wirtschaft an, Berliner Zeitung, 17. Juni, S. 4

Perina, Udo (1990): Schmutziger Reichtum – Die Bundesregierung will die Geldwäsche erstmals unter Strafe stellen, Die Zeit Nr. 20 – 11. Mai, S. 29

Poerting, Peter, Hrsg. (1985): Wirtschaftskriminalität Teil 2, BKA-Schriftenreihe Band 53, Bundeskriminalamt, Wiesbaden

Ramelsberger, Annette (1992): Polizist warnt vor Polizeistaat, Berliner Zeitung, 14. Januar, S. 16

Ramelsberger, Annette (1992): Wieviel Sicherheit und Ordnung braucht der Mensch? Berliner Zeitung, 29. Januar, S. 11

Rebscher, Erich und Vahlenkamp, Werner (1988): Organisierte Kriminalität in der Bundesrepublik Deutschland, Sonderband der BKA-Forschungsreihe, Bundeskriminalamt, Wiesbaden

Scheidges, Rüdiger (1990): Der Zweck soll die Mittel heiligen – Gesetzentwurf gegen Rauschgiftkriminalität schränkt Grundrechte radikal ein, Der Tagesspiegel, 24. Juni, S. 3

Scheidges, Rüdiger (1990): Organisiertes Verbrechen ohne Grenzen, Der Tagesspiegel, 13. November, S. 3

Scheidges, Rüdiger (1991): Warnung vor Wanzen, Richtmikrofonen und verdeckten Ermittlern, Der Tagesspiegel, 27. Juni, S. 4

Scheidges, Rüdiger (1992): Verdeckte Ermittler dürfen dann auch Unbescholtene ausspähen, Der Tagesspiegel, 26. Juni, S. 2

Scheuch, Erwin und Ute (1992): Cliquen, Klüngel und Karrieren – Über den Verfall der politischen Parteien – eine Studie, Rowohlt, Reinbek bei Hamburg

Schulz, Heinz (1987): Die Bekämpfung der Rauschgiftkriminalität – Ein Handbuch für die Praxis, Kriminalistik Verlag, Heidelberg

Schweizerisches Strafgesetzbuch: (Gesetzgebung über Geldwäscherei und mangelnde Sorgfalt bei Geldgeschäften), Änderung vom 23. März 1990

See, Hans und Schenk, Dieter, Hrsg. (1992): Wirtschaftsverbrechen – Der innere Feind der freien Marktwirtschaft, Kiepenheuer & Witsch Verlag, Köln

Semerak, Arved F. (1989): Die Polizei in Westeuropa, Richard Boorberg Verlag, Stuttgart–München–Hannover

Spiegel, Der (1992): Sitten aus dem Basar – Die Kronzeugenregelung – ein auslaufendes Modell für Rechtsstaat und Terrorfahnder, 46. Jg. Nr. 7/10. Februar, S. 40 ff.

Spiegel, Der (1992): Terrorismus – schlimmes Tief, 46. Jg. Nr. 28, 6. Juli, S. 33–34

Steuer, Stephan (1991): Die Geldwäsche und die Maßnahmen zu ihrer Bekämpfung aus Sicht der Banken, in: BKA-Vortragsreihe Band 36, Bundeskriminalamt, Wiesbaden, S. 163–177

Strate, Gerhard (1990): Gesetze so unklar wie möglich – Der Hamburger Strafverteidiger über drohende Spitzeleinsätze und Geheimprozesse, Der Spiegel 44. Jg. Nr. 24/11. Juni, S. 38 f.

Stümper, Alfred (1991): Farbe bekennen – Verdeckte polizeiliche Ermittlungen in einem Rechtsstaat, Kriminalistik, Heft 11, S. 695–697

Tagesspiegel (1990): Banken sollen Geldbewegungen der Polizei mitteilen, 20. April, S. 2

Tagesspiegel (1990): Paris – kein Bankgeheimnis beim Kampf gegen die Drogenkriminalität, 10. Mai, S. 11

Tagesspiegel (1990): Verdeckte Ermittler bei der Bekämpfung der Kriminalität unentbehrlich, 20. Juni, S. 14

Tagesspiegel (1991): Telefonische Überwachung vor allem bei organisierter Kriminalität, 21. März, S. 23

Tagesspiegel (1991): Mafia-Methoden sollen Zeugen zum Schweigen bringen – Organisierte Kriminalität setzt zunehmend Aussagewillige unter Druck, 5. April, S. 35

Tagesspiegel (1991): Schäuble: Verdeckte Ermittler müssen Straftaten begehen können, 23. Mai, S. 1

Tagesspiegel (1991): SPD verlangt die Einziehung von Gewinnen aus Drogenhandel, 13. Juni, S. 4

Tagesspiegel (1991): V-Mann muß nicht aussagen – Verwaltungsgerichtsurteil zu verdeckten Ermittlern in der Drogenszene, 26. November, S. 10

Tagesspiegel (1991): Wir sind keine Draufgänger – Die Aktivitäten verdeckter Ermittler sind unter Juristen umstritten, 6. Dezember, S. 32

Tagesspiegel (1992): Mit Ostgeschäften wird Mafiageld gewaschen, 2. Januar, S. 1

Tagesspiegel (1992): Für gefährdete Zeugen wird notfalls ein neues Leben arrangiert, 20. Januar, S. 7

Tagesspiegel (1992): Drogengelder angeblich auf deutschen Konten, 23. Februar, S. 3

Tagesspiegel (1992): Kronzeugenregelung für Heroinschmuggler-Bande, 11. März, S. 11

Tagesspiegel (1992): Gesetzentwurf gegen Geldwäsche enthält noch einige Löcher – Banken sollen nicht alle Großeinzahler identifizieren müssen, 8. April, S. 4

Tagesspiegel (1992): Anwälte gegen Lauschangriffe, 16. Mai, S. 2

Tagesspiegel (1992): SPD-Länder gegen Einsatz von Abhöranlagen in Wohnungen, 17. Mai, S. 4

Tagesspiegel (1992): Bundestag verabschiedet Gesetz gegen organisiertes Verbrechen, 5. Juni, S. 1, 2

Tagesspiegel (1992): Ermittler fürchten Ausbreitung der Mafia in der Ex-DDR, 17. Juni, S. 17

Thamm, Berndt Georg (1986): Gespräch mit Giovanni Falcone, Untersuchungsrichter in Palermo (Sizilien), im Europäischen Parlament, Brüssel 20./21. März, unveröffentlichte Aufzeichnungen, Berlin

Thamm, Berndt Georg (1989): Drogenfreigabe – Kapitulation oder Ausweg? Pro und Contra zur Liberalisierung von Rauschgiften als Maßnahme zur Kriminalitätsprophylaxe, Verlag Deutsche Polizeiliteratur, Hilden

Thamm, Berndt Georg (1991): Drogen und Kriminalität – Drogeninformation – Drogenvermarktung – Hilfen für Drogenabhängige, Verlag Deutsche Polizeiliteratur, Hilden

Thamm, Berndt Georg (1991): Organisierte Kriminalität – Countdown im Milliardengeschäft, Deutsche Polizei 40. Jg., Nr. 7 (Juli), S. 4–11

Tresz, Peter L. (1988): Leitfaden für Instrukteure und Ermittlungsbeamte auf dem Gebiet der Rauschgiftbekämpfung, BKA-Schriftenreihe Band 56, Bundeskriminalamt Wiesbaden

Uniewski, Herbert (1990): Die Drogenmafia – Der größte Konzern der Welt, Der Stern Heft Nr. 25/13. Juni, S. 56–62

Uniewski, Herbert (1992): Der Schmiergeld-Staat – Deutsche Beamte halten die Hand auf, Der Stern (Titel) Heft Nr. 8, 13. Februar, S. 16–23

Wack, René (1991): Internationaler Transfer illegal erlangter Gewinne: Geldwäsche und Gewinnabschöpfung, in: BKA-Vortragsreihe Band 36, Bundeskriminalamt, Wiesbaden, S. 147–162

Weckbach-Mara, F. (1991): BND – Drogenmafia kauft ostdeutsche Firmen, Bild am Sonntag 38. Jg. Nr. 31, 4. August, S. 2

Wüllenweber, Hans (1992): Geld-Waschsalon Deutschland, Berliner Zeitung, 22. Juni, S. 30

Zänker, Alfred (1989): Bankiers wollen keine Hilfssheriffs gegen die Drogenmafia werden, Die Welt Nr. 123 (Welt – Report Banken International), 30. Mai, S. VIII

Zechlin, Lothar (1990): … dein Freund und Spitzel – Die neuen Polizeigesetze: Zurück zum Büttelstaat? Die Zeit Nr. 27, 29. Juni, S. 50

Ziegler, Jean (1990): Die Schweiz wäscht weißer – Die Finanzdrehscheibe des internationalen Verbrechens, Piper, München

Zimmermann, Horst (1991): Vom Tatort zurückgepfiffen – Verdeckten Ermittlern gegen die organisierte Kriminalität hat Bonn jetzt mit neuen Auflagen die Arbeit erschwert, Rheinischer Merkur Nr. 31 – 2. August, S. 4

Zimmermann, Horst (1992): Korruption, Rheinischer Merkur Nr. 9 – 28. Februar, S. 9

Zulauf, Urs (1989): Die Eidgenössische Bankenkommission und Geldwäscherei, Recht Heft 3, S. 79–90

Nachwort

Organisierte Kriminalität als Staats- und Demokratiebedrohung!?

Organisierte Kriminalität – der Bürger sieht sie nicht. Und doch hat sie schon längst Einzug in den Bürgeralltag gehalten. Selbst Kindern wird sie spielend näher gebracht. Dazu ein paar Beispiele:

● Kinder – Spiele – Organisiertes Verbrechen

In **Deutschland** wird seit 1990 von der Firma „Parker" das Spiel „Cosa Nostra – es war einmal in Chicago" angeboten, „für 2–4 Spieler ab 10 Jahren". Zur Spielidee heißt es: „Das Chicago der 30er Jahre bildet den dramatischen Hintergrund für dieses spannende Spiel. Es gibt vier rivalisierende Banden und alle verfolgen das gleiche Ziel – die Vorherrschaft in der Stadt zu gewinnen …"

In den **USA** ist das Unternehmen „Eclipse Enterprises" (Forestville/California) im Comic- und Tauschbildgeschäft tätig. Lange Zeit waren bei den amerikanischen Kindern Spitzensportler als Sammelobjekt beliebt. Das ändert sich nun vielleicht; denn seit Anfang Juni 1992 prangen Gangster und Massenmörder auf den beliebten Sammel- und Tauschbildchen, die es als neue Serie von „Trading Cards" für einen Dollar pro Packung zu kaufen gibt.

● Kinder – Berufswünsche – Organisiertes Verbrechen

In der **Sowjetunion** befragte 1989 die Jugendzeitung „Moskowskij Komsomolez" 320 Moskauer Teenager über ihre Vorstellungen von einem Traumberuf. Viele der jungen Leute entschieden sich für „zwar einträgliche", doch eben kriminelle Berufe: Jeder dritte Junge träumte davon, ein Schutzgelderpresser zu werden, und gar jedes zweite Mädchen empfand „Sympathie" für das schwierige Gewerbe der Prostitution.

In **Italien** erwischten im September 1991 in Neapel Polizisten die elfjährige Anna mit Haschisch und Kokain. Das Mädchen zu den Beamten: „Mir gefallen die Camorra-Bosse, das sind richtige Männer. Ich will bald einen heiraten und Söhne haben, die ins Gefängnis gehen und bewaffnet herumlaufen." Anna lebt in einer Stadt, in der bis zu einem Drittel der Schulpflichtigen dem Unterricht fern bleibt und in der die Camorra rund 3.000 Kinder beschäftigen soll.

● Nostalgie – Tourismus – Organisiertes Verbrechen

In den **USA** hat in den 20er und 30er Jahren Chicago Verbrechensgeschichte geschrieben. Während der Prohibition gab es hier 21.207 geheime Kneipen,

COSA NOSTRA

ES WAR EINMAL IN CHICAGO ...

Für 2-4 Spieler ab 10 Jahren

„Speak easies“ genannt. Und just dort, wo zu Zeiten des Alkoholverbots die Gangster zechten, wird heute Revue-Theater gespielt, erklingt der Blues der frühen Jahre und lesen junge Dichter ihre Texte. Die nostalgisch herausgeputzten Schauplätze jener wilden Zeit, beispielsweise der Nachbau von „Tommy Gun's Garage“, sind heute Touristenattraktionen. Erst kürzlich, Anfang März 1992, wurden sie fachkundig im Journal Reisen des Hamburger Magazins STERN beschrieben.

Schon im April 1989 war der ernst gemeinte Vorschlag gemacht worden, das alte zweistöckige Chicagoer Wohnhaus des legendären Gangsterbosses Al Capone zum „Nationalen Wahrzeichen“ zu machen, was insbesondere italo-amerikanische Gruppen auf das schärfste kritisierten.

Last not least bot im April 1992 das Auktionshaus „Leslie Hindman“ in Chicago wertvolle Möbel und andere Gegenstände des Gangsters an, die aus Capones Landhaus auf Palm Island in Florida stammten.

Auch in **Italien** ist das organisierte Verbrechen „für Touristen zu haben“. In der Hauptstadt Rom wurden 1991 T-Shirts mit dem Aufdruck „Mafia – made in Italy“ verkauft. In den südlichen Regionen Kalabrien und Sizilien können kleine Mafiosi als bemalte Tonfiguren oder als teure Silberplastik in den Touristenzentren erworben werden.

● Werbung – Organisiertes Verbrechen

Selbst die Werbung in **Italien** entdeckte – skandalträchtig – das organisierte Verbrechen. Im Frühjahr 1992 ließ das Textilunternehmen Benetton in Zeitschriften im ganzen Lande ein großformatiges Bild plakatieren, das drei trauernde, in Schwarz gekleidete Frauen um einen notdürftig bedeckten Leichnam zeigt. Der Tote, zu dessen Füßen sich eine riesige Blutlache gebildet hatte, war der Mafiaboß Benedetto Grado, der im November 1983 in einem Bandenkrieg ermordet wurde.

Die Familie des getöteten Mafioso will, so Nachrichtenagenturen im März 1992, gegen den Textilhersteller Luciano Benetton auf Schadensersatz klagen.

● Film und Fernsehunterhaltung – Organisiertes Verbrechen

Ungezählte Millionen von Filmbesuchern und Fernsehzuschauern haben sich daran gewöhnt; an die „unterhaltende Darstellung“ des organisierten Verbrechens, ihrer Führungspersonen (von Al Capone über „Lucky“ Luciano bis „Dutch“ Schulz) und natürlich ihrer Bekämpfung: TV-Serien wie „Miami Vice“ (USA) und „Allein gegen die Mafia“ (Italien) schrieben Fernsehgeschichte; Filme wie „French Connection“ und „Der Pate“ Filmgeschichte.

Legion sind die „Krimis“ in aller Welt, in deren Handlungen die Polizei in Sachen Organisierte Kriminalität ermittelt. In dieser Unterhaltungsindustrie ist die OK nicht mehr wegzudenken.

● Karikatur und Witz – Organisiertes Verbrechen

In den letzten Jahren haben sich verstärkt auch die Karikaturisten mit spitzem Zeichenstift des Themas angenommen. Mittlerweile ist die Organisierte Kriminalität selbst zum Gegenstand des Witzes geworden, sogar in Deutschland. So widmete hier beispielsweise die auflagenstarke Programmzeitschrift HÖR ZU Ende Februar 1992 der Mafia ihre „Witz Seite“:

„Klar nimmt sich die Mafia ihren Anteil, dafür stellt sie aber den Affen“

Die genannten Beispiele sind nicht repräsentativ, aber sie belegen doch, daß über die Jahre – insbesondere in diesen 90er Jahren – das Thema „organisiertes Verbrechen“ schleichend auch Einzug in den Alltag hält.

Doch der reale Einfluß der Organisierten Kriminalität in Wirtschaft und Politik ist über Geld und Korruption schon viel bedrohlicher.

Von dieser Bedrohung sind inzwischen auch die rechtsstaatlichen Demokratien nicht mehr ausgenommen. Beispiele dafür finden sich in vielen Ländern der Welt, auch in der fernöstlichen Hemisphäre.

Die wohl über einen geschlossenen Zeitraum von über 300 Jahren älteste Organisierte Kriminalität ist die in Japan. Diese „Erben der Samurai" nennen sich Yakuza, sind dem Kaiserhaus treu ergeben, pflegen konservative Werte und waren bis zum Frühjahr 1992 faktisch – auch von der Polizei – geduldet worden. Die 3.300 Yakuza-Gruppen im Lande hatten bei der Bevölkerung oft ein eher positives Image, lebten sie doch in der Grauzone zwischen Bürgerakzeptanz und zunehmender Verbrechensablehnung. Schon in den 80er Jahren wurde Japans zentraler Polizeibehörde NPA deutlich, daß der Yakuza-Einfluß in der Gesellschaft beängstigend wuchs. „Es ist", so NPA-Polizist Takaji Kunimatsu, „höchste Zeit, daß wir gegen die gewalttätige Einmischung durch die Yakuza vorgehen". Der Beamte wußte, wovon er sprach. Nach einer Umfrage seiner Behörde zufolge sind etwa zwei Drittel aller japanischen Großunternehmen (!) von Yakuza angesprochen worden. Etwa die Hälfte der Firmen berichtete, daß sie von den Gangstern bedroht worden seien oder daß die Syndikate Erpressungsversuche gemacht haben. Ein Drittel der Gesellschaften gab zu, Abfindungen gezahlt zu haben, um ernsten Schwierigkeiten aus dem Wege zu gehen.

Im Frühjahr 1992 kam in die Reihen der Yakuza eine ganz neue Bewegung. Es galt die Devise, sich schleunigst in Unternehmen oder Parteien zu organisieren oder Firmen – legal registriert als Beerdigungsunternehmen, Kulturzentren oder Maklerbüros – zur Tarnung zu gründen. Das landesgrößte Verbrechersyndikat, die „Yamaguchi-gumi", forderte ihre 117 Banden auf, sich als Gesellschaften mit beschränkter Haftung registrieren zu lassen.

Anlaß dieser fieberhaften Aktivitäten war ein Stichtag: der 1. März 1992 Null-Uhr-Null. Mit diesem Tag trat in Nippon das „Anti-Banden-Gesetz" in Kraft, das erstmals die Yakuza als kriminelle Vereinigungen einstuft. Hauptziel des Gesetzes ist es, der gewaltsamen Einmischung von „Boryokudan" (Gangsterbanden) in zivilen Angelegenheiten einen Riegel vorzuschieben. Dazu will die Polizei bei der Identifizierung der Banden einerseits und der Beschneidung ihrer Haupteinnahmequellen andererseits ansetzen. So werden in elf „Geschäftsbereichen" der Yakuza künftig schon bei kleinsten Vergehen auch strenge Freiheitsstrafen angedroht. Zu diesen „Geschäftsbereichen" gehören die klassischen Betätigungsfelder Rauschgifthandel, Waffenschmuggel, verbotenes Glücksspiel, Erpressung, Prostitution und die Protektion von Unternehmen in der Vergnügungsbranche. Aber auch „Geschäftsbereiche", in denen die Kunden aus Bürgerschaft, Wirtschaft, selbst aus der Politik kamen. Zu diesen Bereichen gehörten

- der „Schutz" von Firmenhauptversammlungen gegen „lästige" Fragensteller,

- das gewaltsame Eintreiben von Schulden,
- die „Regelung“ von Verkehrsunfällen und
- last not least Eigentumsfragen.

Ein Kernstück des Gesetzentwurfes wurde zur Freude der Yakuza schon frühzeitig herausgelöst: die Konfiszierung von illegal erwirtschafteten Geldern hat – mit der Ausnahme Rauschgiftkriminalität – noch immer keine gesetzliche Grundlage. Das „Anti-Banden-Gesetz“ bietet leider noch mehr Schlupflöcher. Fast könnte man meinen, daß in Japan die Angst vor dem organisierten Verbrechen kleiner ist als die vor dem Rechtsstaat.

Einen Monat nach Inkrafttreten des Gesetzes traten die immer noch höchst einflußreichen und zunehmend findungsreichen Yakuza schon wieder in die Offensive.

- So stellte das Syndikat „Yamaguchi-gumi“ beim Innenminister einen Antrag auf Anerkennung einer ihrer Untergruppen als „Anti-Drogen-Liga“.
- Wieder andere Banden haben ihre Anerkennung als politische oder religiöse Vereine beantragt. Schon vor Inkrafttreten des Gesetzes hatten die Yakuza an den Gründungen von 40 rechtsorientierten Splitterparteien und einigen religiösen Vereinigungen mitgewirkt.

Das ganze Verwirrspiel und die vielen Scheinfirmen erschweren die Arbeit der Polizei nicht unbeträchtlich. Und obendrein erklärten am 10. April 1992 Führer der größten Yakuza-Syndikate in öffentlichen Anhörungen der zentralen Polizeibehörde NPA, daß der polizeiliche Feldzug gegen sie ihrer Meinung nach gegen die Verfassung des Landes verstoße. Die neuen Gesetze zur Bekämpfung der Organisierten Kriminalität würden, so die Yakuza, das Recht auf Versammlungsfreiheit und freie Berufswahl verletzen.

Japans Strafverfolgungsbehörden wissen um die bis dato ungebrochene Macht der Yakuza. Deren Milliardenjahresumsätze stammen bereits zu einem Fünftel aus mehr oder weniger legalen Geschäften. Hinzu kommt, daß auch das neue Gesetz den Yakuza nicht untersagt, normale Geschäftsaktivitäten einschließlich des Aktienhandels zu betreiben.

Japans über Jahrhunderte geduldeten Berufsverbrecher werden sich nun, in der letzten Dekade dieses Jahrhunderts, zunehmend Teile der Wirtschaft über Aktien & Börsen & Immobiliengeschäfte „erschließen“.

Ein Trend, der auch in anderen Regionen der Welt bei anderen „traditionsreichen“ organisierten Verbrechergruppen zu beobachten ist; in Europa beispielsweise in Italiens Süden.

Hier wurde im Mai 1992 der sizilianische Richter Giovanni Falcone vor Palermo ermordet. Warum? Zweifelsohne war der über die Grenzen Italiens hinaus bekannte „Anti-Mafia-Richter“ einer der besten Kenner des organisierten Verbrechens in seinem Lande. Selbst nennt es sich „Cosa Nostra“, Falcone nannte es, bewußt anzüglich in der Terminologie der Politik, „föderatives Bündnis“. Der „ Mafiajäger“ wußte aus reicher Erfahrung, daß die Art der Kriminalität, deren kriminelle Potenz auch die Familienbande ist, sich kaum von nationalen Grenzen und sonstigen Barrieren wirksam eindämmen läßt. Noch wenige Monate vor seinem Tode schlußfolgerte er daraus:

„Sicher scheint mir, daß der wichtigste Weg, der eingeschlagen werden muß, in der Vernichtung der finanziellen Macht der Organisierten Kriminalität besteht, was wiederum eine tatkräftige und wirksame internationale Zusammenarbeit voraussetzt. Jenseits der einzelnen Maßnahmen traditioneller Art ist es erforderlich, die Bemühungen zu fördern und zu koordinieren, die darauf abzielen, Vermögen illegaler Herkunft zu erkennen und zu beschlagnahmen.“

Die Umsetzung dieser Erkenntnis ist mehr als schwierig. Sind doch in Italien, aber auch vielen anderen Ländern in Europa, Bau- und Immobilienprojekte, die vom Staat vergeben und bezahlt werden, immer noch die einfachste und bestens sprudelnde Einnahmequelle. Das zeigte sich insbesondere 1992: In diesem Jahr bebte ganz Italien vom bislang größten Korruptionsskandal in Mailand, in den alle großen Parteien, insbesondere die Demokratischen Christen (DC) und die Sozialisten verstrickt sind. Das Mailänder Spektakel ist symptomatisch, führt es doch vor, daß Mafiafamilien und andere organisierte Verbrecher letztendlich nur mit Hilfe korrupter Politiker und ihnen williger Administrationen funktionieren kann. Diese Verquickung von Mafia- und Politikerinteressen läßt große und größte Interessensidentitäten entstehen.

Und letztendlich wird jeder Mafia-Verfolger scheitern, solange in Italien das System der „Pöstchenvergabe nach Proporz“ (lottizzazione) und die „Parteienherrschaft“ (partitocrazia) – einhergehend mit Bestechungsskandalen – systematisch die Moral der Bürger untergräbt. **Diese Art der Politik, die zu Bürgerverdruß führt und die dem organisierten Verbrechen zuarbeitet, ist nicht nur auf Italien beschränkt!**

Richter Falcone, der wie kaum ein Zweiter diese Zusammenhänge kannte, wußte auch – und das schon seit Jahren – daß er „ganz oben auf der Todesliste“ der Mafia stand. Trotzdem sah er in der Bekämpfung der Organisierten Kriminalität nicht nur eine Arbeit, sondern eine Lebensaufgabe.

Ein Szenario dieses Kampfes entwickelte er in einem Interview, das er wenige Tage vor seiner Ermordung der deutschen Journalistin Rose-Marie Borngäßer (WELT-Korrespondentin) in Rom gab. Seine Ideen sind somit zu einer Art Vermächtnis, aber auch zu einer Warnung geworden, die nicht nur Italien sondern ganz Europa angeht:

„Die wirtschaftliche Macht der Mafia muß beschnitten werden“

Dottore Giovanni Falcone, Sie sind der meistgeschützte Richter in Italien. Viele Kollegen starben durch die Mafia. Sie selber entgingen nur knapp einem Attentat. Haben Sie Angst?

Falcone: Angst? Ich glaube, daß das Problem der Angst nicht das Eigentliche ist bei meiner Aufgabe. Man muß einfach lernen, damit zu leben und damit umzugehen. Das Wichtigste ist doch das Problem der Mafia: Sie gilt es zu bekämpfen. Ob bei diesem Kampf gegen die Mafia jemand Angst hat oder nicht, ist ein gänzlich unwichtiger Faktor. Und falls man Angst hat, muß man eben versuchen, diese zu überwinden. Es gibt nun einmal keine Alternative.

Wie lebt Ihre Familie mit dieser Angst?

Falcone: Familie? Ich habe eine Frau, die in Palermo am Appellationsgericht als Richterin arbeitet.

Ist Ihr privates Leben sehr eingeschränkt?

Falcone: Man versucht so gut es geht, auch mit diesen Problemen zu leben. Das ist der Preis, den man dafür zahlen muß.

Was stört Sie am meisten?

Falcone: Alles, was mein Privatleben einschränkt.

Fühlen Sie sich in Rom nun sicherer als in Palermo?

Falcone: Sagen wir einmal, ein bißchen besser. Es ist hier leichter, mit den Sicherheitsvorkehrungen zu leben. Aber natürlich gibt es auch in Rom Beschränkungen. Ich lebe nie wie ein normaler Bürger.

Haben Sie überhaupt noch Freun-

»*Ob bei der Bekämpfung der Mafia jemand Angst hat oder nicht, ist ein gänzlich unwichtiger Faktor. Und falls man Angst hat, muß man eben versuchen, diese zu überwinden.*«

GIOVANNI FALCONE

---

de? Oder sitzt das Mißtrauen gegen jedermann tief?

Falcone: Natürlich habe ich Freunde. Das würde ja noch fehlen, daß ich keine hätte. Im übrigen mag ich diese Fragen nicht, da sie mir immer wieder gestellt werden. Und auch diese Fragerei durch die Presse zählt zu den Beschränkungen, die mir mein Beruf auferlegt.

Wie und wo machen Sie überhaupt Ferien?

Falcone: Meistens im Ausland. Aber mitunter auch in Italien, wenn alle Sicherheitsvorschriften beachtet werden.

Wie können Sie Ihr Leben überhaupt selber schützen?

Falcone: Man muß die Gewohnheiten ständig ändern. Aber mehr werde ich nun auch nicht mehr verraten.

Ist diese Beschränkung der Lebensqualität die Sache überhaupt noch wert? Ist der Preis nicht zu hoch?

Falcone: Es gibt immer einen moralischen Preis, den man zahlen muß. Und wenn man bereit ist, den zu zahlen, dann heißt es auch, daß er es letztlich wert ist.

Würden Sie Ihren Beruf noch einmal wählen?

Falcone: Doch, sehr wahrscheinlich.

Werten Sie den Mammutprozeß 1986 als Ihren persönlichen Erfolg? Damals hat die Mafia dank Ihrer Tatkraft Gesichter und Namen erhalten.

Falcone: Es gibt natürlich die persönliche Befriedigung, wenn man seine Arbeit erfolgreich geleistet hat. Das kann ich nicht verhehlen. Aber darüber hinaus war das auch ein erfolgreiches Zeichen in der Bekämpfung der Mafia, ein bedeutender Schlag gegen sie. Der erste sehr wahrscheinlich überhaupt, der eine Basis bot, von der aus man gut weiter vorangehen kann.

Dann aber kam doch die Enttäuschung darüber, wie alles endete durch das Kassationsgericht. Hat Sie das nicht doch sehr getroffen?

Falcone: Also hören Sie, es war immerhin das erste Mal, daß die Mafia als verbrecherische Organisation verurteilt wurde. Als ich vor zehn Jahren mit meinen Untersuchungen angefangen habe, wurde verneint, daß es die Mafia überhaupt gebe. Jetzt hat man immerhin die Köpfe der Cosa Nostra verurteilt. Wichtiger als der Umstand, der den einen zu lebenslänglich verurteilt, während ein anderer freigelassen wurde, ist doch immer wieder, daß hier der Ausgangspunkt für die weiteren späteren Ermittlungen gesetzt wurde. Vergessen Sie nicht: Es wurden 19 zu lebenslänglich verurteilt, ich wiederhole: 19 haben lebenslänglich bekommen. Wir sind also von der bisherigen totalen Straffreiheit zu harten Verurteilungen gelangt.

Damit haben wir demonstriert, daß die Mafia nicht unbesiegbar ist. Diese Ergebnisse sind sehr, sehr wichtig. Das zeigt, daß die bisherigen Untersuchungsmethoden greifen. Und wir wissen jetzt, wie die Mafia organisiert ist. Dies nach all den Jahrzehnten, in denen die Mafiosi in der Regel straffrei ausgingen. Und dieser Mammutprozeß lief zu einer Zeit, in der fast alle davon überzeugt waren, daß die Mafia etwas Unbesiegbares, etwas Unangreifbares ist. Ich habe mit dem Prozeß das Gegenteil bewiesen, auch wenn es vielen nicht gefällt.

Wie kann man die Unzulänglichkeit der Justiz im Lande überhaupt ändern?

Falcone: Ich glaube, daß man in der italienischen Justiz noch viel arbeiten muß und es viel zu verbessern gibt. Aber dennoch glaube ich, daß wir derzeit auf dem richtigen Wege sind.

Heißt das, daß die Verbesserungen in der neuen Strafprozeßordnung liegen?

Falcone: Ja, ich finde sie sehr positiv. Auch wenn sie noch viele Probleme mit sich bringt und viele Widersprüche in sich trägt – Widersprüche und Probleme, die insbesondere einer gewissen Richterschaft lästig sind, Richter, die noch immer gewohnt sind, nach alten Regeln zu handeln. Diese Richter sehen sich nun mit neuen Situationen konfrontiert.

Aber für mich sind all diese Neuerungen sehr wichtig, auch hinsichtlich der europäischen Zusammenarbeit bei der Harmonisierung der verschiedenen Strafgesetzordnungen. Mir scheint es, daß es sich nun bei dem neuen italienischen Strafgesetzbuch um eines handelt, das viel mehr Wert auf die Rechte des einzelnen legt. Es ist wirklich eine Verbesserung innerhalb der Gesellschaft, was man aber trotzdem auf jeden Fall verteidigen muß.

Trotzdem hört man immer wieder heftige Kritik an dieser neuen Strafgesetzordnung.

Falcone: Ich verstehe das. Denn die Leute, die voll hinter diesen neuen Verordnungen stehen, haben wenig Möglichkeiten, darüber zu sprechen. Und es ist klar, daß diejenigen, die gegen die Erneuerung sind, nur schlecht davon reden. Es ist so, als ob man zum Beispiel gut über einen Zahnarzt redet. Klar ist, daß es hier noch viele Probleme gibt. Andererseits aber beweisen die jüngsten Mailänder Untersuchungen doch gerade den Vorteil dieser neuen Strafprozeßordnung.

Was halten Sie von den Pentiti (Reuige)? Sind sie wichtig?

Falcone: Unbedingt notwendig sind sie nicht. Aber sie sind nützlich für die Untersuchungen. Allerdings nur, wenn man weiß, wie man sie zu werten hat. Es hängt also von der Fähigkeit des Richters ab, wie er die Aussagen eines Pentito einschätzt.

Wird nicht durch die Aussagen von Pentiti häufig nur Verwirrung gestiftet?

Falcone: Ja, so etwas kann selbstverständlich die Untersuchungen auch verzögern. Aber ich sehe in den Pentiti nichts Außergewöhnliches. Man muß einfach lernen, sie richtig einzuschätzen. Und schließlich gibt es die „Kronzeugenregelung" in der Justiz schon seit Jahrhunderten. Im übrigen habe ich persönlich nie daran gedacht, die Aussagen eines Pentito als „die absolute Wahrheit" zu nehmen. Diese Leute sagen einfach etwas aus, was bewiesen werden muß. Auf jeden Fall sind sie nützlich, weil man so die inneren Regeln der Organisation verstehen kann. Man lernt zu erkennen, wie der Ablauf bestimmter Dinge war.

Ganz grundsätzlich gefragt: Gibt es denn überhaupt eine Chance gegen die Mafia?

Falcone: Man muß hier unterscheiden. Ich glaube, daß eine Massenkriminalität noch lange in einer Massengesellschaft überleben wird. Es ist eine Konsequenz der Massengesellschaft, daß es auch ein organisiertes Verbrechen gibt. Das Problem ist nicht, zu wissen, wann die Mafia besiegt werden kann, sondern wichtiger ist, daß dieses organisierte Verbrechen wieder auf eine akzeptable „Norm" zurückgeschraubt wird, so daß diese demokratische Gesellschaft mit diesem Übel leben kann, ohne von ihr terrorisiert zu werden.

Es ist nicht realistisch zu denken, daß von heute auf morgen die Mafia nicht mehr existieren wird, und daß dem „Reich des Bösen" ein „Reich des Guten" folgt. Damit kann man sich höchstens beruhigen. Doch realistisch ist das nicht. Wir werden immer mit der Kriminalität und insbesondere mit der organisierten Kriminalität zu tun haben. Wir müssen aber versuchen, sie in Grenzen zu halten.

Ist das organisierte Verbrechen brutaler geworden?

Falcone: Ja, natürlich. Aber ich glaube, daß die ganze Gesellschaft generell brutaler geworden ist. Wobei es nicht wichtig ist, jetzt nachzuforschen, ob nun unsere Gesellschaft brutaler geworden ist oder das Verbrechen.

Hängt diese Brutalität mit Drogen oder überhaupt mit der Internationalität des Verbrechens zusammen?

Falcone: Es hängt von allem ab, vor allem auch von der Höhe der Gelder, die im Spiel sind. Man kann alle möglichen Gründe vorbringen: religiöse, moralische, soziologische. Aber diejenigen, die diese Kriminalität zu bekämpfen haben, hat es nur zu interessieren, daß diese Verbrecher gefährlicher geworden sind.

Wie funktioniert die internationale Zusammenarbeit?

Falcone: Generell ist es wichtig, daß diese Zusammenarbeit verbessert wird. Es gibt Länder, mit denen wir gut zusammenarbeiten – zum Beispiel Deutschland –, und andere, um die es weniger gut bestellt ist, die nicht einmal bereit sind zur Zusammenarbeit. Das hängt auch mit der Außenpolitik zusammen.

Konnten die westlichen Länder nicht verhindern, daß sich nach dem Zusammenbruch des Kommunismus in den jeweiligen Ländern die Mafia nun so schnell ausbreitet?

Falcone: Wie denn? Es war praktisch unmöglich. Es ist so, als wenn man von einem kochenden Topf den Deckel abheben würde.

Wenn Sie persönlich die Macht hätten – wie würden Sie die Mafia bekämpfen?

Falcone: Ich mache mir solche Gedanken überhaupt nicht. Sie scheinen mir so fern, wirken so anmaßend. Aber persönlich meine ich dennoch, es wäre das Wichtigste, die wirtschaftliche Macht der Verbrecher zu beschneiden. Man müßte imstande sein, die Untersuchungen vielmehr auf den finanziellen Hintergrund zu konzentrieren. Ich nenne nur das Stichwort Geldwäsche. Das Waschen des schmutzigen Geldes müßte viel stärker bekämpft werden.

Welche speziellen Wünsche hätten Sie?

Falcone: Keine. Ich möchte nur meine Arbeit weiterhin gut erfüllen.

Freuen Sie sich auf Ihre Pensionierung, werden Sie Memoiren schreiben, um vieles dann für die Öffentlichkeit zu enthüllen?

Falcone: Es ist noch viel zu früh, an die Erinnerungen zu denken.

Quelle: DIE WELT – Nr. 122/Dienstag, 26. Mai 1992, Seite 3

Einen Monat nach der Ermordung Falcones kam es in der sizilianischen Hauptstadt Palermo zur bis dahin größten Anti-Mafia-Demonstration in Italien. Rund 100.000 Menschen, darunter etwa 20.000 Sizilianer, wollten damit deutlich machen, daß Italien den Italienern und nicht der Cosa Nostra gehört. Die Teilnehmer dieser Massendemonstration waren aus allen Teilen des Landes gekommen. Dennoch stellt sich die Frage, ob sich dadurch auch die Politiker wirklich haben aufrütteln lassen.

Ein enger Freund und Vertrauter Falcones, Leoluca Orlando, früher Bürgermeister Palermos und Mitglied der Christdemokratischen Partei, heute Abgeordneter der Reformpartei Rete*) im Parlament in Rom, hat da so seine Zweifel. Deutliche Worte fand er in einem Interview, das er dem Hamburger STERN-Magazin nach der Trauerfeier für seinen Freund gab:

»Andreotti – ein Garant der Mafia«

STERN-Interview mit Leoluca Orlando, Ex-Bürgermeister von Palermo, der aus Protest gegen die Mafia-Politik der Christdemokraten die Partei verließ und jetzt als Abgeordneter der Reformpartei Rete im römischen Parlament sitzt

STERN: Herr Orlando, warum haben Sie nicht an der Trauerfeier für Giovanni Falcone teilgenommen?

ORLANDO: Ich war da, aber die Leute vor der Kirche ließen mich nicht hinein. Es waren Tausende, sie klatschten und riefen: Orlando, bleib bei uns. Geh da nicht rein. Da drinnen sitzen Falcones Mörder. Misch dich nicht unter sie. Ich bin draußen geblieben.

STERN: Glauben Sie, daß die Mafia nicht allein für Falcones Tod verantwortlich ist?

ORLANDO: Hätte die Mafia dieses Attentat ohne den Schutz von Staatsorganen verübt, dann wären die Mörder bereits gefaßt.

*) „La Rete" (Das Netz) wurde von dem Juraprofessor Orlando als „Anti-Mafia- und Anti-Korruptionspartei im Sinne einer Bürgerbewegung im März 1991 gegründet.

STERN: War Falcone dabei, über einen kritischen Punkt bei den Ermittlungen hinauszugehen?

ORLANDO: Ich weiß es nicht. Ich weiß nur, daß er in eine Falle getappt ist, als er von Parlermo als Abteilungsleiter für Strafsachen ins Justizministerium nach Rom wechselte. An wen wenden sich denn alle Gauner Italiens, wenn sie straflos ausgehen wollen? An ihre Kontaktmänner im Justizministerium. Giovanni setzte sich mitten in dieses Nest und blieb dabei Giovanni Falcone. Er wollte seine Feinde ausgerechnet von innen bekämpfen.

STERN: Warum hat sich Falcone auf den Wechsel ins Justizministerium eingelassen?

ORLANDO: Weil er ein Idiot war. Ich hatte diesen Dummkopf unendlich gern. Tausendmal habe ich ihm gesagt, Giovanni, sie legen dich rein! Du darfst mit diesen Leuten nicht einmal einen Kaffee trinken. Sie benutzen dich und schmeißen dich dann weg. Er sagte: Reg dich nicht auf, Luca. Ich bin klüger als sie.

STERN: Sie selber waren doch genauso. Bis vor zwei Jahren trauten Sie sich zu, die christdemokratische Partei von innen zu reformieren.

ORLANDO: Das ist richtig. Aber als ich gemerkt habe, daß sie mich vereinnahmen wollten, bin ich gegangen. Ich bin rechtzeitig abgesprungen. Vielleicht wäre ich sonst nicht mehr am Leben.

STERN: Kam bestimmten Politikern Falcones Ermordung gelegen?

ORLANDO: Italien wird von einem Regime, einer Machtgruppe regiert, die Falcones Mördern Straffreiheit garantiert. Die Politiker haben angesichts ihrer Vergangenheit keine Wahl.

STERN: Die Versprechungen der Politiker, die Mafia mit drastischen Mitteln zu bekämpfen, sind also leeres Geschwätz?

ORLANDO: Wer soll den Kampf denn führen? Andreotti vielleicht? Diese Politikerklasse, die seit 45 Jahren ununterbrochen an der Macht ist, kann gar nicht durchgreifen, weil sie alle ihre Leichen im Keller haben.

STERN: Ist denn Ministerpräsident Giulio Andreotti ein Mafioso?

ORLANDO: Andreotti ist der Garant der Mafia. Das können Sie schreiben. Er ist es nicht nach juristischen Kriterien, aber das war sein Freund Vito Ciancimino, Ex-Bürgermeister von Palermo, bis vor vier Monaten auch nicht. Im Februar ist Ciancimino, nach 32 Jahren Ermittlungen, rechtskräftig als Mafioso verurteilt worden. Bis zum letzten Jahr hat Andreotti Ciancimino öffentlich verteidigt. Jetzt ist er still.

STERN: Im März wurde Salvo Lima, ebenfalls Ex-Bürgermeister von Palermo und Freund Andreottis, von der Mafia erschossen. Besteht da ein Zusammenhang mit Cianciminos Verurteilung?

ORLANDO: Natürlich. Lima war jahrzehntelang Statthalter Andreottis in Palermo. Als er Cianciminos Verurteilung nicht verhindern konnte, war er kein zuverlässiger Garant mehr. Wenn Garanten nicht mehr zuverlässig sind, bricht ein System auseinander. Limas Erschießung war eine Botschaft an Andreotti. Denn der wahre Garant war nicht Lima, sondern er.

STERN: Was sollen die Politiker nun tun?

ORLANDO: Sie müssen abtreten. Sie müssen abtreten, weil sie die Hoffnung zerstört haben. Man darf einem Volk nicht sagen, daß selbst die Hoffnung auf Veränderung unmöglich ist.

STERN: Welche konkreten Maßnahmen gegen die Mafia fordern Sie?

ORLANDO: Die sofortige Abschaffung der Immunität für Parlamentarier, um die Verflechtung zwischen Mafia und Politik zu brechen. Solange ein Parlamentarier von der Justiz nichts zu befürchten hat, besteht immer die Gefahr, daß ihn die Mafia für ihre Zwecke einspannt. Wäre zum Beispiel Sozialistenchef Craxi strafrechtlich zu belangen, dann würden sich in diesem Land von einem Tag auf den anderen herrliche Freiräume auftun.

STERN: Sind nicht auch andere Maßnahmen erforderlich?

ORLANDO: Grundsätzlich muß dieses Regime weg, das sich einzig auf seine Straffreiheit stützt. In Rumänien gab es nur eine Möglichkeit, einen korrupten Beamten zu entfernen: Man mußte Ceauçescu stürzen. Italien wird von einem kollektiven Ceauçescu-Regime regiert. Solange es an der Macht ist, werden wir die Mafia nie ernsthaft bekämpfen.

STERN: Sie selbst sind seit Jahren im Visier der Mafia. Was bedeutet das für Sie persönlich?

ORLANDO: Ich kann nicht mehr selber einen Wagen lenken, allein in eine Kneipe oder ins Kino gehen. Ich kann keinen Schritt ohne Leibwächter machen. Wo ich hingehe, wen ich treffe, alles wird in den Akten vermerkt.

STERN: Wie lange kann man so leben?

ORLANDO: Ich lebe seit sieben Jahren so. Es ist traurig, wenn du merkst, daß du nichts Normales mehr tun kannst. Aber man gewöhnt sich daran.

STERN: Können Sie in einer Bar einen Cappuccino trinken?

ORLANDO: Ja, umgeben von Leibwächtern mit gezückten Pistolen.

STERN: Und Ihre Familie?

ORLANDO: Meine Frau und meine Kinder leben in einem schwerbewachten Haus. Meine Töchter stellen sich nicht mit ihrem richtigen Nachnamen vor. Wir gehen nie gemeinsam auswärts essen und fahren nie im gleichen Wagen. Es gibt kein einziges Familienfoto von uns. So versuchen wir, das Risiko zu verringern.

STERN: Das Falcone-Attentat zeigt, daß Leibwächter nichts verhindern können. Warum verzichten Sie nicht darauf?

ORLANDO: Das kann man nicht selber bestimmen. Das entscheidet die Polizei, je nachdem, wie hoch sie die Gefährdung einschätzt. Manchmal wird ohne Erklärung von einem Tag auf den anderen die Zahl meiner Leibwächter erhöht. Dann weiß ich, daß wieder eine Morddrohung eingegangen ist.

STERN: Gewöhnt man sich auch an die Angst?

ORLANDO: Man denkt nicht mehr daran, auch wenn man sie hat. Man kennt das Risiko, aber es verursacht keine beklemmenden Emotionen mehr.

STERN: Auch nicht nach dem Attentat auf Ihren Freund?

ORLANDO: Nach dem ersten Schock, nein. Das Attentat war eine Bestätigung dafür, wie dramatisch die Situation ist. Aber für sich selber hat man den Tod einkalkuliert, wenn man ein solches Leben führt.

Das Interview führten STERN-Korrespondent Teja Fiedler und Beatrice Schlag

Quelle: STERN Nr. 24/92 vom 4. Juni 1992, Seite 24–25

Mahnende Worte eines von der Mafia ermordeten Richters und eines gegen Mafia und Korruption kämpfenden Politikers.

Ihr Kampf gegen das organisierte Verbrechen ist jedoch keine „italienische Angelegenheit"; ihre Ängste sind nicht nur ihre „persönliche Angelegenheit".

Organisierte Kriminalität ist länderübergreifend. Ihre Bekämpfung muß ebenfalls länderübergreifend erfolgen. Das gilt wie nie zuvor auch für Deutschland. Auch hier haben Polizisten, Staatsanwälte und in der Verbrechensbekämpfung engagierte Politiker Ängste, sehen sich – wie ihre italienischen Kollegen – im Einzelfall um Leib und Leben bedroht.

Ob nun in Ostasien, in West- und Osteuropa oder in Nord- und Südamerika – in all jenen Regionen will das organisierte Verbrechen wohl kaum den Staat politisch beherrschen, wohl aber will es in seinen Geschäften von Staatsorganen in Ruhe gelassen werden. Wer diese Ruhe merklich stört, hat – wie Giovanni Falcone wußte – mit dem organisierten Verbrechen „eine Rechnung offen". Die Schauplätze der „Rechnungsbegleichungen" liegen auf der ganzen Welt. Palermo, so wissen es auch die Ermittler in Deutschland, Palermo liegt überall.

---

*) Nach der Ermordung der Richter Giovanni Falcone und Paolo Borsellino (19. Juli 1992) ist der Jurist und Politiker Leoluca Orlando die durch Mafiadrohungen höchst gefährdetste Person Italiens.

Literatur- und Quellennachweise zum Nachwort

Berliner Zeitung (1992): Mafia-Clan will gegen Benetton klagen, 5. März, S. 32

Berliner Zeitung (1992): 100.000 gegen die Mafia, 29. Juni, S. 6

de la Trobe, Fred (1992): Eine Gesellschaft soll ehrenwert werden, Hamburger Abendblatt, 29. Februar

Hinckle, Pia (1992): Italys V. S. The Mafia (Cover story) – The Grip of the Octopus, Newsweek, June 8, p. 10–14

Falcone, Giovanni (1991): Cose di Cosa Nostra, Rizzoli, Milano

Horvath, Daniela (1992): Mafia-Morde – Die Witwen klagen an: Die Schande, Der Stern Heft Nr. 24/4. Juni, S. 18–27

Kühne, Hans-Heiner (1991): Sonderheiten japanischer organisierter Kriminalität: Möglichkeiten der Entwicklung auch in Europa? in: BKA-Vortragsreihe Band 36, Bundeskriminalamt. Wiesbaden. S. 111–129

Scheidges, Rüdiger (1992): Die Mauer des Schweigens ist ungebrochen, Tagesspiegel, 24. Juni, S. 8

Schmitt, Uwe (1992): Verbrechen wird für die Yakuza etwas beschwerlicher, Frankfurter Allgemeine Zeitung, 2. März

Seidl, Claudius (1992): Kein Platz für tote Italiener – SPIEGEL-Redakteur über die neue Ethik und Ästhetik der Reklame, Der Spiegel 46. Jg. Nr. 11/9. März, S. 296 f.

Sendker, Jan-Philipp (1992): Spaß mit Al Capone, Der Stern Heft Nr. 11/5. März (Journal Reisen), S. 153–157

Sullivan, Scott (1992): Time to kill the Myths – Italy is too smart to put up with the mafia, Newsweek, June 8, p. 15

Tagesspiegel (1989): Traumberufe, 5. November, S. 32

Tagesspiegel (1989): Al Capones Haus als nationales Wahrzeichen vorgeschlagen, 16. April, S. 30 B

Tagesspiegel (1991): Elfjährige Drogenhändlerin will Mafia-Boß heiraten, 10. September, S. 28

Tagesspiegel (1992): Werbung mit Foto eines Erschossenen, 6. März, S. 28

Tagesspiegel (1992): Al Capones Bett wird versteigert, 15. März, S. 36

Tagesspiegel (1992): Al Capones Möbel werden versteigert, 13. April, S. 18

Tagesspiegel (1992): Statt Sportler Gangster auf Tauschbildchen, 2. Juni, S. 23